# 세종과 한글
# 이야기

겨레문화34

# 세종과 한글 이야기

홍현보 지음

# 여는 말씀

많은 사람들이 우리 말(한말, 한국어)과 우리 글(한글)을 혼동한다. 세종대왕이 한국어를 만든 것이 아니라 한글을 만든 것이다. 어떤 사람은 한글만 크게 앞세우다 보니 이런 혼란이 왔다고 말하기도 한다. 그런데 이런 혼동은 이미 꽤 오래된 습관이고 늘상 있는 일이다. 우리는 지금도 영어와 로마자를 혼동한다. 로마자는 라틴 문자이고 영어는 영국말이니 '영어를 잘 쓴다'라는 말은 '영어를 잘한다'라고 해야 하고, '로마자를 잘 쓴다. 또는 영문(英文)을 잘 쓴다'라고 해야 한다. 사실 '영어'라는 말도 '영국어, 미국어, 캐나다어, 호주어, 뉴질랜드어' 등 나라마다 많은 차이가 있지만 우리는 습관적으로 '그 나라는 영어를 씁니다'라고 말한다. 더욱 놀라운 사실은 지금도 『표준국어대사전』(국립국어원)에 '프랑스어, 독일어, 이탈리아어, 스페인어, 일본어, 중국어, 한국어'는 올렸는데 '영국어'는 없다. '미국어'도, '캐나다어'도, '호주어, 뉴질랜드어'도 없다. 그저 '영어'다. 이것은 사전 조차 말과 글을 혼동하고 있다는 증거다. 또 '한국말, 한국어'는 나란히 사전에 올림말(표제어)이 있지만 다른 나라 말은 모두 '-말'은 없고 '-어'라고만 올렸다. 사실 말과 글을 혼동하는 일은 서양에서 문자에 대한 인식이 낮아 생긴 습관에서 비롯된 것이니 우리만의 잘못이 아니다. 서양은 오랜 동안 로마제국 아래 놓여 로마자를 공통의 문자로 썼기 때문에 제 나라 문자도 아니고 많은 이웃 나라가 쓰니 문자에 대해 그다지 관심을 갖지 않았던 모양이다.

오늘날 로마자(라틴문자)를 빌어 제 나라 문자로 쓰는 국가가 여섯 대륙을 통틀어 엄청난 땅을 차지하고 있다. 하지만 독일에서는 토박이말에 'C'를 홀로 사용하지 않으며, 핀란드는 'B, C, F' 등을 고유어에 쓰지 않는다. 베트남에서는 무려 89개나 되는 로마자를 쓴다고 한다. 심지어 터어키는 역사 이래 줄곧 써오던 아랍문자를 버리고 1927년 로마자(라틴문자)를 쓰기로 결정하는 문자혁명을 일으켰다.

로마자를 쓰는 수많은 나라가 자국어를 로마자로 표기한다고 해서 모두 영어를 쓰는 것은 아닌데 우리는 '그 나라는 영어를 쓴다'라고 쉽게 말하곤 하지만 엄밀히 말하면 그것은 틀린 말이다.

세종의 훈민정음 창제는 문자의 역사에서 뿐만 아니라 말(언어)의 역사에서도 새로운 시대를 열었다. 해례본 용자례에 나오는 말들을 보면 '감, 갈, 콩, 너구리, 성에, 고치, 두텁(두꺼비), 노루, 뫼, 종이, 손, 부엉이, 뱀, 어름, 다리, 물, 피, 사슴, 별'처럼 그동안 제대로 표현하지 못하고 한자(한문)로만 적던 우리말을 우리말 그대로 살려 한글로 쓸 수 있게 한 것이다.

부산외대 박상진 교수는 단테와 신곡을 각각 이탈리아의 세종대왕과 이탈리아의 훈민정음에 비유하였다. 단테의 신곡은 당시 지식인들의 말인 라틴어가 아닌 피렌체 토박이말로 썼다. 피렌체 사투리는 신곡을 통해 문자로 정리가 되고, 이는 피렌체 토박이말이 현재의 이탈리아어로 발전하게 되는 초석이 되었다.

영국사람 셰익스피어가 쓴 수많은 작품이 중세 로마제국의 라틴어가 아닌 영국 토박이말로 썼기 때문에 그들이 '셰익스피어는 인도와도 바꿀 수 없다'라는 말을 하는 것이다.

괴테는 단테의 신곡을 '인간이 손으로 만든 최고의 것'이라며 극찬했고, 영국의 문학 비평가 T. S 엘리엇은 '근대 세계는 셰익스피어와 단테가 나눠 가졌다'라고 규정한 바 있다.

다시 말해서 『훈민정음』은 입으로만 전하던 우리말을 소리문자로 말소리 그대로 전함으로써 당당히 우리 겨레의 주체어, 세계 언어로서 자리를 잡게 해주었으며, 조선이라는 나라가 아름다운 자국어를 가진 독립된 문화국임을 천명한 책이다.

한글은 본디 '언문(諺文)'이라 불렀다. 세종이 새로운 글자를 만들고 신하들에게 처음 그 글자를 소개할 때 '내가 언문 스물여덟 자를 만들었다.'(『세종실록』1443년 12월 30일 기사)라고 했는데, 신하들에게 이 새 문자에 대해 자세히 연구하여 해설책을 내라 하고는 3년 뒤에 공식적으로 '훈민정음(訓民正音)'이라 이름붙여 책을 반포한 것이다. 그러나 36년 뒤인 1482년 2월 양성지가 성종에게 올린 상소에 그 이름이 마지막으로 보일 뿐, 400여 년 동안 조선 백성은 훈민정음이라는 말을 모른 채 언문이라고만 불렀고, 조선 말기에서야 나랏글(국문 또는 국자)이라 부르기도 하다가 1910년 주시경 선생이 한글이라는 이름을 붙였다. 우리나라는 역사 이래 줄곧 공식 문자로 한자를 써오다가 고종이 1894년에 '법률과 칙령은 모두 국문(한글)을 기본으로 적는다.'(『고종실록』1894년 11월 21일 기사)라는 칙령을 내림으로써 한글이 국가의 공식 문자가 되었고, 주시경 선생이 수많은 학교 학생들에게 한글을 가르치기 시작하면서 한글 교육이 시작되었으며, 조선어학회가 1945년 처음 한글로 교과서를 펴내면서 우리나라 학교 교육이 비로소 한글로 이루어지게 되었다.

그러므로 우리나라가 글자혁명, 즉 국가가 공공기관이나 교육기관에서 공식적으로 사용하는 글자를 한자에서 한글로 바꾼 것은 주시경의 한글 교육 정신을 이어받아 조선어학회가 1945년 해방 이후 『한글 첫 걸음』이라는 교과서를 만들고, 이를 초등학교에서 가르치기 시작한 때부터니, 세종대왕이 만든 새로운 문자가 500년 만에 대한민국의 공식 문자로 자리 잡은 것이다. 그로부터 모든 교육과 정치, 사회, 문화, 예술 활동이 순한글 가로쓰기로 완전히 바뀐 오늘날까지 75년 동안 우리는 글자혁명을 벌인 셈이니, 혁명의 한가운데 '한글학회(조선어학회를 1949년에 바꾼 이름)'가 있고, 주시경과 김두봉, 최현배 등 그를 추종하는 '혁명가'가 있었다.

한 나라의 문자가 바뀐다는 것은 매우 어려운 일이다. 수천 년 이어온 우리 겨레의 역사를 기록한 글이 완전히 바뀐 것이니, 참으로 어렵고도 중차대한 혁명이 아닐 수 없다. 이것은 창제자 세종대왕도 못다 이룬 꿈이다. 하지만 문자사에서 '한글의 발명'은 물리학에서 아인슈타인의 상대성 이론이 우주의 질서를 규명한 것과 맞먹는 언어과학의 절대 공식과 같은 창제 이론을 인류가 갖게 된 것이라 할 수 있다. 특히 이 문자는 우리 말에 아주 잘 맞는 문자이니 우리 겨레는 언제 어디서나 쉽게 쓰고 읽으며 자랑할 만한 위대한 자산을 누리고 있는 것이다.

그동안 나를 키워준 스승님과 선후배님, 그리고 한글학회와 세종대왕기념사업회에서 함께했던 모든 연구원, 선생님, 스승님들께 이자리를 빌어 감사드린다. 글 가운데는 생각이 좁고 이해가 부족하여 잘못된 주장도 했을 것이다. 나름대로 최대한 역사적 사실과 근거를 찾아보려 애썼지만 많이 부족하리라 생각한다. 읽는 분들의 너그러운 이해를 당부드리며 여는 인사를 갈음한다.

특히 이 책이 나올 수 있었던 것은 한국겨레문화연구원의 윤영노 이사장님 덕택이다. 윤 이사장님은 1988년 국내 최초로 원두커피 전문점 쟈뎅을 창업하시고, 1995년 (주)쟈뎅을 설립하시면서 수많은 원두커피 신상품을 출시하신 분으로, 우리나라 커피 문화를 이끄는 선구자다. 특히 우리 연구원을 이끌며 인문학의 발전을 위해 물심양면으로 도움을 주시는 이사장님께 이 자리를 빌어 감사의 인사를 올린다.

# 차례

제1장

# 한글 새소식

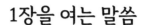

# 1장을 여는 말씀

나는 1983년 3월 건국대학교 국어국문학과에 입학하였으니 83학번, 이른바 386세대다. 이 말은 80년대 민주화운동을 주도하여 시위 현장에서 피를 흘리며 군사독재 타도를 외쳤던 사람들이 90년대 정치적 목소리를 높이면서 사회 변혁에 앞장섰는데, 이때 등장한 386컴퓨터를 빗대어 붙여진 이름이다.

또한 나는 베이비붐세대다. 6·25전쟁 이후 태어난 주로 1955년생부터 1963년생을 가리키지만 어떤 통계에서는 1965년생까지를 베이비붐세대로 보기도 하기 때문이다. 전 세계가 비슷한 환경이었다는 점에서 베이비붐세대의 특징이 있다. 전후 냉전과 분단 시대, 가부장적 사회, 콩나물 학교와 고도 경제 성장, 군사 독재와 민주화 운동 등을 경험한 세대다. 그렇다고 X세대는 아니다. X세대는 1965년생부터 70년대 후반까지 태어난 사람을 말하는데, 이들의 특징은 개인주의적 성향과 소비 지향적 성향이 강하다.

그러다가 요즘은 나를 '5060세대' 사람이라는 말로 부른다.

5060세대는 베이비붐세대와 함께 50년대와 60년대 태어난 사람을 묶어 부르는 말인데, 이 세대는 한국전쟁 직후에 태어난 세대인 만큼 철저한 반공교육을 받으며 성장했고 경제적으로 궁핍한 시절을 보냈기 때문에 근검절약 정신이 강하다. 개인보다는 집단을 우선시하는 분위기 속에서 성장했기 때문에 회사나 국가 같은 조직을 중시하는 특성도 지닌다. 5060세대는 농경사회에서 산업사회로, 그리고 다시 정보화 사회로 변화한 한국 사회의 이행 과정 역시 모두 경험했다. 그런 만큼 스스로에 대한 자부심이 강하고 권위적이며 보수적이라는 비판을 받기도 한다. 가정사를 모두 아내에게 맡기고 경제적 주체로 회사에만 매달렸던 5060세대는 사회에서 은퇴한 후 온전히 가정으로 복귀하는 데 어려움을 겪고, 자식 세대인 2030세대와는 가치관의 갈등을 느낀다.[1]

결국 청년세대였던 386세대는 기성세대가 되었고, 오늘날 정치적 발언권이 강력해진 2030세대에게는 꼰대 세대로 전락하였다.

젊은이들이 그렇게 생각한다면 그렇구나 해야지 뾰족한 수가 있을까? 그러나 내가 5060세대의 특성을 가지고 있다는 것은 인정하지만 나름대로 이 세대가 정의롭고 합리적인 사회 발전에 기여한 바가 적지 않다는 것도 기억해 주었으면 한다. 남녀 평등, 국가권력과 권위주의에 항거하며, 가부장적 문화의 파괴에 앞장섰고, 인권을 존중하고 민주적 합리주의를 중시하는 변화를 이루어낸 세대임에는 틀림없다.

당시 나는 문학청년으로 국어국문학의 문을 두드렸다.

청소년 시절에 많은 꿈과 상상력을 갖고, 시도 쓰고 짧은 글로 수필도 써 보고, 때로는 동화나 소설을 쓰겠다는 포부도 가져 보는 그런 시절을 보내면서 문학에 대해 막연한 애정이 있었다. 중2 때부터 우리나라 2~30년대 단편소설을 읽었는데 글 속에서 펼쳐지는 사람들의 삶을 그려보면서 아직 겪어보지 못한 일들을 간접체험하는 짜릿함은 문

---

1) 김기란·최기호, 『대중문화사전』, 2009 참조.

학에 대한 관심의 싹을 티우는 데 충분했다. 가끔 학교에서 글짓기대회에 나가 시도 쓰곤 하면 금새 시인이 된 듯한 기분도 느꼈다.

그런데 문학만 전공으로 생각하고 들어온 국어국문학과에서, 우리말과 우리 글에 대한 학문이 따로 있다는 것을 알았고, 여기서는 말과글의 역사와 변천, 문법과 표기법 등 구체적인 이론을 배우게 된다는것을 알게 되었지만, 많은 친구들은 당연히 문학 쪽 수업을 들었다.

혼란스럽던 1학기를 마칠 즈음 여름방학 때 아주 친한 친구의 권유로 김윤학 교수와 함께하는 땅이름 답사를 따라가게 되었다.

경기도 여주 어느 마을도 가고, 강원도 원성군 귀래면도 갔는데, 그곳 사람들에게서 오래전부터 써오던 산과 들, 마을과 시냇물에 붙은토박이 땅이름을 듣고 기록하면서 정말이지 놀랍고도 신기한 우리말을 만나게 되었고, 그러면서 새로운 분야인 국어학에 대한 호기심이생기기 시작했다.

또 대학 생활 속에서 빼놓을 수 없는 것이 '써클'이었다. 군대를 제대하고 복학해서야 이 말이 '동아리'로 바뀐 것을 알게 되었고 모두들'동아리'로 부르고 있었다.

나는 친구의 소개로 '국어운동학생회'에 들어갔다. 이 동아리는 이미 우리 학과 선배들 대다수가 활동하고 있었고 신입생에게는 우선적으로 소개가 되는 그런 동아리였다. 같은 국어국문학과 친구들이 대거회원이 되어 있어서 그들과 어울리다 보니 재미도 있었다. 가끔 타 학과생들도 들어왔는데 법대, 이공대, 가정대 학생들과 함께 토론하고수련회도 가면서 다양한 성향의 사람들을 만나는 즐거움이 아주 컸다.그리고 이 동아리가 전국의 많은 대학에도 있어서 대학 연합회가 모여사회 여론을 형성하기도 하였다.

무엇보다 우리 사회에서 우리말이 얼마나 중요하고 한글 사용에 얼마나 많은 장애물이 있는지를 알게 되었고, 거리 간판이나 신문 방송의 틀린 말들을 바로잡는 일도 하고, 불필요하게 한자를 남발하는 신문과 출판물을 한글로만 쓰자는 운동도 벌이면서, 한말글에 대한 사랑이 구체적으로 생기기 시작한 것이 내 인생에서 매우 중요한 삶의 전환점이 되었다.

아무튼 이렇게 대학 시절부터 한글 운동을 시작한 것이, 졸업하고 곧바로 '한글 학회'에 들어가는 계기가 되었고, 그곳에서 『우리말 큰사전』 편찬원으로 일하다가 그 책이 출판되고, '세종대왕기념사업회'로 자리를 옮겨 『조선왕조실록』을 현대 우리말로 번역하는 사업과 한글로 된 오래된 문헌을 현대어로 번역하고 주석을 다는 사업에 함께 일하게 되었다.

제1장에서는 대학을 졸업하고 사회에 나와 여러 기관의 주간지, 월간지, 계간지에 실었던 글들을 모아 엮었다. 그 중에서도 특히 한글학회의 월간지 『한글 새소식』에 실린 글이 가장 많다. 벌써 수십 년이 지난 글도 있으니 생각이 채 여물지 않은 글이나 조금씩 생각이 달랐던 내용도 있지만, 내용을 크게 훼손하지 않고 그대로 실으려고 노력하였다.

글의 순서는 최근(2021. 6.)의 글부터 옛글(1991. 6.)까지 순서를 거꾸로 실었다. 30년 세월이다.

글을 쓴 해와 달을 염두에 두면서 읽다보면 그때마다 어떤 문제들이 사회적 쟁점(이슈)이었는지도 알 수 있고, 우리 사회 속 말글 문화의 흐름도 느낄 수 있을 것이다.

# 세종이 과연 훈민정음을 창제할 만한 지식을 가졌나

1. 세종은 천성이 학문을 좋아하여, 세자 되기 전에도 언제나 글을 읽을 적에는 반드시 백 번씩 읽으며, 『좌전』과 『초사』는 다시 백 번을 더하였다. 일찍이 몸이 편치 못하면서도 글 읽기를 폐하지 아니하여 병이 점점 심해지니, 아버지 태종이 내시에게 명하여 갑자기 그 처소에 가서 책을 모두 거두어 오게 하였다. 다만 『구소수간(歐蘇手簡)』(구양수와 소동파가 주고받은 편지) 한 권이 병풍 사이에 남아 있었는데, 어린 세종은 수십 번을 읽었다. 왕위에 오르자 날마다 경연에 나가서 읽지 않은 책이 없었으니, 밝고 부지런한 공이 백왕 중에 뛰어나셨다. … 만년에 피로하여 정무는 보지 않으면서도, 학문에 대한 일에는 더욱 마음을 두어 유신에게 명하여 부서를 나누어 여러 책을 편찬하게 하였으니, 『고려사』·『치평요람』·『역대병요』·『훈민정음』·『동국정운』·『오례의』·『사서오경음해』 등이 동시에 편찬되었는데, 반드시 세종의 재결을 거쳐서 이룩되었으며, 하루 동안에 열람한 것이 수십 권에 이르렀으니, 가히 하늘의 운행과 같이 임금의 정성이 쉬지 않았다 하겠다.(『세종실록』 세종 32년 (1450) 2월 17일 / 『국역 대동야승』(민족문화추진회, 1971) 제3권의 『필원잡기』

2. 세종이 윤 형에게 "경은 책을 읽을 때에 몇 번 보아서 이와 같이 기억할 수 있는가?" 하니, 윤 형이 "신은 서른 번 정도 읽습니다."라고 대답하자, 세종이 "나는 모든 책을 1백 번씩 읽었는데, 다만 『초사』와 『구소수간』은 서른 번 정도 읽었을 뿐이오."라고 말했다.(『단종실록』 단종 1년(1453) 6월 13일 기사)

3. **경연과 집현전** – 세종은 즉위하자마자 곧바로 세자로 있을 때 세자시강원의 스승을 지냈던 서연관을 모두 경연관으로 삼아 경연에 참석시켰고 경연청을 짓게 하였다. 조선의 임금 중 많이 경연을 열었던 임금으로 세종(1,835회), 성종(9,006회), 영조(3,458회)를 꼽는다. 태조는 4회, 정종은 21회, 태종은 8회, 문종은 210회, 단종은 12회, 세조는 15회에 그쳤던 것과 비교하면 확연히 차이가 난다. 특히 세종은 이 경연에서 어려운 책들을 강론하고 정책을 펼칠 수 있는 사람을 양성하기 위해 '집현전'을 새로 설치하고 인재를 키웠다. 『세종실록』에서 세종이 경연 때 어떤 책을 읽고 토론하였는지를 보면, 논어, 맹자, 대학, 중용, 시경, 서경, 역경, 춘추, 사기, 자치통감, 통감절요, 통감강목, 자치통감속편, 통감속편절요, 대학연의, 율려신서, 근사록, 성리대전, 주자가례, 송조명신언행록, 송원절요, 송감 등이다.(손보기, 『세종대왕과 집현전』(1984, 세종대왕기념사업회) 31쪽 참조)

4. **음악에 대한 지식** – 처음에 박 연에게 명하여 종률(鍾律)을 정하게 하니 박 연이 일찍이 옥경(玉磬)을 올렸는데, 임금께서 쳐서 소리를 듣고 말씀하시기를, "이칙(夷則)의 경쇠소리가 약간 높으니, 몇 푼을 감하

면 조화롭게 될 것이다." 하시므로, 박 연이 살펴보고 경쇠공이 잊어버리고 쪼아서 고르게 하지 아니한 부분이 몇 푼쯤 되니, 모두 임금의 말씀과 같았다.(『세종실록』 31년(1449) 12월 10일 기사)

음악의 악보인 정간보를 창안하였는데 우물 정(井)자 모양으로 칸을 나누어 음의 길이를 표시한 기보법으로 동양 최초의 유량악보다. 여기에 세종이 직접 작사한 '용비어천가'를 가사로 써서 보태평지무와 정대업지무의 악보도 창작하였다.(『세종실록』 136권 악보서 참조)

5. **천문학과 수학에 대한 지식** – "계축년(1433) 가을에 우리 세종 전하께서 거룩하신 생각으로 모든 의상과 구루의 기계와, 천문과 역법의 책을 읽지 않은 것이 없어서, 모두 극히 정묘하고 치밀하시었다. 의상에는 이른바 대소 간의·일성정시의·혼의 및 혼상이 있고, 구루에는 이른바 천평일구·현주일구·정남일구·앙부일구·대소 규표 및 흠경각루·보루각루와 행루들이 있는데, 천문에는 칠정(七政; 해, 별, 화성, 수성, 목성, 금성, 토성)에 맞게 중앙과 지방의 관아에 별자리를 배열하여, 별의 북극에 대한 몇 도 몇 분을 다 측정하게 하여 『칠정산 내외편』을 편찬하였는데, …"(『제가역상집』 이순지 발문) 『칠정산 내편』에는 1년을 365.2425일, 1달을 29.530593일로 정하고 있는데, 이 수치들은 현재의 값과 유효숫자 여섯 자리까지 일치하는 정확한 것이다.

6. **불경에 대한 지식** – 옛날 무오년(1438)에 세종께서 『능엄경』을 읽어보시고는 기사년(1449)에 번역하여 널리 펴고자 하시어 내게 연구하라 명하셨거늘 ….(『능엄경언해』 세조 발문) 오래전 세종장헌대왕께서 일찍이 『금강경오가해』를 읽으시고 야부 송과 종경 제강, 득통 설의, 그리고 『증도가남명계송』을 우리말로 번역하여 석가보에 삽입시키고자 하

여, 왕세자와 수양대군에게 함께 편찬케 하고 친히 살펴보았는데, 마침 야부 종경 두 사람의 해설과 득통의 설의를 얻어 초고(원고)를 이미 완성하였으나 교정을 보지 못하고, 남명 계송은 30여 수를 번역하였으나 미처 완성하지 못하고 죽었다.(『금강경삼가해』, 『남명집언해』, 한계희 발문)

7. **역사에 정통함** – 세종은 『자치통감』을 보다 쉽게 읽어볼 수 있도록 뜻을 자세하게 풀이하여 책을 만들라 명하고, 신하들의 수고도 마뜩잖아 매일 검토하고 직접 밤늦게까지 이 책의 교정을 보다가 안질이 생길 정도로 심혈을 기울였는데, 이 책이 『자치통감 사정전 훈의』 100책 294권이다. 세종은 '요즈음 이 글을 보면서 독서가 유익함을 알았다. 총명이 날마다 더하고 잠이 아주 줄었다.' 하였다.(『세종실록』 16년(1434) 12월 11일) 세종은 『자치통감강목속편』(1423), 『자치통감강목』(1424), 『자치통감』(1427), 『자치통감강목』(1434), 『소미가숙점교부음 통감절요』(1434), 『음주 자치통감』(1435), 『자치통감 훈의』(1436~38), 『찬주부음 자치통감 오기증의』(1434?) 등 즉위하는 동안 『자치통감』과 관련한 책을 계속해서 편찬하였다.[2]

- 『한글 새소식』 586호(2021.6.)에 실린 글.

---

2) 손보기, 『세종시대의 인쇄출판』, 세종대왕기념사업회, 1986, 118쪽 참조.

# 세종의 '공공언어' 혁신 정책

'공공언어'가 뭔가? 참 말을 어렵게 한다. 옛날에는 국가기관 하면 '행정 용어, 행정 서식' 정도로 떠올렸는데 요즘은 '공공언어'라는 말로 바뀌었다. '공공'이란, 탁구공 두 개가 아니라, 국가와 국민에게 공동으로 딸려 있거나 관계되는 것을 말한다. 행정보다는 더 국민에게 다가선 개념이다. '공공성을 가진 기관의 말글'. 곧 사회 전체의 필요성과 전체의 이익에 직결되는 것이고, 따라서 공공성에는 공익의 개념이 수반한다.[3]

초등학교 시절에 쓰던 '공중도덕'이란 말이 떠오른다. 그 때는 '공공'이라는 말보다 '공중'이라는 말을 많이 썼는데, 그 말이 일본식 한자말이어서 한때 '사람들', '일반 사람들', '일반인' 따위로 순화하기도 하였다. 그런데 결국 '공공'이란 말도 똑같이 19세기 말에 들어온 일본식 한자말이다. 아무튼 '공공언어 개선'이란 말은 쉬운 말로 '국어 순화 운동'이며, 한글학회가 이어오던 '바른 말 고운 말 쓰기 운동'에 국가가 나선 것이다.

국립국어원은 2009년에 처음 김형배 연구사의 집필로 『한눈에 알아보는 공문서 바로 쓰기』라는 책을 냈다. 이 책을 낼 때 교정위원으로

---

3) 하동석·유종해, 『이해하기 쉽게 쓴 행정학용어사전』, 새정보미디어, 2010 참조.

참여했던 기억이 난다. 이것이 2019년 『개정 한눈에 알아보는 공공언어 바로 쓰기』로 발전하였다. 제목에서도 알 수 있듯이 '공공언어'의 뿌리는 '공문서'라는 것이다. 이 책에서는 공공언어의 뜻을 '좁은 의미로, 공공기관에서 일반 국민을 대상으로 공공의 목적을 위해 사용하는 언어이고, 넓은 의미로는, 일반 국민을 대상으로 사용하는 모든 언어'라고 하였다. 그 종류로는, '정부 문서, 민원서류 양식, 보도 자료, 법령, 판결문, 게시문, 안내문, 설명문, 홍보문, 정책 브리핑, 대국민 담화, 전화 안내 내부 문건, 보고서, 국정 보고, 국회 답변 등(이상 국가 공공기관), 신문과 인터넷 등의 기사문, 은행·보험·증권 등의 약관, 해설서, 사용 설명서, 홍보 포스터, 광고문, 거리 간판, 현수막, 공연물 대본, 자막, 방송 언어, 약관이나 사용 설명 안내, 공연물의 대사 등(이상 민간단체, 민간기업, 공인)'이 있다고 하였다.

> 공공언어라는 개념 자체가 미국의 '퍼블릭 랭귀지(public language)'에서 온 것이기도 하지만 한국의 공공언어 정책은 많은 부분 미국의 공공언어 정책과 닿아 있다. 미국의 공공언어 정책은 행정 개혁의 하나로 추진되었는데, 2010년에 '쉬운 글쓰기 법(Plain Writing Act of 2010)'으로 완성을 보았다.(남영신, 「국어문화원 제도와 공공언어」, 『새국어생활』 제25권 제3호(2015년 가을)에서 인용함)

이 '공공언어 개선' 활동이 활발해진 계기는, 〈국어기본법〉(2005년 1월 27일 제정 공포)에 명시된 '국어상담소'(현재 국어문화원)의 할 일과 '국어책임관'의 할 일에서 '꼭 해야 하는 일'로 못 박았기 때문이다.

그런데 본디 2005년 국어상담소가 처음 생겼을 때는 무슨 일을 해야 할지를 잘 몰랐다. 그러다가 2008년 국어문화원으로 이름을 바꾸면서 새롭게 정비하여, '(1) 지역 사회의 국어 교육 기관, (2) 국어 행사

주관 기관, (3) 국어 상담 기관'으로 활동하게 되었다. 그런데 이 가운데 폭발적으로 늘어난 것이 바로 공공기관의 공문서를 다듬어 주는 일이었고, 이를 전담하는 국어책임관을 돕는 일이었다. 그러나 공공기관에서도 권한이 낮고, 자신의 본업무도 아닌 국어 업무를 과외로 받아 수행해야 하는 국어책임관이 이 법 시행령에서 정한 대단한 업무를 효과적으로 추진하는 것은 불가능했다(남영신, 윗 글(2015 가을)을 참조함). 그래서 문화부와 국립국어원 차원에서 많은 관심을 갖고 적극적으로 추진하기에 이른 것이다.

돌이켜 보면, 공공기관의 공문서 작성에 대해 가장 먼저 개혁하고자 했던 사람은 세종이다.

세종이 1443년 12월 '언문(훈민정음)'을 창제한 뒤 가장 먼저 한 일은 언문으로 『용비어천가』(1445)를 지어 왕권의 정통성을 알리는 일이었고, 두 번째는 언문을 만백성에게 자세히 알리기 위해 해례본 『훈민정음』(1446)을 펴내는 일이었다. 세 번째는 혼란한 한자 발음을 정리하여 표준을 정한 『동국정운』(1447)과 『홍무정운역훈』(1455)을 펴내는 일이었다.

그러나 세종이 심혈을 기울여 추진한 일은 따로 있었다. 자신이 만든 새로운 문자를 가장 효과적으로 만백성에게 펼칠 수 있는 정책. 과연 그것이 무엇일까? 바로 관리들이 이 글자를 익혀 공문서에 쓰도록 하는 일이었다. 관리 채용 시험에 『훈민정음』을 과목으로 넣자는 것이다. 세종은 반포한 지 석 달 만인 1446년 12월에 문서를 담당하는 하급관리를 뽑을 때 『훈민정음』을 시험 보게 하였다. 7개월 뒤인 1447년 4월에는 함길도에 있는 관청에서 관리를 뽑는 식년시 이과 시험에 『훈민정음』을 필수과목으로 선정하였다. 그리고 이와 함께 1448년 3월에는

『논어』, 『맹자』, 『대학』, 『중용』을 한글로 번역하라는 지시를 내렸다.

조선이란 나라는 500년 동안 줄곧 관리들의 공공 문서 작성법으로 이두문을 썼다. 이 이두문은 한문과 달리 우리가 말하는 대로 우리말식으로 쓰는 문장인데, 한자의 음과 뜻을 빌어 만든 이두를 한자에 섞어 공문서와 사문서를 작성하는 것이다. 창업 초에 펴낸 법전 『직해대명률』(1395)과 『경제육전』(1397), 최세진의 『훈몽자회』(1527) 속 언문 자모 이름, 병자호란 때 소현세자가 쓴 『심양장계』(1637~44), 중앙관리와 전국 지방관이 주고받은 공문서인 『각사등록』 등이 모두 이두문으로 쓰여졌다. 심지어 노비문서에까지 언문(한글)을 못 쓰게 하고 이두문으로 작성케 했다.

세종은 관공서의 관리들이 이 이두문 대신 한글을 사용하면 그 파급효과가 클 뿐 아니라, 백성들에게 빠르게 보급할 수 있는 효과적인 방법이라고 생각한 것이다. 사실 세종은 이런 고민을 오래전부터 했다.

> 법률의 조문이란 것이 한문과 이두로 복잡하게 쓰여 있어서 비록 문신(文臣)이라 하더라도 모두 알기가 어려운데, 하물며 법률을 배우는 생도는 어떠하겠는가? 이제부터는 문신 중에 정통한 자를 가려서 따로 훈도관을 두어 『당률소의』, 『지정조격』, 『대명률』 등의 글을 강습시키는 것이 옳을 것이니, 이조로 하여금 정부에 의논하도록 하라. (세종 8(1426). 10. 27.)

이두 사용의 어려움을 이미 즉위 초기부터 뼈저리게 느낀 것이다. 이 정책은 세종이 죽자 물거품이 되었다. 다시 말해서, 이른바 '공공언어 혁신'이란 이미 세종의 한글 창제와 보급 사업에 깊이 파고들어 있었음을 알 수 있다.

－『한글 새소식』 577호(2020.9.)에 실린 글.

# 신미대사 한글 창제설의 진실<sup>*</sup>

600여년 동안 볼 수 없었던 '신미대사 훈민정음 창제설'이 최근에 갑자기 등장하게 된 경위를 찾아보았다.

## ① 노태조, 「원각선종석보의 찬성(撰成) 경위」, 『불교문화연구』 2집(한국불교문화학회, 2003년 12월)

이 논문은, '『원각선종석보』는 1999년 입적한 해인사 일타 스님이 중국에서 구해 가지고 온 책이다. 제1권을 복사하여 려증동 교수에게 기증했고, 이를 다시 노태조 교수가 복사하였다.'라고 밝히고 있는데, 려증동 교수는 '저자가 정의공주이다.'라고 주장하였다.

---

※ 이 글은 국립국어원 온라인 소식지 〈쉼표, 마침표.〉(2019년 12월) 573돌 한글날 특별호 '오늘의 발견, 다시 보는 한글'에서 고려대학교 정광 명예교수가 주장한 '훈민정음 창제의 두 주역, 세종대왕 과 신미대사'에 대하여 반박하는 글이다.

② 강상원, 『세종대왕 창제 훈민정음 - 주역 혜각존자 신미대사』 (한국세종한림원, 2008년 9월 22일)

글쓴이(강상원)는 실담어와 함께 『원각선종석보』를 소개하고 '저자가 신미대사이다.'라고 주장하였다.

③ 정찬주, 『천강에 비친 달 - 세종과 신미대사의 한글 창제 비밀 이야기』(작가정신, 2014년 9월 30일)

이 책 출판사 서평에 따르면 '이 소설은 최근에 발견된 『원각선종석보』가 신미대사가 한글을 창제했다는 결정적인 단서임을 보여준다.'라고 주장하였다.

④ 박해진, 『훈민정음의 길, 혜각존자 신미 평전』(도서출판나녹, 2014년 12월 14일)

이 책은 김수온이 쓴 「복천사기」의 내용을 소개하면서, '歲庚午'(경오년, 1450)라는 글자를 의도적으로 뺌으로써 결과적으로 『원각선종석보』에 기록된 '정통 3년(1438)'으로 이야기를 앞당기고, 신미대사가 이때부터 훈민정음을 창제하였다고 이야기를 꾸몄다.

⑤ 신동립 기자, '『원각선종석보』는 위작이다'(뉴시스통신, 2016년 5월 3일)

이 기사는, 학계에서 지적한 대로 『원각선종석보』 1권 마지막 장을 펼쳐 낱낱이 위작임을 밝히고 있다. 다음은 여기서 제시한 사진이다.

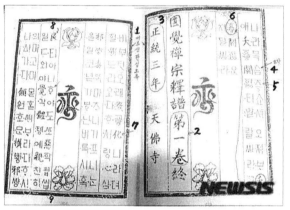

⑥ 정광, 『증정 훈민정음의 사람들』(박문사, 2019년 6월 11일)

이 책은 『훈민정음의 사람들』(정광, 제이앤씨, 2006.2.15.)의 증보판으로서, 새로 '제2장. 훈민정음의 제정을 도운 학승과 불교인'을 삽입하였는데, 여기서 정광 교수는 신미대사 모음 창제설을 주장하였다.

정광 교수는 〈쉼표, 마침표.〉에서, 『월인석보』에 첨부된 『훈민정음』 언해본의 '백성 가르치시는 바른 소리'라고 한 말은, '동국정운식 한자음을 말한 것이고, 훈민정음이란 새로운 동국정운식 한자음을 표음하는 기호라는 뜻이다.'라고 하였으나, 언해본에서 동국정운식 한자음을 쓴 것은 한자에만 국한되므로, 세종의 서문이나 예의편을 언해한 것이 '동국정운식 한자음'을 제시한 것이라는 주장은 논리에 맞지 않다.

정 교수는 또, '신미대사가 새 문자의 제정에 가담한 것은 초기에 반절상자를 언문 27자로 만든 이후의 일이다.', '신미대사가 이 사업에 참가하면서 범자의 모음자인 마다(摩多)에 이끌려 중성자 11자를 추가하였다.'라고 주장하였는데, 『세종실록』에는 이미 1443년 12월 이전에 임금이 친히 언문 28자를 만들었다고 밝혔음에도, 신미가 운회 번역을 한 뒤에야 모음을 만들어 추가하였다는 주장은 근거 없는 말이며, 논리적으로도 맞지 않다. 중성(모음) 없는 글자로 운회를 먼저 번역할 수는 없는 일이다.

정 교수는 '신미가 새 문자 창제에 참여하였다는 사실이 『식우집』(권2) 「복천사기」에 자세하게 기록되었다.'라고 하였는데, 「복천사기」에는 세종이 신미를 1450년에 처음 불러 보았다고 하였을 뿐이다.

1) 歲庚午 世宗大王不豫 移御孝寧之第 文宗及我主上殿下侍側 醫藥禱祀 尙未得效 於是 招集淨侶 至誠精勤 果獲靈應 聖躬乃安 … 初世宗大王聞尊者名 自山召至 賜坐從容 談辨迅利 義理精暢 奏對稱旨 自是 寵遇日隆

[경오년(1450)에, 세종대왕께서 편찮으셔서 효령대군의 집으로 자리를 옮기셨다. 문종과 세조가 곁에서 모셨는데, 약을 처방하고 제사도 지내보았으나 효험이 들지 않았다. 이에 세속에 물들지 않은 승려들을 모아들여서 지극정성을 다하니 병환이 조금 좋아졌다. … 처음에 세종께서 신미의 이름을 듣고 산으로부터 불러 담소를 나눈 것이다. 신미의 대답이 모두 이치에 맞고 의리가 정밀하고 넓었다. 아뢰고 답하는 것이

세종의 뜻에 어긋남이 없었다. 이로부터 세종의 대우가 두터웠다.](『식우집』(김수온) 권2, 「복천사기(福泉寺記)」(1480), 『한국문집총간』(1988), 75~77쪽)

2) 임금의 병환이 나았는데도 정근(精勤)을 파하지 않고 그대로 크게 불사(佛事)를 일으켜, 중 신미를 불러 침실 안으로 맞아들여 법사(法事)를 베풀게 하였는데, 높은 예절로써 대우하였다. (『세종실록』 세종 32년(1450) 1월 26일 기사)

3) "대행왕(세종)께서 병인년(1446)부터 처음 신미의 이름을 들으셨는데, 금년(1450)에는 효령대군 사제로 옮겨 거처하여 정근하실 때에 불러 보시고 우대하신 것은 경들이 다 아는 바이다." (『문종실록』 즉위년(1450) 4월 6일 기사)

「복천사기」는 『세종실록』과 『문종실록』의 기사와 똑같은 사실을 기록하고 있다. 『원각선종석보』 역시 중국에서 가짜로 만든 책이 들어온 것이다. 결국 신미대사가 훈민정음 창제에 관여했다는 것은 전혀 근거 없는 낭설이다.

- 『한글 새소식』 573호(2020.5.)에 실린 글.

# 훈민정음은 세종의 독창적 발상이다

5월은 세종께서 나신 달이다.

『세종실록』에는 '태조 6년 4월 임진일'(1397년 양력 5월 15일)에 태어났다고 하였으니, 올해로 탄신 622돌이 된다.

세종은 어릴 때부터 책 읽기를 너무 좋아해서 태종이 가택연금령을 내리고 독서를 금지한 적이 있다. 세종은 신하에게도 늘 독서를 강조하였고 자신도 한 가지 책을 50번에서 100번씩 읽는다고 말하기도 하였다. 아버지 태종은 그런 그의 지식을 높이 보고 임금자리에 올려 놓았다. 그리고 재위 32년 동안 그가 펼쳤던 수많은 업적과, 말년에 이룩한 '훈민정음' 창제까지도 따지고 보면 모두 독서의 힘이라 할 수 있다.

1443년 12월 임금(세종)이 친히 언문(諺文) 28자를 만들었다.

'언문'이란, '전하는 말을 그대로 표현할 수 있는 문자'라는 뜻이니 곧 '소리글자(표음문자)'라는 말이다. 이 언문의 창제 원리는 『훈민정음』(해례본)에 잘 설명되어 있다. 그런데 이 책에 밝힌 내용에 따르면, 그 원리들이 세종께서 처음 창안한 것이 아니다. 초성과 종성 글자의 바탕이 된 칠음(아설순치후음·반설음·반치음)과 청탁, 중성의 바탕인 음양오행과 천지인 삼재가 모두 중국의 성운학과 성리학, 주역의 원리로서, 이를 바탕으로 삼았다고 했다. 또 초중종성을 합해야 글자를 이룰 수 있다는 것과, 소리의 높낮이를 사성으로 표기한 것도 세종이 처음 사용한 문자의 원리가 아니다. 이미 중국이나 다른 나라에서 글자를 만들 때 세웠던 원칙들이다. 그리고 모든 백성이 자유롭게 소통할 수 있는 쉬운 글자를 만들어야 한다는 생각과, 말이란 나라 안 모든 백성이 공유할 통합된 발음과 문법(오늘날 표준어와 맞춤법과 같은 의미)이 있어야 한다는 생각까지도 세종이 처음 주창한 것이 아니다. 티벳, 요나라, 금나라, 왜(일본) 등 동양의 많은 나라들이 앞서 그런 생각으로 문자를 만들었고, 원나라 세조 쿠빌라이도 그런 뜻으로 표음문자를 만들었으며, 명 태조 주원장도 그런 생각으로 『홍무정운』을 제정하였다.

중국의 수많은 제국은 나라를 세울 때마다 새로운 운서(韻書)를 만들어 한자의 표준음을 다시 정해야 했다. 왜냐하면 뜻글자인 한자가 너무도 어려웠고, 제국의 겨레가 다양했을 뿐더러 이민족인 때가 많았기 때문에 지배한 민족의 말에 따라 한자의 발음이 크게 흔들렸다. 예컨대 북경만 하더라도 가장 오랜 기간 동안 제국의 수도였지만 그곳을 지배한 겨레는 때마다 달랐다. 그러므로 한자의 표준 발음은 중국 내부에서도 끝없이 바뀔 수밖에 없었고, 이에 따라 이웃한 많은 나라가 한자의 발음과 뜻이 변하는 혼란을 겪어야 했으므로 제 나라에 맞는 한자음과 글자를 만들어 쓸 수밖에 없었던 것이다.

조선은 나라 밖 사정뿐만 아니라, 백성의 말글살이도 매우 혼란스러웠다. 한문을 읽기 위해 제작한 '구결(口訣)'이란 글자도 있었고, 한자의 소리와 뜻을 빌어 우리말 어순대로 쓰기 쉽게 만든 '이두(吏讀)'라는 글자도 있었다. 이 두 가지 글자는 한글 창제 이전에 이미 삼국시대부터 우리 겨레가 만들어 쓴 글자이기도 한데, 각기 글을 읽고 쓰는 데 아주 쓸모가 많았다. 그럼에도 이 두 문자는 한자를 빌어 만들었기 때문에 한자와 서로 충돌하면서 혼란을 일으켰고, 그 뜻이 공유하는 사람마다 달라서 배우고 가르치기가 어려웠다. 더욱이 몽골족의 원나라 때 배웠던 한자 발음이 한족의 명나라 때는 크게 달라져서 조선의 외교에 큰 낭패를 보게 되었다. 거기에다 외교문서를 작성하는 교육이나 중국어 회화를 위한 교육까지 엎치고 덮쳐 어떻게 가르치고 배워야 할지 갈피를 잡을 수 없는 지경에 이르렀다.

이렇게 나라 안팎으로 말글의 혼란이 극에 달했으므로, 새 나라 조선의 임금이 된 세종은 그에 맞는 답을 내야 했다. 세종이 창제한 언문(훈민정음)은 참으로 누구나 알기 쉬운 글자였다. 사람이 입으로 내는 소리의 특성을 살려 글자를 만들었기 때문에 말하는 대로 글자를 쓸 수가 있었고, 하늘과 사람, 그리고 땅의 모습대로 만든 가운뎃소리는 어둡고 밝은 소리를 구별할 수 있었다.[4] 이것이 소리를 초중종성으로 나눈 자질문자의 탄생이다.

다시 말해서, 한 나라의 표준말을 제정하거나 소통하기 쉬운 글자를 만드는 일은 왕조 초기의 임금으로서 먼저 해야 할 일이었고, 여러 나라와 교류하면서 각국의 통치자가 펼쳤던 말글 정책을 참고하여 세종도 조선말에 맞는 언어정책을 고민하지 않을 수 없었다. 여기에 세종의 지식과 세종이 읽은 수많은 책들이 그 구실을 하게 된 것이다. 책읽

---

4) 중성(가운뎃소리)은 곧 이른바 모음(홀소리)을 가리킨다. 모음은 홀로 날 수 있지만, 자음은 홀로 날 수 없다. 자음과 자음이 이어질 때는 반드시 모음이 사이를 이어 주어야 한다. 그런데도 이 중성의 중요성을 표현한 문자는 드물다. 우리말의 가장 큰 특징이라면 모음조화, 곧 음성모음과 양성모음의 대립인데, 이 모음조화의 특징을 결정적으로 드러내는 소리가 바로 중성(모음)이다. 다시 말해서 세종은 우리말의 특징인 모음조화를, 중성을 만듦으로써 구현해 내려 한 것이다. 모음조화의 특징을 살리기 위해 세종은 중성의 형태를 해가 동쪽에서 떠서 사람을 지나 서쪽 지평선으로 지는 형태를 구현하였으며 '천지인과 음양 오행'이라는 주역의 원리를 가져온 것이다.
  보기) 곱고 맑고 밝다/굵고 무겁고 어둡다.

기를 좋아한 세종의 박식함과, 당시 나라 안팎의 혼탁한 말글살이를 생각하면, 새로운 문자(훈민정음)의 제작을 세종이 직접 추진했다는 데에 이견이 있을 수 없다. 세종이 직접 『훈민정음』 서문에 '내가 만들었다.' 했고, 집현전의 수장이었던 정인지도 서문에서 '전하께서 창제하신 정음 28자'라고 하였으며, 최만리 등 반대론자들도 '전하께서 만드신 글자는 쓸모없다.'라고 한 사실을 두고도, 이를 믿지 않고 다른 누군가가 만들었다고 주장하는 것은 잘못이다.

협찬설을 주장하는 학자들은, '이러한 큰 일을 어찌 세종 혼자 할 수 있을까?'라는 생각과, '왕조시대에는 신하들에게 일을 시켰으면서도 임금의 업적으로 돌린다.'라는 주장을 펼친다. 그런 주장은 뚜렷한 근거를 제시하지 못하지만, 다만 근거라고 내세우는 몇 가지가 있다면, 하나는, 『직해동자습』(1453) 서문에 나오는 글이다. '세종과 문종께서 이를 염려하시어 이 훈민정음을 지어내셨으니'라는 부분을 인용하는 것이다. 이 글은 성삼문이 세종과 문종 두 임금을 연거푸 섬긴 신하로서, 금방 돌아가신 문종에게 예의를 차린 표현이다. 또 하나의 근거로 삼는 것이 『용재총화』(1525)이다. 이 책에 '세종께서 언문청을 설치하여 신숙주, 성삼문 등에게 명하여 언문을 짓게 하니'라는 말이 나온다. 그런데 언문청은 『훈민정음』을 간행하고 몇 달 뒤에 설치하였으니 앞뒤가 맞지 않고, 윗 글에 이어진 '초종성 8자, 초성 8자, 중성 12자이니'라고 한 말은, 『훈민정음』 내용과 다르고 『훈몽자회』(1527)에 나오는 주장과 같을 뿐이다. 즉 성현이 역사적 사실을 정확히 모르고 최세진의 주장을 그대로 받아들인 것임을 알 수 있다. 또 성현은 이어서 '범자(梵字)에 의해서 만들었다'라는 엉뚱한 주장도 하였다. 즉, 『용재총화』에서 성현이 말한 내용들은 성현이 올바른 역사 기록을 알지 못하고 서술한 글임을 알 수 있다. 이 두 기록 말고는 어떤 문헌에서도 모두 세종이 친히 글자를 만들었다고 한결같이 말하고 있다. 곧, 음성 자질과 음양 자질로 새로운 글자를 창안한 사람이 세종이라는 사실을 부인하는 문헌은 어디에도 없다.

- 『한글 새소식』 561호(2019.5.)에 실린 글.

# 이 시대의 한글 운동

이른바 '한글 운동'은 '우리말 운동'이다.

우리 겨레가 이 땅에 터를 잡고 살면서 지금껏 아침에 일어나서 저녁에 잠자리에 들 때까지 날마다 우리말로 서로 생각을 주고받으면서도, 글로는 한자만으로 천오백년을 살았다. 그 이후에도 중국말 어법에 따른 한문을 배워야 어렵사리 멀리 떨어진 사람에게 말을 전할 수 있었다. 우리만의 생각, 우리만의 생활, 우리만의 사상이 분명히 있었을 텐데도 그걸 중국사람처럼 중국 글로 써야 했다. 또 한자로 씌어진 중국의 역사, 사상, 학문을 천 년 이상 배우고 답습했다. 우리 겨레는 항상 학문과 교육의 근원을 중국 고전에서 찾았고, 그것들은 모두 한자와 한문을 배워야만 습득할 수 있었다. 그야말로 우리도 중세 라틴어 통치를 암흑시대라고 단호하게 단절하고 문예부흥(르네상스)을 일으킨 서양처럼 제 나라 말과 문화를 살리는 운동을 거족적으로 부흥시켜야 했다.

그때 바로 세종의 위대한 업적들이 나온다. 15세기 동양에서 그것도 조선이라는 작은 땅에서 자주, 민본, 애민 정신으로 똘똘 뭉친 일련의 문화운동이 전개되었으니, 바로 세종의 과학적 제도 정비와 천체 관측 기기 발명, 실증적 서적 발간, 인쇄술의 발전, 문자 발명들이 그것이다.

돌이켜 보면 서양의 문자 '로마자'는 고대이집트 상형문자에서부터 페니키아, 그리스를 거쳐 로마에 이르기까지, 동양의 문자 '한자' 역시 은허 갑골문자에서부터 한나라에 이르기까지 3천여 년 동안에 만들어진 문자이다. 이토록 오랜 시간과 노력이 필요한 것이 '문자 만들기'이고 보면, 세종이 몇 년 만에 창제한 이 과학적 문자야말로 3천년의 시간을 압축한 불세출의 업적이 아닐 수 없다.

돌이켜 보면 세종의 생각이 옳았다.

우리말을 살려서, 우리말로 생각하고, 우리말로 소통하고, 우리말로 역사를 써나가는 작업을 했어야 했다. 말에 힘이 있고 우리말에 문화가 있음을 일찌감치 깨달은 세종은 말을 쉽고 빠르게 가르칠 글자가 필요했던 것이고, 그 글자를 만들어 역사와 시와 노랫말을 써나간 것이다. 백성이 너 나 없이 생각과 형편을 주고받음으로써 자주, 민주, 박애라는 근대정신이 싹틀 수가 있었던 것이다. 그러므로 우리글 한글 운동은 우리말 운동이고, 자주독립 운동이고, 민주 운동이고, 인권 운동이며 평화 운동이다.

이 운동은 1446년 10월 9일 『훈민정음』을 반포하신 세종께서 그 선포문에, "우리나라의 말이 중국과 달라서 한자로는 서로 통하지 않으니 어리석은 백성들이 말하려는 바가 있어도 제 뜻을 나타내지 못할 사람이 많다. 이를 불쌍히 여겨 새로 스물여덟 글자를 만드니 사람마다 쉽게 배우고 익혀 쓰기에 편하게 하고자 한다." 하신 말씀에서 말미암는다. 세종이 언문을 "훈민정음"이라 이름붙이고 해설책을 보인 뒤, 과거 시험 과목에도 넣고, 시를 짓고, 노래를 부르며, 글을 쓰고, 한자 발음도 표기하고, 이야기책을 지으면서 그 사용하는 실상을 여러 가지로 보이

신 것이 바로 말글 운동의 시작인 셈이니 우리에게 말글 운동은 둘이면서 하나다. 이 운동에 동참한 여덟 분의 집현전 학사들과 세종 자녀들의 도움으로 조선의 백성들은 자유롭게 편지를 쓰고 글을 읽으며 문화생활을 누릴 수 있었다. 하지만 세종이 깨달았던 자각과 혜안은 시간이 지날수록 점점 흐려졌다. 말이란 쓰면 살고 안쓰면 사라진다.

조선왕조 500년 동안 더러 우리말의 중요성을 말하기도 하였지만, 새롭게 운동을 펼쳐 나가게 된 것은 근대 19세기 말에 와서였으니, 바로 "법률·칙령은 모두 국문을 기본으로 하고 한문으로 번역을 붙이거나 혹은 국한문을 혼용한다."라고 선언한 고종 칙령 제1호(1894. 11. 21)와, 지석영 선생(『독립협회회보』, 1896년 11월)과 주시경 선생(『독립신문』, 1897년 4월)의 「국문론」이었다.

특히 주시경 선생은 우리 말글을 연구하고 계몽운동을 펼치면서, "말이 오르면 나라도 오르고 말이 내리면 나라도 내린다."라고 하면서 우리말과 한글의 중요성을 깨우쳤으며, 국문연구소, 하기 국어 강습소, 국어연구학회, 배달 말글 몯음(조선 언문회) 등을 만들고, 문법을 연구하며 활발한 운동을 하다가 돌아가셨다.

그의 정신을 이은 조선어학회는 한글날(가갸날)을 기리면서, 『한글』 창간, '한글마춤법통일안' 제정, '조선어 표준말 모음' 발표 등 일제 강점기 속에서도 운동을 멈추지 않았다. 하지만 조선어학회가 일제에 의해 독립운동 단체로 간주되어 회원들이 체포·투옥되고 학회는 해산되었다. 많은 학자들이 야만적인 고문에 시달리며 옥중에서 목숨을 잃기도 하였으니 이것이 '조선어학회 사건'(1942)이다. 최현배 선생을 비롯한 이른바 '조선어학회 33인'의 숭고한 한글 운동은 일제의 우리말·우리글 말살 정책에 정면으로 대항한 항일 운동이고, 이는 우리 겨레 문화를 지키고 발전시키려는 세종의 정신을 계승한 민족 갱생의 길이었던 것이다.

해방 이후 한글 전용 운동, 우리말 도로찾기 운동, 일본말 안쓰기 운동, 사전편찬 운동, 국어 정화 촉진 운동, 외래어 안쓰기 운동, 거리 간판 정화 운동, 한글 기계화 운동 등 끊임없는 노력이 이어졌다. 이와 발맞춰 제헌 국회에서는 법률 제6호 '한글 전용에 관한 법률'(1948. 10. 9)을 공포하였다. 이 법은 2005년 「국어기본법」에 그 내용이 포함되면서 폐지되었다. 일제 때 우리 말글 말살 책동으로 70% 이상이던 문맹률이 광복 직후 정부와 한글 단체가 문맹퇴치 운동을 벌여 1958년에 이미 4.1%로 격감하였다.

이제 우리 앞에는 자발적 영어 식민주의 의식이라는 또다른 장벽이 가로막고 있다.

- 『한글 새소식』 543호(2017.10.)에 실린 글.

# 다시 광화문 앞에서

## 1. 진보와 보수 사이

진보는 정권에 대한 비판과 개혁을 말하는 군중에게만 있는 것인가? 보수란 시민에게는 없는 것인가?

대통령이나 임금이나 위정자에게도 진보와 보수는 늘 균형잡힌 양 날개여야 한다. 민주 정치에도 보수가 있고 독재 정치에도 진보는 필요하다. 전통과 질서를 지키려는 보수라면, 역사 발전에 따라 사회의 변화를 추구하고, 부조리와 부당함에 맞서 지배와 권위를 허무는 것이 진보라면 말이다. 그런데 아직도 우리는 보수당 집권 때 한 일은 모두 보수적이고, 진보당 집권 때 한 일은 모두 진보적이라는 흑백논리로 서로 적대시한다. 이것은 비민주적이고 비합리적인 생각이다. 바로 이 러한 관점에서 우리 말글에 대한 정책을 논의코자 한다.

## 2. 광화문 현판 교체 동기

참여 정부 때인 지난 2005년 문화재청은 광화문을 복원하면서, 박정희 전 대통령의 친필 한글 현판이 군사독재의 얼굴로 비춰지므로 뜯어내고 정조 글씨 현판으로 바꾸겠다고 하였다. 또 '박정희 친필 현판은 왕실 정궁인 경복궁의 공간 성격과 맞지 않고, 19세기 중건 때 만든 원래 한자 현판과 달리 글씨 방향도 거꾸로 되어 교체가 불가피하다.'라는 말도 덧붙였다. 그러나 현판 교체가 경복궁 복원 초에는 거론되지 않았던 일이고, 국민 정서가 '왕궁의 정문'에서 '대한민국 얼굴'이란 의미로 바뀌었으며, 한문체 글씨 방향은 시대착오적 발상으로 여겨졌다. 결국 시민의 반대 여론에 밀려 정조 글씨로 복원하는 것은 접고, 급하게 그 원형을 찾던 중 1916년 일제 때 찍은 흑백 사진을 발견하고 잘 보이지도 않는 글씨를 복원하기로 계획을 수정하였다. 문화재청은 2010년 '경복궁 영건일기'를 발굴해 훈련대장 임태영이 썼다는 사실을 찾았다고도 하였다. 그런데 2016년 2월 문화재 자문위원 혜문 스님은 새로운 자료를 제시하며 광화문 현판 복원이 잘못되었다고 주장하였다.

> 2015년 나는 일본에서 광화문 관련 자료를 찾아보았다. … 며칠을 일본 도서관 자료를 뒤지다가 뜻밖에 미국 스미소니언 박물관 소장 사진을 발견했다. 1893년 이전에 촬영되었다는 사진 설명이 붙어 있었다.
> (혜문 스님 블로그)

혜문 스님이 제시한 사진에는 광화문 글씨가 흰색이고 현판 바탕은 검은색이다. 그러나 문화재청은 글씨 색이 정반대인 지금의 금이 간 현판을 고집하며 다시 만들고 있다. 참으로 어처구니없는 노릇이다.

## 3. 현판 복원에 끼어든 정치적 눈치 보기

　'역사 바로 세우기'. 일제 강점기에 치밀한 계획 속에서 철저히 우리 역사를 왜곡한 침략자의 의도를 잘 알기에 많은 사람들이 경복궁 복원을 환영하였다. 또한 1968년 박정희 전 대통령이 콘크리트 광화문을 짓고 그가 쓴 현판을 단 것은 섣부른 결정이 아닐 수 없었다. 그래서 모든 기록과 자료를 총동원하여 '광화문' 현판을 복원하려는 문화재청의 노력은 참으로 눈물겹기까지 하였다. 그러나 대통령이 써서 40년 이상 걸어놓았던 현판까지 없앤 조치는 매우 온당치 못했다. 문화재를 가장 아끼는 사람들이 그런 적대적 감정으로 문화재를 가위질한다면 과연 남아날 문화재가 얼마나 될까? 갑자기 권력의 시녀가 된 문화재청을 보는 듯했다. 하지만 군사독재자라는 뼈아픈 잣대는 그가 쓴 현판을 그냥 둘 수 없게 만들었고, '이 나라는 중국이 아니라 대한민국이다.'라는 말을 하면서 현판을 썼다는 박정희 대통령의 시대적 소신도 기억에서 사라지게 하였다. 사실 당시 정부의 한글 정책도 대학생들의 끈질긴 국어 운동을 받아들인 결과였다.

　지금도 박정희 대통령을 정치적 타도 대상으로만 여기는 진보주의자들은 100년 전으로 역사를 되돌리는 보수주의자가 되어 한자 현판만 고집하고 있다. 광화문이 보여주는 상징적 의미가 매우 크고, 한글 현판이 겨레정신, 세종정신, 자주애민·과학·민주·소통의 시대정신을 담고 있다고 아무리 외쳐도, 한글 현판이 독재자의 흔적이 아닌 민주시민운동의 자취라고 외쳐도, 귀담아 듣는 진보주의자는 보이지 않는다. 경복궁 복원을 시작할 때나, 광화문 앞을 세종광장으로 바꿀 때까지만 해도 세종대왕과 한글의 위대함을 대다수 국회의원, 작가, 기자들은 긍정하였다. 그러나 뜬금없이 문화재청이 잘못된 사진자료를 근거 삼아 한글 현판을 떼고 한자 현판을 내걸었는데도, 마치 한글 현판은 독재자의 특허인 양 다들 꿀먹은 벙어리가 되었다. 냉철한 판단이 필요하다. 정치적인 처지로 눈치만 보면서 대한민국의 대문인 광화문에 한글로 시대정신을 기록하자는 시민의 목소리를 외면하는 것은 진보도 보수도 아닌 그저 귀먹은 위정자의 모습일 뿐이며, 권력을 쥔 또다른 독재의 모습이다.

## 4. 새 현판은 세종정신을 담아야

세종은 보수 수구 학자들의 반대에도 무릅쓰고 새로운 글자를 만듦으로써 백성으로 하여금 행복한 삶을 누리도록 문화 변혁을 시도하였고, 태조가 붙였던 '정문'이라는 이름을 버리고 과감히 '광화문'으로 바꾼 개혁 군주였다. 이제 문화재 복원을 위해 문화재를 부수는 어처구니없는 보수와 진보의 반목에서 벗어나 시대정신을 보고 시민의 자긍심과 역사관을 보자.

세종의 정신으로 돌아가 세종의 눈으로 바라본다면 그 해답은 명료하다. 아직도 알 수 없는 뜻의 한자 이름을 걸어 놓고 중국인들이 반드시 보고 가는 관광 1번지로 만드느니, 세종이 백성을 위해 새로운 문자를 창제한 것처럼 대한민국의 공식 문자 한글로 된 광화문 현판을 걸어 당당하게 이 시대의 정신을 담아내야 한다. 7월 6일 독일에서 연설하던 대통령의 등 뒤에 걸린 '新 한반도 평화비전'이란 글귀가 자꾸만 눈에 거슬린다.

- 『한글 새소식』 540호(2017.8.)에 실린 글.

# 한글 창제와 인쇄술(1)

올 5월 15일은 619년 전 세종대왕께서 태어나신 날이다. 그분은 우리에게 새로운 글자를 만들어 주셨을 뿐만 아니라, 그 글자를 주자(鑄字; 활자)로 만들어 생활에 필요한 수많은 책을 인쇄하여 나누어주신 분이다. 우리 역사상 문자 창제와 인쇄 역사는 서로 깊은 필연성을 지녔다.

## 1. 우리나라의 과학기술 역량

인류 문명 발달사에서 문자의 발명과 인쇄술이 씨실과 날실같은 요소라면, 새로운 문자(훈민정음) 창제는 인류의 발달을 주도한 우리 겨레의 '과학기술 역량의 결정체'라 해도 지나치지 않다. 고고학자 손보기(1922~2010) 선생은 일찍이 '우리나라의 인쇄 기술 발달은 중국 문화의 자극을 받았으나, 금속활자 인쇄의 근본이 되는 기술은 우리나라에서 비롯되었고 이룩되어, 중국, 일본, 요나라에까지 미치었고, 중국을 통해서 간접으로 나마 서양의 인쇄 기술에 이바지한 것이다.'(『금속활자와 인쇄술』머리말, 1977)라고 말한 바 있다. 또 '서양에서 중세와 근대를 가르는 기술 분계

선이 바로 금속활자 개발이었는데, 우리나라는 이미 중세(고려) 때 금속활자의 발명이라는 인쇄술의 혁명이 이루어졌다.'라고 하였다. 세계에서 가장 오래된 목판 인쇄물인 『무구정광대다라니경』(706~ 751사이)이 발견되었고, 세계에서 가장 앞선 금속활자 인쇄물 『남명천화상송증도가』(1232 이전)를 찍었다는 기록과, 금속활자본 『직지심체요절』(1377)이 발견되었다. 금속활자 인쇄는 구텐베르크의 『42행 성경』(1455) 인쇄보다 220년 이상이나 앞선 일이다. 오랜 인쇄 역사를 이어오던 우리 겨레는 세종의 노력에 힘입어 다양한 활자 개발과 인쇄 기술의 발전을 보게 되었고, 그 축적된 인쇄술의 역량이 마침내 새로운 글자, 과학적인 글자 '훈민정음'(언문)을 창제(1443)하게 하였으니, 유럽에서는 꿈도 꿀 수 없는 '내 말 내 글 시대'를 맞이할 수 있었던 것이다.

손보기 선생의 저서 『한국의 고활자』(1971), 『금속활자와 인쇄술』(1977)과 『세종시대의 인쇄출판』(1986)은 우리나라 인쇄술의 전개, 특히 세종시대에 개발된 금속활자와 인쇄물을 면밀히 소개하고 있다. 세종이 주도적으로 관여한 인쇄물은 이루 헤아릴 수 없을 정도로 많은데, 활자의 재료도 나무, 구리, 납, 놋쇠 등 다양했다. 그 가운데서도 『자치통감강목』(1436)은 납활자인 병진자와 동활자인 갑인자를 함께 썼고, 『의방유취』(1448)는 365권, 『치평요람』(1445/1516)은 150권을 인쇄하였으니, 이처럼 금속활자로 찍어낸 책은 책이름만도 1300개 이상이며,(『금속활자와 인쇄술』, 손보기) 책마다 권수와 책수를 계산한다면 수백만 권에 이른다. 또 조선이 만든 금속활자는, 계미자(1403), 경자자(1420), 월인천강지곡 갑인자(1434, 8차례 재주조), 진양대군자(병진자 납활자, 1436), 석보상절 한글자(1447), 동국정운 한글자(1448), 안평대군자(1450), 강희안자(을해자 동활자) 한글자(1455), 홍무정운 한글자(1455), 정란종자 한글자(1465), 갑진자(1484) 등 수많은 활자들이 개발되었다. 이렇게 활자를 수차례 제작하면서 수백 종의 책을 수백 벌씩 찍어내어 백성들에게 나누어 주었으며, 심지어는 당시 중국이나 일본(왜)에 그 인쇄물을 수차례 찍어 보내주기도 했던 기록이 실록에 전한다.

## 2. 근대식 인쇄 출판의 꽃, 글꼴

우리나라에 근대식 활자 시대를 열어준 첫 한글 인쇄물은 외국인이 펴낸 사전이었다. 『한불ᄌᆞ뎐(韓佛字典)』은 병인양요(1866) 때 우리나라를 탈출한 리델(Ridel) 주교가 서울 출신의 신도 최지혁의 글씨 도움을 받아 만주에서 편찬한 것인데, 그 원고를 일본으로 가져가서 1880년에 인쇄하였다. 이에 앞서 제정러시아 연해주의 한 지방관리였던 푸칠로(Putsillo)는 당시 급증하는 한국인 이주민과의 소통을 위해 직접 『실험 제작한 노한사전(露韓辭典)』(1874)을 편찬하였는데, 노어는 활판인쇄이고 한국어는 석판인쇄였다.(한국민족문화대백과) 또 1882년 만주 봉천에서 순한글 납활자로 『누가복음』과 『요한복음』 책이 출판되었는데 이때 글씨는 의주 사람 서상륜과 백홍준이 썼다고 한다.(한글글꼴용어사전) 정부 차원에서는 1883년 조선이 박문국을 설치하고, 박영효가 일본 쯔꾸지 활판소에서 만든 수동식 활판 기계와 한자 활자도를 수입하여 일본인 기술자로 하여금 『한성순보』를 찍어내게 한 것이 근대식 납활자 인쇄의 시작이었다.(한글글꼴용어사전)

한글 전용으로 1896년 독립신문 창간호가 발행되기까지 외국인의 우리 말글 연구는 우리가 근대 인쇄 문화에 눈을 뜨게 해주었으며, 이러한 서양의 근대식 납활자 인쇄술이 우리의 전통 금속활자 기술과는 단절된 통로로 들어온 것은 사실이지만, 활자 제작의 원리가 조선의 금속활자와 크게 다르지 않다는 점과, 이미 세종 18년(1436)에 주조한 병진자가 납활자였다는 점에서, 손보기 선생의 주장대로 그 인쇄술의 원류는 우리나라에서 비롯되었다 해도 지나친 말이 아니다.

사람의 손으로 책을 엮어 만들던 시대가 가고 기계가 책을 만드는 시대가 오면서, 작고 간편한 책을 인쇄하기 위해 만들어진 납활자 인쇄기의 '새활자 시대(1864~1949)'(이용제, 2015)는, 딱지본 한글 소설류 등 다양한 인쇄 욕구에 따른 활자의 실험적 사용 기간이었다. 한편 한글의 기계화 노력은 타자기 개발로 이어졌다. 이원익, 송기주의 세로쓰기 한글타자기를 거쳐, 1947년 공병우의 가로쓰기 한글타자기 개발에까지 이어져서, 한 벌의 글꼴(글쇠)로 많은 양의 글을 빠른 시간에 쳐서 책을 엮어내는 기술로까지 나아갔다. 이러한 기간에도 우리 언중은 납활자뿐만 아니라 붓으로, 연필로, 펜으로 열심히 글씨를 써왔고, 그런 손글씨와 인쇄글씨를 아우르는 '원도 활자 시대(1950~ )'(노은유, 2015)가 새롭게 열리게 되었다. 납을 이용해 만든 세계 최초의 활자는 세종 18년(1436)에 주조된 진양대군체 병진자 납활자이지만(『납활자 인쇄기술』, 국립중앙과학관, 2012), 개화기 근대식 납활자 인쇄로 대량 생산이 가능했던 것은 서양의 기술이었다. 그 기계에 정밀하게 개량된 한글 서체가 새겨진 것은 1950년대 원도 활자 시대에 와서야 이루어졌다. 일정한 양의 완성형 글자 원도를 한 사람의 서체로 한 벌 만들어서 그대로 활자를 찍어 쓰는 것이다.

물론 세종 시대의 활자도 누군가의 서체를 본(밑그림)으로 하였으나 활자를 위한 별도의 서체를 만들지는 않았다. 70년대 라이노타이프, 모노타이프, 사진식자기 시대가 가고, 80년대부터 시작된 개인용 컴퓨터 '디지털 글꼴(폰트) 시대'를 맞이하면서, 한글의 과학적인 창제 원리를 이용한 조합형 원도 개발이 활발히 이루어졌지만, 90년대부터 웹디

[세계 최초의 납활자(병진자)로 찍은 『자치통감강목』(1436)]

자인 글꼴이 꽃을 피우는 정보통신시대에 접어들면서, 컴퓨터의 무한한 처리 기능(CPU) 때문에 완성형 한글 2,350자 뿐만 아니라 낱자를 조합하여 만들 수 있는 11,172자 이상의 한글 글자도 완성된 글자를 저장하여 쓸 수 있게 되면서, 사실상 원도 제작이나 창제 원리를 따르는 조합형 글자 제작의 필요성은 갈 길을 잃게 되었다.

-『한글 새소식』 525호(2016.5.)에 실린 글.

# 한글 창제와 인쇄술(2)

## 1. 최정호와 최정순의 원도 개발

올해는 최정호(1916~1988) 선생과 최정순(1917?~2015) 선생의 탄생 100돌이 되는 해이다. 두 분은 1950년대부터 각종 인쇄 출판물에 필요한 납활자의 한글 원도(밑그림) 개발에 참여한 분으로서, 이른바 '부리 계열 한글 서체'를 제작한 사람이다. 이러한 활자 원도 개발은 1980년대 개인용 컴퓨터가 보급되면서 디지털 글꼴 개발에까지 이어졌다.

최정호 선생은 1955년 동아출판사가 벤톤 자모조각기(Benton Matrix Cutting Machine)를 도입하면서 의뢰한 서체 원도를 여러 해 만에 제작 완성하였고, 이어 삼화인쇄사와 보진재에도 원도를 제작해 주었다. 이어서 일본의 사진식자기 회사인 샤켄과 모리자와에 몇 벌의 서체 원도를 건네주었다. 이것은 동아출판사의 원도가 샤켄에, 삼화인쇄의 원도가 모리자와에 전해진 것이며 두 회사의 사진식자기가 국내에 들어오면서 최정호의 서체도 널리 보급되었다.(한글글꼴용어사전, 2000)

최정순 선생은 1952년 서울신문사 주조부의 목각공으로 입사해서, 1954년 2월 문교 서적의 대일 기술 연수단 일행과 함께 일본에 가서 벤톤 자모조각기의 조작법을 익혔으며, 자모 원도 만드는 법을 배워와서 1954년부터 국정교과서 주식회사에서 근무하면서, 수입한 벤톤 조각기와 사진식자기의 '문교부 초등 교과서체' 원도를 1955년에 제작하였다. 한국일보는 1962년 최정순에게 자모 조각 활자를 의뢰하여 개발하였으며, 1965년에는 중앙일보 역시 최정순의 활자체로 창간되었다.(한글글꼴용어사전, 2000) 납활자 시대가 가고, 80년대 컴퓨터 디지털 인쇄 시대로 접어들면서 정부는 1990년 한글날 기념 행사로 〈한글 글자체 600년 전〉을 개최하였는데, 이때 인쇄술의 자존심을 걸고 시작한 국가사업이 바로, 1991년부터 1995년까지 세종대왕기념사업회가 문화부의 지원을 받아 개발한 표준 한글 글꼴 '문화바탕체'이다. 이때 최정순은 '교과서 본문용 한글 글자체', '한글 네모체', '옛한글 글자체', '문장부호' 등의 원도를 제작하게 되었다.

벤톤 자모조각기는 1884년 미국의 벤톤(Linn Boyd Benton)이 발명한 금속활자 제조기로서, 1950년대 일본에서 제작된 것이 우리나라에 보급되어 신문의 대량 인쇄를 가능케 하였다. 바로 이 기계에 필요한 한글 글자본을 두 사람이 제작한 것이다. 그런데 이미 우리는 600년 전 조선시대 주자(鑄字)에도 내로라하는 서예가의 글자본을 활용한 바 있으니, 진양대군을 비롯하여 안평대군, 강희안, 정난종 등 수많은 사람의 서체가 글자본으로 쓰였다.(손보기, 『금속활자와 인쇄술』) 그러므로 근대식 활자 원도 제작의 원조는 조선의 주자 글자본이다.


## 2. 훈민정음의 바탕과 돋움

『훈민정음』(1446)이라는 책이 반포되면서 비로소 드러난 새 글자의 모습은 나무판에 새겨진 것이었고, 창제의 원리를 설명하기 위해 정확하고 규격화된 글자의 꼴을 보여 주었다. 이 책에 제시한 글꼴이 한글의 최초 글꼴이며, 세종이 직접 제작한 글꼴임은 두말할 나위가 없다. 이른바 "훈민정음체"라고 하는 한글 글꼴은 조형적으로 통일된 규격을 일관되게 유지하고 있는데, 그 기틀이 된 것은 바로 책판(나무판)의 세로줄이다. 글자를 세로로 나열한 세로줄 열여섯 칸이 글자의 균형을 잡아주고, 그 안에 해서체 한자와는 대조적으로 한글이 예서체(돋움체)에 가까운 모양으로 새겨져 있다.

이 『훈민정음』에 처음 선보인 한글꼴은 이후에 나오는 모든 책들에서 계승되었다. 다만 해례본체만의 특징을 든다면,

첫째가 가운뎃소리의 모양이다. 하늘[ㆍ], 땅[ㅡ], 사람[ㅣ]의 모양을 본뜬 기본자가 붙어 'ㅏ, ㅑ, ㅗ, ㅛ' 따위가 된다는 창제 원리를 보여주기 위하여, 하늘 모양인 점을 그대로 보인 것이다.

둘째, 해례본은 한글 글자의 너비를 줄칸에 맞추어 같게 하면서도 글자의 높이는 가로획 수에 따라 달리하였으니, 끝소리(종성)가 없는 글자는 그 자리를 비워둠으로써 글자가 작아졌다.

셋째, 획의 굵기를 일정하게 하고, 처음과 끝이 붓글씨처럼 삐치거나 휘지 않게 붓두껍 모양으로 마감하였다.

이런 훈민정음의 돋움체 글꼴이 오랫동안 대다수 언해본에 적용되는 가운데, 유독 해서체처럼 획 굵기가 변하고 끝이 뾰족해진 것이 '훈민정음 언해본'(1459)이었다.

언해본은 목판본인데 창제 때부터 붓글씨로 써오던 필사체가 녹아들어 판본체가 된 것이며, 이후 주자(금속활자)의 모양으로 정착하게 된다. 이 언해본 한글 글꼴은 『삼강행실도』(1490)와 『이륜행실도』(1518) 등에 계승되다가 『오륜행실도』(1797)에서 본문 글자로 자리잡았다.

[세종실록(정족산본) 악보 부분]

　현전하는 가장 오래된 한글 필사본은 『세종실록 악보』(1452)이다. 『세종실록』은 전체가 을해자 인쇄본이지만 부록인 「오례의」, 「악보」, 「지리지」만은 필사본이다. 원래 『세종실록』은 문종 2년(1452)부터 2년에 걸쳐 정초본(필사본)을 편찬하였으나, 금속활자(놋쇠자)인 을해자로 세 벌 더 인쇄한 것은 세조 12년(1466)부터 6년에 걸쳐서다. 그 뒤 임진왜란 때 전주사고본(정족산본)만 남고 다른 실록은 모두 소실되어, 선조 32년(1603)에 네 벌 더 인출하여 춘추관과 4대사고에 나누어 보관하였다.(신석호, 『조선왕조실록 범례』, 1955) 그런데 『세종실록』의 부록들은 그림들이 매우 정교하여 인쇄하지 않고 처음에 필사한 그대로 전주사고본에 남겨졌고, 이를 다시 선조 때 인출할 때도 부록 부분은 필사하여 전하고 있다. 세종 악보는 『용비어천가』(1447)를 가사로 한 악보로서, 현재 실물로 남아 있는 가장 오래된 악보이고, 세종이 새롭게 창안한 '정간보(井

間譜’라는 동양 최초의 유량 악보이다.

이 자료는 훈민정음 창제 뒤 손글씨로는 가장 오래된 것이며, 『상원사 중창권선문』(1464)보다 10여 년 앞선 자료이다. 이처럼 반포문인 해례본 글씨와 붓글씨 사이에서 탄생한 서체가 『훈민정음』 언해본 글씨이다.

한편 창제 초기의 글씨는 궐안에서 궁녀들 손으로 전해져 상궁 조두대와 같은 사서 궁녀가 등장하게 되었다.(『조선시대 문인들과 한글서예』, 한국한글서예연구회) 그녀는 한자와 이두, 범어에 능해 『월인석보』 등 왕실의 불경 간행 사업에도 참여해 공을 세웠다고 한다. 그는 또 정희왕후의 서사상궁으로 모든 문서를 대필했다. 이 과정에서 궁체가 탄생하였으니 조두대 붓글씨는 궁체의 효시라고 할 수 있다. 이후 모든 궁녀들은 궁체를 연습해야 했다.(박상진, 『궁녀의 하루』) 그러므로 『세종실록』 정초본 글씨를 쓴 편수관의 글씨와 궁녀들의 궁체는 주자소에서 금속활자의 글씨 바탕이 되고, 백성에게 전하여 편짓글이나 방각본 글씨로 맥을 잇다가, 이것이 다시 합류하여 현대 한글 서체의 바탕을 이룬 것이다.

우리의 인쇄술은 세종 때 황금기를 맞아 문자 창제로 용솟음쳤고, 책과 서예 지필묵에 면면히 흐르다가, 최정호와 최정순의 납활자 원도로 인쇄기 주조에 녹아들었으며, 디지털 정보통신 시대를 주도하는 융합과학의 문자로 새 역사를 써 나가고 있으니, 시대를 초월한 한글 창제의 위력에 놀라지 않을 수 없다.

-『한글 새소식』 526호(2016.6.)에 실린 글.

# 할매 시인

사람에게 글자란 무엇일까? 흔히 글을 모르면 까막눈이라 한다. 원래 까막눈은 맹인을 가리킨다. 눈이 어두워 잘 보지 못하는 사람이다. 깜깜한 상태, 즉 세상이 아주 까맣게 어둡거나 희망이 없는 상태, 또는 어떤 사실을 전혀 모르거나 잊은 상태를 말한다. 또 지식이 낮거나 무식하다고 자신을 낮추어 말할 때 '글 모르는 까막눈입니다'라고 한다.

세종께서 한글을 만들기 전에는 중국 한자를 알아야 까막눈을 벗어날 수 있었다. 그래서 글을 모른다는 말은 '천한 것'이라는 말이었고, 글한다는 말은 곧 '학문하는 양반'이라는 말이었으니, 사람 취급을 받으려면 먼저 하늘천 따지부터 시작해야 했다. 그도 그럴 것이 한자를 모르면 편지도 못 쓰고 일기도 못 쓰고 공부도 못하고, 이름 석 자도 못 쓰고 출세도 못하니, 장님처럼 세상이 온통 깜깜할 수밖에 없었다.

그런데 우리에게 한자보다 더 살가운 글자가 나타났다.

그 옛날 까막눈으로만 살았던 왕따 당한 사람들, 이땅에 풀뿌리 풀꽃으로 살던 백성들이, 말을 전하고 생각을 전하며, 편지 쓰고 일기 쓰고, 종교의 깨달음과 학문의 꿈을 펼칠 수 있는 글자, 한글이 생긴 것이다. 어느 날 갑자기 눈앞에 글이 보이기 시작한 것이다. 심봉사가 눈을 뜨듯 세상을 볼 수 있게 되었다. 이만하면 된 것 아닌가? 이만하면 '글 안다' '글한다'라는 말을 들을 수 있는 것 아닌가?

훈민정음의 맨 처음 이름이 '언문(諺文)'인데, 언문이란 '말의 글자'라는 말이다. '말 같은 글자, 말을 닮은 글자, 말하는 대로 적는 글자, 말한 그대로 전할 수 있는 글자, 입말 문자'. 처음 중국사람이 세종께서 만드신 글자를 접하고 깜짝 놀랐다. 어찌 말하는 대로 적어 놓으면 말이 되고 뜻이 되는 글자가 있단 말인가? 언문의 '언(諺)'은 '전하는 말, 이야기, 속담'이란 뜻으로, 옛부터 전해 오는 공자님 말씀, 삶에 피와 살이 되는 좋은 격언과 잠언, 시장에서 떠드는 말을 그대로 적을 수 있는 문자가 '언문'이다. 한자에는 없는 특징을 가진 글자이니 신기하고 놀랍기만 했을 것이다.

1443년 12월 30일 『세종실록』에, '이달에 임금이 친히 언문 28자를 지었는데, 무릇 한자에 관한 것과 우리나라 말에 관한 것을 모두 쓸 수 있고, 글자는 비록 간단하고 요약하지만 전환하는 것이 무궁하다.'라고 기록한 것도 '언(諺)의 문자'를 설명한 것이다. 세종은 곧바로 집현전에 가서, 최항, 박팽년, 신숙주, 이선로, 이개, 강희안 등에게 명령하여, '언문으로 중국의 한자를 바르게 우리말로 읽어 표기할 수 있도록 『운회(韻會)』를 번역하게 하고, 왕세자, 진양대군, 안평대군에게 감독관이 되어 진행 과정을 임금에게 알리어라.' 하였다. 며칠 뒤 최만리 무리가 글을 올려 글자 만든 것에 반대할 때도, 세종대왕은, '설총이 이두를 제작한 본뜻이 백성을 편리하게 하려 함이었다면, 이제 내가 이 언문을 제작한 뜻도 백성을 편리하게 하려는 데 있다.'라고 말하고 있다. 3년 뒤 1446년 공식적으로 반포하면서 '훈민정음'이라는 이름을 붙였다. 그러므로 '훈민정음'이 대외적 공식 이름이라면, '언문'은 새 글자의 창제 원리와 특징을 응축한 첫 이름이다.

경상북도 칠곡에 사시는 까막눈이 할매들이 시를 지었다.

70~90대 할머니 여든 네 분이 지난해 시월 『시가 뭐고?』(강금연 외·삶창)라는 시집을 펴낸 것이다. 이 시집은 할머니들이 2012년부터 칠곡군 교육문화회관에서 진행하는 인문학사업에 참여해 배우고 익힌 한글로 쓴 시로 엮었다고 한다. 생애 처음 써보는 글이 시가 된 것이다. 시집에 담긴 89편의 작품은 할머니들의 구체적인 삶과 시간이 담겨 있다. 시집은 틀린 맞춤법과 사투리를 고치지 않은 원문을 그대로 실어 더욱 푸근하게 다가온다는 기자의 논평도 있었다.

칠곡 할매들 시집 『시가 뭐고?』를 기획한 신동호 인문사회연구소 소장은 "내가 마을에서 만난 할매들은 '경로당 화투 치냐'며 면박을 주는 타짜이고, TV 드라마를 끊임없이 삶의 경험들과 직조하는 스토리텔러이고, '먼저 간 영감이 못 알아볼까 봐 들고 갈라고' 혼인서약지를 보관한다는 로맨티스트이며, '찬바람 고들고들할 때 볕에 날라리날라리' 무말랭이를 말린다는 이야기꾼이었다."라며, "할매들의 뼈에 새겨진 이야기 속에는 몸에 마음에 깃든 무늬, 삶의 주름의 거처가 생생하고, 이웃과 마을과 지역이 한 몸에 들어앉아 살고 있었다."라고 설명하였다.

논에 들에
할 일도 많은데
공부시간이라고
일도 놓고
헛둥지둥 왔는데
시를 쓰라 하네
시가 뭐고
나는 시금치씨
배추씨만 아는데

(소화자 지음 '시가 뭐고')

인지 아무거도 없따
묵고 시픈 거 또 없 또
하고 시픈 거도 업다
갈 때 대가 곱게
잘 가는게 꿈이다
(박금분 지음 '가는 꿈')


  라디오 사회자가 소화자 할머니께 '내가 쓴 시가 담긴 시집을 받으
셨을 때 기분이 어떠셨어요, 할머님?'이라고 여쭈니, '선비가 시를 쓰
지, 농부들한테 시를 쓰라고 하니, 버릴 씨 하고 나락 씨 하고 그것밖
에 더 아나? 아는 게 그것밖에 뿐이라.' 하신다. '한글 배운 지는 얼마
나 되셨어요?' 하니, '3년 됐어요. 시집가서 50년 동안 아이 키우고 아
이 가르친다고. 일만 하면서 살았지.' 하신다. 농사 지으며 온갖 살림살
이 다 하면서 하루 1시간 배워서 3년 만에 유명한 시인이 된 것이다.
할머니들의 시에는 평생의 삶과, 마음과 뜻과 정성이 가득하게 담겨서,
읽으면서 내내 가슴 깊이 뭉클한 감동을 느낄 수 있었다.

  이만하면 된 것 아닌가? 이만하면 '글 안다' '글한다'라는 말을 들을
수 있는 것 아닌가? 사람에게 글자란 이런 것이 아닐까?

- 『한글 새소식』 521호(2016.1.)에 실린 글.

# 방학을 싫어하는 아이들

'야! 방학이다.'

20여 년 전만 하더라도 방학이 되면 신문, 방송마다 방학책을 든 어린이들의 환한 웃음이 첫 면을 장식했었다. 친구들과 하루종일 놀고 싶은 마음, 외갓집에 놀러갈 생각, 물놀이, 썰매타기 등등 온갖 즐거운 생각으로 가득찬 얼굴이 그것을 보는 어른들까지 들뜨게 했던 기억이 난다. 이렇게 좋아하던 방학이 요즘은 달라졌다. 시골에는 아이들 웃음소리, 아기 울음소리가 끊긴 지 오래고, 도시에서는 각종 학원이 즐비하고 하나라도 더 가르치고 싶은 부모들의 등쌀에 몇 개의 학원을 넘나들다가 밤늦게야 집에 들어갈 수 있는 치열한 사교육 열풍 속에서 아이들은 신체적, 정신적 스트레스에 허덕이며 방학을 보낸다. 그래서 방학이 싫다는 아이들이 많다고 한다. 심지어는 방학이 무섭다고까지 한다니 얼마나 슬픈 일인가.

부모들의 학구열이 가장 높은 나라라는 근거없는 자부심으로, 무한 경쟁 속으로 아이들을 내모는 사이 빈부의 차이로 처음부터 차별화된 교육이 이루어지고, 사회 불합리가 교육 현장에 침투해 어린 아이들을 고통스럽게 하고, 다시 그런 교육이 사회를 병들게 하고 부모의 눈을 멀게 하며, 가치관의 혼란과 배려 없는 매마른 정서가 학교 울타리를 벗어나 사회 전반에 만연하고 있다. 교육이란 무엇인가 하는 근본적인 물음을 던지게 되고, 소통 없는 관계가 계속되면서 학생의 자리, 스승의 자리를 모두 잃어버린 김빠진 배움터가 된 지 오래다. 선진국의 초등 교육이 정서와 가족, 개인의 인격과 행복, 가치관의 정립을 소중히 여기는 반면, 우리나라 교육은 대학 입시와 무한 경쟁만이 판치고 있다. 교사와 학생이 모두 행복한 교육은 결코 이룰 수 없는 것인가?

가장 큰 피해를 주는 것이 영어 교육이다. 우리나라 사람들은 딴 나라를 여행하면서 영어를 모르면 큰 죄를 지은 것처럼 느끼기 일쑤다. 그래서 주섬주섬 영어로 말을 건네다가 창피를 당하는 사람도 많다고 한다. 유럽에 가거나 남미에 가면 으레 영어로 말을 하게 되는데 그 나라 사람들이 전혀 알아듣지 못한다는 사실을 알고는 당황할 때가 아주 많다고 한다. 영국에 가서 우리가 배운 미국식 영어를 하다가 봉변을 당한 사람도 있단다. 선진 문화를 받아들이기 위해 기술서적이나 의학 서적 들을 터득하려고 시작된 문장 중심의 영어 교육이 70여년을 이어 오면서, 전혀 현실과 맞지 않는 교육 때문에 빚어지는 웃음거리다. 어린 청소년에게 맑은 날 비가 올 것을 대비하여 우산을 들게 하고 장화를 신게 하는 것과 다를 바 없다고 하신 어느 선생님의 말씀이 생각난다.

한자 교육도 마찬가지다. 요즘 한자를 고집하는 사람들은 한자문화권에 속하므로 한자를 알면 중국과 일본 등 동아시아 사람들이 의사소통하는 데 큰 효과가 있을 것이라고 주장하지만, 실상은 전혀 통하지 않는다.

그런데 이러한 사회 병리를 부추기는 것이 오히려 이 나라 교육을 책임지고 있는 교육부라는 데에 더 큰 문제가 있다. 영어 교육과 한자

교육은 교육학, 언어학, 심리학, 사회학 등 다양한 전문가들이 함께 논의하여야 할 매우 중요한 일이다. 예컨대, 영어가 국제적 언어이니 배워야 하고, 잘 배우기 위해 조기교육이 매우 효과적이라는 단순한 판단은 어린 아이의 정서 발달과 가치관 정립에 많은 문제를 일으키고 심리적, 사회적 병리현상까지 만들게 된다는 것이다. 또 그저 관료 중심으로 하달된 지시에 따르다 보니, 창의력의 말뜻과는 상관없이 창의력 학습이 자행되고 있는 형편이다. 창의력 체험학습 시간이 영어나 한자를 배우는 시간, 암기과목을 외는 시간으로 전락하고 만 것이다.

교육부는 2015년에 개정될 '문·이과 통합 교육과정 도입' 제도 안에다가 '초등학교 교과서 한자 병기'라는 문구를 눈가리고 아웅식으로 살짝 끼워 통과시키려 하고 있다. 이것은 국회에서 작년에 통과시킨 상위법 '선행학습 금지법'에 위배되는 하위 법안임에 틀림없는데, 한자 학습에 이권이 개입된 사람들이 아니라면 사교육을 부추기는 비교육적이고 반사회적인 이런 꼼수를 펼 리가 없다.

글자는 말을 담는 도구이고, 말은 생각을 소리로 표현한 것이니, 생각을 표현한 말, 그 말을 올곧게 전달하는 글자, 이 세 가지가 제대로 이루어지면 그 글자는 제 구실을 다 하는 것이다. 언어학자라면 이러한 글자의 효용성에 대해 한목소리를 낼 것이다. 한 겨레 또는 한 나라 사람들이 똑같은 말을 하고, 그 말을 똑같은 문자로 표현하여 원활한 문화생활을 누릴 수 있다면 더 이상 바람직한 일은 없겠지만, 두 가지 이상의 국어, 두 가지 이상의 공용어를 함께 써야 하는 나라도 적지 않은 것이 현실이다. 그럼에도 할 수만 있다면, 한 나라 안에서 한 가지 말과 한 가지 글자를 사용하는 것보다 나은 것은 없다. 어렸을 때 어른들은 늘 자식들에게 세로로 쓰던 한자투성이 신문을 보여주면서 한자를 배워야 세상 돌아가는 것을 알 수 있다고 가르친 적이 있다.

요즘 신문은 모두 한글만으로 가로 쓰기를 하여 더이상 한자 타령은 소용없게 되었다. 잘못된 제도와 조직, 편견과 고집으로 가려진 진실이 사람들을 고통스럽게 했던 사례가 아닐 수 없다. 보기에도 끔찍하고, 읽기에도 불편하고, 이해하기도 힘든 '한자 섞어 쓴 세로쓰기 신문'을 보고 우리의 지식수준을 가늠하던 시대는 갔다.

결국 교육 속에 억지로 끼워 넣었던 비교육, 반교육의 것들을 걸러낸다면 그만큼 진짜 교육은 살아나고 방학은 말그대로 공부를 쉬는 시간, 기다려지는 방학이 될 것이다. 창의력 체험 수업시간을 늘리지 않고도 방학이 창의력 체험 시간이 될 수 있기를 간절히 바래 본다.

- 『한글 새소식』 514호(2015.6.)에 실린 글.

# 낡은 '초등학교 교과서 한자 병기' 꼼수

한글이 세상에 나온 지도 어느덧 570년이 지났건만 아직도 한자 타령에 세월을 좀먹는 사람이 있다.

교육부는 2015년에 개정될 '문·이과 통합 교육과정 도입' 법안에다가 '초등학교 교과서 한자 병기'라는 문구를 눈가리고 아웅식으로 살짝 끼워 통과시키려 하고 있다. 이것은 국회에서 작년에 통과시킨 상위법 '선행학습 금지법'에 위배되는 하위 법안임에 틀림없는데, 한자 학습에 이권이 개입된 사람들이 아니라면 사교육을 부추기는 반역사적이고 비교육적인 이런 꼼수를 펼 리가 없다.

한자가 이 땅에 들어온 지 2천여 년이나 되지만, 한글로 교육을 하고 한글로 공문서를 쓰기 시작한 것은 고작 100년도 안된다. 게다가 일제 강점기 35년 동안 일본어만 쓰도록 강요당했으니 우리 말글이 제구실을 할 수 있었던 시간은 광복 이후 70년도 채 되지 않는다. 그러니까 일부 국한 혼용론자들이, 대한민국의 문자가 한글이라는 것도 잘 모르고 제정신을 못 차릴 만도 하다.

우리 역사에서 공식적으로 한글이 공문서와 공교육의 문자가 된 것은, 고종 황제가 1894년에 공표한 이른바 국문 칙령이 그 시작이다.

칙령 제1호 "모든 법률과 칙령은 다 국문을 기본으로 삼고 한문을 붙이되, 또는 국한문을 혼용할 수 있게 하라"라는 것이었다. 그때만 해도 혁명적이고 코페르니쿠스적인 지령이었다. 더욱이 일제 강점기에서 우리말과 한글은 가르치지도 배우지도 못하다가, 광복이 되자마자 우리 제헌 국회에서 다시 법률 제6호를 공표하였으니, 1948년 10월 9일 '한글전용에관한법률', "대한민국의 공용 문서는 한글로 쓴다. 다만, 얼마동안 필요한 때에는 한자를 병용할 수 있다."가 그것이다. 고종 때와 마찬가지로 해방이 된 때도 우리 교육 제도는 제자리걸음 그대로였으니까 똑같은 법을 만들어야 했다.

이 법률이 2005년 〈국어기본법〉으로 이어졌다. 그러니까 120년이 넘도록 다만 조항이 이어져 한자를 버리지 못한 셈이다. 지금은 모든 신문, 방송, 소설이나 잡지에서 한자를 전혀 쓰지 않고도 얼마든지 우리 말과 글을 알기 쉽고 유창하게 적고 전할 수 있는 때가 되었다. 이제는 '다만' 조항을 없애도 될 만큼 말글살이에 전혀 문제가 없는데 어처구니 없게도 교육부가 발목을 잡고 역사를 거스르려 하고 있다.

사실 요즘 많이 쓰는 한자어는 일제 강점기에 우리 말과 글을 송두리째 뽑아버리고 강제로 주입된 일본 한자어가 대다수이다. 이런 한자 말은 우리의 역사와 고전에는 전혀 없었던 신조어들인데, 개화기 때부터 일제 강점기 동안 들어와 쓰이다가, 해방된 뒤 국어사전 편찬 과정에서 편찬자들이 일본 사전의 어휘 풀이를 그대로 따라하여, 일본 한자어라는 의식 없이 전통 한자어의 일부로만 알고 쓰고 있는 것이다. 또한 순수한 의미에서 일본 한자어라고도 할 수 없는, 표기만 한자로 하고 읽기는 일본 고유어로 읽는 훈독 일본어도 일본 한자어로 둔갑하여 사용되고 있다. "매상: 売り上げ, 수속: 手続き, 소포: 小包み, 수입: 手入れ" 따위가 그것이다. 그만큼 우리말은 자리를 잃고 사라져 가야

만 했다. 이런 말글 식민화를 개탄하여 개화기 이후 우리 교육자나 선각자들은 끊임없이 일본 한자말을 버리고 안 쓰도록 계몽하였으니, 그것이 독립정신으로 뿌리내렸다.

일찍이 1908년 주시경 선생이 한자어 추방과 한글 전용을 주장하여, 조선어학회에서 1933년에 한글 맞춤법 통일안을 발표하였고, 1945년 11월에 정부는 한글 전용과 가로쓰기를 공포하였으며, 1948년 10월에는 '한글전용법'이 제정되었다. 그런데 1954년 이승만 정부가 느닷없이 국한 혼용을 결정하였다가 엄청난 국민의 반대로 말미암아, 1958년에 '한글 전용 실천 요강'을 공포하여 간판, 문서, 관청 도장 등의 한글 전용을 지시하였고, 또 1962년에는 문교부에 '한글전용특별심의회'를 두어 그 실천 요강으로, '한글 전용 원칙을 정하고, 여섯 분과위원회를 두어, 일본말 찌꺼기와 어려운 한자말, 서양 외래말을 쉬운 우리말로 고치기. 민족문화 계승을 위한 고전의 번역.' 등을 추진키로 하여, 그때 만들어진 것이 '민족문화추진회(현재 한국고전번역원)'였는데, 지금 번역원장께서 초등학교 교과서 한자 병기를 앞장서시니 설립 취지도 모르는 것이 아닌가?

1965년 정부 공문서 규정 7조 1항에서 '문서는 한글로 띄어서 가로 쓰며, 표준어를 사용한다. 다만 법규 문서는 뜻의 전달이 곤란한 경우에 한하여 괄호 안에 한자를 넣어서 쓴다.'라고 규정하고, 1968년 5월 박정희 대통령은 한글전용 5개년 계획을 공포하고 광화문 현판을 한글로 쓰기도 하였다. 1970년에 다시 한자를 제거하고 한글 전용으로 교과서를 간행하였고, 1972년에는 한글 전용을 보완키 위해 한문 교과를 독립시켜 한자 교육을 시행하였으며, 중고등학교 교과서에 한자를 괄호 안에 병기토록 하였다. 1990년 문화부가 신설되면서 한글날이 폐지되고, 1999년 한자 병용 정책을 발표하기도 하였지만 국민의 끝없는 운동에 힘입어 2005년에는 한글날이 국경일로, 2012년 12월에는 공휴일인 국경일로 제정되었다.

돌이켜 보면 교과서 한자 혼용과 병기 정책은 이미 실패한 정책임을 잘 알 수 있다. 이른바 아날로그식 책 글씨 시대가 가고 디지털식 전자 글씨 시대가 오면서 한자를 혼용하거나 병기하는 것이 얼마나 시대 착오적이고 불합리한 일인지를 잘 알게 된 것이다. 누구든지 방송에 나와 말을 하고 한글로 적으면 소통이 다 되는 것을 굳이 한자말이라고 한자를 적어보여야 한다는 것은 말글살이를 어지럽히고 소통을 가로막는 일임을 알게 된 것이다. 끈질기게 한자 혼용, 세로쓰기를 주장하던 일간 신문들도 과학적이고 효율적인 편집을 위해 한글 전용과 전면 가로쓰기로 바뀌면서 한자 혼용의 허상이 적나라하게 드러났으며 한글 전용이 얼마나 가독성을 높이는지도 깨닫게 되었다.

세계 문자 발달사를 볼 때, 로마의 천년 지배로 서양이 로마자를 쓰게 되었고, 그 식민지였던 세계 여러 나라에서까지 로마자를 쓰고 있지만, 라틴어가 아닌 제나라 말을 표기하는 데 힘쓸 뿐 라틴어에서 온 말이라고 해서 라틴어를 병기하지는 않는다. 프랑스말은 7~80%가 라틴어에서 온 말이고, 영어도 50% 이상이 라틴어 어원의 말이라고 한다. 그럼에도 정규 교육 과정에서 라틴어 어원을 가르치는 일은 거의 없다. 다만 학생 재량의 선택 과목으로 개설하고 있지만 그 과목을 듣는 학생은 프랑스나 영국, 미국에서 극소수 학생에 불과하다. 이것은 문자의 역사가 말의 역사, 사회 구성원 간 소통의 역사임을 증명해 주는 것이며, 우리 말글 교육에 더욱 힘을 쏟아야 하는 까닭이기도 하다.

짧은 역사 속에서도 대한민국의 교육이 이토록 굳건하게 자리잡을 수 있었던 것은 우리에게 위대한 글자 훈민정음(한글)이 있기 때문임은 두말할 나위도 없을 것이다.

- 『한글 새소식』 510호(2015.2.)에 실린 글.

# 스승과 선생

지난 5월 15일은 스승의 날이었다. 이날을 '선생의 날'이 아닌 '스승의 날'이라 하는 까닭은 무엇일까? 물론 '스승'은 토박이말이고 '선생'은 한자말이기도 하거니와 이따금 '선생은 있지만 스승이 없다.'라고도 하니 현대말에서 그 뜻이 다르긴 한 모양이다.

문헌을 보면 오랫동안 '사(師)' 또는 '선생'이 '스승'을 대신하였다. 『논어』「위정」편에서 공자는, '옛것을 익히고 이로써 새것을 알면 스승으로 섬길 만하다.[溫故而知新可以爲師矣]'라고 하였고, 「술이」편에서는, '세 사람이 같이 갈 때는 반드시 내 스승이 있다.[三人行必有我師焉]'라고 하였는데, 이러한 한자말이 우리나라에 들어와 사회제도적으로 수많은 '선생 또는 사(師)'가 등장하게 되었으니, 이미 신라 시대 기록인 『삼국사기』46권(열전)에 '강수 선생(强首先生)'과, 48권에 '백결 선생(百結先生)'이 보인다. 엄밀히 따져 훈민정음(한글) 창제 이전에는 '사(師)'를 '선생'으로 풀이하거나 앞가지 또는 뒷가지로 쓸 수밖에 없었다. 하지만 창제 이후 바로 언해본에 '스승'이 등장하는 것을 보면, 얼마나 자주 쓰던 말인지를 알 수 있다. 그런데 지금의 뜻은 사뭇 다르다. 요즘은 주로 '선생'이란 '학생을 가르치는 사람'을 가리키며, 모르는 사람을 친근하게 부를 때 쓰기도 하고, 심지어는 '도박사(賭博師), 도선생(盜先生)'처럼 비아냥거릴 때 쓰기도 하여, 그 의미가 매우 낮아진 것을 볼 수 있다.

사전에 따르면, 이런 뜻의 낮아짐은 일제 강점기부터라고 한다. 19세기 말 개화기에 근대 학교가 나타나면서 '가르치는 사람'을 교사라고 부르기 시작하였고, 일제강점기에는 일반적으로 교사를 선생이라고 불렀다. 이는 학교에서 가르치는 사람을 특정적으로 지칭한 말이라기보다는 오히려 윗사람을 부르는 말과 혼용되기도 하였다. 다시 말하여, 선생이라는 용어가 모든 교사에게 붙여지는 높임말이자, 지식이나 인격 면에서 모범이 되는 사람을 가리키는 말로도 쓰였던 것이고, 더 나아가 비속화되기 시작한 것이다.(한국민족문화대백과사전, 한국학중앙연구원)

본디 '스승'은 기원적으로 제사장과 행정의 수반을 이르던 말이었다. 지금도 평안도나 함경도 지방에서는 무당을 '스성, 스승이'라고 한다. 누구도 모르는 것을 꿰뚫어 보고 가르치고 미래를 예측하는 사람으로서, 갈등을 조정하고 문제를 해결해 가는 중재자 구실을 도맡아 했던 것이다. 그런데 자세히 들여다보면 무당은 여자를 가리키고 남자 무당은 '박수[격(覡)]'라고 하여 달리 말한다. 그러므로 스승이란 말은 이미 선사 시대 모계 사회부터 생긴 말이라고 할 수 있다.

우리말 '스승'이 처음 나타나는 문헌은 『석보상절』(1446)과 『월인석보』(1459)이다. '大師ᄂᆞᆫ 큰 스스이니 그 仙人ᄋᆞᆯ 니르시니라'(석보 상절 11:27), '師ᄂᆞᆫ 스스이니 아못 일도 잘ᄒᆞᆫ 사ᄅᆞᄆᆞᆯ 師ㅣ라 ᄒᆞᄂᆞ니'(월인석보 2:46), '尼ᄂᆞᆫ 女ㅣ니 比丘尼ᄂᆞᆫ 숭이라(니는 여자이니 비구니는 숭이라 한다)'(월인석보 4:17) 들이다. 그 뒤 『능엄경언해』(1462)에도 '스승은 사ᄅᆞᄆᆡ 模範이라'(7:6)처럼 나오고, 『법화경언해』(1463)의 '文殊ᄂᆞᆫ … 諸佛ㅅ 스스이 ᄃᆞ외시며 世間ㅅ 누니 ᄃᆞ외샤 부텻 知見 여로맨 에셔 앎셔니

업스시니'(1:43)에도 보이며, 『번역소학』(1518)에서는, 'ㄱᄅ쳐 혀가ᄂ
니ᄂ 스승의 공이오 힝ᄒ요매 니르디 몯ᄒ 듸 잇거든 죵용히 고티며
경계ᄒᄂ니ᄂ 버듸 소심이니'(8:36)라고 하였다. 『논어언해』(1588)에서
는, '故고를 溫온ᄒ야 新신을 知디ᄒ면 可가히 뻐 師ᄉ ㅣ 되염즉ᄒ니
라'(1:13)와, '세 사ᄅ미 行힝홈애 반ᄃ시 내 스승이 인ᄂ니'(2:21)처럼,
'ᄉ(師)'와 '스승' 두 가지가 동시에 나타난다. 그런데 최세진의 『훈몽자
회』(1527)에서는 불교의 중을 '스승[師]'이라고 기록하였다. 중을 존경해
서 부를 때 '사승(師僧)' 혹은 '사(師)님'이라는 호칭을 썼다고 한다. 김만
중의 『서포만필』(1687?)에서도 '스승'이 불교의 중을 가리키는 '사승'에
서 비롯하였다고 풀이하였다. 또 정교의 『동언교략』(1905?)에 보면, 사
(師)의 중국 발음이 '스'란 점으로 미루어 '사승(師承)'이 스승의 어원이라
했다. 그러나 정호완 교수는, "신라의 2대 임금이던 남해 자충(慈充, 次次
雄)을 『삼국사기』에서는 '무당'으로 풀이했는데, 당시 우리말에는 파찰
음이 없었음과 칼그렌(Karlgren)식 고대 한자음을 고려하면 '자충〉증〉
스승'이 될 가능성이 높다. 이 자충에 대한 기록을 보면 이미 불교가
들어오기 전에도 우리말에 '스승'이란 말이 있었음을 알 수 있다."(정호
완, 2011)라고 하였다. 즉 스승이란 말이 우리 역사에서도 오래전부터
기록으로 남아 있다는 것이다. 한글이 없던 시절 한자말 '사(師)와 선생
(先生)'이 들어와 쓰일 때도 우리 겨레는 늘 그 말뜻을 '스승'으로 받아들
였다는 것을 알 수 있으니, 이 얼마나 끈질긴 생명력인가? 그럼에도
일제 강점기에 '스승' 대신 '선생'을 강요한 것은 일제가 벌인 우리말
말살 정책의 또다른 모습이 아니었던가 싶다.

　율곡 선생은, 스승을 쳐다볼 때 목 위에서 봐서는 안되고, 스승 앞에서
는 개를 꾸짖어서도 안되며, 웃는 일이 있더라도 이빨을 드러내서는
안되고, 스승과 겸상할 때는 7푼만 먹고 배부르게 먹지 말아야 한다고

하였다. 성균관 학칙에는, 길에서 스승을 만나거든 두 손을 머리 위로 쳐들고 길 왼쪽에 서서 있어야 하고, 말을 타고 가다가 스승을 뵈면 몸을 엎드려 얼굴을 가리고 있어야 한다고 규정하였다. 기독교 성경에는 '랍비(rabbi)'라는 말이 있는데 이를 '선생'이라고 번역한다. '나의 선생님' '나의 주인님'(요한 9:2)이라는 뜻의 헤브라이어로, 라보니(rabboni)라고도 한다(요한 20:16). 곧 랍비는 다름 아닌 '스승'이란 말임을 알 수 있다. 이 말은 구약에서 높은 지위에 있는 사람을 지칭하거나, 주로 종이 주인을 부를 때 사용하였는데, 1~2세기에 이르러 유대교의 지도자 제도로 정착되었다.(갓피아성경) 예수는 제자들이 랍비라고 부르는 것을 경고하였는데, 그 까닭은 하나님만이 오직 '랍비'(스승)이며 그 외에는 모두 '형제들'(마태 23:7~8)이기 때문이라 하였다. 즉 최고의 스승은 하나님이라는 것이다.

스승의 날인 5월 15일은 본디 세종대왕이 나신 날이다.

세종을 겨레의 가장 큰 스승이라는 뜻에서 1965년에 지정된 날이다. 스승이란 모름지기 가르침과 삶이 내게 모범이 되는 사람을 일컫는다면, 그만큼 존경할 만한 사람으로서 그 몸가짐과 마음가짐이 남달라야 하겠지만, 누구에게 스승이란 말을 듣는 일은 또 얼마나 가슴 벅찬 일인가? 가르치고 보살피는 삶은 존경하지 않을 수 없으니, 교직에 계시는 모든 선생님은 곧 스승임이 틀림없다. 그러므로 이날 하루만이라도 학교에서 '선생님' 대신 '스승님'이라고 불렀으면 좋겠다.

－『한글 새소식』 502호(2014.6.)에 실린 글.

# 평창 하늘에 수놓을 세종과 한글

하나. 많은 사람이 2008년 여름 베이징 올림픽 개막식을 보면서 중국의 문화 가운데서도 한자를 가장 자랑스럽게 펼쳐 보이는 그들의 모습에 크게 감동했다. 이번 2014년 겨울 소치 올림픽 개막식을 보고서 또 다시 전율을 느끼지 않을 수 없었으니, 로마자가 러시아에 흘러들어가서 러시아말을 적기 위해 33개 글자로 된 것과, 그에 따른 러시아 역사의 발전 모습을 유감없이 보여주었기 때문이다. 글자는 그렇게 한 나라의 역사와 문화를 특별하게 만드는 최고의 문화유산인가 보다.

그런데 세계에서 가장 과학적이고 훌륭하다고 평가받는 글자를 가진 우리가, 그동안 올림픽과 월드컵 등 세계적인 행사를 여러 번 치르면서도 세종과 한글에 대한 자랑을 전혀 하지 않았다는 것은 참으로 창피한 노릇이다. 지난 1988년 서울 올림픽에서는 손에 손잡고 벽을 넘어 평화로운 세상을 만들자는 분단국가의 소원과 동양철학적인 주제로 개막식을 올렸고, 2002년 월드컵에서도 전통 음악과 춤으로 만남 소통 어울림이라는 주제를 표현하였다. 돌이켜 보면, 우리 역사와 문화를 가시적으로 알리기엔 주제의 한계를 느꼈고 구체화하는 데에도 아쉬움을 남겼다. 이제 2018년 평창 올림픽을 앞두고 우리가 무엇을 어떻게 보여주어야 하는지 준비할 차례가 아닌가?

둘. 잘 알다시피 서양의 모든 나라는 로마자를 쓰고 있다. 그 아버지 격인 글자가 라틴글자이고, 그 아버지가 그리스글자이며, 그 아버지가 페니키아글자이고, 그 아버지가 이집트 그림글자이다. 그림을 단순화 시켜 만든 글자, 그래서 나라마다 한두 자씩 늘어나면서 지금의 알파 벳이 되었다. 로마제국의 지배에 따라 전유럽에 퍼진 로마자는 나라마 다 다른 제나라 말을 표현하기 위해 몇 가지씩 글자가 더 만들어져서, 러시아에서는 33개나 되는 알파벳으로 늘어난 것이다. 모음이 전혀 없 던 이집트글자에서 한두 자씩 모음이 만들어지면서, 빌려온 글자로 제 나라 말을 짜맞추어 적을 수밖에 없었음에도 서양 사람들은 과학적인 글자를 만들 상상조차 못하였다. 문자에 대해 미흡한 과학적 사고는 동양에서도 다르지 않았다. 한자의 할아버지뻘 되는 갑골문자는 그림 글자였으며, 여기에 많은 글자가 끝없이 만들어진 것이 오늘날의 한자 이다. 하지만 한자의 종주국인 중국에서도 결국 현대에 와서는 뜻글자 인 한자를 단순화하여 2000자가 넘는 간체자를 만들면서 소리글자로 전환시키고 있다.

셋. 로마자나 한자와는 다르게, 한글은 세종의 과학적인 탐구정신으 로 만들어진 글자이다. 성음학에 대한 깊은 이해, 인체 구조와 발성에 대한 관찰과 분석, 소리의 자질과 초성, 중성, 종성의 원리를 세운 종합 적 결합 방법 등을 정립하고, 수많은 실험을 통하여 글자의 모양과 개 수를 정하고, 이를 겹쳐서 같고 다른 말과 글자의 짝을 맞추었다. 그 이론의 앞뒤가 충돌하지 않고 모순되지 않으며 기본 글자 28자를 수학 적으로 생성하면 1만 1천 자 이상의 무궁무진한 글자를 만들 수 있는 공식을 세웠던 것이다. 그 이론서가 바로 『훈민정음 해례본』이다. 이 책은 「문자의 철학적, 과학적 원리와 분석」이라는 부제를 달 만한 과학서임이 틀림없다. 이는 서양 과학의 아버지라 불리는 갈릴레이의 책보다 200여 년이나 앞선 과학 이론서이기도 하다.

넷. 세종 이도(李祹)는 어려서부터 하루 온종일 공부로 시간을 보냈고, 한 가지 책을 수십 번 이상 읽었으며, 왕자로서 수많은 지식인들에게 교육을 받았으니 그 지식과 사고력은 누구도 따를 자가 없었다. 똑똑하고 지혜롭고 올바로 자란 스물한 살의 청년이었기에 이른바 준비된 임금이었다. 책벌레, 공부벌레였던 그가 임금이 되어 바라본 세상은 불합리 투성이었다. 그는 모든 학문이 중국에 중심을 두어 현실과 맞지 않음을 일깨우고, 세법, 농법, 병법, 천문, 지리, 척도, 측량, 음악 등 어느 것 하나 과학적 탐구를 통하여 현실에 맞도록 정밀하고 정확하게 고치지 않은 것이 없는 지식인이었다.

다섯. 그러므로 세종을 '과학의 아버지'라고 해도 전혀 지나친 말이 아니다. 모름지기 글자는 인류의 역사와 문화를 만들어가고 쌓아가는 데 가장 밑바탕이 되는 요소이니, 오늘날까지 거의 변화 없이 쓰고 있는 글자를 만들고, 그 원리를 과학적으로 규명해 보인 것은 인류 발전에 크게 이바지한 일이 아닐 수 없다. 더욱이 세종은 문자 창제 뿐만 아니라, 음악과 도량형에서도 그 정밀함이 대단했으니, 그의 지휘 아래 만들어진 악기가 여러 가지이며, 악기의 음을 새로 맞추고, 정간보라는 악보를 만들고, 직접 작곡한 노래도 수없이 많다. 칠정산 내외편은 해, 달, 별의 운동을 계산한 수학적 방법의 역학(曆學) 결산서이며, 세금을 징수할 때는 토지의 질, 수확의 양과 계절의 변화에 따라 54등분(전분 6등, 연분 9등)으로 나누어 매겼고, 이를 위해 전국민이 참여하는 여론조사를 하였으며, 자와 저울, 되·말을 정확히 계량하였다. 땅의 거리를 재는 '기리고차', 최초의 로켓포 '신기전'도 세종의 머리에서 나온 것이다. 다시 말해서 세종은 나라를 다스리면서 모든 분야에 과학적 사고를 접목하지 않은 것이 없었다. '문자의 아버지', '언어학의 아버지', '활자의 아버지', '도량형(度量衡)의 아버지', '천체관측의 아버지', '역학의 아버지', '측량의 아버지', '음악의 아버지', '(백성)교육의 아버지', '(여성)인권의 아버지' 등, 이른바 서양의 '아버지'로 불리는 많은 사람들보다 앞선 15세기에 이미 그는 근대 과학적 사고와 그 실천으로 수많은 서적과 과학기기를 남긴 사람이니, 그를 '과학의 아버지'라고 부르는 데 주저할 일이 없지 않은가?

여섯. 그동안 올림픽과 월드컵의 개막식은 개최국이 그 나라 역사와 문화, 과학과 국력, 심지어는 상대적 우위에 있는 수출 상품과 미래 육성산업의 홍보 마당으로 삼아 왔다. 2018년 겨울 평창 올림픽 개막식에서 펼쳐질 우리의 자랑스런 문화와 역사를 떠올려 본다. 과학의 아버지 세종이 어떻게 한글을 만들었는지, 어떻게 말을 적으며, 어떻게 우리 역사를 기록해 왔는지, 그리고 15세기 동양의 르네상스가 어떻게 펼쳐졌고, 그 수많은 과학기기와 업적들은 어떻게 생겼고 어떻게 사용하였는지, 또 지금 우리 곁에서 예술적으로, 첨단과학적으로 얼마나 빛나고 있는지, 한류를 타고 어디까지 뻗어갔는지를 후회없이 보여주어야 할 때가 다가오고 있다.

- 『한글 새소식』 499호(2014.3.)에 실린 글.

# 세종이 언문 창제 작업을 시작한 시기는
# 과연 언제부터일까?

훈민정음(한글)이 과학적이고 훌륭한 글자라고 하는 것은, 그 만든 사람과 만든 때, 만든 원리가 뚜렷하고, 창제 원리의 논리 체계가 명확하므로 과학적이라는 것이며, 세종의 주체 의식과 민본 위민 통치 철학이 깃들어 있어 훌륭한 글자라는 것이다. 그런데 지금까지 밝혀진 기록으로는, 그가 언제부터 어떻게 언문 창제 작업을 하였는지 명확하지 않다. 다만 집현전 학사들이나 신하들이 모르는 동안 집안에서 자식들과 의논하면서 비밀스럽게 작업하였다는 것 정도이다. 최만리의 상소에서 '이제 널리 여러 사람의 의논을 채택하지도 않고 갑자기 구실아치 10여 사람에게 가르쳐 익히게 하며, 또 가볍게 옛사람이 이미 이룩해 놓은 운서(韻書)를 고치고, 근거 없는 언문을 가져다 붙이고 장인(匠人) 수십 사람을 모아 나무판에 새겨 떠서 급하게 널리 반포하려 하시니, 천하 후세의 공의(여론)가 어떠하겠습니까?'라고 한 말이나, 왕세자에게 글자 만드는 일을 의논하는 것은 부당하다고 언급한 것으로 보아, 창제한 사실을 밝힐 때까지 아무도 모르고 있었음을 알 수 있다. 그리고, 정의공주에게 장가든 안맹담의 집안 '죽산안씨대동보'의 기록에는, '훈민정음을 만들 때 세종이 변음(變音)과 토착음을 다 끝내지 못해서 여러 대군에게 풀게 하였으나 모두 풀지 못하였다. 드디어 공주(정의공주)에게 내려 보내자 공주는 곧 풀어 바쳤다. 세종이 크게 칭찬하고 상으로 노비 수백을 하사하였다.'라는 글이 있으니, 이 정도면 '어떻게'라는 부분은 부족하나마 설명이 된 듯하다. 그러면 '언제'부터 창제 작업을 시작하였을까?

세종이 새 글자를 만들기 시작한 구체적인 때를 언급한 기록은 찾기 힘들지만, 그의 업적과 어록을 잘 살펴보면 그 실마리를 찾기에 충분하다. 여기서 세종 14년(1432) 6월 9일 '삼강행실'이란 책을 만들었던 일에 주목하고자 한다.

세종이 어리석은 백성을 깨우치고, 그들의 생각을 글로 써서 펼쳐 보일 수 있도록 하려는 글자 창제의 발상을 하게 된 것은 『삼강행실도』를 만들면서부터였을 것이다. 『삼강행실도』는 우매한 남녀 백성이 모두 읽을 수 있도록 그림까지 그려서 편찬케 한 도덕책인데, 당시 백성에게 무언가를 보여주고 가르쳐서 스스로 깨닫게 하려는 발상을 임금이 손수 간섭한다는 것은 쉽지 않은 일이었다. 양반이나 사대부가 학문하는 것은 인격 수양에도 도움을 주었겠지만, 지식이 권위를 내세우거나 과거 급제로 관직을 얻고 권력을 잡기 위한 수단이던 시대에, 일반 평민들에게 필요한 일상적 교양을 위해 서적을 만드는 일은 드문 일이다. 교육이란 성현의 말씀을 듣거나 배워 알면 족하였고, 더구나 평민이나 어린이, 부녀자들까지 교육을 시키려는 생각을 임금이 직접 챙긴 일은 없었다. 하지만 세종은 그림을 그려서라도 글 모르는 사람들에게까지 읽히려고 했으니, 문자(한자) 지식이 곧 학문이라고 여겼던 양반 사대부가 그 대상이 아님은 분명하다. 그것은 아무리 천한 백성이라도 임금이 보살펴야 할 관심의 대상이고, 그들도 소중한 삶의 주체이어야 한다고 생각한 결과이며, 그것이 이른바 세종의 민본정치의 특별함이었다.

하지만 조금만 따지고 들어가면, 그 문자는 한자(漢字)였으므로 『삼강행실도』를 편찬하였어도 대다수 백성에게는 읽을 수 없는 책이 되고 만 것을 세종은 파악하였을 것이다. 글을 잘 모르는 백성에게 읽으라고 책을 만들어 주었으니 한편으로 미안하고 답답하기 그지없는 노릇이었다. 근본적으로 해결되지 않는 글자 문제 앞에서 세종은 가슴 아파했을 것이다. 이런 상황에서 세종이 얻은 결론은, 백성이 읽을 수 있는 쉬운 글자를 만든다면 어떠한 내용이라도 다 전달할 수 있겠다는 것이었다. 그가 단순하면서도 극명한 해답을 얻는 데는 그리 많은 시간과 노력이 필요치 않았을 것이다. 당시에도 한문이 어려워 '이두'라는 글자를 써서 문장을 끊어 읽으며 뜻을 파악하고 있었지만, 이두는 한자의 음을 차용한 표기로서 이것 또한 한자 체계를 배우고 익히지 않으면 쓰기 어려운 글자이다. 물론 글자를 어떻게 만들까 하는 것은 또 다른 일이고 쉽지 않은 일이겠지만, 글 모르는 백성을 위해 『삼강행실도』와 같은 그림책을 만들어 본 사람만이, 끝내 소통하지 못하는 원인이 바로 글자에 있음을 알 수 있는 것이니, 이것은 한 단계 높은 체험적 묘책이었다.

세종 10년(1428) 10월에 처음 백성을 교화시킬 새로운 책을 편찬하라 명령하였고, 세종 13년(1431)에 좋은 행적을 가진 사람에 대하여 그림을 그려서 자세히 설명한 책을 편찬하라고 명한 일이 있다. 이에 이듬해인 세종 14년(1432) 6월 9일 『삼강행실』이란 책을 집필하여 임금에게 바쳤고, 세종 16년(1434) 11월 25일 인출(印出)함으로써 종친과 신료들, 그리고 각 도(道)에 반포하게 된 것이다.

그림까지 그려서 읽히게 한 점과, 내용 중에 나오는 인물이 일반 백성이었다는 점은 그 독자 대상이 누군지를 구체적으로 나타낸 것이다.

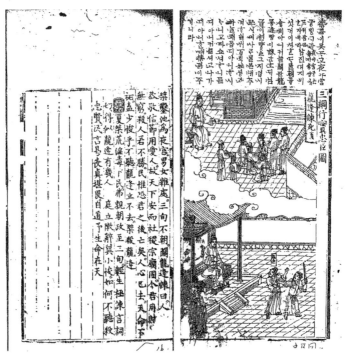

[『삼강행실도』 충신도]

세종이 『삼강행실도』에 대해 고심했다는 확실한 근거는, 언문을 창제
한 뒤 최만리 등이 상소한 내용 뒤에 기록된 대화에서 표출된다.

"지난번에 임금이 정창손에게 말씀하기를, '내가 만일 언문으로 『삼
강행실』을 번역하여 민간에 반포하면 어리석은 남녀가 모두 쉽게 깨달
아서 충신·효자·열녀가 반드시 무리로 나올 것이다.'라고 하였다."는
기록이 그것이다. 세종 25년(1443)에 언문을 창제하였으니 꼬박 10년의
세월 동안 글자를 만드는 데 몰두하였던 것이다.

이제 『삼강행실도』 서문에서 세종의 생각을 느껴 보자.

"… 신해년(1431)에 우리 주상전하께서 가까운 신하에게 이렇게 명령하셨습니다. '… 백성들이 군신·부자·부부의 큰 인륜에 친숙하지 아니하고, 거의 다 타고난 천성에 어두워서 항상 각박한 데에 **빠졌다**. 간혹 훌륭한 행실과 높은 절개가 있어도, 풍속·습관에 옮겨져서 사람의 보고 듣는 자의 마음을 흥기시키지 못하는 일도 또한 많다. 나는 그 중 특별히 남달리 뛰어난 행실을 뽑아서 그림과 찬을 만들어 중앙과 지방에 나누어 주고, 우매한 남녀들까지 다 쉽게 보고 느껴서 분발하게 되기를 바랄 뿐이다. 그렇게 하면, 또한 백성을 교화하여 풍속을 이루는 한 길이 될 것이다.' 하시고, 드디어 집현전 부제학 설순에게 명하여 편찬하는 일을 맡게 하였습니다. … 편찬을 마치니, '삼강행실(三綱行實)'이라고 이름을 내려 주시고, 주자소로 하여금 인쇄하여 길이길이 전하게 하였습니다. … 백성을 몸소 실천케 하고, 마음으로 얻게 한 결과로써 감화되게 하는 것은 이미 그 지극함을 다하였건만, 그리고도 오히려 흥기시키는 방법에 다하지 못한 것이 있을까 염려하여, 드디어 이 책을 만들었습니다. 널리 민간에 펴서 어진이거나 어리석은 자이거나 귀한 사람, 천한 사람, 어린이, 부녀자의 구별 없이 다 즐겨 보고 익히 들으며, 그 그림을 구경하여 그 형용을 상상하고, …"

라고 하였다.

- 『한글 새소식』 497호(2014.1.)에 실린 글.

# 대통령과 중국어

지난 6월 우리 대통령이 중국 베이징 국가 영빈관인 댜오위타이(釣魚臺)에서 열린 '한중경제회의'에서 중국어로 격언을 말하자 중국 경제인들이 박수갈채를 보냈다고 한다. 그 격언은 '先做朋友 後做生意'라는 중국말이었다. '먼저 친구가 된 뒤에 사업 이야기를 하라.'는 말이라고 한다. 이 말을 우리나라 한자음 표기법으로 적는다면, '선주붕우 후주생의'이지만 지금 중국 사람들에게 그대로 말해서는 절대 알아듣지 못할 것이다. 대통령은 회의 자리에서 이렇게 말했다고 한다. "셴쭤펑유 허우쭤셩이". 그 다음날 우리 신문에서는 이 말과 함께 며칠 동안 중국 방문 중에 박 대통령이 중국어를 능숙하게 하였다는 소식도 전하였다.

이번 방문은 한국이 경제 강국인 중국과의 협력을 위한 적극적 외교 활동으로서, 그 말을 준비하기 위해 대통령이 얼마나 많은 준비를 하였는지 짐작이 간다. 그 노력은 상호 협력의 목적을 달성하기 위한 철저한 계책과 배려라고 본다. 하지만 주권 국가의 원수가 제 나라 말과 글을 가볍게 생각하는 발상은 참으로 통탄할 일이다. 서울 사람이 부산에 가서 잘 하지도 못하는 사투리로 '반갑다 문디야!'라고 한다면, 그 순간 분위기는 좋아지고 친근감은 고조되겠지만 계속해서 부산 사투리를 쓰려고 한다면 발음도 어색하고 뜻도 잘 몰라 허둥대며 결국은 오히려 더 어색해질 것이다. 나라의 말과 글은 더욱 소중하다. 소설가 한승원 님은 어느 신문 논설에서, "자기 언어를 존중하지 않고, 지키지 않은 민족은 지구상에서 소멸되었다. 세종대왕은 우리 언어체계가 중국과 달라 어리석은 백성을 위하여 한글을 창제했는데 그것은 민족의 자존을 지키려는 것이었다. 이후 우리 민족은 엄연하게 독자적인 언어를 가지고 살아왔다. 우리말과 한글은 세계적으로 가장 과학적인 언어 체계를 가진 글자이다. 우리는 우리말과 글자에 대하여 자부심을 가져야 한다. 우리 대통령이라면 당연히 우리말로 연설을 해야 한다. 우리는 중국이 동북공정 정책을 펴고 있음을 잊지 말아야 한다. 그들은 북한 지역의 역사(고구려, 발해)가 자기들 것이라고 주장한다. 그것은 만일 북한 정권이 사라지면 자기들이 그 땅을 차지할 것이라는 노림수이다."라고 침을 놓았다.

국한문 혼용론자로 잘 알려진 성균관대학교 강신항 교수는 2008년 11월 국립 국어원과의 대담에서, "60년대에 '전망하다'라는 말을 기자들이 '바라본다'로 쓰기 시작하니까 곧바로 많은 사람이 쓰게 되면서 말이 바뀌더라. 우리말은 자꾸 써서 범위를 넓혀가야 한다고 본다."라는 말과 함께, 오랫동안 연구한 우리나라 한자음의 역사를 말하면서, "일본학자들은 우리나라 한자음을 8세기경에 굳어진 것이라고 하지만 나는 4~5세기 불경 전래 때로 본다."라고 하였다. 따지고 보면 지금 중국에서 쓰는 한자는 간체자라고 불리는 아주 간명한 글자이며 발음이나 뜻도 매우 다르게 변해 있다. 강 교수께서 말하는 4~5세기는 중국에서 우리가 불경을 전해 받은 시기이며, 경전에 쓰인 한자는 발음과 함께 감히 고치거나 바꿀 수 없는 위엄을 지닌 글자였기 때문에 그 발음을 유지하기 위해 절대적인 권위를 부여했을 것으로 보는 것이다. 8세기는 신라가 대대적으로 한자말을 받아들여 지명과 관직명을 고치면서 한자말이 우리말로 굳어지게 된 시기이다. 이렇게 전해진 한자는 그 뒤 각각 발음이 달라져서 세종 때에는 중국의 『홍무정운』과 다른 『동국정운』이 간행되기에 이른다.

우리나라의 통역관 학습은 고려 때부터다. 충렬왕 2년(1276)에 설치한 통문관이 그것이다. 고려는 주변국과의 관계 교섭이 빈번하자 역관을 두고 전문 어학을 교육하였는데, 공양왕 때는 사역원으로 이름을 바꾸었고, 조선에 그대로 이어지면서 한학(중국어), 몽학(몽골어), 왜학(일본어), 청학(여진어)이 차례로 설치되었다.

세종은 26년(1444)에 중국 운서인 『홍무정운』의 한자를 언문으로 표기하고 주석을 달게 하였으며, 29년(1447) 9월에는 당시 우리가 쓰는 한자음의 혼란을 막기 위해 『동국정운』을 완성시켜 1년 동안 갑인자로 새겨 30년(1448) 10월에 간행하였다. 그 서문에서 신숙주는 이렇게 말하고 있다. "옛사람이 글을 지어 내고 그림을 그려서 발음으로 고르고 종류를 나누어 매우 자상하게 풀이하였지만, 배우는 이가 입을 어물거리고 더듬더듬하여 도저히 발음과 운을 맞추지 못하였는데, 훈민정음이 제작됨으로부터 만고의 어떠한 소리도 털끝만큼도 틀리지 아니하니, 훈민정음은 실로 발음을 전하는 중심줄이기 때문이다."라고 하였다. 세종은 '우리말이 중국말과 달라 한자로는 끝내 정확하게 전할 수 없어 새 글자를 만드니 쉽게 배우고 익혀서 날마다 써서 살아가는 데 편리케 하고자 한다.'라고 하면서 훈민정음을 창제하였고, 우선 여러 소리로 혼란스럽게 쓰던 한자 발음을 통일하는 데 훈민정음을 써서 책을 만들어 보인 것이다. 물론 새 글자를 만든 가장 큰 이유는 나라마다 말이 다르고 한자로서는 우리말을 제대로 표현할 수 없기 때문이라고 분명하게 밝힌 바 있다.

중국 한자는 천년의 세월이 지난 세종 때에도 이미 그 발음이 매우 달라진 상태였기 때문에 『동국정운』을 간행하였고, 역관을 양성하기 위해 외국어 학습지를 우리말과 언문으로 간행하기에 이른다. 하물며 오늘날 어떤 사람들은 한자를 배우면 중국이나 일본과 말이 잘 통하고 그 나라 책들을 잘 읽을 수 있다고 주장하면서 한자 문화권을 내세우고 있지만, 우리말에 들어와 있는 한자말은 이미 1,500여 년 전의 중국 발음이 굳어진 상태이고, 중국의 간체자는 더 이상 우리 한자와 비교할 수 없을 정도로 달라진 글자다. 중국은 문맹률을 줄이기 위한 목적으로 1956년 '한자 간화 방안'을 공포하였고, 다시 시험과정을 거치며 인쇄활자의 제작에 충분한 시간을 준 후, 1986년 본격적인 추진을 위해 약간의 수정을 거쳐 다시 공포하였는데, 모두 간체자 2,235자가 실려 있으니 2,260자의 번체자를 간략히 한 것이다. 중국 사람이 우리가 쓰는 한자어를 중국 발음으로 말한다면, 중국 사람들도 못 알아듣고 우리도 못 알아듣는다.

현재 일본도 '도요칸지(當用漢字)'라고 하여 기본 한자 2,136자를 선정하고 있는데, 표기도 우리가 알 수 없는 약자가 많지만 일본말이니 그 발음은 말할 것도 없거니와, 자기 나라 말과 글로서 구실을 하는 것이니 당연한 현상일 뿐이다.

우리말로 말해야 우리가 알아듣고 중국 사람도 한국말로 인식하게 되는 것이다. 글 또한 '중국사람'과 '中國人(쭝궈렌)'이 있을 뿐이지, '中國人(중국인)'은 이제 필요 없게 되었다. '영국인, 영국사람'과 'Englishman, British'는 있지만 'Youngkukin'이나 '잉글리쉬맨, 브리티쉬'는 필요 없다. 단지 사전에서 (말밑)이나 [발음]으로 기록하면 된다. 말이 다르기 때문이며 말을 표기하는 것이 글이기 때문이다.

예컨대, '빵'이란 말이 있다. 이 말은 외래어이다. 한국어 빵[빵]과,

프랑스어 Pain[빠:], 스페인어 pan[빤], 포르투갈어 pão[빠오]는 그리스어인 pa[빠], 라틴어인 panis[빠니스]에서 기원하였다. 글은 비슷하지만 말(발음)은 다르다. 우리말 '빵'이 외래어라고 하여 'panis'라고 쓸 필요도 없고, '빠'라고 읽어야 할 이유도 없다. 이렇게 외래어라도 반드시 그 나라 말로 발음하여야 제대로 알아듣는다. 우리의 한자말은 지금 중국에서는 쓰지 않고 발음이나 표기도 달라져 있는 외래어일 따름이다.

- 『한글 새소식』 492호(2013.8.)에 실린 글.

# '언문'이 생기기 전의 용례

『조선왕조실록』 전체를 검색한 결과, '언문(諺文)'이란 말이 151회 나온다.

『세종실록』 14회, 『문종실록』 1회, 『단종실록』 4회, 『세조실록』 6회, 『예종실록』 1회, 『성종실록』 35회, 『연산군일기』 25회, 『중종실록』 14회, 『명종실록』 3회, 『선조실록』 6회, 『선조수정실록』 1회, 『광해군일기(중초본)』 4회, 『광해군일기(정초본)』 4회, 『인조실록』 2회, 『현종실록』 1회, 『현종개수실록』 3회, 『숙종실록』 7회, 『경종실록』 6회, 『경종수정실록』 2회, 『영조실록』 7회, 『순조실록』 2회, 『고종실록』 2회, 『순종실록부록』 1회.

더욱이 '언(諺)'이란 단어는 1,156회가 나오는데, 여기에는 '언문'뿐만 아니라 '속언(俗諺), 언어(諺語), 언(諺)' 등 다양한 형태로 나타난 것을 모두 합한 것이며, 훈민정음 창제 이전에만 해도 29회가 나온다.

『태조실록』 2회, 『정종실록』 2회, 『태종실록』 5회, 『세종실록』 20회.

이제 언문(훈민정음) 창제 이전에 나타난 29회의 '언(諺)'을 살펴 그 쓰임새를 알아보자.

1) 전하는 말[諺云]에, '도둑은 소인배이나 지혜는 군자보다 낫다.' 하였으니, 저들의 계략과 모책은 비록 성현이라 하더라도 혹 따르지 못함이 있으니, 바라옵건대 …. (태조 4년(1395) 7월 10일)

2) 장령이 되어서는 현릉(玄陵)이 노국공주를 장사하는 데, 집의가 마땅히 능을 봉분(封墳)해야 되는데도, 속언(俗諺)에 '능을 봉분하는 사람은 현달하지 못한다'[以俗諺封陵者不達] 하는 이유로써 사고를 핑계하고 출근하지 않으니…. (태조 7년(1398) 8월 15일)

3) 하나라 말에 이르기를[夏諺曰], '우리 임금이 놀지 않으면, 우리가 어떻게 쉴 수 있으며, 우리 임금이 즐기지 않으면, 우리가 어떻게 도움을 받으리오? 한 번 놀고 한 번 즐기는 것이 제후의 법도가 된다.' 하였다. (정종 1년(1399) 10월 8일)

4) 또 전하는 말에 이르기를[且諺曰], '귀신이 화복을 내리고, 질책하고 취한다.'는 말이 있다. (정종 2년(1400) 10월 3일)

5) 전하는 말에[諺曰], '중국인에게는 고려국에 태어나 친히 금강산을 보는 것이 원(願)이다'라는 말이 있다고 하는데, 그러한가? (태종 4년(1404) 9월 21일)

6) 임금이 말하기를, 전하는 말에 이르기를[諺曰], '고려 공사(高麗公事) 불과 삼일(不過三日)이라.' 하니, 이런 것도 또한 남에게 업신여김을 당하는 것이다. (태종 6년(1406) 5월 13일)

7) 전하는 말에 이르기를[諺曰], '자식을 아는 것은 어미 같은 이가 없다.'고 하였으니, 신들은 원컨대, 유씨(柳氏)에게 물어 그 사실을 변명하고 그 이름을 바루게 하시며…. (태종 9년(1409) 10월 27일)

8) 또 전하는 말이 있어 이르기를[且諺有之曰], '백종(百種)에 큰 바람이 있다.' 하였으니, 금후로는 엄격하게 법정(法定)을 세워 7월 안에는 공사(公私)의 배를 바다에 띄우지 못하게 하라. (태종 12년

(1412) 7월 17일)

9) 네가 계달하는 것은 진정 전하는 말에 이른바[正如諺所謂], '누이 주고 형께 호소한다'는 것과 같은 것이다. (태종 17년(1417) 2월 15일)

10) 전에 태조께서, 전하는 말로서[初太祖以諺傳], '석가 여래가 세상에 살아 있을 때에 이[齒]에서 나온 사리 네 개와, 두골과 패엽경과 가사' 등을 흥천사 석탑 속에 두게 하였는데(세종 1년(1419) 8월 23일)

11) 전해오는 말에[以諺傳], 석가 여래가 세상에 살아 있을 때 이[齒] 위에 났던 것이었는데, 신라 때에 중 자장이라는 이가 서역에 들어가서 문수보살을 뵙고…. (세종 1년 9월 1일)

12) 상왕이 말하기를, "전하는 말에 이르기를[諺稱], '한삼 난사(寒三暖四)'라 하나, 그러나 강릉 지경에 들어가려면, 날짜가 오래 될 것이니, 비록 따뜻하더라도 어찌 또 춥지 않겠소?"(세종 1년 11월 6일)

13) '가난한 사람이나 부유한 사람이나 모두 하루에 두 끼 먹는다'라고 속담에 이르지 않았는가[諺不云乎]? 비록 걸인이 죽어도 남는 옷이 있으니, 굶어 죽지 않은 것만으로도 만족해야 한다. (세종 8년(1426) 6월 11일)

14) 속담에[諺謂], '흰 매는 오래 살지 못한다'고 하는데, 지금 바치는 것은 모두 흰 매이니, 네째의 옳지 못한 것입니다. (세종 9년(1427) 2월 24일)

15) 옛날 태종께서 권근에게 명하여 오경에 토(吐)【무릇 독서할 때에 우리 말의 끊어 읽는 것을 시속에서 토(吐)라고 한다.[凡讀書, 以諺語節句讀者, 俗謂之吐]】를 달라고 하니, 권근이 사양하였으나 허락을 얻지 못하고…. (세종 10년(1428) 윤4월 18일)

16) 전해오는 말에는[諺傳], '법사존자에게도 역시 은두고리·은향합·은장 등을 각기 하나씩 쓰고 있고, 사당지기가 4명이 있다.' 하오니 …. (세종 12년(1430) 8월 6일)

17) 전하는 말에는[諺傳], '국사에게 쓰는 희생 돼지를 두부로써 대신한다.' 하오니···. (세종 12년 8월 6일)

18) 전하는 말에[諺傳] 용이 있는 곳이라고 하오니, 그 도 감사에게 적당히 목장을 쌓아 여러 목장의 순백색 암말을 골라서 그곳에 들여보내어 시험하게 하소서. (세종 15년(1433) 5월 8일)

19) 전하는 말에 이르기를[鄙(諺)曰], '매달 상·하현일(上下弦日)에는 비가 온다.' 하오니, 모름지기 ··· 기우제를 지내는 것이 옳겠나이다. (세종 16년(1434) 4월 14일)

20) 속담에 이르기를[諺曰], '뜰에서 자고 가기를 애걸하는 자가 안방을 꾀한다.'라고 하오니, 이제 우리나라가 융성하게 다스려지는 때를 당하여 왜적의 침노를 족히 염려할 것은 없사오나 (세종 16년(1434) 8월 5일)

21) 또 전하는 말에 이르기를[且諺云], '고려의 제도에 호군이 서로 대면만 하여도 벌이 있다.' 하였으니 ···. (세종 16년 10월 27일)

22) 그러나 속담에 이르기를[然諺曰], '우리나라의 법은 3일에 폐지된다.' 하는데 (세종 17년(1435) 9월 25일)

23) 옛 말에 이르기를[故諺曰], '고려 공사 삼일이라.'라고 하지만, 이 말이 정녕 헛된 말은 아니다. (세종 18년(1436) 윤6월 22일)

24) 이 일이 비록 허황한 듯하나 전후 사람들의 말이 서로 합치하니, 혹 그런 이치가 있어서 이야기로 전해 오는 것이리라[亦或有其理而諺傳矣]. (세종 19년(1437) 11월 22일)

25) 다만 본 섬이 양양 동쪽에 있다고만 일컬어 왔을[諺稱] 뿐이니, 어느 곳에 있다는 사실은 불가불 알아야 할 것이다. 경은 마땅히 다시 이를 탐문하여 계달하라. (세종 20년(1438) 7월 26일)

26) 신은 들으오니 전하는 말에[臣聞諺傳], "중국 사신 장부(張溥)의 시에 이르기를, '향등불 곳곳에는 모두 부처에 귀의하였고, 연기 나는 집집은 다투어 신을 섬기는데, 오직 두어 칸 되는 부자(夫子)의 사당은 뜰에 가득한 거친 풀 적적하게 사람이 없네.' 하였

다.” 하옵는데, 이것은 …. (세종 21년(1439) 1월 11일)

27) 옛 말에 이르기를[古諺云], ‘임금은 항상 깊은 궁안에 있으므로
바깥 사람과 서로 보지 못하게 하는 것이 좋다. 만일 대낮에 밖
에 나오면 그 나라에 흉한 일이 생긴다.’ 하는데, 이는 오랑캐들
이 그 임금을 덮어씌우고 가리는 말이다. (세종 21년 8월 5일)

28) 속담에[諺曰] ‘송아지가 멍에를 꺾으면 반드시 좋은 소가 된다’라
고 한 것은 무사(武士)에게 비유한 말이다. 그러나 유생이라면 공
순한 것을 도리로 하고 성인의 학문에 마음을 잠길 뿐이다. (세종
24년(1442) 7월 29일)

29) 또 속담에[且諺曰], ‘업은 아이의 말도 귀담아 들으라’고 하오니,
신들의 말이 비록 얕고 좁으나 마땅히 자세히 살피어 주소서. (세
종 24년 8월 3일)


태조실록부터 1443년 ‘언문’이란 말이 처음 나타나기 이전까지의 한
자 ‘언(諺)’ 기록 모두를 찾은 것이다. 이때에 사용하던 ‘언’이라는 말은,
주로 속담(俗談)으로 해석할 수 있다. 그런데 위의 여러 글의 문맥을
보면 비슷하면서도 속담과는 조금 다른 뜻으로 쓴 것을 볼 수 있다.
즉, 속담이 아니더라도 ‘거리에서 사람들이 말하는 이야기, 소문, 누군가
에게 듣고 전하는 말, 지금 말하는 사람의 귀에 들리는 이야기’처럼,
어떤 기록된 문자를 통한 것이 아니라 ‘많은 사람들의 입에 오르내리며
전하는 말’이라는 공통점이 있다. 이것은 한자 ‘언(諺)’의 자전적 제1의미
인 ‘전하는 말’의 뜻으로 쓰였기 때문이다.

1) 집현전 최항, 박팽년, 신숙주, 이선로, 이개, 강희안 등에게 명하여
의사청에 나아가 언문으로 『운회(韻會)』를 번역하게 하고’
[命集賢殿校理崔恒 副校理朴彭年 副修撰申叔舟 李善老 李塏 敦寧府注簿
姜希顔等 詣議事廳 以諺文譯韻會] (『세종실록』, 세종 26년(1444) 2월 16일

기록)

2) "임금이 상소문을 보고, 최만리 등에게 이르기를, '… 또 이두를 제작한 본뜻이 백성을 편리하게 하려 함이 아니겠느냐? 만일 그것이 백성을 편리하게 한 것이라면 이제의 <u>언문</u>도 백성을 편리하게 하려 한 것인데, 너희들이 설총은 옳다 하면서 임금의 하는 일은 그르다 하는 것은 무엇이냐? 또 네가 운서(韻書)를 아느냐? 사성칠음(四聲七音)에 자모(字母)가 몇이나 있느냐? 만일 내가 그 운서를 바로잡지 아니하면 누가 이를 바로잡을 것이냐?"라고 하였다. [且吏讀制作之本意 無乃爲其便民乎 如其便民也 則今之<u>諺文</u> 亦不爲便民乎 汝等以薛聰爲是 而非其君上之事 何哉 且汝知韻書乎 四聲七音 字母有幾乎 若非予正其韻書 則伊誰正之乎] (『세종실록』, 세종 26년 2월 20일 기록)

덧붙인 위 두 글처럼 실록에는 1443년 12월 세종이 훈민정음을 창제한 뒤 여러 번 '언문'이란 낱말을 직접 사용한 기록도 있으니, 이 또한 지금의 국어사전에서처럼 '상말을 적는 문자'와 같은 뜻으로 말한 것이 아님이 분명해진다.

새로운 글자의 특성과 자질을 잘 드러내는 '언문'이란 말은, 기본적으로 한자 '언'의 뜻을 알면 이해가 빠른데, 곧 '전하는 말, 일반 백성이 두루 주고받는 말(소리)'이라는 뜻을 가진 '언(諺)'에 '문자'라는 '문(文)'을 붙인 이름이었음을 알 수 있다.

　　　　　　　　　　　　　　-『한글 새소식』479호(2012.7.)에 실린 글.

# 표준국어대사전의 거짓말(1)

### - 언문이 상말 글자라니오? -

『표준국어대사전』(국립국어원)은 '언문(諺文)'을 "상말을 적는 문자라는 뜻으로, '한글'을 속되게 이르던 말."이라고 풀이하였다. '상말'이란 '점잖지 못하고 상스러운 말'로서 흔히 '쌍말'이라고도 한다. 이 사전의 뜻풀이는 잘못이다. 언문이 상말 글자라니? '언문'은 훈민정음 창제 때부터 흔하게 쓰던 말이므로 그 사용 실태를 분석하면 너무도 쉽게 그 뜻을 알 수 있는데, 이렇게 풀이한다는 것은 어떤 의도가 숨어 있지나 않은가 의심을 사기에 충분하다.

(가) 『조선왕조실록』 「세종실록」 세종 25년(1443) 12월 30일 기록에 처음 '언문'이란 말이 나온다.

> "이달에 임금이 친히 언문 28자를 지었는데, 그 글자가 옛 전자를 모방하고, 초성·중성·종성으로 나누어 합한 연후에야 글자를 이룬다. 무릇 한자[文字]에 관한 것과 우리말[俚語]에 관한 것을 모두 쓸 수 있고, 글자는 비록 간단하고 긴요하지마는 전환하는 것이 무궁하다. 이것을 훈민정음이라고 이른다.
>
> [是月 上親制諺文二十八字 其字倣古篆 分爲初中終聲 合之然後乃成字 凡干文字及本國俚語 皆可得而書 字雖簡要 轉換無窮 是謂訓民正音]"

이 글에서 '언문'을 '상말을 적는 문자'로 바꾸어 보자. '이달에 임금이 친히 상말을 적는 문자 28자를 지었는데 … 무릇 한자[文字]에 관한 것과 우리말[俚語]에 관한 것을 모두 쓸 수 있다.' 문장 내용을 보아도 뒷 내용과 전혀 맞지 않는 문장이 된다. 곧, 언문의 뜻풀이가 틀림을 알 수 있다.

(나) 다음 기록은 「세종실록」 세종 26년(1444) 2월 16일 기록이다.

"집현전 교리 최항, 부교리 박팽년, 부수찬 신숙주, 이선로, 이개, 돈녕부 주부 강희안 등에게 명하여 의사청에 나아가 언문으로 운회(韻會)를 번역하게 하고, 동궁과 진양대군 이유, 안평대군 이용으로 하여금 그 일을 관장하게 하였는데, 모두 임금의 결단에 품의하도록 하였다. 이들에게는 상을 거듭 내려 주고 이바지를 넉넉하고 후하게 하였다.
[命集賢殿校理崔恒 副校理朴彭年 副修撰申叔舟 李善老 李塏 敦寧府注簿姜希顔等 詣議事廳 以諺文譯韻會 東宮與晉陽大君 瑈 安平大君 瑢 監掌其事 皆稟睿斷 賞賜稠重 供億優厚矣]"

이 글에도 '언문' 대신 '상말을 적는 문자'를 대입하여 보자. '… 강희안 등에게 명하여 의사청에 나아가 상말을 적는 문자로 중국의 〈운회〉를 번역하게 하고 … 상을 거듭 내려 주었다.' 이 또한 앞뒤 내용이 전혀 맞지 않는 말이 된다.

(다) 그리고 「세종실록」 세종 26년 2월 20일에 기록된 최만리의 상소에서 '언문'이 쓰인 뜻을 짚어보면,

"집현전 부제학 최만리 등이 상소하기를, '신들이 엎드려 살펴보건대, ① 언문(諺文)을 제작하신 것이 지극히 신묘하여 만물을 창조하시고 지혜를 운전하심이 천고에 뛰어나시오나, 신들의 구차하고 좁은 소견으로는

오히려 의심되는 것이 있사와, 감히 간곡한 정성을 펴서 삼가 뒤에 열거 하오니 삼가 성재(聖裁)하시옵기를 바랍니다. 1. 우리 조선은 조종 때부 터 내려오면서 지성스럽게 대국을 섬기어 한결같이 중화의 제도를 준행 하였는데, 이제 글을 같이하고 법도를 같이하는 때를 당하여 ②언문을 창작하신 것은 보고 듣기에 놀라움이 있습니다. 설혹 말하기를, '③언문 은 모두 옛 글자를 본뜬 것이고 새로 된 글자가 아니다.'라고 하지만, 글자의 형상은 비록 옛날의 전문(篆文)을 모방하였을지라도 음을 쓰고 글자를 합하는 것은 모두 옛 것에 반대되니 실로 의거할 데가 없사옵니 다. 만일 중국에라도 흘러 들어가서 혹시라도 비난하여 말하는 자가 있사오면, 어찌 대국을 섬기고 중화를 사모하는 데에 부끄러움이 없사오 리까? 1. 옛부터 구주(九州)의 안에 풍토는 비록 다르오나 지방의 말에 따라 따로 문자를 만든 것이 없사옵고, 오직 몽고·서하·여진·일본과 서번의 종류가 각기 그 글자가 있으되, 이는 모두 이적(夷狄)의 일이므로 족히 말할 것이 없사옵니다. 옛글에 말하기를, '화하(華夏)를 써서 이적을 변화시킨다.' 하였고, 화하가 이적으로 변한다는 것은 듣지 못하였습니 다. 역대로 중국에서 모두 우리나라는 기자의 남긴 풍속이 있다 하고, 문물과 예악을 중화에 견주어 말하기도 하는데, 이제 따로 ④언문을 만드는 것은 중국을 버리고 스스로 이적과 같아지려는 것으로서, 이른바 소합향(蘇合香)을 버리고 당랑환(螳螂丸)을 취함이오니, 어찌 문명의 큰 흠절이 아니오리까…' "

라고 하였는데, 이때 '언문' ①②③④를 아무리 풀어 보아도, '상말을 적는 문자'라는 뜻이 아님을 잘 알 수 있다.

(라) 『훈민정음』 해례본(1446)은 세종이 직접 쓴 서문과 정인지 등 이 쓴 해례를 묶은 책으로서 가장 정음을 높이고 자세히 설명한 책인 데, 이 책에서 이미 '언어(諺語)'라는 말과 '언(諺)'이라는 말이 나온다. 합자해를 보면,

우리말 싸는 한자 地를 풀이한 것과 같고, 우리말 혀는 舌을 풀이한 것과 같다.

[如諺語싸爲地 如諺語혀爲舌]

한자와 언문을 섞어 쓸 때는 글자 소리에 따라 가운뎃소리나 끝소리를 보충할 때가 있다.

[文與諺雜用則有因字音而補以中終聲者]

라고 하였다. 임금이 친히 명을 내려 엮은 책에, 그 임금이 지은 글자를 '상말을 적는 문자'라고 하면서 바칠 수는 없다. 백보 양보하여 조선시대 사람들이 중국을 하늘처럼 떠받들고 우리 자신을 업신여기던 풍토가 있었다고 해도, 스스로 '상말을 적는 문자'라고 낮추어 이름 짓지는 않았을 것이다. 우리말을 하던 조선사람이 모두 상말하는 상놈인가 말이다.

(마) 세종은 28년(1446) 11월 8일에 '언문청(諺文廳)'을 설치하였다. 실록에 따르면,

태조실록을 내전에 들여오기를 명하고, 드디어 언문청을 설치하여 일의 자취를 상고해서 용비어천가 시(詩)를 첨입(添入)하게 하니, 춘추관에서 아뢰기를, '실록은 사관이 아니면 볼 수가 없는 것이며, 또 언문청은 얕아서 드러나게 되고 외인의 출입이 잦으니, 신들은 매우 옳지 못하다고 여깁니다.' 하였다. 임금이 즉시 명령하여 내전에 들여오게 함을 돌리고, 춘추관 기주관 어효첨과 기사관 양성지에게 내용을 베껴서 바치게 하였다.

[命太祖實錄入于內 遂置諺文廳 考事迹 添入龍飛詩 春秋館啓 實錄 非史官 不得見 且諺文廳淺露 外人出入無常 臣等深以謂不可 上卽命還入內 令春秋館記注官魚孝瞻 記事官梁誠之抄錄以進]

라는 기록이 있다. 이처럼 세종이 처음 관청 이름을 '정음청'이 아니라 '언문청'이라고 한 것은 당시 사람들이 정음과 언문을 같은 말로 썼음을 드러내는 일이고, 중국의 사전 풀이와 같이, '언(諺)'을 '문자로 기록된 말이 아닌 백성들이 일상적으로 늘 주고받는 말'이라는 사전적 기본 뜻으로 사용하였음을 알 수 있다. 즉 '기록되지 않은 말, 기록 이전의 말, 사람의 입으로 주고받는 말'을 일러 '언(諺)'이라 하고, 이것을 적는 새로운 글자이기 때문에 '언문(諺文)'이라 한 것이다. 곧 '우리글, 훈민정음'을 대신해서 일컫는 말로 쓴 것이다. 만약 당시 사람들이 언문이란 말을, '상말을 적는 문자, 훈민정음을 속되게 이르는 말'로서 사용하였다면, 적어도 위 기록처럼 임금 직속 국가 기관의 이름으로는 쓸 수 없었을 것이다. 그런 뜻으로 일부러 사용하는 자라면 목숨을 내놓아야 할 망발이 아니겠는가?

(바) 「중종실록」 중종 6년(1511) 9월 5일 기록에는, 『설공찬전』을 금서로 하라는 내용이 나오는데,

　　헌부가 아뢰기를, '채수(蔡壽)가 『설공찬전』을 지었는데, 내용이 모두 화복이 윤회한다는 이야기로, 매우 요망한 것이니, 궁궐 안팎이 모두 현혹되어 믿고서, 한문으로 옮기거나 언어(諺語)로 번역하여 전파함으로써 민중을 미혹시킵니다. 헌부에서 마땅히 거두어들이겠으나, 혹 거두어들이지 않거나 뒤에 발견되면, 죄로 다스려야 합니다.' 하니, 답하기를, '『설공찬전』은 내용이 요망하고 허황하니 금지함이 옳다. 그러나 법을 세울 필요는 없다. 나머지는 윤허하지 않는다.'
　　[憲府啓 蔡壽作薛公瓚傳 其事皆輪回 禍福之說 甚爲妖妄 中外惑信 或飜以文字 或譯以諺語 傳播惑衆 府當行移收取 然恐或有不收入者 如有後見者治罪 答曰 薛公瓚傳 事涉妖誕 禁戢可也 然不必立法 餘不允]

라고 하였다. 여기서도 '언어(諺語)'는 우리말을 가리키며, '역이언어(譯以諺語)'는 '우리말로 번역함'을 말하므로 곧 '언해'를 뜻한다. 이 기록을 바탕으로 설공찬전이 우리나라 최초의 한글 소설임을 밝히게 된 것이다.

(사) 이밖에도 『훈민정음(언해본)』을 비롯하여 수많은 언해본이 전해지는데, '언해(諺解)'라는 말이 처음 쓰여진 것은 『정속언해』(1518)라고 한다. 여기서도 '언(諺)'은 '우리 말(글)'로 풀어야 옳다. 이와 비슷한 말로, 한문의 원전에 정음으로 달아놓은 구결을 '언토(諺吐)' 또는 '언두(諺讀)'라 부르는 일과, 언해를 '언역(諺譯)' 또는 '언석(諺釋)'이라고 쓴 것을 볼 때, '언(諺)'은 항상 '우리 말(글)'이라는 뜻으로 썼던 말임을 알 수 있으니, 조선시대의 '우리'는 곧 '조선'이기도 하다.

지금까지 초기 기록에서 보기글을 찾아본 결과, '언문'이란 "훈민정음을 '우리나라 백성들이 주고받는 말을 적는 문자, 소리 글자'라는 뜻으로 일컬은 말"임을 알 수 있다. 하지만 최만리와 같은 유학자들은, 중국과 대조하여 '조선 글자 또는 중국이 아닌 변방의 글자'로 여기고 이 말을 썼음도 알 수 있다. 언문과 함께 '언어(諺語)'라는 말도 해례본과 실록에 나타나는데, 이 말은 중국에서도 썼던 낱말이다. 큰 뜻은 '백성의 말(소리)'이며, 훈민정음 창제 이후에는 '(언문과 짝을 이루어) 우리말'을 가리키는 말이었다. '언문-우리글, 언어-우리말' 정도로 풀이하면 잘 들어맞는다. 다음 달에는 중국의 기록을 살펴보기로 한다.

- 『한글 새소식』 475호(2012.3.)에 실린 글.

# 표준국어대사전의 거짓말(2)

## - 언문은 상말이 아니다 -

지난달에, 『표준국어대사전』이 '언문(諺文)'을 "상말을 적는 문자라는 뜻으로, '한글'을 속되게 이르던 말"이라고 풀이한 것은 잘못임을 지적하였는데, 이제 그 근거를 좀더 깊이 찾아보자.

(1) 먼저 『중문대사전(中文大辭典)』(대만, 1973)의 풀이를 보면,

> 언(諺) [갑] ① 전하는 말[傳言]. 『설문해자』에는, '언이란 전하는 말이다. 언(彦) 자 발음을 따른다.' 〈단옥재 주〉에는, '전하는 말이므로 옛날 말이다. 무릇 경전에서 이른바 언이란 것은 전대부터 내려오는 옛 교훈이 아닌 것이 없는데, 송나라 사람이 주석을 달기를, 속어, 속론이라고 하였으니 이것은 잘못이다.' 『광아 속고 4』에는, '언이란 전함이다.' ② 세속의 말[俗語]. 『정자통』에는, '언이란 세속에서 하는 말이다. 백성들이 일상에서 말하고 외는 것이다.' 『예기, 대학』에서는, '옛 말에 있음을 이른다.' 『석문』에서는, '언이란 세속에서 쓰는 말이다.' 『국어, 월어 하』에서는, '말이 있음을 이른다.' 〈주석〉에서, '언이란 민중에서 쓰는 좋은 말이다.' ③ 바른 말[直語]. 언(喭), 언(唁)과 같이 통용한다. 『정자통』에는,

'언이란 유협이 말하기를, 언(諺)과 언(喭)과 언(唁)은 동일한 글자인데, 언(諺)은 바른 말이다. 저잣거리에서 통속적으로 하는 말이므로 화려하지 않고, 잊어버리는 말이므로 문장이 없다. 옛날에는 조문하는 말을 언(諺)이라고도 하였다.'『신론, 정상』에서는, '자유가 가죽옷을 휘날리며 바른 말을 하니, 증삼이 따라 지휘하면서 빙긋이 웃었다.' ④ 옛날 글자는 언(喭)이다.『집운』에서, '언(諺)을 옛날에는 언(喭)이라고 썼다.' [을] ① 도리에 합당한 말로서, 스스로 긍지를 갖다.『집운』에서, '언이란 도리에 합당하여 스스로 긍지를 갖다.' ② 배반하는 말로서, 공손하지 못하다.『운회』에서, '언이란 배반하는 말로서 공손하지 못하다.' ③ 경계하는 말로서 굳세고 사납다.『증운』에서, '언이란 경계하는 말로서 굳세고 사납다.' [언문] 조선국의 문자이다. 세종 때 언문청을 설치하여 정인지, 신숙주 등에게 명하여 책을 반포하였다. 자세히 설명하면, 모음 11자와 자음 17자를 조합함으로써 이루어지니 모두 28자모이다. 이미 완성함으로써 세종이 훈민정음이라고 이름을 내렸고, 이를 공포하여 써오고 있다. 그 뒤 자모가 없어져 25자가 되었다. 세속에서는 널리 통하여 모두 그것을 쓰는데, 오로지 사대부는 모두 한문을 썼다. 그 28자는 다음과 같다. ㄱg ㄴn ㄷd ㄹr ㅁm ㅂb ㅅs ㅇ ㅈj ㅊc ㅋk ㅌt ㅍp ㅎh ㅏa ㅓ ㅗ ㅜu ㅑya ㅕyə ㅛyo ㅠyu ㅡ ㅣi ·e ㆁ ㆆ? ㅿz 지금은 · ㆆ ㅇ ㅿ 네 글자는 이미 사용하지 않는다.

[諺]「甲」① 傳言也『說文』諺, 傳言也, 從言彦聲.『段注』傳言者, 古語也, 凡經傳所偁之諺, 無非前代故訓, 而宋人作注, 乃以俗語俗論當之, 誤矣.『廣雅釋詁四』諺, 傳也. ② 俗語也.『正字通』諺, 俗語, 民俗常所稱誦也.『禮記, 大學』故諺有之曰.『釋文』諺, 俗語也.『國語, 越語下』諺有之曰.〈注〉諺, 俗之善語也. ③ 直語也. 與唁, 喭通.『正字通』諺, 劉勰曰, 諺喭唁, 同一字, 諺, 直語也, 廛路淺言無華, 喪言不文, 故弔亦曰諺.『新論, 正賞』子游揚裘而諺, 曾參指揮而哂. ④ 古作喭.『集韻』諺, 古作喭.

「乙」① 訑諺, 自矜也.『集韻』諺, 訑諺, 自矜. ② 叛諺, 不恭也.『韻會』諺, 叛諺, 不恭也. ③ 畔諺, 剛猛也.『增韻』諺, 畔諺, 剛猛也.

[諺文] 朝鮮國之文字也. 李氏世宗時, 設諺文廳, 命鄭麟趾, 申叔舟等 所製. 係以母音十一, 子音十七組合而成, 共爲字母二十八. 旣成, 世宗命 名曰訓民正音, 公布行用. 其後字母減爲二十五, 通俗多用之, 惟士夫多用 漢文. 二十八字爲 ㄱg ㄴn ㄷd ㄹr ㅁm ㅂb ㅅs ㅇ ㆁ ㅈj ㅊc ㅋk ㅌt ㅍp ㅎh ㅏa ㅓə ㅗo ㅜu ㅑya ㅕyə ㅛyo ㅠyu ㅡɯ ㅣi ·e ㆁ ㆆ? ㅿz 現·ㆆㆁㅿ四字已不使用.

위 내용이 중국 사전이라니 놀랍다. 우리 사전에서 위와 같이 설명 하여도 시원찮을텐데, 우리는 '상말을 적는 문자'라고 하였다. 『중문대 사전』의 올림말 '언문'은 다른 예시문이 없이 오로지 훈민정음만을 가 리킨다. 이로 보아, 중국에는 '언(諺)'이나 '언어(諺語)'라는 말은 있어도 '언문(諺文)'이란 말은 없었음을 알 수 있다. 훈민정음을 '언문'이라고 한 까닭이 여기에 있다. 곧 중국의 문자는 뜻을 전하는[表意] 문자인 반면, 우리글은 말소리를 형상화[表音]한 문자라는 것이니 얼마나 훈민 정음의 특징을 잘 살린 말인가? 백성들이 일상적으로 거리에서 주고받 는 말을 그대로 기록할 수 있는 글자라는 것이다.

(2) 『한어대사전(漢語大詞典)』(중국, 1993)에서도 대동소이한 풀이를 하였는데, '언(諺)'은 '① 언어(諺語). 전언(傳言). ② 언(喭)과 통용. ③ 언 (唁)과 통용.'이라고 설명하였다. ①의 예문을 풀어 보면, 『설문』에서 는, '언이란 전하는 말을 뜻한다.', 〈단옥재 주〉에서는, '전하는 말이므 로 옛말을 뜻한다. 무릇 경전(經傳)에서 이른바 언이라 하는 것은, 전대 부터 내려오는 옛 교훈이 아닌 것이 없었는데, 송나라 사람이 주석을 달기를, 속어나 속론이라고 하였으니, 이것은 잘못이다.' 『좌전』에는, '주나라 말에 전하기를[周諺有云], 필부는 죄가 없는데 굳이 죄라면 구 슬을 품은 죄일 뿐이다.'라는 글이 보인다. 『맹자』 양혜왕 하편에는,

'하나라 말에 이르기를[夏諺曰], 우리 왕이 놀지 않는데 어찌 내가 쉴 수 있겠는가'라는 글이 보이는데, 『초순정의』에는 '「광아석고(廣雅釋詁)」에서 언(諺)은 전(傳)이다 하였으므로, 하언(夏諺)이란 하나라 말로서 서로 전하여 내려오는 말을 뜻한다.'라고 하였다. 『국어』에서도 언(諺)이 있으니, "위소(韋昭)가 주석하기를, '언(諺)이란 세속에서 전하는 착한 속요(俗謠)이다.'라고 하였는데, 세속에서 전하고 듣는 것이므로 곧 백성의 언어(諺語)인데, 그 말을 풀이하기를 가시(歌詩)라고 하였으니, 여기서부터 속요의 종류가 된 것이다."라고 하였다.

(3) 『표준국어대사전』이 '상말 문자'라고 하게 된 것은 이른바 '諺 상말 언'이란 풀이가 그 발단이다. 이러한 뜻풀이는 과연 언제부터 생겨났을까? 중국의 사전을 보면 중국에서는 '언문'이란 말을 전혀 사용하지 않았고, 우리나라 문헌에서도 상말의 뜻으로는 쓰지 않았는데, 언제부터 이런 풀이를 갖게 되었을까? 『유합』(1527)이나 『훈몽자회』(1527)에도, 『천자문』(1575, 1583)에도 언(諺) 자는 없었다. 실록의 모든 기록을 검색해 보아도 '언문'을 특별히 '상말을 적는 문자'라는 뜻으로 사용한 경우는 찾아볼 수 없다. 더욱이 유희의 『언문지』가 나온 것은 순조 24년 (1824)인데, 이때까지도 '언문'은 떳떳하게 우리글 '훈민정음'을 이르는 말로 사용되었음을 알 수 있다. 우리나라 최초의 한자 자전 『자전석요』 (지석영, 1909)는 '언(諺)'을 '[안]强猛사오나올 안 〇不恭거만할 안. 嗲通. [언]俗言속담 언.'이라고 했다. 궁색한 풀이가 나타난 것은 『한한대자전 (漢韓大字典)』(이상은 감수, 1966년 초판, 민중서림)이다. 이 책은 '언'을, '상말 언. 이언(俚諺). 俗-. -, 所謂老將至, 而耄及之.〈左傳〉'('좌전'에서 '언(諺) 이란 이른바 늙어져서 모(90세 노인)에 이른 사람을 일컫는 말'이라고 하였다.)라는 것이다. 우리말 사전들은, 한글맞춤법통일안 이후 최초 사전인 『조선어

사전』(문세영, 1936)에는 '한글의 딴 이름'이라 했고, 『큰사전』(한글학회, 1950, 1957)은 '"한글"을 전날에 일컫던 속칭(俗稱; 세속에서 보통 일컫는 칭호)'라고 풀이하였다. 『국어대사전』(이희승, 1961)은, '한글을 전에 일컫던 말.'이라고 하였고, 『새우리말 큰사전』(신기철·신용철, 1974)은, '(전날에) 한글을 속되게 이르던 말'이라고 하였다. 『우리말 큰사전』(한글학회, 1991)은, '전날에 일컫던 한글의 낮은말'이라고 했으며, 『조선말 대사전』(북한 사회과학원 언어연구소, 1992)에서는 '늘 쓰는 입말의 글이라는 뜻으로 처음에는 우리 민족글자인 '훈민정음'을 글말의 글자인 한자, 한문에 상대하여 이르던 말. 뒤에 한자, 한문을 떠받드는 기풍이 조장되면서 우리 글을 낮잡아보는 이름으로 되었다.'라고 하였다. 그러다가 『표준국어대사전』(국립국어원, 1999)에서 느닷없이 '상말을 적는 문자'라고 풀이를 한 것이다.

(4) 맺음말: 훈민정음 해례본과 실록의 기록, 그리고 중국과 대만의 사전 풀이와 문헌의 출처를 살펴보았다. 그 결과 한자 '언(諺)'이란, '문자로 기록된 말이 아닌 백성들이 일상적으로 늘 주고받고 외는 말. 또는, 기록되지 않은 선현의 말, 기록 이전의 말, 사람의 입말'을 뜻하였다. 특히 중국에서는 '언문(諺文)'이란 말을 쓰지 않았는데, 그것은 '언(諺)'을 기록한 것은 '문(文)'이기 때문이었다. 세종이 훈민정음을 창제하면서 비로소 '언문'이란 말이 처음 생겼는데, 이 말은 곧 '중국의 한자는 뜻을 전하는[表意] 문자인 반면, 우리 글자는 말소리를 형상화[表音]한 문자'라는 훈민정음의 가장 큰 특징을 잘 표현한 말로서, 언(諺)이라는 뜻에 꼭맞는 문자가 태어난 것이다. 그러므로 이름 대신 언문이란 말로 통용하다보니 백성들은 '훈민정음'이란 이름조차 모르고 이 글자를 써 온 것이다. 또, '언(諺)' 자의 정확한 뜻을 모르고 살던 우리

나라 사람이 뒤에 자전이나 서당에서 풀이하기를, '한자는 공맹의 가르침을 배울 수 있는 훌륭한 글자이고, 언문은 상놈들이나 배우는 상말 글자이다.'라고 하면서, 결국 반상의 차별을 강조하는 사대부들의 맹목적인 권위주의와 사대주의가 '언(諺); 상말 언'이라는 풀이를 붙여 놓은 것이다. 이런 잘못된 뜻풀이는 조선왕조실록에서는 찾아볼 수가 없다. 이것은 언문이 '전하는 말이나 백성들이 일상에서 주고받으며 외는 말을 적을 수 있는 우리 글자, 곧 훈민정음을 일컫는 말'이라는 뜻을 차츰 잊게 된 뒤 최근에 나타난 왜곡된 풀이임을 알 수 있다.

- 『한글 새소식』 476호(2012.4.)에 실린 글.

---

※ 이 글은 『한글 새소식』 475~476호(한글학회, 2012.3~4.)에 실린 글인데, 이 글을 바탕으로 하여 『한글』 298(한글학회, 2012.12.)에 논문 「우리 사전의 왜곡된 '언문' 뜻풀이에 관한 연구」가 게재되었다. 지금은 많은 학자들이 '언문'의 현대 국어사전 풀이가 잘못되었음을 인정하고 있다. 2018년 즈음에 인터넷판 『표준국어대사전』에서 '언문'의 뜻풀이를 확인해 보니 그 풀이가 '예전에, 한글을 이르던 말'이라고 고쳐져 있었다. 이 글을 쓸 때만 하더라도 '상말을 적는 문자라는 뜻으로, '한글'을 속되게 이르던 말'이라고 풀이했던 사전이 어떤 이유에선가 '상말을 적는 문자', '한글을 속되게 이르던 말'이라는 뜻을 삭제하기에 이른 것이다. 기쁘고 다행스런 일이다. 하지만 아직도 다른 많은 사전과 학자들이 '언문'이란 말에는 한글을 비하하는 뜻이 들어있다고 주장한다.

# 국어기본법과 한자 병용 문제

'국어기본법'(법률7368호, 2005.1.27.공포)의 뿌리는 고종 칙령 제1호이다. 『고종실록』에 따르면, 1894년 11월 21일, 고종은 총리대신과 각 아문 대신들을 불러 보았는데, 김홍집이 아뢰기를, "신들은 오늘 칙령과 새로운 규정을 품재받기 위하여 등대(登對)하였습니다." 하니, 하교하기를, "실시하는 것이 오히려 늦었다고 할 수 있다." 하였다. 김홍집이 아뢰기를, "명령을 받고 칙령 제1호부터 제8호까지 써서 바칩니다." 하니, 임금이 수결하고 궁내부 대신이 어보를 찍었다. 그 내용은 다음과 같다.

칙령 제1호. 내가 재가한 공문 식제(公文式制)를 반포하게 하고, 종전의 공문 반포 규례는 오늘부터 폐지하며, 승선원 공사청도 아울러 없애도록 한다.

… (중간 줄임) …

제14조. 법률과 칙령은 모두 국문을 기본으로 하되 한문을 덧붙여 번역하거나 국한문을 혼용할 수 있다. (『고종실록』 32권, 1894년 11월 21일 기사)

이 가운데, 이른바 '국문 칙령'이라 하는 '칙령 제1호 제14조'에 대한 부분만 원문을 옮기면 다음과 같다.

法律勅令 總以國文爲本 漢文附譯 或混用國漢文

물론 이 칙령이 한문 문장으로 이루어졌지만, '대한제국'의 나랏글이 정음(한글)임을 선언하였다는 데에 역사적 의미가 매우 크다.

그런데 이때는 공식적으로 '대한제국'을 공표하기 3년 전이므로 '한(韓)'이라는 말을 쓰지 않은 때이다. 그러므로 위의 칙령에서 '국문'은 엄밀히 말하여 '조선 글'로 보아야 옳다. 분명한 사실은, '나랏글(국문)'이 한문(漢文)이 아닌 '훈민정음', 즉 한글을 일컬은 말이라는 것이다. 이때부터 '국문=훈민정음(한글)≠국한문'이란 인식이 있었음을 명확히 해 둘 필요가 있다. 또한 '국문'의 주체는 새로운 나라, "대한제국"이라는 것도 확실하다.

세종은 훈민정음이라는 글자만 만든 것이 아니다. 중국말은 계통적으로 우리말과 매우 다르고 문법체계 또한 달라서 한자가 우리에게는 '언문 불일치(말과 글이 어긋남)'의 글일 수밖에 없었다. 그는 손수 새 문자를 부려쓰면서 우리말에 맞는 글을 지어보였으니, 새로운 문자는 우리말 체재 그대로를 문장으로 옮길 수 있도록 만든 글자란 의미가 있다.

고종의 '국문 선포' 또한, 정음을 나랏글임을 만천하에 공표한 것일 뿐만 아니라, 한문체를 버리고 우리말의 틀로 '언문 일치'를 이루겠다는 다짐이라는 점에서, 글자와 글(문체)의 혁명적 변화라 할 수 있다.

그럼에도 우리 말법처럼 슬그머니 자리잡은 일본 말법과, 일본의 사회제도가 들어오면서 고스란히 따라 쓰는 제도말, 땅이름을 바꾼 일본 땅이름, 창씨개명의 흔적들, 전문용어, 법률용어, 심지어는 신조어까지 일본말을 쓰게 되었다. 일제 강점기는 우리 말과 글에도 참으로 치명적인 상처를 남겼다. 고종의 정신은 우리 겨레가 스스로 자주 정신을 일깨워 500년 전 대왕 세종이 가슴 깊이 느꼈던 중국과 다른 우리 나랏말을 새삼 깨달으면서 홀로서기를 하려는 몸부림이었다.

한힌샘 주시경 선생은 조선어연구회(조선어학회)를 이끌면서 우리 말과 글 살리기에 평생을 몸바쳤고, 그 제자들은 맞춤법을 통일하고 우리말과 우리글의 자리매김을 위해 목숨을 바쳐 일제와 싸웠으며, 조선어연구회에서는 1926년 음력 9월 29일 훈민정음 반포 8회갑을 기념하여 '가갸날(한글날)'로 정하고, 이를 세상에 널리 알리었다.

이러한 노력과 정신을 이어받아, 광복이 되자마자 제헌 국회는 곧바로 이른바 '한글 전용법'을 공포하였으니, 이 법은 중국문자와 싸운 것이 아니라 일본식 한자말과 싸운 것이고, 그 일제 문화에서 우리 말글 문화의 홀로서기를 하려는 몸부림이었다. 이미 중국문자 한자는 500년 동안 우리를 옥죄었지만 세종대왕이 창제한 훈민정음(한글) 발밑에서 쓸모없는 애물단지가 되었고, 더욱이 일제 강점기 속에서 뜻도 모를 일본식 한자말까지 엄습하여 옴으로써 당시 많은 선현들과 지식인들은 자신을 비추는 거울을 닦듯 우리 말과 글에서 일본식 한자말과 일본말을 몰아내려고 무진 애를 썼다.

1948년 10월 9일 제정 공포된 '한글 전용에 관한 법률'은 다음과 같다.

〈법률 제6호, 1948.10.9. 제정, 시행〉대한민국의 공용 문서는 한글로 쓴다. 다만, 얼마동안 필요한 때에는 한자를 병용할 수 있다.
[부칙]〈법률 제6호, 1948.10.9.〉 이 법은 공포한 날로부터 시행한다.

1990년 서울대학교 '국어연구소'가 문화부 산하 기관 '국어연구원'이 되고, 다시 '국립국어원'이 되면서 2005년에 '국어기본법'이 제정되었다. 이 법이 역사적 의미를 갖는 것은 바로 '법률 제6호. 한글 전용에 관한 법률'을 폐지하고 이를 대체한 새로운 법률이기 때문이다.

> 국어기본법(제정 2005. 1. 27. 법률 제7368호)
> 부칙
> 　제1조(시행일) 이 법은 공포 후 6월이 경과한 날로부터 시행한다.
> 　제2조(다른 법률의 폐지) 한글전용에관한법률은 폐지한다.

그러므로 이 법의 가장 중요한 정신, 입법 취지는 바로 한글 전용이다. 그 정신은 세종대왕의 애민정신과 고종의 자주정신, 그리고 제헌 국회의 독립정신이 옹골차게 녹아 있는 우리 말과 글의 고갱이 법률이다. 다른 모든 부속 법률이 다 훼손된다 해도 한글 전용, 우리의 옹골찬 말글살이 정신은 훼손되어서는 절대 안된다. 그런데 요즘 일부 몰지각한 사람들은 서슬퍼런 한자문화 속에서 어렵사리 씨를 뿌리고 싹을 틔운 이 '한글 전용법'과 '국어 기본법'을 비틀고 짓밟아 죽이려고 하고 있다. 저들은 개정법률안에서, '한국어'란 말을 '한글과 한자로 표기되는 한국어'라고 바꾸어야 한다고 주장하고 있으니 이 얼마나 위험천만한 일인가? 나랏글까지 개조할 참이다. 조금 어색하고 힘들다 해서 핵심 정신을 잊어버리고 얼마 동안만 허용했던 한자 쓰기를 오히려 들어내 놓고 함부로 쓰자는 것이다. 우리 한글은 세계가 부러워하는 글자다. 이제라도 하루 속히 어처구니 없는 생각을 접고 배우기 쉽고 과학적이며 아름다운 한글과 우리말을 살리는 길로 함께 나가야 할 것이다.

- 『한글 새소식』 468호(2011.8.)에 실린 글.

# 신문은 순한글 가로쓰기를 추구한다

지난 4월 7일은 독립신문 창간 115돌을 맞는 '신문의 날'이었다. 우리나라 신문의 역사는 본디 최초의 신문 한성순보가 창간된 1883년 10월 1일로 말미암는다면 13년이 빠른 128돌이어야 맞지만, 1896년을 원년으로 삼은 것은 그해 독립신문이 순한글 신문으로 창간되었기 때문이다. 누가 뭐라 해도 그 사실은 변함이 없을 것이다. 독립신문 창간사에서도 밝혔듯이 순한글로 적는 까닭은 우리나라 모든 사람들이 쉽고 상하 귀천 없이 읽을 수 있도록 하기 위해서였다.

우리 신문이 한문은 아니 쓰고 다만 국문으로만 쓰는 거슨 샹하 귀쳔이 다보게 홈이라 쏘 국문을 이러케 귀졀을 쎄여 쓴즉 아모라도 이 신문 보기가 쉽고 신문 속에 잇는 말을 자셰이 알어 보게 홈이라 각국에셔는 사름들이 남녀 무론호고 본국 국문을 몬져 빈화 능통훈 후에야 외국 글을 빈오는 법인디 죠션셔는 죠션 국문은 아니 빈오드릭도 한문만 공부호는 까닭에 국문을 잘 아는 사름이 드물미라 죠션 국문호고 한문호고 비교호여 보면 죠션 국문이 한문보다 얼마가 나흔 거시 무어신고 호니 첫직는 빈호기가 쉬흔이 됴흔 글이요 둘직는 이글이 죠션글이니 죠션 인민 들이 알어서 빅스을 한문 디신 국문으로 써야

상하 귀쳔이 모도 보고 알어보기가 쉬흘 터이라 한문만 늘 써 버릇ᄒ고
국문은 폐혼 까닭에 국문만 쓴 글을 죠션 인민이 도로혀 잘 아러 보지
못ᄒ고 한문을 잘 알아 보니 그게 엇지 한심치 아니ᄒ리요

그런데 일제 수난을 겪으면서 우리 신문은 비틀리고 억눌리며 일본
신문을 닮아갔다. 해방이 되어 모든 사회가 눈부신 발전을 거듭하는데
도 신문은 그 노예 근성을 벗어나지 못하고 질곡을 덮어쓴 채 오히려
사회와 교육에 이바지한답시고 버젓이 한문을 마구 쓰면서 우리 교육
을 와전시켜 왔다. 독립신문의 선구자적인 정신을 잃은지 오래고 오히
려 신문 때문에 한자 교육을 이을 수가 있다는 근거 없는 주장으로
교육을 흔들어놓았다. 지금은 가로쓰기로 판짜기가 이루어지지만 당
시 세로쓰기 판짜기는 아직 가로쓰기가 정착되지 않았던 시기라서 대
중의 일반적인 글쓰기 체제로서는 이른 감이 있었는데, 한문투 글씨쓰
기는 한글로만 글쓰는 방식으로 매우 빠르게 변하고 있었던 개화기
교육 체제에 힘입어, 신문이 그 시대적 사명에 적극 이바지하게 된 것
이다. 우리는 이미 조선시대 전반에 걸쳐 순한글 편지글이 수없이 발
견된 것으로 보아 독립신문의 순한글 쓰기는 새시대를 담아내는 매우
당연한 모습이었음을 깨닫는다.
　타자기가 우리나라에 들어와 우리 한글을 찍을 수 있는 기계가 처음
나온 것은 1914년이었다. 그 고안자는 미국에 있었던 이원익 씨였다.
그에 의해 제작된 기계는 와그너(wagnor)의 72건식 타자기를 개량한
언더우드 회사의 84건식 기계를 개조한 것이었는데, 찍기는 가로로 찍
고, 찍은 종이를 세로로 세워 읽는 방식의 5벌식 자모 한글타자기였다.
즉 받침 글쇠와 받침이 붙지 않는 모음의 글쇠를 찍으면 한 칸 전진하고,
자음 2벌(옆자음과 윗자음)과 받침이 있는 모음은 부동키가 되도록 개조한

것이었다.[5]

타자기로부터 시도된 한글 기계화는 영문 타자기의 영향을 받아 가로쓰기 방식이 되었는데, 이 방식이 인쇄기술에 일반화되기까지는 많은 시간이 흘러야 했다.

일본 사람 경영의 신문을 인수하여 창간된 『전남신보』는 1946년 3월 21일 노산 이은상에 의해 『호남신문』으로 이름을 바꾸어 발행되다가 1947년 8월 15일 우리나라 처음으로 '가로쓰기'로 편집 체제를 바꾸어 제호도 『호남신문』이라고 한글로 고친다.

노산 이은상 선생은 『조선일보』 편집국 고문겸 출판국 주간으로 일한 것 때문에 오랫동안 숨어살았다. 그러던 가운데, 1942년 10월 1일 조선어학회 사건이 일어나고, 그해 12월 4일 일제 경찰의 검색이 광양 산골에까지 뻗쳐, 붙잡혀서 함경도 홍원경찰서로 끌려가 옥고를 치렀다. 해방이 되어 광양에 은신했던 인연으로 노산은 다시 전라도에 머무르게 되어 결국 노산은 1945년 11월 24일에 광주에서 해방을 맞이하여 신문사에 들어가 『전남일보』 사장겸 주필이 되었다. 1946년 3월 21일 사호를 『호남신문』으로 바꾼 이 신문을 맡은 노산은 일제 때의 한과 꿈을 여기에 펼치기로 작정한다. 그 발로가 1947년 8월 15일 시작되었으니 우리나라 최초의 종합 일간지 가로쓰기 신문인 『호남신문』인 것이다. (『신문과 방송』(1983. 7.) 정재도, '36년 전의 가로쓰기 신문' 27~29쪽.)

그러므로 우리나라 신문의 역사는 독립 정신과 사회·교육의 선구자 정신이 깃든 순한글만 쓰기와 전면 가로쓰기 운동사이다. 1988년 5월 15일 세종날 『한겨레신문』이 창간하면서 이런 정신을 옹골차게 담아 역사의 맥을 이었고, 1995년 10월 9일 한글날 중앙 일간지로서는 처

---

5) 홍현보, 「신문 가로쓰기의 실태와 독자 인식 연구」, 건국대학교, 1993, 8쪽.

음으로 『중앙일보』가 전면 가로쓰기를 시작하였다. 우리나라 신문 역사 100년만에야 비로소 순한글 전면 가로쓰기는 완성을 본 셈이다.

그런데 몇 년 전부터 한문을 좋아하는 사람들이 한자 교육 참고서 판매업자의 상술에 휘둘려 물 만난 고기처럼 국한문 혼용론을 다시 꺼내면서 초등학교 정규 교육에 한문 시간을 넣자는 주장을 하고 있다. 신문의 날을 맞아 지난날의 신문만 펼쳐 보아도 그 주장이 얼마나 무모한 지를 알 수 있으니, 그들의 주장대로라면 다시 30년 전 신문으로 돌아가게 된다.

[『독립신문』 창간호(1896)]

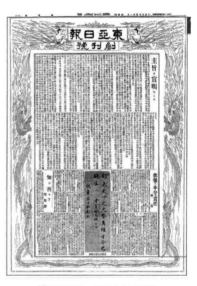

[『동아일보』 창간호(1920)]

[『동아일보』(1964)] [『한겨레신문』(2011)]

신문은 독립신문의 순한글 정신에서 벗어나 질곡의 역사를 지나 100년을 보내고서야 제모습을 찾았다.

글을 맺으면서 반성해 본다. 위 사진에서 지난 신문들을 비교해 보면서 다시 느끼는 것은, 역시 순한글은 읽기 쉽고 가로쓰기는 보기에도 참 아름답다는 것이다. 그리고 더욱 새삼스러운 것은 세종대왕의 위대한 업적은 오늘도 등불처럼 우리의 역사를 이끌어간다는 것이다.

- 『한글 새소식』 466호(2011.6.)에 실린 글.

# 훈민정음체의 복원 문제

『훈민정음』책은 세종대왕이 직접 서문을 쓰고 집현전 학자들(정인지, 최항, 박팽년, 신숙주, 성삼문, 이개, 이현로)과 돈녕부 강희안이 해석과 용례를 써서 나무판에 새겨 1446년 음력 9월 상한(10일)에 반포한 우리글 훈민정음의 해설서이자 지침서이다.

이 책은 세종이 직접 서문과 훈민정음 글자의 창제 원리와 모양, 그리고 부려쓰는 법을 밝혀 적어놓은 '예의(例義)'와, 학자들이 그 철학적 바탕과 글자 쓰는 방법, 그리고 그 용례를 낱낱이 설명한 '해례(解例)', '정인지가 쓴 서문' 등으로 구성되어 있다. 이를 『훈민정음 해례본』이라고도 하는데, 바로 이 책에서 쓰여진 한글 글자체를 '훈민정음체'라고 하는 것이니, 한글이 세상에 태어난 첫 모습이다. 이 책은 지금 간송미술관이 소장하고 있으며 1962년 국보 제70호로 지정되었고 1997년 유네스코 세계기록유산으로 등재되었다.

세종실록에 따르면 세종께서 1443년 12월에 언문을 만들어 대신들에게 공개하였는데, 이듬해 2월 집현전 학자 최만리 등이 반대 상소를 올려, 반포하기를 미루다가 세종 28년(1446)에 33쪽 책을 엮어 반포하였다. 그런데 이 책은 1450년 2월 세종이 세상을 떠나실 때까지 미처

정음으로 풀어쓰지 못하였는데, 이를 1455년 전후에서야 그 예의편만을 우리말로 풀어쓴 언해본이 만들어졌으니, 이 언해 글은 세조 5년(1459)에 비로소 월인석보 1권 맨 앞에 올려 간행되어 지금까지 전한다. 이를 우리는 '훈민정음 언해본'이라 한다. 누가 언해하였지는 아직 밝혀지지 않았고, 그 원본이 서강대학교 도서관에 소장되어 있으며 1983년 월인석보와 함께 보물 제745호로 지정되었다.

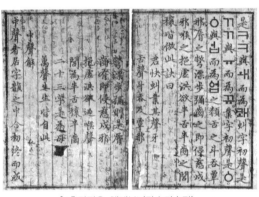

[〈훈민정음 해례본〉(간송미술관)
15면(초성해 끝부분)]

[〈훈민정음 언해본〉(서강대학교)
첫 쪽]

이 두 책은 많은 차이점을 보인다. 해례본은 '8종성가족용'을 제시하면서도 모든 초성(첫소리)을 종성(끝소리)에도 써서 원음(빗곶[梨花], 엱의 갗[虎皮] 따위)을 밝혔고, 한자음도 해례본은 '쾌[快]나 ㅠ[虯]' 따위처럼 세종이 지은 『월인천강지곡』의 '셰존[世尊], 먼리 외[萬里外]' 따위와 함께 동국정운식이 아닌 현실음으로 표기하였다. 그런데 언해본은 8종성법에 따라 '스뭇디'를 '스뭇디'로 적었고, '나랏말쑴이'를 '나랏말쑤미'처럼 연음으로 적었으며, 한자음도 '셰종엉졩'처럼 동국정운식으로 표기하였다. (해례본에 나타나는 낱말은 모두 형태소를 밝혀 적었다. 이는 월인천강지곡만 지켰을 뿐, 언해본과 용비어천가는 연음으로 표기하였다. 해례본처럼 서문을 원음과 형태소를 밝혀 적는다면 언해본의 서문과는 여러 낱말에서 차이를 보일 것이다.)

[해례본 24ㄴ]

[언해본 2ㄱ]

[『용비어천가』 2장]

[『월인천강지곡』 1ㄱ]

[『동국정운』 6권]

훈민정음 해례본이 다른 책과 또다른 점은 글자꼴이다. 중성(가운뎃소리)은 하늘[·], 땅[ㅡ], 사람[ㅣ]의 모양을 본뜬 것으로, 이것들을 붙여서 ㅏ, ㅓ, ㅗ, ㅜ 따위를 만들었다는 창제 원리를 보여주기 위하여, 하늘 모양인 점을 살려 모두 점으로 나타내었다. 이 점들은 다른 책에서는 선으로 바뀌었으니 해례본만의 글자꼴인 셈이다.

다만 동국정운에서만은 훈민정음 글자꼴을 그대로 따랐음을 볼 수 있으나, 동국정운은 중국 운학(韻學)의 체계에 맞추어 표준 한자음을 보인 운서로서 정음이 발음기호 구실을 한 탓에 모든 글자가 초중종성을 꽉 채운 모습이다. 즉 받침이 없어서 소리가 나지 않는 한자는 모두 소리 없는 'ㅇ'을 넣은 것이다. 엄밀히 말하면 그것은 우리글의 모습은 아니었다. 해례본에서 보듯이 '엿의갗', '러울'처럼 우리말에서 소리가 나지 않는 받침에는 ㅇ 받침을 절대 넣지 않는다.

그러므로 동국정운식 표기법이 그대로 해례본을 대신할 수는 없다고 본다. 동국정운은 해례본보다 몇 해 뒤에 간행된 책으로서, 이 동국정운식 표기법은 석보상절, 훈민정음 언해, 월인석보 등에만 보이고 30여년이 지난 성종 때부터는 사라졌다.

또 한 가지는 글자의 크기이다. 해례본의 정음 글자들은 모두 크기가 다르다. 그럼에도 규칙이 있다. 다시 말하면 초성과 중성과 종성이 일정한 크기를 유지하면서 조화를 이루는데 특히 중성의 높이와 너비는 변함없이 일정하다. 받침이 없다고 해서 초성과 중성을 키우거나 작게 하지 않고, 중성을 중심으로 종성이 있어야 할 자리를 비워둠으로써 글자가 작아졌다. 종성 없는 글자도 초성의 ㄴ과 ㄷ, ㄹ의 획수가 다른 만큼 글자 높이가 달라지고, 중성 ㅣ와 ㅓ와 ㅖ처럼 획수가 많아질수록 너비가 달라졌지만 일정한 틀을 유지하기 위해 너비의 최대치를 같게 맞추면서, 획의 길이를 맞춘 것이다.

글자 너비를 보면, '돐뺴'처럼 많은 글자가 겹칠 때는 너비를 맞추기 위해 최소한의 줄임으로 획의 굵기를 줄였고, 'ㅣ'처럼 획이 단순하면 초성의 가로획을 조절하여 너비를 키우되 초성 세로획(높이)은 같게 하였다. 그리고 초성은 중성 'ㅣ'보다 키가 작고, 중성 'ㅡ'보다 폭이 좁다. 그 높이와 폭의 차이는 양끝에서 5% 안팎으로, 초성과 종성은 반드시 중성을 벗어나지 않게 하면서 가운데 놓았다. 종성도 중성 'ㅡ'보다 작으며 초성과 대칭되게 같은 크기다. 여기서 예외적인 것이 있는데 중성 'ㅏ, ㅑ'의 바깥 점은 다른 점이나 획보다 특별히 좀더 바깥으로 돌출시켰다는 것이다. 점의 크기를 줄이거나 중성의 획과 같게 맞추면 다른 글자보다 작게 보이는 결점을 보완한 매우 정밀한 제작이다. 즉 점의 바깥 끝을 'ㅣ' 모음 계열보다 밖으로 좀더 나가도록 하여 절반 걸친 모양을 하도록 하였다. 그렇게 함으로써 글자가 균형을 이루어 퍼지지 않게 한 것이다.

둘째, 점과 획의 굵기를 보면, 획의 시작부터 끝 부분까지 굵기가 같게 하면서 가장자리를 뭉툭하게 끊었지만 모서리는 둥글게 깎았다. 이것은 언해본의 글자체와 비교하면 차이를 바로 알 수 있다. 언해본은 목판에 판각한 글자지만 한자 명조체처럼 시작과 끝을 날카롭고 뾰족하게 하여 필기체 방식으로 뉘였다. 즉 붓글씨처럼 쓰기체로 변화한 것이다. 즉『용비어천가』나『월인천강지곡』,『동국정운』처럼 끝이 각지지 않았음을 볼 수 있다.

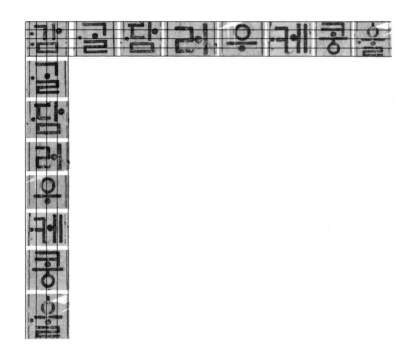

해례본이 점과 획의 크기와 굵기를 부풀리거나 축소시키지 않고 일정하게 유지할 수 있는 것은 획 사이의 틈과 글자 폭을 좁혔기 때문이다. ㄷ과 ㄸ, ㅉ에서, 높이와 너비는 같되 굵기를 유지하면서 폭을 좁히는 방식이 그것이다. 목판의 틀(세로줄)에 글자의 너비를 일정하게 맞춘 것은, 글자들을 나란히 배열하였을 때 균형감을 주고 크기가 같다는 것을 보여주려 한 것이다.

사실 글자 높이는 제각기 달랐음에도 폭이 같음으로써 세로 쓰기 글의 정연함을 느낄 수 있다. 그러나 현대사회의 가로 쓰기 글에서는 폭은 달라도 글자 높이를 같게 해야 정연함을 유지할 수 있다. 로마자 A와 I의 폭과 높이를 보면 잘 알 수 있는 것이다. 다만, 종성이 있고 없음이 글자 크기에 너무 큰 차이를 보이므로 종성이 있는 글자는 최

대한 그 높이를 줄이려고 하였다. 이 때문에 종성 없는 글자의 높이가
상대적으로 커보이긴 하지만, 크기를 줄인 것이 아니고 초중종성 사이
를 최대한 좁힌 것이다.

　직사각형을 세 등분하였을 때와 두 등분하였을 때를 비교하면 잘
알 수 있는 원칙이다. 이 또한 여러 글자를 이어 쓸 때 낱내(음절)의
긴장성과 균형을 살리려는 의도로 보인다. 그러나 언해본에서는 종성
이 있거나 없거나 글자의 크기가 모두 같고, 심지어는 크기가 들쭉날
쭉하여 일정하지 않다. 즉 종성 없는 글자도 상대적으로 키워서 모든
글자의 크기가 똑같아지게 하였다.

[해례본 글자들을 모아서 같은 비율로 만든 새 글자]

　훈민정음 해례본이 초중종성의 크기를 일정하게 유지하면서 멋부림
없이 단순하고 곧은 획으로 새긴 것은, 글자 창제 원리를 설명하고,
새로이 만든 글자의 배합과 기본 꼴을 배우기에 쉽도록 배려한 세종의
조형적 감각과 면밀함을 잘 엿볼 수 있다. 같은 시대 다른 책들에서는
해례본처럼 일관되게 흐르는 글꼴의 정밀함과 일정한 규칙을 찾기 어
렵다. 오히려 석보상절 이후 일정한 네모틀 안에 맞추는 방식으로 변

하여 받침 없는 글자가 커지고, 받침 있는 글자가 상대적으로 작아지게 된 것은 한자의 틀을 벗어나지 못하고 정음의 조형적 아름다움과 창제 원리를 무시한 꼴이 되어버린 것이다.

[광화문 세종대왕 동상 앞 검은돌에 새긴 모습]

요즘처럼 가로 쓰기 방식이 아닌 세로 쓰기 방식이었던 창제 당시 서법으로는 너비만 같게 맞추어도 크기의 혼란을 느끼지 않았던 것이다. 지금 이 훈민정음체를 가로로 나열해 보면 글자 키가 다름을 확연히 느끼게 되는데, 이것은 훈민정음체의 가장 큰 특징이며, 당시 서법인 세로쓰기 방식에 맞게 만들어진 매우 당연한 원리이기도 하다.

하지만 요즘 가로 쓰기 체제에서도 한겨레신문의 '한결체'를 비롯한 많은 개발 서체들이 정사각형에 맞추지 않고, 종성이 없는 글자를 작게 하는 방식을 되살리고 있는데, 이런 글자꼴을 사용하였을 때 어려움이 없고 오히려 더 정확히 읽힐 수 있다면 굳이 네모틀에 가둬놓을 까닭이 없는 것이다. 해례본 글씨체가 가로 쓰기 방식에서도 가독성이 높다면 세종의 훈민정음체에서 또 하나의 과학성을 찾게 되는 셈이다. 물론 글자의 중심선을 가운데, 또는 윗선이나 아랫선 어디에 맞추냐에 따라 다를 수 있겠지만 폭이 같다면 글자의 높낮이가 가독성에 큰 지장을 주진 않을 것이다.

다른 여러 나라의 글자들을 보더라도 그 폭과 높이가 같지 않고 다양하다는 것을 알 수 있다. 굳이 반드시 같게 해야 한다는 생각은 한자의 틀을 벗어나지 못하였거나, 인쇄기술이 발달하지 못했던 때를 생각해서일 것이다. 오랫동안 높이를 똑같게 만든 글자만 써온 탓도 있겠다. 글자의 크기를 달리한 데에 바로 세종의 창제 정신이 담겨 있음을 간과해서는 안 될 것이다.

2009년 서울시는 광화문 광장을 조성하면서 세종대왕 동상을 새로 제작하였다. 그때 글쓴이는 세종대왕기념사업회 박종국 회장의 제안으로 새롭게 해례본 글씨를 가지고 훈민정음 언해본 서문을 새긴 바 있다. 지금 광화문 세종대왕 동상의 이름과 그 앞에 새겨진 서문 글씨가 그것이다. 언해본 표기를 그대로 따랐지만, 다만 한자는 없었고, 한자음 표기는 동국정운식으로 하지 않고 현실음으로 표기하였다. 이렇게 훈민정음체로 언해문을 새겨 본 것은 한자 없이 우리 글자 한글만으로 처음 만든 모습 그대로 세종대왕의 말씀을 읽어 보고자 한 까닭이다. 더욱 기쁜 일은 새롭게 집자하여 새긴 이 훈민정음 서문이 지난 2010년 서울에서 열린 '지20정상회의' 개최를 알리는 환영식장(국립중앙박물관)에 대형 벽판으로 걸려서 여러 나라 정상 내외를 맞이한 일이다. 지구촌 온 나라 사람들의 눈귀가 한꺼번에 지켜보는 앞에 대한민국의 글자 한글이, 그것도 세종대왕께서 창제하신 원형 그대로의 모습이 새겨져 보여 준 것은 참 고맙고 영광스런 일이 아닐 수 없다.

[광화문 세종대왕 동상의 이름과 검은돌에
새김(윗글),
그리고 서울G20정상회의 환영식 벽판에 새
겨진 모습]

- 『한글 새소식』 460호(2010.12.)에 실린 글.

# 광화문 현판 무엇이 문제인가

## 1. 현판 교체 동기

지난 2005년 벽두부터 문화재청은 광화문을 복원하면서 '문루에 내건 박정희 전 대통령의 친필 한글 현판이 군사독재의 얼굴'로 비춰지므로 조선 정조 글씨 현판으로 바꾸겠다고 하였다. 또 '박정희 친필 현판은 왕실 정궁인 경복궁의 공간 성격과 맞지 않고, 19세기 중건 때 만든 원래 한자 현판과 달리 글씨 방향도 거꾸로 되어 교체가 불가피하다고 판단했다.'는 말도 덧붙였다. 그러나 현판 문제가 경복궁 복원 초에는 거론되지 않았던 일이고, 국민 정서가 왕궁 정문의 틀에서 대한민국 얼굴이란 큰 의미로 바뀌게 되었으며, 글씨 방향이 다르다는 한문체 주장도 비웃음을 살 만하였다. 결국 정조 글씨로 복원하는 것에 대해 많은 시민의 반대 여론이 생기자 급하게 그 원형을 찾던 중 일제시대 광화문 유리원판 흑백 사진의 이미지를 발견하고 디지털 기기로 판독해 그 글씨를 복원하기로 계획을 수정하였다.

문화재청은 최근 '경복궁 영건일기'를 발굴해 당시 훈련대장이었던 임태영이 썼다는 사실을 찾아내, 문화재 원상 복원의 측면에서 큰 성과를 거뒀다는 해석까지 내놓은 바 있다.


## 2. 현판 복원에 끼어든 정치적 눈치 보기

■ 언뜻 보면 광화문 복원과 그 현판 복원은 문화재 복원이란 측면에서 상통하는 면이 없지 않다. '역사 바로 세우기'. 그것도 일제 강점기 동안 치밀한 계획 속에서 철저히 우리 역사를 왜곡한 침략자의 의도를 잘 알기 때문이다. 또한 1968년 박정희 전 대통령이 콘크리트로 광화문을 짓고 그가 쓴 현판을 단 것은 분명 잘못된 복원임에 틀림없다. 지금 우리가 총독부 건물을 없애고 비틀어진 각도를 바로잡아 광화문을 새로 세우는 일이 나라의 중심각과 겨레의 자존심을 바로세우는 일이라 여기는 것도 사실이다. 본래의 것들이 완전히 사라졌음에도 모든 기록과 자료를 총동원하여 광화문을 복원하려는 노력은 참으로 눈물겹기까지 하다. 현전하는 것을 보존하는 것도 중요한 일이지만 이렇게 겨레정신과 시대정신을 담아 왜곡된 역사를 바로 세우는 일은 더더욱 중요한 일일 것이다.

그러나 광화문을 복원하면서 대통령이 써 건 현판까지 내리는 것은 그리 온당치 않아 보인다. 자칫 정치 논박과 민심 분열이 올 수 있기 때문이다. 하지만 군사독재자라는 뼈아픈 잣대는 그가 쓴 현판을 그냥 둘 수 없게 하였고, '이 나라는 중국이 아니라 대한민국이다.'라면서 한글 현판을 썼다는 박 대통령의 시대적 소신도 기억해 주는 사람이 없게 되었다.

■ 더욱 문제가 되는 것은 지나간 역사가 아니라는 것이다. 지금도 그는 정치적 중심에 서 있고 그 당 안에서도 팽팽한 맞섬으로 편이

갈려 있으니 말이다. 물론 야당은 아예 입도 뻥긋할 수 없는 처지다. 광화문이 보여주는 국가의 상징적 의미가 매우 크고, 한글 현판이 아무리 겨레정신, 시대정신, 세종정신, 자주·애민·과학·민주·소통의 정신을 담고 있다고 해도 군사독재자의 그늘 속으로 뛰어들어가 한글 현판이어야 한다고 외칠 위인은 없어 보인다. 경복궁 복원을 시작할 때나, 광화문 앞을 세종광장으로 바꿀 때까지만 해도 세종대왕과 한글의 위대함을 대다수 국민과 국회의원, 펜을 놀린다 하는 작가, 기자들은 순수한 심정으로 긍정하였다. 그러나 뜬금없이 그 분위기를 한순간 쓸어버리고 대왕의 얼굴에 먹칠하는 한자 현판을 등 뒤에 내건다는대도, 글자체를 알아볼 수도 없는 사진자료를 근거라고 하면서까지 한자 현판을 내건다는대도, 마치 한글 현판이 독재자의 특허인 양 진위를 구별하지 못하고 다들 꿀먹은 벙어리가 되었다.

냉정한 판단이 필요하다. 정치적인 처지로 눈치만 보면서 대한민국의 얼굴인 광화문에 위대한 나랏글 한글로 시대정신을 담아내자는 소리를 외면하고서는 왜곡된 역사를 바로세울 수 없다고 생각한다. 대한제국이 서고, 독립을 하고, 대한민국이 설 때 한글은 어두운 역사를 깨치고 새로운 역사를 쓰게 한 목숨같은 도구였다. 경술국치와 광복의 날이 피로 얼룩진 이 8월에 우리는 무엇을 생각하여야 할 것인가.

## 3. 새 현판 이름은 세종정신을 담아야

군이 '광화문'을 한자로 해석한다면 중국 요순 임금의 다스림을 '광화(光華)'라고 높이듯이 임금의 덕치를 만백성에게 광대하게 펼치는 문이란 뜻으로 풀 수 있겠지만, 그러나 이렇게 궁궐 등에 이름을 지은 뜻에는, 조선 개국 당시 새롭게 나라를 세우고 기틀을 정립하면서 중국의 유교 통치제도와 의례를 따르고 그 규례를 본받으려 했던 산물임을 알 수 있다. 조선의 임금들은 경연에 나아가 중국을 배우기 위해 늘 묻고 강론하였는데, 이는 중국의 높은 문물과 문화를 따라서 보다 도의적이고 훌륭한 정치를 하자는 데 그 뜻이 있었다.

그러나 그런 가운데서도 세종은 달랐다. 우리말이 중국과는 너무도 달라서 백성이 서로 마음을 주고받으며 소통하지 못함을 보고 새로운 글자를 만듦으로써 백성으로 하여금 행복한 삶을 누리도록 문화 변혁을 시도하였고, 개국 초부터 태조가 붙였던 이름 '정문'을 과감히 '광화문'이라고 바꾼 개혁의 임금이었다. 이제 조선의 궁궐을 우리 문화재로 잘 보전하려는 뜻도 좋지만 보전과 함께 중요한 것이 현대인의 자긍심과 새롭게 느끼는 역사관이다. 그러므로 현판을 복원하는 일도 중요하지만 복원할 근거가 마뜩잖다면, 세종의 정신으로 돌아가 세종의 눈으로 바라볼 때 그 해답은 명료하다. 아직도 알 수 없는 뜻의 한자 이름을 걸어 놓느니 보다는, 세종처럼 새로운 이름을 짓거나 한글로 이름을 써서 이 시대의 정신을 담아내야만 한다. 이것이야말로 역사를 바로 세우고 자랑스런 겨레를 드러내는 일이 아니겠는가?


## 4. 광화문의 유래

광화문에 대한 처음 기록을 조선왕조실록에서 살펴보았다. 경복궁을 준공하면서 태조가 정도전에게 명하여 모든 궁성에 이름을 지어 붙이도록 하였는데 유독 광화문의 이름이 두 가지로 적혀 있다. 처음 보이는 글은 태조 4년(1395) 9월 29일 기록인데 여기에서는 경복궁을 다 짓고 그 남문을 '광화문(光化門)'이라 이름지었다는 것이다. 그런데 바로 이어서 나타나는 10월 7일 기록에서는 정도전이 '정문(正門)'이라 이름지어 임금께 글을 올리면서 그 뜻을 자세히 풀이하고 있다. 두 글만 본다면 두 이름이 충돌하는데, 더 살펴보니 태조실록은 두 번에 걸쳐 찬집하였고, 처음 태종 13년(1413)에 찬술한 것을 세종 30년(1448)에 정인지 등이 증보하여 편수하였음이 태조실록 부록에 기록되어 있다. 또 세종실록에는 세종 8년(1426) 10월 26일에야 '광화문'이란 이름을 지었다는 기록이 나온다. 그런데 어디에도 광화문의 이름에 대한 풀이가 없으니 '광화문'의 뜻을 정확히 알 길이 없다. 한편 세종 13년(1431) 4월 18일 실록에는 '광화문성(光化門城)'이란 기록이 있음을 보아 세종 때 궁궐 안팎을 새롭게 증축 완성하였음도 알 수 있다.

결국 세종 8년에 '정문'을 '광화문'으로 개명하였고, 세종 13년에 문을 완성하여 현판을 달게 되었는데, 세종 30년에 태조실록을 고쳐 펴내면서 '광화문'이란 새 이름을 태조실록(태조 4년 9월 29일)에 추가 기록하였음을 알 수 있다. 그 뒤 임진왜란으로 경복궁이 소실되었다 복원되고, 19세기 말 다시 광화문 현판을 훈련대장 임태영이 글씨를 써서 달았으나 지금은 전하지 않으며, 1968년 박정희 전 대통령이 한글로 써서 단 바 있다.

- 『한글 새소식』 457호(2010.9.)에 실린 글.

# 김상곤 경기도 교육감 당선자께 바람

4월 9일 신문 첫 장에서 희망꽃을 보았다. 새 경기도 교육감 김상곤 님은 공교육의 회복을 부르짖었다. 그는 특목고로 대변되는 신자유주의적 경제논리가 교육정책에 침투하면서 철학 없는 교육의 양극화를 불러와 진정한 학교교육이 이루어지지 못했다고 하면서, 이를 극복하기 위해서는 공교육이 공교육답게 모든 사람에게 똑같이 혜택을 주는 교육이라야 한다고 주장하였다. 경영학 박사로서 그가 생각하는 교육이 어떤 것인지는 더 두고 보아야 하겠으나 많은 사람이 공감하는 부분임에는 틀림없다. 지난해 한글학회 부설 한말글문화협회는 서울시 교육감 후보자에게 공개질의서를 보내 답변을 받은 적이 있다.

2008년 7월 30일 새로 뽑는 직선제 교육감은 학교의 설립, 이전, 존폐, 예산 편성과 집행, 지방 교육공무원의 인사, 교육 과정 등 초중고교 교육에 관한 모든 권한을 가진다. 서울시 교육감의 경우 10만 명의 교직원 인사권과 함께 6조 1천억 원의 예산을 집행한다. 시도 교육감은 대체적으로 서울시와 비슷한 권력을 가지고 있기 때문에 교육감을 해당 시도의 초중등교육의 '교육 대통령'이라고 부르기까지 한다. 초중고교 교육의 성패가 사실상 교육감에게 달려 있기 때문이다. 또한 모든 교육부 권한을 교육감에 위임하겠다는 정부의 교육자율화 정책으로 모든 교육에 관한 권한이 교육감에 위임 되어 실제적으로 교육 분야의 대통령은 교육감이다. 이에 따라 한글과 우리말을 사랑하는 운동 단체들은 이번 직선제 교육감 선거 입후보자에게 다음과 같이 공개 질의서를 보내 우리 말과 글에 대한 교육철학과 교육행정의 지침을 묻고자 한다.

하나. 국어기본법(제정 2005. 1. 27. 법률 제7368호)을 알고 계십니까?
하나. 우리말과 한글의 발전을 위한 교육철학을 가지고 계십니까? 그 철학은 무엇입니까?
하나. 영어 몰입교육을 어떻게 생각하십니까?(찬성하십니까? 반대하십니까?)
하나. 세종대왕의 애민정신과 한글 창제 정신을 교육정책의 지표로 삼는 데 동의하십니까?
하나. 우리 말글 발전을 위한 구체적인 계획을 세우시겠습니까?

이제 새 경기도 교육감께도 같은 질문을 드리고 싶다. 우리는 그동안 영어라는 한 가지 외국어로 말미암아 우리 공교육이 얼마나 왜곡되어 왔는가를 지켜보아야 했다. 우리의 말과 글을 죽이고 아무런 쓸모 없는 영어 몰입교육, 각종 영어시험, 초등학교 영어교육, 구청의 영어 간판, 영어 간판 사용법 따위를 벌여나가면서 학생과 학부모, 교사와 서민들을 얼마나 옥죄었던가?

그런데 이러한 영어교육의 병폐를 맨 처음 끌어온 곳이 어디인가? 우리는 경기도 영어마을 조성에 주목하고자 한다. 손학규 경기도지사 때에 만들어져서 적자가 산더미같이 쌓였고, 김문수 도지사는 그 적자 폭을 줄이는 것을 정책목표로 삼아 더 추진하기도 하였다. 그러나 그 적자는 좀체 줄어들 줄을 몰랐다. 이런 상황에서 그 뒤로 전국 지방자치

단체가 너나없이 영어마을을 만들고 심지어는 제주도가 영어전용타운
이란 위험천만한 계획을 추진하기에 이르렀다. 한만글문화협회는 이에
대해서도 성명서를 발표한 적이 있다.

1. 제주도 영어마을 조성은 소중한 제주도방언과 우리 말글의 발전
   에 심각한 피해를 가져올 것이니, 사교육비 증대와 정상적인 학교
   교육의 왜곡을 우려하여 그 계획을 모두 철회할 것을 주장한다.
2. 경기도 '영어마을' 이후 나라 안이 온통 상업적 영어마을로 들끓
   고 있다. 2006년 전국에서 운영 또는 추진 중에 있는 영어마을은
   총 45곳이고, 이 중 운영 중인 곳이 23곳이며 계획수립 또는 진행
   중인 곳이 22곳이었다. 또한 부산시는 2020년까지 2775억 원을
   투입해 영어 상용지구를 구축키로 했다고 밝힌 바 있으며 심지어
   대학들도 나서서 영어마을 장사를 함으로써, 국가 교육정책은 날
   로 심각하게 왜곡되고 있는 실정이다.
3. 재정경제부는 얼마전 제주도 115만평에 여의도 면적 1.3배 크기의
   '영어전용타운'을 세우겠다고 밝혔다. 초중고·대학 등 정규학교 과
   정 모두를 영어 몰입교육으로 하고, 영어전용 기숙사, 홈스테이
   프로그램 등 숙박시설과 상업시설도 함께 조성한다고 했다. 인구
   백만 명도 안 되는 두바이의 '교육시티' 등을 염두에 두고 조성되는
   제주 영어전용타운은 제주도민의 재원 조달이나 저소득층 비용부
   담 문제, 지자체간 경쟁, 학생 선발방식 등이 우선 해결해야 할
   과제다. 업계에선 제주도에 영어전용타운 시설 건립비용만 약 1조
   2000억 원에 달하는 데다 연간 운영비도 막대할 것으로 보고 있다.
4. 이 나라 교육은 영어가 모든 것을 해결해 줄 것이라는 망상으로
   학생과 학부모를 볼모로 잡더니, 모든 학교교육의 왜곡과 투자액의
   부채 증가로 멍들고 있는데도 대통령을 비롯하여 교육부, 재경부는
   말할 것도 없고, 국회의원, 지자체장, 지방의회의원들은 지역 발전

과 경쟁력 확보를 위한다는 허울 아래 승산 없는 돈벌이에 열을 올리고 있다. 지금까지 자치단체들은 '지역민 영어능력 향상, 영어 소외계층의 공교육 보완, 영어교육 인프라 제공, 자녀의 해외연수 대체 효과 등으로 인한 경제 부담 감소'라는 이유를 댔으나, 이 모든 것들은 지역민 모두가 필요로 하는 것들이 아니며 지역민들이 영어를 배워 어떻게 활용할 수 있을지는 그야말로 모호한 실정이다.

5. 학교 영어교육은 대학입시를 위한 무기력한 교육이 된 지 이미 오래고, 학원 영어교육은 엄청난 사교육비 증가를 부추기는가싶더니, 이젠 나라 전체가 영어마을로 대안을 삼아 기업과 놀아나고 있다. 우리는 이미 수십 년 전부터 교육과 무관하게 이루어지는 각종 영어교육을 반대하여 왔으며, 우리 말글의 발전과 정상적인 학교교육을 파괴하는 이른바 영어마을 교육은 단기적인 학생, 학부모의 사행심만을 부추긴다고 반대하였고, 맹목적으로 세운 투자비용의 회수를 위하여 무자격 원어민을 뽑고, 교육의 질은 나몰라라하는 작태는 절대 있을 수 없음을 강조하였다. 결국 영어마을 사업은 또다른 '맹목적 영어 유혹'의 하나에 불과하며 절대 대안 교육이 될 수 없다는 것을 강조한다.

6. 더욱이 우리 말글의 보고인 제주도말에 치명적인 피해를 주고, 제주도를 말글의 식민지화로 전락시키며, 교통비 등 엄청난 사교육비와 빈부의 양극화를 더욱 부추겨서 교육 수혜의 형평성과 의무교육의 균형성을 파괴하면서까지 일부 업체의 돈벌이에 휘둘려 나라와 겨레에 대한 가치관이 좀먹는 '제주영어마을' 정책은 절대로 해서는 안 된다고 주장한다.

며칠 전 방송에서 요즘 영어마을의 근황을 전해주었다. "영어마을은 경기 파주를 시작으로 2009년 3월 현재 전국에서 21곳이 운영되고 있으며 2011년까지 2080억 원이 더 투자돼 23곳이 추가로 만들어진다.

하지만 전국적으로 영어마을의 적자 규모는 212억 4,500만원에 달한다. 대개 지방자치단체가 운영하면서 교육프로그램 등이 수요자를 충족하지 못한 측면이 있고 국내 학생만으로는 손익분기점을 맞추기 어려운 점도 있다. 이에 따라 영어마을을 적자투성이로 놀리지 말고 주변 아시아 학생들을 유치해 영어를 배우고 한국문화도 경험할 수 있도록 키우는 방안이 필요하다는 지적이 제기된다. 실제로 경기영어마을에는 싱가포르 러시아 등에서 영어와 한국문화를 함께 체험하려는 학생들이 종종 단체로 예약을 해온다.”라고 보도하였다.

영어마을이 처음 취지는 완전히 사라지고 다른 나라 학생들에게 영어를 가르쳐 외화벌이를 하는 데 이용되고 있다는 것이다. 우리가 우려했던 문제들이 그대로 드러나면서 애물단지, 천덕꾸러기가 된 모습을 보니 참으로 교육정책자의 책임을 따져 묻지 않을 수 없다.

바라건대 이제 경기도는 매듭을 묶은 자가 풀어야 한다는 책임을 통감하고 뼈를 깎는 아픔으로 사죄하여야 한다. 새 경기도 교육감님은 우선 '경기 영어마을 정책 전면 수정'을 공표하고 전국의 영어마을에게 본때를 보여주어야 한다. 그래서 공교육이 공교육답게 모든 학생과 학부모가 살맛나는 교육 한마당을 열어주길 바란다.

- 『한글 새소식』 442호(2009.5.)에 실린 글.

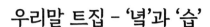

# 우리말 트집 – '녘'과 '습'

　어쩌다 사전을 찾다 보면 반짝반짝 빛나는 우리말 서너 가지에 눈을 떼지 못할 때가 있다. 순간 이런 말도 있었네 하는 미안함과 수줍음, 그리고 부끄러움과 비통함 따위가 마구 섞여 난다. 왜일까? 그건 아마도 한자말로 얼룩진 우리 사전 속에서 쥐 죽은 듯이 숨죽여 박혀 있는 우리 토박이말이 안쓰럽기 때문이리라.

　우리는 흔히 우리말이라도 옛날에 쓰던 말이고 지금은 안 쓴다 하여 내팽개치는 버릇이 있다. 사실 아끼고 사랑하며 키우고 살려 쓰지 않은 우리가 잘못임에도, 오히려 그 말(낱말)에 책임을 돌리려고 한다. 혹시 낡은 말이고 쓸모없는 말이라는 고정관념에는 사전을 만드는 사람이나 가르치는 사람의 게으름이 포장되어 있지는 않은지 반성해 볼 일이다. 여기 '녘'과 '습'이 그렇다.

## 1. '녘'에 대하여

　(1) 한글학회, 『우리말 큰사전』(어문각, 1992) –

녘 [이](매이) ① 어떤 쪽이나 가. (ㅂ)길 왼 ~에 선 나무. 물 아랫 ~.
② 어떤 무렵. (ㅂ)해질 ~. 동이 틀 ~.

(2) 국립국어원, 『표준국어대사전』(두산동아, 1999) -

녘 「명」「의」「1」=쪽05[1]. 「2」(일부 명사나 어미 '-을' 뒤에 쓰여) 어떤
때의 무렵. ¶아침 녘/황혼 녘/동이 틀 녘이면 모두 밭에
나가 일을 한다./그는 밤새 말을 달려 날이 샐 녘에 그곳
에 도착했다. §[〈녁〈석상〉]

(3) 신기철·신용철, 『새우리말 큰사전』(삼성출판사, 1975, 1986) -

녘 [불명] 어떠한 때의 '무렵'이나 또는 어떠한 '방향'이나 '가'를 나타내
는 말. *새벽~. 길 오른 ~으로는 소나무를 심었다. ×넉.

(4) 이희승, 『국어 대사전』(민중서림, 1982) -

녘 [형명] 어떤 때의 무렵이나 또는 어떤 방향·지역을 가리키는 말.
¶ 새벽~에/동~/아랫~.

(5) 사회과학원 언어연구소, 『조선말 대사전』(동광출판사, 1992) -

녘 [명](불완전) ① 어떤 〈방향이나 가녘〉을 나타내는 말. ¶ 동~하늘.
북~. 남~땅. ② 어떠한 때의 〈무렵〉을 나타내는 말. ¶
밝아올~에 일어나다. △ 점심~. 해질~. 아침. 어슬~.

['녘' 역순 찾기]

※ ~ 표시는 올림말 없음 표시.

| 우리말 큰사전 | 표준국어대사전 | 새우리말 큰사전 | 국어 대사전 | 조선말 대사전 |
|---|---|---|---|---|
| 동녘 | 동녘 | 동녘 | 동녘 | 동녘 |
| 서녘 | 서녘 | 서녘 | 서녘 | 서녘 |
| 남녘 | 남녘 | 남녘 | 남녘 | 남녘 |
| 북녘 | 북녘 | 북녘 | 북녘 | 북녘 |
| 앞녘 | 앞녘 | ~ | ~ | 앞녘 |
| ~ | ~(뒷녘) | ~ | ~ | ~ |
| 왼녘 | 왼녘 | 왼녁(옛) | 왼녁(옛) | ~ |

| ~ | ~(오른녘) | ~ | ~ | ~ |
|---|---|---|---|---|
| 윗녘 | 윗녘 | 윗녘 | 윗녘(방언) | 윗녘 |
| 아랫녘 | 아랫녘 | 아랫녘 | 아랫녘 | 아랫녘 |
| 아침녘 | ~ | 아침녘(=아침때) | ~ | 아침녘 |
| ~ | ~ | ~ | ~ | 점심녘 |
| 저녁녘 | 저녁녘 | ~ | ~ | 저녁녘 |
| 가녘 | 가녘 | ~ | ~ | 가녘 |
| ~ | 안녘<br>(안쪽의 북한어) | ~ | ~ | 안녘(=안쪽) |
| 밝아올녘(평북) | ~ | ~ | ~ | ~ |
| 밝을녘 | ~ | 밝을녘 | 밝을녘 | 밝을녘 |
| 새벽녘 | 새벽녘 | 새벽녘 | 새벽녘 | 새벽녘 |
| 샐녘 | 샐녘 | 샐녘 | 샐녘 | 샐녘 |
| 해질녘 | ~ | 해질녘 | 해질녘 | 해질녘 |
| 석양녘 | ~ | 석양녘 | 석양녘 | 석양녘 |
| 저물녘 | 저물녘 | ~ | ~ | 저물녘 |
| 어슬녘 | 어슬녘 | 어슬녘 | ~ | 어슬녘 |
| 개울녘 | 개울녘 | 개울녘 | ~ | 개울녘 |
| ~ | 강녘(북한) | ~ | ~ | 강녘 |
| 물녘(→물가) | 물녘 | 물녘(=물가) | ~ | 물녘 |
| 들녘 | 들녘 | 들녘 | 들녘 | 들녘 |
| 울녘(→언저리) | 울녘<br>(언저리의 잘못) | 울녘(→언저리) | 울녘<br>(방언, 언저리) | ~ |
| ~ | 문녘(북한) | ~ | ~ | 문녘 |
| 길녘 | 길녘 | 길녘 | ~ | 길녘 |
| 불녘(→갯가,<br>함남) | 불녘(북한) | 불녘(→갯가) | 불녘<br>(방언, 갯가) | 불녘 |

조사: 홍현보(2008.5.20)

15세기에는 녁(녁)을 매우 자주 썼다.

『구급간이방』(성종 20년, 1489)은 왕명에 의해 간행되어 여러 시기 동안 반복하여 간행한 민간 치료를 위한 의서인데, 여기서도 '녁(녁)'이 흔하게 나온다. 현대에 와서도 자주 쓰이는 이 말이 사전에서는 전혀 체계 없이 올려 있음을 본다.

『구급간이방언해』

권1의 6쪽: ㅂ룸 마자 왼녁 올훈녁을 다 몯 쓰며 입과 눈과 기울며 추미 올아 다와텨 말ㅅ미 굳ㅂ르며 모미 다 알프거든 대도호 ㅂ룸앗 병을 다 고티ㄴ니라[中風癱瘓口眼喎斜涎潮語澁渾身疼痛應一切風疾悉皆治愈] : 바람 맞아 왼쪽 오른쪽을 다 못 쓰며 입과 눈이 기울고 침이 올라 들이닥쳐 말이 어둔하며 몸이 다 아픈 등 대부분의 바람 맞은 병을 다 고친다.

권2의 66쪽: 두 녁 곳굼긔 녀허[分塞左右鼻窮中] : 좌우 양쪽 콧구멍에 넣어.

권3의 75쪽: 옥천혈온 빗복 아래 네 치만 흔 딘니 두 녁 굿 두 치만 흔 딘를 나 마초 쓰라 쏘 닐오딘 빗복 아래 네 치만 ᄒ야 두 녁 굿 두 치 반만 흔 딘를 나 마초 쓰라[炙俠玉泉相去各二寸名曰腸遺隨年壯一云二寸半] : 옥천혈은 배꼽 아래로 네 치 정도 되는 곳이니 양쪽 가로 두 치 정도 되는 데를 나이 수만큼 뜸을 떠라. 또 이르기를 배꼽 아래로 네 치 정도 해서 양쪽 가로 두 치 반 정도 되는 데를 나이 수만큼 뜸을 떠라.

권6의 5쪽: 여러 가짓 고기를 먹다가 ᄲᅦ 걸어든 힌 수툴기 두 녁 놀개 큰 짓 각 흔 낫 ᄉ론 진를 ᄀᄂ리 ᄀ라 므레 프러 머그라[食諸肉骨鯁 白雄雞 힌 수툵 左右翮大毛各一莖燒灰細研以水調服之] : 여러 가지의 고기를 먹다가 뼈가 걸리거든 흰 수탉의 양쪽 날개의 큰 깃털 각 한 낱씩 불사른 재를 곱게 갈아 물에 풀어서 먹어라.

## 2. '습'에 대하여

   (1) 한글학회, 『우리말 큰사전』(어문각, 1992)

   습 [이](매이) 말이나 소와 같은 집짐승의 나이를 세는 단위. (ㅂ)한
     ~. 두 ~. 세 ~.

   (2) 국립국어원, 『표준국어대사전』(두산동아, 1999) – 올림말 없음.

   (3) 신기철·신용철, 『새우리말 큰사전』(삼성출판사, 1975, 1986) – 올
     림말 없음.

   (4) 이희승, 『국어 대사전』(민중서림, 1982) – 올림말 없음.

   (5) 사회과학원 언어연구소, 『조선말 대사전』(동광출판사, 1992) – 올
     림말 없음.

['습' 역순 찾기]

※ ~ 표시는 올림말 없음 표시.

| 우리말 큰사전 | 표준국어대사전 | 새우리말 큰사전 | 국어 대사전 | 조선말 대사전 |
|---|---|---|---|---|
| 습(매인이름씨) | ~ | ~ | ~ | ~ |
| 한습/하릅 | 한습/하릅 | 한습/하릅 | 한습/하릅 | ~ /하릅 |
| 두습/이듭 | 두습/이듭 | 두습/이듭 | 두습/이듭 | ~ /이듭 |
| 세습/사릅 | 세습/사릅 | 세습/사릅 | 세습/사릅 | ~ /사릅 |
| ~ /나릅 | ~ /나릅 | ~ /나릅 | ~ /나릅 | ~ /나릅 |
| 다습/~ | 다습/~ | 다습/~ | 다습/~ | 다습/~ |
| 여습/~ | 여습/~ | 여습/~ | 여습/~ | 여습/~ |
| ~ /이롭 | ~ /이롭 | ~ /이롭 | ~ /이롭 | ~ /이롭 |
| ~ /여듭 | ~ /여듭 | ~ /여듭 | ~ /여듭 | ~ /여듭 |
| 아습/구릅 | 아습/구릅 | 아습/구릅 | 아습/구릅 | 아습/구릅 |
| 담불/열릅<br>(여릅) | 담불/열릅 | 담불/열릅 | 담불/열릅 | 담불/여릅<br>(열릅) |
| | | | | 조사: 홍현보(2009.4.24) |

하룻강아지의 '하룻-'은 '하릅'에서 유추된 말이다. 하릅은 집짐승 (소, 말, 개, 비둘기 따위)의 한 살짜리를 이르는 말로서, '하릅-이듭-사릅 -나릅- …'으로 이어진다. 이와 함께 일컫는 매인이름씨에 '습'이 있 다. 그래서 위의 말과 똑같이 쓰는 말로 '한습-두습-세습-네습(?)-다 습(노걸대언해)-여습- …'으로 이어진다. 그러나 요즘 이런 말을 쓰는 사람이 매우 드물다. 그 말미암은 바에는 사전의 부실함도 한몫한다. '하릅'이란 말 풀이에 '이듭, 사릅, 나릅'을 참고하라는 표시를 한다거 나, '한습, 두습, 세습'도 서로 함께 올려 놓는다면 지금보다 많은 사람 이 볼 것이고, 나아가 '살'이란 말에 참고란을 만들어 집짐승의 나이를 세는 말은 '하릅 ~'이나 '한습 ~' 따위가 있다는 설명을 붙여주어야 한다고 생각한다. 아울러 셈말(셈씨, 셈매김씨, 셈숫매김씨, 셈낱이름씨)의 정리와, 그 중에서도 셈낱이름씨의 자세한 풀이가 사전에서 전혀 이루 어지지 않고 있음을 반성해야 한다.

## 3. 거듭나야 한다

이 '녘'과 '습'의 낱말들은 결코 옛말이 아니다. 엄연히 현대말로 풀 이를 달아놓은 살아있는 말이다. 다만 쉽게 풀어서 자세히 설명하지 않고 보깃글이나 참고 글이 없으니 그 쓸모를 잘 모르고 겁내는 것이 다. 이런 우리말을 버려두고 손쓰지 않으면 그 낱말 하나만 죽는 것이 아니라 그와 관련한 수많은 낱말이 한꺼번에 죽는다는 것이 문제이다. 그래서 우리말 체계에 혼란이 오고, 더욱이 우리말이 사라진 그 자리 에는 시나브로 한자말이나 외래어가 둥지를 튼다는 것이다. 일찍이 주 시경 선생께선 『한나라말』(1910)에서 한 나라의 말과 글은, '다스리지 아니하고 묵히면 덧거칠어지어 나라도 점점 내리어 가나니라.' 하셨다. 그러므로 사전이 거듭나야 한다. 사전은 만들고 마는 것이 아니라 끊임없이 운영하는 것이어야 하고, 찾아가는 도우미 구실을 해야 한다. 우리말을 살리고 키우는 데 손을 쓰는 일은 법에 따라 국가가 노력하지 않으면 안되는 의무 조항이다.

-『한글 새소식』 441호(2009.4.)에 실린 글.

# 친일 찾기와 말글 운동

## 1.

　문학평론가 김윤식 교수는 『일제말기 한국 작가의 일본어 글쓰기론』(서울대학교출판부, 2003)에서, "저 『친일문학론』을 쓴 임종국은 '다음 독자들이 제일 궁금하게 생각할 것은 이 책을 쓴 임종국이는 친일을 안했을까? 이것이 아닐까 한다. 이 의문을 풀어 드리기 위해서 필자는 자화상을 그려야겠다.'라는 글을 남겼다."고 하면서, 강점기 시대의 작가가 선택해야 했던 글쓰기의 방법과 삶을 살피고 있다. 우리나라 사람들에게 친일문제는 사상 검증처럼 돌이켜 구별져야 하는가보다. 작가의 삶이나 작품 속에서 친일 색깔을 찾는다는 것은 어찌 보면 저울의 덫처럼 균형잡기 힘든 작업이다. 수평 잡기를 못하면 항일운동가나 친일매국노로 몰기 쉽고, 그렇다고 수평을 잘 잡은 자도 매를 맞기는 마찬가지다. 방관자 혹은 도피자, 회색분자 따위로 몰 수 있기 때문이다. 지난 우리 역사 속에서도 많은 정변으로 적대자가 생기고, 그들이 다시 복원되는 일을 숱하게 본다. 사람의 한평생을 선악의 잣대로 구별하거나 이념의 굴레를 씌우는 일은 참으로 어려운 판단이 아닐 수 없다. 분단

이후 자의든 타의든 남북으로 갈라져 사는 우리는 서로 적이 되어 있고, 태평양전쟁에 징병되어 일본을 위해 싸우다 죽은 이들은 돌아오지 못하고 남이 되어 있다. 1942년 5월 강제로 지원된 조선인 3,200명은 부산에서 두 달 훈련을 받은 뒤 타이, 싱가포르, 인도네시아 등지에 일본인으로 배치됐다는 조사가 있다.(『한겨레』, 2008.12.19. 우쓰미 아이코 게이센여학원대학 명예교수의 말) 조국의 잣대나 가족의 잣대, 혹은 친구의 잣대, 파벌의 잣대, 지연과 학연의 잣대 따위 또한 이른바 동굴의 우상처럼 절대적인 진리는 없다는 단순한 진리를 깨닫지 못하는 인간의 굴레이다.

그러므로 그 수많은 잣대는 서로 충돌하기 마련이다. 한 개인이 그 여러 잣대 가운데 무엇을 선택하는가, 가치 있게 보는가에 따라 다른 많은 잣대로 보는 사람들에게 비난을 받게 된다. 물론 그런 비난 조차 벗어날 수는 없는 노릇이며, 그런 비난의 결과를 미리 짐작하면서도 선택해야 하는 일 또한 개인의 몫이다. 어찌됐든 흔히 '잣대를 들이대다, 잣대로 삼다'라는 것은 부정적인 의미가 강하면서도, 잣대로 삼았던 가치가 계속 이어지는 한 후세 사람들은 그 가치관으로 수정하고 보완하고 편집하고 심판하는 일을 멈추지 않을 것이다.

우리에게 친일은 국가와 겨레의 잣대로 한 개인을 판단할 때 절대적인 죄가 되며 그들은 비난받아 마땅하다고 받아들인다. 그러므로 그 자취를 반성하고, 대가를 치르며, 흔적을 지우는 데 게으르지 말아야 할 것이다. 물론 역사는 그 한계를 드러내고 완결을 볼 수 없도록 머금고 흘러가지만 말이다.

## 2.

우리 말글이 그렇다. 말이란 본디 나라와 겨레는 물론이고, 지역·지방에 따라 달라지고, 계층·사회에 따라 달라지며, 글말과 입말이 달라지기 마련인데, 거기에다가 문화의 흐름에 따라 나라 밖에서 들어와 정착한 수없이 많은 외국말이 모양새와 발음이 다르면서도 함께 살아가고 있다. 그 가운데 들어온 말 때문에 우리말이 뒤틀리는 것을 왜곡이라 하여 배척하는 노력을 벌이지만 그것 또한 쉽지 않다. 지금 우리가 쓰는 말에는 이런 수만 가지 들어온 말과 지역말, 지방말, 계층말, 사회말, 글말, 입말이 혼재하여 있는 것이 사실이다. 그렇지만, 그 가운데서도 일본말은 아주 가까운 때에 강점기를 지내면서 수탈의 역사를 겪어야 했던 우리 겨레에겐 치욕의 흔적이 아닐 수 없기에, 목숨을 걸고 분별하여 징벌하고 없애려는 것이다.

그럼에도 우리 말법처럼 슬그머니 자리잡은 일본 말법과, 제도가 들어오면서 고스란히 따라 쓰는 제도말, 땅이름을 바꾼 일본 땅이름, 창씨개명의 흔적들, 전문용어, 법률용어, 심지어는 신조어까지 일본말을 쓰는 것이 주변에 널려 있다. 참으로 안타까운 모습이다. 한글학회가 〈큰사전〉 보유 작업을 하면서 새로 원고 카드를 만들고 말을 다듬을 때, 글쓰는 이가 몇 해(1990~1992) 일을 도왔던 적이 있는데, '국어', '철학', '총리' 따위처럼 일본말이 들어와 우리말로 읽히는 낱말에는 말밑에 (일)이라는 표시를 했던 적이 있다. 물론 나중에 그 원고 카드를 입력하여 출판사에 넘길 때는 그 (일) 표시를 빼야 했다. 사회적 충격을 생각해서다. 지금 우리 가운데 대다수는 제가 쓰는 말이 일본에서 들어온 말이라는 것을 모르고 쓸 것이다. 당연하다. 어찌 그 많은 낱말을 일일이 구별할 수 있을까? 다 알 수도 없는 일이다. 세월이 흐르면 전문가나

연구집단이 하나하나 말밑을 분석하며 추적해야 할 것이다. 그러니 경주의 '금성'이 흉노족 금일제가 투후라는 관작을 받아 다스리던 중국의 성 이름을 붙인 땅이름이라는 학자의 주장도 듣게 되는 것이다.

해방 뒤 우리는 일본말 찌꺼기를 몰아내려고 가진 애를 다 써 왔다. 이른바 '국어순화운동'이 그것이다. '한글 사랑, 나라 사랑' 운동, 한글 전용 운동, 쉬운 우리말 살려 쓰기 운동, 신문 가로 쓰기 운동 따위가 모두 일본말 안쓰기에 바탕을 두고 있다. 그러나 이런 운동이, 국가가 제도와 규정을 정하여 벌이면 많은 문제가 생긴다며 민간 단체, 연구 단체가 중심이 되어 벌여 옴으로써, 크게 구속력을 잃고 스스로 안 쓰도록 계몽하는 단계에서 끊기기 일쑤였다. 그럼에도 우리는 열심히 노력하였고 큰 진전을 보았다고 생각한다.


## 3.

1990년대에 들어와 이제까지 벌이던 운동에 새로운 변화가 일었다. 그것은 금지 조항만 수두룩하던 국어운동이 한글의 과학성, 실용성을 앞세워 가치 높음을 알리는 운동으로 바뀐 것이다. 세종대왕의 15세기 세계사적인 과학 기기 발명과 더불어 글자를 만든 원리와, 민본 통치에 묻어 있는 대왕의 애민정신을 새롭게 조명하고, 한글의 아름다움과 실용성, 쉽고 간편함을 세계에 알리는 운동으로 힘을 쏟게 된 것이다. 그동안 한자 쓰지 말자, 일본말 찌꺼기 쓰지 말자, 영어 쓰지 말자 하면서 말글생활을 조이는 듯한 느낌을 주었다면, 이제는 '우리말과 한글에 놀랍고 훌륭한 가치가 박혀 있다'는 자부심과 긍지를 바탕으로, 세계 석학들이 모두 부러워하는 가장 과학적이고 아름다운 글자임을 증명하고 디자인하고 보여주는 운동으로 바뀐 것이다. 그래서 우리말과 한글을 썼을 때 나라 안은 물론이고 나라 밖에서도 당당하게 자랑할 수 있는 말글임을 일깨우려는 노력이었다. 그것은 자랑으로만 그치지 않고 과학(정보 통신)이 되고 예술이 되고, 부가가치가 높은 상품이 된다는 것을 보여주었고, 나아가 한글 사용이 우리나라와 겨레, 그리고 우리 문화의 수준 높음을 나타내는 데 가장 쉽고 빠른 길임을 증명해 주고자 하였다. 제도적으로도 '국어기본법'을 만들고, 한글날을 국경일로 승격시키는 진전을 볼 수 있었다.

내 흉허물과 그것을 보는 거울을 깨끗이 닦는 일도 중요하지만, 내 얼굴은 무엇과도 바꿀 수 없는 고귀한 것임을 일깨우는 일이 더욱 가치있는 것처럼, 친일이란 문제로 과거의 동굴에 집착하면서 서로를 구속하지 않고, 희망찬 미래를 바라보는 운동과 아름답고 자랑스런 말글 정책이 얼마나 가슴 벅찬 일인가를 느끼게 된 것, 그것은 분명 좋은 일일 것이다. 내 얼굴이 아름답고 자랑스럽다고 느껴질 때 날마다 스스로 말끔히 씻고 닦는 일은 그리 어렵지 않기 때문이다.

광복절을 맞는 지구촌 곳곳의 우리 겨레들이 늘 깨어 있는 심정으로 우리 말과 글을 오래오래 지켜낼 것이고, 그러면 분명히 한글이 우리의 자존심을 지켜주고 높여줄 것이라고 믿어 의심치 않는다.

-『한글 새소식』438호·439호·440호(2009.1.~3.)에 실린 글.

현장에서
# 561돌 한글날 행사를 치르며

세상이 어수선하였다. 이태 전 2005년 12월 8일 국회 본회의에서 한글날을 국경일로 만드는 개정안이 통과되던 날도 그랬다. 종합부동산 세법 개정안이 강행 처리되어 여야가 밤새 대립하여 몸싸움을 벌이고 사립학교법 상정을 막느라고 아수라장이 되었던 그날, 뉴스감도 되지 않는 듯이 이튿날 늦게야 스멀스멀 한글날 국경일 소식이 들려왔다. 지난해에도 그랬다. 역사상 처음으로 국경일이 된 한글날을 맞이하여 살뜰히 준비한 행사가 아침부터 잘 치러지기를 바라며 분주하던 손길은 새벽부터 쏟아져 나온 '북한 핵실험 성공'이라는 메가톤급 소식에 또 찬물을 들이맞아야 했다. 그런데다 국경일답지 않게 공휴일도 아니고 방송이나 신문에서 내로라할 기사나 말 한마디 없으니 꼭 독립투사들이 밀지를 들고 상해임시정부로 숨어가는 모양 사람들 눈치를 보아야 했다. 더욱이 한글날은 한동안 공휴일에서 제외되어 '그거 원래 국경일 아니었어? 기념일인가?' 할 정도로 무심한 눈길이 역력하였다.

올해 들어선 침통하기까지 했다. 경기도에서 영어마을이란 신조어를 만들고부터 나라 안은 온통 영어마을, 영어특구, 영어도시, 영어공용

국제도시들로 도배를 한 듯하였다. 이럴 바에야 한글날은 뭐하려고 국경일로 만들었는지 의심마저 들었다. 사실 이런 반응은 정부가 한글날을 없앤 1990년부터 15년이란 세월 동안 방치되다시피 한 결과로서 이미 예견된 일이기도 하다. 그럼에도, 그동안 우리말을 소중히 여기며 목숨처럼 아끼는 많은 사람과 단체들의 노력은 끊이지 않았고 국회의원들도 들고일어나 국회 이름패를 한글로 바꾼다든지 한자나 영어로 써진 간판이나 문구들을 고치라고 부추기며, 여러 정부기관에서는 법조문이나 행정용어들을 한글로 쓰거나 순화하는 일을 꾸준히 계속하면서 한글날을 국경일로 하는 법안을 만드는 일에 이바지하기도 했다. 몇 해 전부터는 한류 열풍 속에서, 오히려 나라밖에서 한글이 더 인기를 얻고 있다.

작년에도 한글날 행사 집행위원회 위원으로 일했던 나로서는 이런 무거운 사회 분위기를 실감할 수 있었는데, 올 들어서도 지난 5월 국립 국어원에서 처음 회의를 열어 한글날 행사의 방향을 논의할 때 한글단체의 일원으로 참석할 수 있었다. 국어원장께서는 여러 사람의 의견을 들어 올 한글날 행사를 한글학회와 세종대왕기념사업회, 외솔회가 주최를 맡아 하도록 결정하였다. 이날부터 이 세 단체는 단체장과 실무자들이 모여 한글회관에다 사무실을 열고, 이름을 '561돌 한글날 대한민국 큰잔치 조직위원회'로 지었으며, 큰 주제를 '한글, 날아오르다'로 정하는 등, 내가 알기로도 20회 이상의 집행위원회를 열었고 자치단체나 협력업체들과 만나 협의하면서 총 35회 이상이나 모임을 열면서 얼개를 짜고, 준비하고 진행하였다. 그리하여 세 단체장과 국어원장이 공동 조직위원장을 맡아 주최하고, 조직위원회가 주관하며, 그 집행위원장에는 차재경 세종대왕기념사업회 사무국장이, 부집행위원장은 유운상 한글학회 사무국장이, 감사는 박대희 외솔회 총무이사가 맡도록 결정하였다.

우리 집행위원들은 이런 전반적인 사회 분위기를 새롭게 끌어올리고 국경일이 된 한글날을 어떻게 하면 많은 사람과 더불어 치러낼 수 있을까 하는 것을 가장 먼저 풀어야 할 숙제로 삼았다. 그러니 좀 더 많은 사람이 참여할 수 있는 다양한 행사와, 접근이 손쉬운 열린 공간, 가슴에 와 닿는 소재와 어울릴 수 있는 공감대를 찾는 일이 급선무였다. 수십 가지의 행사들을 쏟아내고 그것을 다시 정리하면서, 세종로를 중심으로 장소를 찾은 결과 서울역사박물관 앞마당으로 결정하였고, 낮부터 밤까지 온종일 행사를 하여 남녀노소 누구나 참여할 수 있도록 대상에 맞춘 행사를 시간대별로 꾸미는 한편, 한글의 소중함과 세종대왕의 위대함을 알리면서 역사성과 과학성, 전통미를 옹골차게 아우르는 가무와 전시회, 거기에다가 세계화와 미래지향성까지 보여주는, 그야말로 야심에 찬 행사를 준비해야 했고 또 그렇게 되도록 꾸며보기로 했다.

그런데 문제가 생겼다. 10월 9일은 경복궁이 쉬는 날이었다. 그리고 화요일이니 주중에 행사를 치르면 많은 사람이 참여할 수 없다는 것은 뻔한 일이었다. 결국 행사는 10월 6일 토요일과 9일 당일 행사로 나눌 수밖에 없었고, 그래서 토요일 경복궁에서는 훈민정음 반포 재현식과 세종로 거리 어가행렬을 치르게 되었는데 정말 많은 시민들이 와주었고, 거리에서도 큰 호응을 얻었다. 남대문에서 마무리 지을 때는 만장기와 색동어린이, 그리고 어가행렬이 어우러져 잔치 분위기가 물씬 풍겼다. 다리는 아파도 가슴은 뛰었고 먹는 김밥이 어디로 들어가는지조차 모를 만큼 정신없었지만 내심 뿌듯했다. 멀리 미국에서는 이미 함께 준비하여 잘 알고 있었던 뉴욕 브로드웨이 세종대왕 어가행렬도 이날 치러졌다.

참으로 받아놓은 날은 빨리도 왔다. 9일 오전까지만 해도 광화문 네거리와 그리 멀지 않은 서울역사박물관이어서 많은 관객들과 함께 행사를 치르는 데 아무런 문제가 없었다. 저 멀리 한글회관 옥상에서는 대형 풍선과 "한글, 날아오르다"라는 문구 선명한 현수막이 바람에 휘날리며 분위기를 돋우었고 무형문화재 보유자의 방패연들은 박물관 마당을 수놓고 있었으며, 농악대와 청사초롱은 어우러져 장터처럼 시끌벅적하였다. 갑자기 외국인 학생들 수백 명이 떼 지어 몰려와 앞마당에서 한글쓰기 대회에 참가하니 많은 기자들이 예쁜 아라비아 아가씨를 찍으려고 치열한 자리싸움을 벌이기도 하였다.

한글 낱자를 높이 3미터나 되는 대형 입체 목판으로 만들어 마당에 전시하고 한글운동가 33인 사진과 제주도말 붓글씨가 걸리면서, 한쪽에서는 120미터나 되는 천에 붓으로 훈민정음 서문을 쓰는 몸짓(행위예술)이 벌어졌고, 훈민정음 목판을 손수 찍어보려는 인파는 끝을 찾을수 없었다. 또한, 아이들은 한글을 새긴 풍선을 받아 들고, 공책에 한글을 수놓기도 하고 부모와 줄지어 가훈 써주는 어른 앞에서 마음을 조아리기도 하였다. 낮은 이렇게 그런대로 성공한 잔치였다.

일은 저녁으로 접어들면서 벌어졌으니, 때 아닌 북풍이 일을 저지른 것이다. 갑자기 추운 바람과 한기가 들이닥쳐 시민들은 집으로만 발길을 재촉하느라고 오백여 석이나 되는 의자는 메워질 줄을 몰랐다. 북춤, 장고춤, 개그맨의 입심도, 연예인의 매혹적인 노래도, 나눠주는 멋진 한글 무늬옷도 그들을 불러 모으는 데는 역부족이었으니, 무대는 시간이 갈수록 썰렁해지고 주최 측 어르신들은 미안함에 끝까지 자리를 채워야만 했다. 아뿔싸, 15년이란 세월은 시민과 한글 사이에 너무도 큰 틈을 벌려 놓았구나. 사실, 준비한 배우들의 노력은 대단하였다. 시민들의 외면에도 아랑곳하지 않고 그들은 신들린 사람들처럼 온몸을 불사르며 늦은 시간까지 공연을 계속해 주었다. 그리고 그 후 23일과 24일에 수천 명의 관객을 몰고 온 세종대왕 창극 〈성왕의 낙원〉은 감동의 도가니였다. 공연을 보고 가던 한 일행이 내년에도 꼭 다시 보고 싶다면서 우리를 위로해 주었는데, 그 말은 몇 달 동안 내내 조바심하던 가슴을 한순간에 녹여준 참으로 고마운 한마디였다.

이밖에도 학술대회나 지방마다 많은 행사가 있었다. 그들은 누가 말하지 않아도 스스로 준비하고 한글날을 위해 다양한 행사를 벌였다. 중국과 몽골에서도 행사가 있었고, 뉴욕에서도 있었다. 물론 미국 시카고대학 매콜리 교수께서는 올해도 한글날 파티를 열었으리라. 모르긴 몰라도 한글날은 지구촌 각지에 흩어져 사는 모든 한겨레의 축제일이며 경축일로서 전혀 손색이 없는 날일 것이다. 앞으로 한글날 행사는 미리미리 장소를 물색하여 정말 꼼꼼하게 정성껏 준비하여 시민에게 내놓아야겠다는 생각을 해본다.

한글날 행사 집행위원 홍현보(세종대왕기념사업회 연구원)

-『쉼표, 마침표.』 26호(2008.11. 국립국어원)에 실린 글.

# 육백년 전으로 돌아가는 교육

　많은 국민들은 대안이 이명박이라 생각했다. 여권도 모자라 범여권이라고 하는 사람들에게서는 도저히 대안을 찾을 길이 없었다. 저잘난 맛에 살면서 저희 아비도 버리고 마른 모래처럼 부서지는 꼴이 믿음을 주지 못하였다. 심지어는 죽은 사람이 다시 살아나 대안이라고 표를 모으기까지 이르렀다. 그나마 경제하면 박정희, 박정희 하면 경부고속도로, 경부고속도로 하면 현대건설, 현대건설 하면 이명박이라는 연결고리는 근래 와서 많은 사람들에게 공식화된 개념이 아닌가? 어려운 살림살이에 경제의 끄나풀이라도 잡아보자는 사람들 심사가 아니었겠나싶다. 대안으로 확신하고 나니 생각이 정리되는 듯도 하여 마음이 편안했다. 그런데 느닷없이 국어와 역사를 영어로 가르치겠다는 말이 나왔다. 나는 그길로 이 사람도 대안이기는 글렀구나 한숨 쉬었다. 돌아가는 여론조사를 보아서는 이 사람이 당선될 것이 확실한데 그러니 더더욱 가슴이 내려앉았다. 웬걸 당선되자마자 한술 더 떠 모든 수업을 영어로 가르치는 몰입교육을 하겠다는 인수위원장의 말이 이어졌다. 오린지와 후렌드라는 말을 써가면서 미국말을 배워야 한다고 성토하는 꼴을 보면서 이 사람이 교육이 뭔지, 언어가 뭔지 알고 하는 소린가 궁금하였다.

　노무현 정권은 지난해 4월 교육방송(EBS)이 영어 교육 채널을 개국할 때 무지막지한 영어교육 추진 사업을 공언하였다. 대통령은 방송에 나와 "2009년까지 1,300개 고등학교에 영어 체험 센터를 설치하고, 2010년까지 모든 중학교에 원어민 교사를 배치하고, 2015년까지 영어 교사는 누구나 영어로 수업할 수 있도록 하겠다."라고 하면서, 제주도에 영어타운을 설치하여 9,000명의 학생을 수용하도록 하겠다고도 하였다. 이 발표가 있기 전 교육방송은, 삼성경제연구소가 2006년에 발표한 〈영어의 경제학〉이라는 보고서를 특집으로 꾸며 보여준 적이 있다. 그러나 3월부터 6월까지 이어졌던 교육방송의 특집 다큐멘터리 〈영어 강국 코리아〉를 정리해 보니, 결론적으로 영어 조기교육은 문제가 많으며 현지에서 생활하며 익히는 방법 이외에는 뚜렷한 대안이 없다는 것이 국내외 수많은 전문가들의 한결같은 생각이었다. 지구를 샅샅이 뒤져가며 미국말 교육 현장을 찾아보았지만 대한민국보다 수업을 많이 하는 나라는 없었다. 우리나라가 단연 으뜸이었다.

　그것도 모자라서 남한 땅 대부분을 야금야금 영어 사용 지역으로 묶어 우리 말글을 못쓰게 하는 작태를 서슴지 않더니 이제 이 땅의 모든 자식들을 영어로만 공부시키려 든다.


　조선시대 한자문화 속에서 오로지 한문교육만이 판칠 때도 한문을 배우지 않고 한글로만 살았던 대부분의 백성들이 있었다. 임금은 왕위를 물려받을 때, 죽어 묻을 때에 명나라의 허락을 받아야 했고, 대외정책과 군사정책도 그러했다. 최만리는 세종에게 훈민정음 사용을 반대하면서 명나라가 노하면 큰일난다고 그 이유를 댔다. 사대주의란 섬기는 정치였음이다. 앵무새같이 한문을 익히고 외워서 글을 쓰는 것은

참으로 고단한 일이었음에도, 우리 글이 없기도 했지만 대국을 섬겨야
하는 약소국의 비애가 있었던 것이다.

　그럼에도 글을 빌어쓸망정 말까지 그대로 따라하지는 않았다. 한자
를 빌어쓰면서도 우리가 중국말을 따라하진 않았다는 것이다. 제 나라
글이 없는 대부분의 나라들은 알파벳이나 한자를 빌어쓰면서 제 나라
말을 기록한다. 말이야 바른 말이지 아무리 글이 없다손 제 나라 말을
버리는 일이 가당키나 한 일인가? 언문 일치. 세종의 은덕으로 우리
글을 갖게 되면서 우리는 글 따로 말 따로 하던 고통을 벗을 수 있었
다. 그런데 이제 다시 그 질곡을 씌워서 어쩌겠다는 말인가? 외국 문물
을 받아들이고 지식을 넓히는 것을 마다하겠는가? 어느 나라도 외국
문물을 받아들이지 않는 나라는 없다. 다른 나라에 가서 말을 배워 사
업을 펼치거나 먹고 살기도 한다. 그러나 내 나라에서 다른 나라 말을
따라한다는 것은 식민지에서나 하는 일이다. 식민통치를 받는 나라거
나 받을 때 굳어진 버릇대로 말하는 나라를 더러 본다. 그렇다고 다른
나라 말이 내 나라 말 되는 일도 없고, 내가 그네 나라 사람처럼 말하
기는 더더욱 어려운 노릇이다. 그것이 또 무슨 소용이 있단 말인가?
헛된 짓 그만하자.

- 『한글 새소식』 427호(2008.3.)에 실린 글.

# 교육방송 감시

　지난 4월 6일 교육방송(EBS)은 '영어교육채널' 개국특집 방송을 내보냈다. 대통령이 참석하여 참여정부 새교육정책의 하나임을 강조하였다. 대통령은 '2006년도 어학연수 또는 유학 비용으로 우리나라 사람이 해외에 유출한 돈이 4조 4천억 원이고, 국내에서 영어교육 사교육비가 10조에 이른다.'라고 하였다. 앞으로 정부가 추진할 목표를 발표하였는데, '2009년까지 1,300개 고등학교에 영어체험센터를 설치하고, 2010년까지 모든 중학교에 원어민교사를 배치하고, 2015년까지 영어교사는 누구나 영어로 수업할 수 있도록 교육시킬 것이다.'라고 하였다. 올해 상반기에는 제주도에 영어타운을 설치하여 9,000명의 학생을 수용하도록 하겠다고 하였다.

　이에 앞서 3월 10일에는 〈특집다큐멘터리〉 '영어강국 코리아 만들기' 1부를 내보냈는데, 여기에서 삼성경제연구소가 2006년도에 발표한 보고서 〈영어의 경제학〉의 내용을 공개하였다. 이에 따르면 한국인 성인이 10년 동안 공부한 영어시간은 1인당 평균 15,548시간이었고 매년 120만원씩 10년간 모두 14조 3천억 원의 교육비를 지출하였다고 하였다. 그런데 2006년 토플시험에서 149개국 중 93위라고 하였다. 여기에 나온 한 원어민 강사는 '영어는 의사소통의 도구로서 배워야 한다. 무조건 미국식 억양만을 강요할 필요는 없다.'라고 강조하였다.

3월 11일에는 2부를 내보냈는데, 독일, 말레이시아, 프랑스, 스웨덴 등지의 영어교육을 소개하였다. 이들 나라는 국제적으로 영어교육을 잘하는 나라로 알려졌으나 공통적으로 우리나라보다는 과열되지 않음을 볼 수 있었는데, 사교육은 별로 없었으며 교재의 개발도 없었다. 학교에서도 문학작품이나 간단한 교재를 사용하였다. 130여 년 동안 영국의 식민 지배를 받았던 말레이시아가 하고 있다는 다른 과목의 영어몰입교육은 인상적이었다.

그리고 6월 21일에는 〈대화: 미래를 준비하는 교육〉 '제4부-외국어교육'이라는 주제를 내보냈다.

태아의 영어교육, 유치원의 영어 몰입교육, 태권도장의 영어 몰입학습, 초중고 영어 사교육, 조기유학, 교육연수, 영어마을 등 우리 사회는 지금 모든 교육을 영어에 몰입하고 있다. 결국 우리나라 가정과 학교에서 제대로 된 영어교육을 위해서 필요하다는 것들은, '컴퓨터+씨씨티비(동시 통화, 화상 수업)+교재 개발+학원 사교육+집에서의 영어서적 비치+학교의 영어환경 조성+학생과 접하는 모든 지역의 시설과 상가, 도로, 놀이시설의 영어환경 조성' 들이었다.

전문가들은 한결같았다. 전종섭(한국외국어대학교 언어인지과학과) 교수 등 여러 전문가들은 대체적으로 조기 영어교육에 대해 문제점을 지적하였다. 우리나라 영어교육이 매우 잘못되었으며 교육적 효과를 기대하기 어렵다는 결론이었다.

세종대왕은 이렇게 대응하였다. 한문이 천년 이상 우리를 지배하였지만 '우리말은 중국말과 달라서 중국글자를 써서는 서로 맞지 않으니, 백성이 말하려는 뜻이 있어도 끝내 펼칠 수가 없다. 그래서 알맞은 글자를 새로 만들었다.' 하였다.

　나는 이렇게 생각한다. 영어 공황장애는 치유되어야 한다. 1945년부터 3년간 미군정이 영어교육을 강화한 후유증이 60년간 증폭되고 있다. 영어교육을 하지 말자. 그리고 모든 고등학교에서 1~2년 정규 유학 기간(국고지원, 연간 1인당 1,000만원)을 정하자. 토익을 10년 배워 점수 좋다고 외국어를 잘하는 것은 아니더라는 어느 응시자의 말을 상기하자.

　이제 세계 어딜 가도 '월드컵 코리아' 하면 대부분 통한다. 우리 말과 글에도 자부심을 갖자는 것이다. 그것이 지구촌 모든 화자가 갖아야 할 서로를 위한 공평한 소통의 출발이 아닐까?

-『한글 새소식』 420호(2007.8.)에 실린 글.

# 선배님 한 해가 지났습니다

이대로 선배님, 꼭 1년 전 12월 느닷없이 정수리에 꽂는 소식을 들었습니다. 황우석 교수 줄기세포 연구논문의 진위를 놓고 나라 안팎이 들썩이는 가운데, 국회에서는 종합부동산세법 개정안이 처리되었고 다음날은 사립학교법 본회 상정을 막고 있었습니다. 그런데 8일 강행 처리된 법안 끄트머리에 한글날을 국경일로 제정하는 개정법률안이 통과되었다는 것입니다. 벌떡 일어나 손뼉을 치니 식구들이 모두 놀랐습니다. 본디 여야 국회의원이 모두 찬성하여 공동안을 마련했던 법안이지만 이런 와중이었으니 사람들은 한글날 국경일 제정을 생각지도 못했을 겁니다. 저는 10월부터 한말글문화협회에서 지부장을 주어 한글학회에 자주 들르던 참에 이 일이 터졌으니 전후 사정을 어느 정도 알고는 있었으나, 이렇게 빨리 올 줄은 몰랐습니다.

정말 얼마나 바라고 기다렸던 순간입니까? 며칠 뒤 한말글문화협회 다시 일으키는 모임을 한글날 국경일 제정 축하 모임으로 꾸미고, 그 바람 거센 날, 농악 놀이패를 앞세워 만장기를 흔들며 광화문 네거리를 지나, 한글회관으로 돌아와 회관 주차장에서 막걸리와 시루떡을 차려놓고 수도 없이 만세를 불렀지요. 그 자리엔 여러 어르신이 모두 나와 수백 명의 젊은 사람들과 끝까지 함께하셨습니다. 사실 그분들은 적어도 15년 동안 행사 때나 강연회, 발표회, 성토장에서 어김없이 뵐 수 있었던 분들입니다. 모두가 주인이었고 운동권자였고, 한글 머슴이었지요.

1990년 한글학회가 한글날 기념 잔치로 유관순기념관에서 연 '우리 말과 글을 위하여 애쓰신 스승에 대한 추모의 밤' 행사에서, 그때 초대 문화부 장관이었던 이어령 님이 비통한 얼굴로 송구한 말씀을 전하던 모습이 떠오릅니다. 10월에 공휴일이 많아서 우리 경제를 어렵게 한다 면서 한글날을 공휴일에서 빼자는 재경부의 안건을 대통령이 결정했 다는 국무회의 일을 작은 목소리로 설명하였지요.

저는 팔륙년도 시절 학교 동아리에서 한글운동을 하면서, 신문 독자 란에 올린 제 글을 보고 엽서를 보내 격려해 주던 이대로라는 낯선 선배를 잊지 않고 있습니다. 국어운동 동료들이 60년대부터 대학에서 운동을 시작한 선배임을 일러 주었지요. 또 이봉원 선배는 그때 국어 운동 대학생 연합회 회장이었다지요. 최기호 교수께서 마련한 한글운 동 수련회에 갔을 때 밤새 의논하는 선배의 열정에 놀라지 않을 수 없었으며, 내가 하는 이 일을 벌써 오래전부터 늘 깨어 있으면서 깨우 치고 주장하며 고쳐나가던 선배들이 있음을 깨달았지요.

대학을 졸업하고 한글학회에서 사전 편찬 일을 하면서도 늘 선배가 동분서주하는 모습을 보았습니다. 성명서 내기와 거리 행진, 정부청사 와 문화부 건물 앞 시위 따위는 선배가 주동자였습니다. 91년 대학로 방송통신대 강당에서 한글문화단체모두모임이 연 강연회에서, 잘 기 억은 나지 않지만 문제안 님이 사회를 보고 안호상 님, 백기완 님, 김 동길 님이 한글날 공휴일 폐지를 질타하는 자리에서도 선배를 뵈었고, 99년 2월 덕수궁에서 100미터 현수막을 들고 경찰과 대치하며 광화문까지 행진하던 때 확성기를 들고 외치던 모습도 선합니다. 또 정부 청사 뒷길로 가서 청사를 향해 구호를 외치던 모습도 잊질 못하겠습니다. 저는 문화체육부 건물 앞에서 원광호 의원 등 여러 분이 삭발하던 때 차마 삭발은 못하고 옆에서 구호만 외쳤습니다.

이 나라 정부가 한글을 푸대접하고 업신여기고 내팽개치는 것을 우리는 15년 동안 피눈물로 지켜보아야 했지요. 한글을 아끼는 어르신들이 언제나 늙으신 몸을 살피지 않고 끝까지 행사에 함께 하시니 젊은 우리들은 차마 빠져나갈 수가 없었습니다.

참! 선배는 거기에도 계셨지요. 1995년 한글날을 맞아 중앙일보가 전면 한글 가로쓰기를 시작할 때, 한글학회 성기지 님의 소개로 저의 논문(「신문 가로쓰기 실태와 독자 인식 연구」)이 빌미가 되어 신문사 기획단에 들어가 한글 가로쓰기 설문 작업을 하였는데, 어느 날 회의에 참석하여 보니 선배가 와 계셨지요. 신문사가 선배의 확고한 주장을 받아들였던 것입니다. 그 해 부산 국제신문도 저의 논문을 게재하겠다는 요청을 해왔고 전면 가로쓰기가 되었지요. 이듬해 동아일보가, 몇 해 뒤엔 조선일보까지 따랐습니다.

선배는 무던히도 바삐 움직였습니다. 공병우 박사를 존경하여 그 분을 모시고 따른 일도 압니다. 한글을 살리기 위해 물불을 가리지 않던 세벌식 타자기 발명가 공 박사의 뜻을 따른 것이지요. 물론 저는 선배의 운동을 다 알진 못하고, 그저 가끔 참석했기 때문에 많은 분들이 하신 일들을 잘 모릅니다. 또 제가 보고 함께하던 운동엔 수많은 분들이 계셨습니다. 노구를 이끌고 흰머리를 바람에 날리며 비 올 때나 바람 찬 날에도 함께 끝까지 자리를 빛내던 허웅 선생님, 김석득 선생님, 김계곤 선생님, 박종국 회장님, 그리고 천둥소리 오동춘 선생을 비롯한 이루 다 헤아릴 수 없는 별같이 빛나는 어르신들이 계셨지요.

그런 가운데서도 조직적이고 집요하게 일을 추진하던 선배님이 먼저 떠오르는 것은 어쩌면 당연한 일입니다. 여러 선생님들이 국경일 제정에 대해 국회의원들과 상의하고 추진할 때도 그 막바지에 그들을 움직이는 데 끈질기게 애쓴 일은 돋보였습니다. 지금 와서 보니 선배는 큰 대가를 바랐던 속내가 있었습니다. 한글날 국경일 제정 말입니다.

사실 그 대가도 오로지 물질적 보상을 하는 건 아니지요. 나라와 겨레를 위한 일이 다 그렇습니다. 아무튼 그동안 한글날 국경일을 목 빠지게 기다리며 발로 뛰고 목청껏 외쳤던 어르신들 선생님들께 이 자리를 빌어 국민의 한 사람으로써 감사드리며 박수를 보냅니다.

선배님. 앞으로도 남은 숙제가 쌓였습니다. 한글전용법이 제대로 고쳐져야 합니다. 그리고 우리 고전을 이젯말 한글로 푸는 일을 더욱 힘차게 해야 합니다. 세계 사람들에게 한글과 세종대왕을 알리는 일을 통하여 한글의 경제력을 확인시킬 때입니다. 토박이말, 법률, 교육, 방송, 남북 말글은 또 어떻습니까? 이 망막한 장정에 듬직한 맏형 구실을 부탁하는 못난 후배를 용서하십시오. 안녕히 계십시오. ^-^! 사내 올림.

- 『한글 새소식』 412호(2006.12.)에 실린 글.

# '신미대사 한글 창제설'에 관하여

조선일보 조용헌 살롱에서는 최근(2006. 10. 12.)에 '신미대사 한글 창제설'을 소개하였다.

> "신미는 속성이 영산김씨인데, 영산김씨 족보를 추적해 보면 '집현원 학사'로 '득총어세종(得寵於世宗)'이라고 기록되어 있다. 세종은 죽기 전에 유언으로 신미에게 '우국이세(祐國利世) 혜각 존자(慧覺尊者)'라는 법호를 내렸다. 하지만 유생들의 줄기찬 반대로 인해서 '우국이세'라는 표현은 삭제되고, '혜각존자'라는 단어만 후세에 전해지게 되었다. 신미는 까다롭기로 소문난 범어와 티베트어로 된 불교경전에 정통했던 대학자였으므로 혜각존자라 할 만하다. 이러한 인물이니까 세종 사후에도 세조가 불교승려인 신미를 만나러 속리산까지 찾아왔던 것이다."

이것은 실록에도 자세히 기록되어 있다. 물론 신미가 집현전학사였다는 기록은 없지만 원각경언해 등 간경도감에서 간행한 불경언해 책 가운데 여럿을 신미가 번역하였다. 더욱이 법호를 '우국이세 혜각존자'라고 내린 것을 수많은 대소 신료들이 중이란 이유로 반대하였는데 문종은 결국 '우국이세'라는 법호를 삭제하기에 이른다. 문종 즉위년

7월 기록에 본디, 신미를 '선교종 도총섭(禪教宗都摠攝) 밀전정법(密傳正法) 비지쌍운(悲智雙運) 우국이세(祐國利世) 원융무애(圓融無礙) 혜각존자(慧覺尊者)'로 삼았다. 그런데 조선왕조실록을 통틀어 집현원학사라는 말은 없다. 처음부터 집현전은 집현전이었다. 족보에 집현원학사란 말이 나온다는 것은 그가 대학자라는 것을 내세워 추정한 듯싶다. 집현전은 억불숭유의 통치이념을 실현하기 위한 학문적 최고 기관으로 승려 신분으로 감히 들어갈 수 없는 곳이다. 세종이 신미를 아끼고 존경한 것은 그가 매우 박식하고 범어에 대한 지식이 뛰어났기 때문인데, 세종의 학문에 대한 사랑이 그의 능력을 꿰뚫고 있었음이다. 『세종실록』 29년(1447) 6월 5일 기록을 보면, '김수온의 형이 출가하여 중이 되어 이름을 신미라고 하였는데, 수양대군 이유와 안평대군 이용이 심히 믿고 좋아하여, 신미를 높은 자리에 앉게 하고 무릎 꿇어 앞에서 절하여 예절을 다하여 공양하고 김수온도 또한 부처에게 아첨하여 매양 대군들을 따라 절에 가서 불경을 열람하며 합장하고 공경하여 읽으니, 사림에서 모두 비웃었다.'라고 하였다. 문종 즉위년(1450) 4월 실록에, '대행왕께서 병인년(1446)부터 처음 신미의 이름을 들으셨다.'하였는데, 이것은 세종실록 1446년 5월에, 왕자들이 불경을 인쇄하고 승려 2천여 명이 모여 법회를 열 때 신미가 함께하였다는 기록으로, 그때 세종이 처음 신미의 이름을 들었다는 것이다. 이로 보아 유교학자들과는 달리 승려들은 매우 적극적으로 왕가를 도와 친분을 두텁게 가졌음을 알 수 있다. 조용헌 님 글은 이어진다.

"한글이 창제되고 나서 불과 몇 달 후에 집현전 실무 담당자인 부제학 최만리를 중심으로 한 유학자들이 적극적으로 반대하는 상소를 올린다. 그 반대 배경에는 훈민정음의 원리적 근거가 유교가 아닌 불교였기 때문이고, 그 불교의 한가운데에 신미가 있었다는 주장이다. 공교롭게도 한글 창제 무렵에 간행된 국가적인 번역사업이 불교경전이라는 점을 주목하지 않을 수 없다. 예를 들면 24권 분량의 '석보상절'이 그렇고, '능엄경언해'도 그렇다. '월인천강지곡'도 찬불가 아닌가. 쉬운 한글을 만들었으면 '논어' '맹자'와 같은 유교경전들을 번역해서 백성들이 읽게 해야지, 왜 하필이면 불경을 번역했단 말인가. '월인석보'는 세종의 어지(御旨)가 108자이고, '훈민정음'은 28자와 33장으로 이루어져 있다. 사찰에서 아침저녁으로 종을 칠 때 그 횟수는 28번과 33번이다. 하늘의 28수와 불교의 우주관인 33천을 상징하는 숫자이다. '신미 창제설'의 결정적인 근거는 신미가 당대 최고의 범어전문가였고, 한글이 범어에서 유래하였다는 주장이다."

이러한 주장은 사실과 다르다. 1443년 12월 30일 기록에, 그달에 훈민정음을 만들었다고 하였고, 최만리의 상소는 1444년 2월에 올린 글인데, 우선 최만리 상소문에 제자 원리가 불교였기 때문이라는 내용이 없고, 오히려 유학(성리학)의 원리가 중심이다. 상소를 읽고 세종이 최만리와 나눈 대화 속에서, '김문이 언문 창제에 대하여 긍정적인 말을 하였다가 말을 바꾸었으니 그 까닭을 심문하라.'는 기록이 있다. 또 '이에 이르러 김문을 명하여 사서(四書)를 역술(譯述)하게 하고, 특별히 자급을 승진시켜 바야흐로 장차 뽑아 쓰려고 하였는데, 중풍으로 갑자기 죽었다.'라는 말이 김문의 졸기에 나온다. 이것은 1443년 창제와 동시에 김문에게 이미 사서 번역을 명하였음을 말해준다. 이것으로 보아 세종은 유교 경전인 사서를 먼저 번역하라고 명하였으며, 1448년 3월 28일 실록에는, '김구는 상주사가 된 지 반년도 못되었는데, 집현전에서 어명을 받들어 언문으로 사서를 번역하게 하였다. 직제학 김문이 이를 맡아 했으나 죽었으므로, 집현전에서 김구를 천거하기에 특명으로 부른 것이며, 곧 판종부시사를 제수하였다.'라고 한 것으로 보아, 끊임없이 유교 경전을 번역하려 한 것을 알 수 있다. 당시 최고 유학자였던 최만리의 반대 상소는 대소 신료와 유학도들에게 대단한 영향력을 행사하여 감히 언문으로 유교 경전을 번역하려고 나서는 사람이 없었던 듯하다.

석보상절은 1446년 소헌왕후가 죽은 뒤 1447년 이후에 만든 책이고, 더욱이 능엄경언해는 1449년 세종의 명을 받아 수양대군이 번역하기 시작하였으나 1461년에 마무리진 책이다. 월인천강지곡이 찬불가인 것은 틀림없으나 세종 29년(1447)에 세종이 석보상절을 읽고 지은 것이다. 그보다 앞서 용비어천가를 지었는데, 이는 조선왕조 창업을 찬양한 노래로서 세종 27년(1445) 4월에 편찬하여 1447년 5월에 간행되었다. 월인석보의 세종 어지는 무엇을 말하는지 알 수 없다. 28자와 33장을 말하면서 불교의 우주관이라 한 것은 지나치다. 28수는 동양의 오랜 별자리 철학으로서 불교와 무관하며, 33장은 세종의 글 4장과 해례 글 29장을 묶은 훈민정음을 불교의 33천에 대비하는 것 또한 비약이다. 설령 세종이 불교 정신을 생각하였을지도 모르겠지만 어디에도 그런 말을 한 기록이 없는데, 위와 같이 한두 가지의 일을 창제설까지 확대하여 해석한다는 것은 무리이다. 세종은 창제 이후 곧바로 성삼문과 신숙주를 보내 요동에 유배 중인 명나라 황찬을 만나 운서에 대해 13차례나 물었다고 할 만큼, 음운서에 뛰어난 자는 모두 불러서 묻고 정리한 흔적은 정음청, 집현전과 관련한 많은 기록에서 볼 수 있다. 이때 알게 된 사람이 신미였던 것으로 짐작된다. 산스크리트어는 글꼴이 한글과는 닮은 점이 거의 없다. 그러나 불경은 조선 사회에 널려 있었고, 대부분의 백성들이 믿음을 가지고 있었으므로, 승려라면 그 원전인 산스크리트어에 대한 관심은 늘 지니고 있었을 것이다. 이때 알게 된 신미의 능력은 세종의 문자와 음운 연구에 대단한 도움을 주었을 것이다.

세조 7년에 간경도감을 설치하였다. 본명이 김수성인 신미 대사는 법주사에 출가하였는데 복천사를 중수하였고 상원사로 옮겨 절을 중창하였다. 이때 세조가 『오대산상원사중창권선문』을 지어 보낸 일은 유명하다. 그의 산스크리트어와 티베트어에 박식함과, 승려로서 부처의 가르침을 꿰뚫고 있었음이 세조의 언해사업에 큰 도움을 준 것은 틀림없어 보인다. 신미가 번역에 참여한 책은 『원각경』, 『법화경』, 『반야심경』, 『금강경오가해설의』들이다. 참고로 『원각경언해』의 체재를 살펴보면, 중국 당나라 고종 때 각구(불타다라)가 한문으로 번역한 『대방광원각수다라요의경』을, 당나라 초당사의 사문이었던 종밀이 주서를 지어붙였는데, 이 원문과 주서에 세조가 토를 달았고, 원문과 주서를 각각 번역하여 이어붙였는데, 이 번역이 바로 신미, 효령대군, 한계희 등이 하였던 것이다. 간경도감에서 언해한 불경은 대체로 이 체재를 따랐으니, 이 언해사업에서 신미 대사는 세조로 하여금 구결을 달 수 있도록 지도하였으며, 또한 본인이 직접 번역도 하였던 듯하다.

그러나 세종이 훈민정음을 창제하기 위해 밤낮을 가리지 않고 연구한 사실은 최만리 상소문과 정의공주 기록을 비롯하여 여러 곳에서 밝혀진 사실이다. 즉, 신미가 한글로 불경을 번역한 일은 세종 비 소헌왕후가 죽은 1446년 이후라는 것이다. 다만 정인지를 비롯한 집현전 학사들 또한 세종이 만든 글자의 제자 원리에 대하여 자세히 알고 있었으며, 뛰어난 두뇌 기관이었음은 모두가 잘 아는 일이다. 이들의 도움이 없었다면 세종이 『훈민정음』 해례본을 반포하기 어려웠을 것이다.

-『한글 새소식』 411호(2006.11.)에 실린 글.

## ※ 덧붙이는 글

신미대사에 대한 기록들은 모두 1443년 세종이 언문(훈민정음)을 창제한 이후에 나타난다. 이것을 연도와 날짜를 혼란스럽게 대입시켜 주장하는 것은 역사를 왜곡하는, 매우 위험한 일이다. 독자께서 이제 여기에 보이는 가장 뚜렷한 기록 세 가지를 비교해 본다면 신미대사의 한글 창제설이 얼마나 허무맹랑한 일인지 알게 될 것이다.

1. 임금(세종)께서 병환이 깊은데도 일에 게으르거나 쉬지 않았으며, 또 크게 불사(佛事)를 일으키려고 중 신미를 불러 침실 안으로 맞아들여 설법하게 하였는데, 높은 예절로써 그를 대우하였다.[上疾瘳 精勤猶不罷 仍大作佛事 召僧信眉 迎入寢內設法 待以尊禮] (『세종실록』, 세종 32년(1450). 1. 26.)

2. 대행왕(세종)께서 병인년(1446)에 처음 신미 이름을 알았고, 금년(1450)에는 효령대군의 사제로 옮겨 거처하며, 쾌유를 빌 때에 불러 보시고 우대하신 것은 경들도 아는 바이다.[大行王 自丙寅年 始知信眉名 今年移御孝寧第 精勤之時 接見優待 卿等所知也] (『문종실록』, 문종 즉위년(1450). 4. 6.)

3. 경오년(1450)에, 세종대왕께서 편찮으셔서 효령대군의 집으로 자리를 옮기셨는데, 문종과 세조가 곁에서 모시면서 약을 처방하고 제사도 지내보았으나 효험이 들지 않았다. 이에 세속에 물들지 않은 승려들을 모아들여서 지극정성을 다하니 병환이 조금 좋아졌다. … 처음에 세종께서 신미의 이름을 듣고 산으로부터 불러 담소를 나누었는데, 신미의 대답이 모두 이치에 맞고 의리가 정밀하고 넓어, 아뢰고 답하는 것이 세종의 뜻에 어긋남이 없었다. 이로부터 세종의 대우가 두터웠다.[歲庚午 世宗大王不豫 移御孝寧之第 文宗及我主上殿下侍側 醫藥禱祀 尙未得效 於是 招集淨侶 至誠精勤 果獲靈應 聖躬乃安 … 初世宗大王聞尊者名 自山召至 賜坐從容 談辨迅利 義理精暢 奏對稱旨 自是 寵遇日隆] (『식우집』(김수온) 권2, 「복천사기(福泉寺記)」(1480))

# 2000년 전 우리말

　요즘 즐겨보는 연속극 '주몽'은 우리 역사의 처음 시기 이야기다.
서기(예수 기원)로 본다면 서기 전 이야기인데, 『삼국사기』나 『삼국유
사』, 『제왕운기』, 『동국이상국집』, 『동국사략』, 『삼국사절요』, 『세종실
록 지리지』 등 우리 역사책에 흩어져 나타나는 기록에서마저 자세히 알
수 없는 신화시대를 저렇게 현실감 나게 그릴 수 있을까 하는 생각이
든다.

　그래서 문득 궁금증이 생겼다. 정말 우리 역사도 제대로 모르는구
나. 나 자신 그리스·로마 신화나 알지 우리 조상의 신화나 역사를 너
무도 모르고 있구나 하는 미안함마저 들었다. 우선 신화 속 인물인 주
몽이 저렇게 내 앞에 나타나 역사를 말하는데, 가만히 보고만 있을 수
는 없는 노릇이다. 기독교에서 신약성경을 중요하게 생각하는 이상으
로 구약성경을 소중하게 여기는 것과 같이, 우리 겨레의 건국신화 역
시 신화인 듯하면서도 어느 틈에 그들이 역사 속에 들어와 통치하며,
나라를 세우고 도읍을 정하여 백성을 다스린다. 또 그 신화를 읽어보
면 신화이기보다는 역사이고, 현실성 있는 이야기이며 땅이름이나 지
형이 지금도 그대로인 곳이 많다.

이 땅에 터를 잡고 살아 그 피가 흘러 여기까지 온 시간이 불과 2000년 밖에 안되었다고 생각하니 섬뜩하다. 매주 교회에 나가 2000년 전 친구(요한복음15:15)와 함께하질 않은가.

내 얼굴과 살결 어딘가에 곰과 같은 뚝심과, 견이, 방이, 우이, 황이, 백이, 적이, 현이, 풍이, 양이의 종족과, 해모수와 주몽(추모)과, 해부루와 금와와, 혁거세와 수로의 흔적이 있을 것이다. 아니면 오이, 마리, 협보, 비류, 송양, 힘센돌이[強力扶鄒], 버들꽃(柳花), 원추리, 가시 꽃처럼 고구려 사람이나, 옥지, 구추, 도조, 마가, 우가, 저가 등 부여사람이나, 소벌도리, 구례마처럼 신라 사람이나, 온조, 오간, 마려처럼 백제 사람이나, 아도간, 여도간, 피도간, 오도간 등 가야 사람들의 피가 흐르고 있을 것이다.

이 사람들은 위에 보인 역사책에 남아있는 이름들이다. 이들 이름을 보면 토박이 우리말 이름이다. 깨알 같은 우리말, 금싸라기 같은 우리말이 즐비하다. 한반도를 중심으로 한나라와 동북 여러 족속과 왜족 등 매우 다양한 사람들이 오고 가며 만나고 헤어지고 가족을 꾸리며 경제활동을 하였음이 수많은 이들 이름에서도 묻어난다.

또 땅이름은 어떤가. 이 시대에 나타나는 땅이름을 기록에서 추려보면, 개사수, 고허촌, 골령, 금며달, 금성, 나정, 낙랑, 다물도, 돌산, 명활산, 모둔골, 무산, 백악, 서라벌(서벌), 아사달, 알영, 알천, 압록, 엄표수, 우발수, 웅심산, 읍루, 임둔, 장당경, 졸본천, 취산, 태백산, 평나, 평양, 현토, 홀산 등이 있다. 소리나는 대로 적거나 그 소리에 매우 가깝게 적은 이름 흔적이다.

최남희(2000, 2002, 2003)는 『삼국사기』 권37의 복수 표기 지명 자료 97개 중 45개의 지명에 쓰인 고구려 한자음의 형성 기층 및 어휘의 삼국간 차이에 대하여 논의하고 있다. 결론은 최남희(1999)와 동일하게, 고구려어가 신라어 및 백제어와는 약 33%의 방언 차이임을 볼 때

세 나라의 언어가 동일계통의 단일어였음을 확인하고 있다.('고구려어의 자음체계에 대한 연구'『국어사와 한자음』(2006), 405쪽)

여기서 대표적인 우리말 '조선'이란 이름에 대한 기록을 살펴보자.

'(고)조선'이라는 말은 기록마다 그 유래를 달리 해석하면서 한자말이 아닌 원래의 발음에 대해 일깨워 주고 있다. 중국의 기록에서는, 이미 기원전 7세기에 중국인들에게는 조선에 대한 일정한 지식이 있었음을 『관자(管子)』에서 볼 수 있는데, 도대체 본디 조선은 우리말로 어떻게 불렀을지 궁금해진다.

중국 3세기 경 위(魏)나라의 장안이란 사람은 『사기집해』에 인용된 글에서, '조선에는 습수(濕水), 렬수(洌水), 산수(汕水) 세 개의 강이 있는데, 이들이 합쳐 렬수가 되었으며, 락랑(樂浪)과 조선(朝鮮)이라는 말은 이 강들의 이름에서 따온 것 같다.'라고 하였다. 이로 보아, 렬수와 락랑과 조선 사이에 소리나 뜻으로 풀었을 때 같은 소리로 나타나는 말이 있었음을 알 수 있다.

또 『산해경』을 주석한 4세기 초 곽박이란 사람은, '조선은 요동지역에 있던 락랑(樂浪)과 동의어이다.'라고 하였고, 『신증동국여지승람』에서는 '동쪽 끝에 있어 해가 뜨는 지역이므로 조선이라 불렀다.'라고 하였으며, 『동사강목』에서는 '선비족의 동쪽에 있으므로 조선이라 칭하였다.'라고 하였다. 『치평요람』의 기자를 조선에 봉하였다는 글 주석에는, '선(鮮)의 음은 선(仙)이다. 조선은 동쪽 밖 해가 돋는 곳에 있으므로 이름지어졌다.'라고 하였다.

신채호는 『조선상고문화사』에서, 정인보는 『조선사연구』에서 똑같이, '조선을 같은 음을 지닌 만주어 주신(珠申)에서 온 것'으로 해석하였다. '만주원류고'에서, 원래 만주어로 소속(所屬)을 주신이라고 하였는데, 숙신은 주신이 전음된 것이라고 기록하였다. 이에 근거하여 '소속'을 '관경(管境)'과 뜻이 통하는 것으로 해석하여 주신은 국호의 의미를 지녔을 것으로 인식하였고, 옛 문헌에 보이는 조선과 숙신은 동일한 뜻을 지닌 다른 호칭이었으므로 결국 조선의 명칭은 주신에서 유래하였을 것이라 하였다.

양주동은 『고가연구』에서 '고대 조선족은 태양숭배 신앙을 가지고 이동하면서 도처에 /밝/이나 /새/라는 지명을 남겼을 것으로 보고, 조(朝)를 /밝/으로, 선(鮮)을 /새/로 해석하여 /밝새/라고 풀었다.

이병수는 『한국고대사연구』에서, 『삼국유사』 고조선조에 나오는 조선은 국가이름이고, 아사달은 그 수도라는 대목에 주목하여, 이 단어들이 동의어일 것이라고 하면서, 조선은 곧 고대조선의 단어 '아사달'의 중국식 모사라고 하였다.(『중국정사 조선전 역주 1』(국사편찬위원회, 1987) 참고)

| 중국 사람들의 견해 | 우리나라 사람들의 견해 |
|---|---|
| /洌水/ ≒ /樂浪/ ≒ /朝鮮/ | = 동쪽 끝에 있어 해가 뜨는 지역이므로 불렀다. |
| | = 선비족의 동쪽에 있으므로 조선이라 칭하였다. |
| | = /珠申/(만주어) = 소속(所屬), 관경(管境)의 뜻 |
| | = /肅慎/ ≒ /밝새/ = 고대국어 '아사달'의 중국식 표기 |

결국, 중국 사람들은 /조선/이란 [조선]으로 인식하였는데, 우리나라 학자들은 /조선/을 [밝새]나 [주신], 또는 한자의 뜻풀이로 인식하고 있음을 알 수 있다.

2000년 전의 사람과 땅이름, 나라이름 속에 나타나는 우리말은 단순히 우리 말글에 대한 연구차원에서만 볼 것이 아니다. 연속극 '주몽'처럼 친구나 형님을 부르듯 아주 가깝게 느껴지는 핏줄을 느낄 수 있으니 얼마나 푸근하고 기분 좋은 일이 아닌가.

- 『한글 새소식』 408호(2006.8.)에 실린 글.

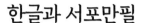

# 한글과 서포만필

조선 초기 한글이 목숨을 지탱하여 오던 모습은 실오라기 같다.

최만리의 상소가 훈민정음 반포(1446)를 늦추게 하고, 연산군이 기훼제서율(1504)의 극형을 휘두르던 초기의 한글은 마치 닭의 무리 가운데 한 마리 학처럼 강직하고, 종교가 그 순교자의 목숨을 통해 퍼져가는 것처럼 처절하였다. 그런데 한글로 쓴 방 글에 임금의 잘못을 꾸짖었다는 탓으로 모든 한글문서를 불태우라 한 사실은, 그만큼 한글이 널리 쓰이고 있었다는 반증이기도 하다.

『중종실록』 1511년 9월 2일 기록은 다음과 같다.

> 헌부가 아뢰기를, '채수가 『설공찬전』을 지었는데, 내용이 모두 화복이 윤회한다는 이야기로 매우 요망한 것인데, 중외가 현혹되어 믿고서 문자로 옮기거나 언문으로 번역하여 전파함으로써 민중을 미혹시킵니다. 부에서 마땅히 잡아 거두어들이겠으나 혹 거두어들이지 않거나 뒤에 발견되면 죄로 다스려야 합니다.' 하니, 임금이 답하기를, '『설공찬전』은 내용이 요망하고 허황하니 금지함이 옳다. 그러나 법을 세울 필요는 없다. 나머지는 윤허하지 않는다.' 하였다.
>
> [臺諫啓前事 憲府啓 蔡壽作 薛公瓚傳其事皆輪回禍福之說 甚爲妖妄

中外惑信 或飜以文字 或譯以諺語 傳播惑衆 府當行移收取 然恐或有不收入者 如有後見者治罪 答曰 薛公瓚傳 事涉妖誕 禁戢可也 然不必立法餘不允]

채수가 한글 소설을 지어 퍼뜨렸으니 모두 회수하라는 명이다.

또, 잘 알려진 서울 노원의 '한글 고비'는 1536년 이윤탁의 묘비문을 아들 이문건이 새긴 것이다.

'녕혼비라거운사ᄅ ᄆᆞᆺ ᅵ화ᄅᆞᆯ니브리라 이ᄂᆞᆫ글모ᄅᆞᆫ사ᄅᆞᆷ ᄃᆞ려알위 노라'
(신령스러운 비석이니 거스르는 사람은 재화를 입으리라. 이는 글 모르는 사람에게 알리는 것이다.)

실록에 보면 이문건은 바른말을 잘하는 사람으로서 『묵재일기』를 쓴 사람이다. 몇 해 전 서경대 이복규 교수가 『묵재일기』 뒷면에 필사된 채수의 『설공찬전』을 발견하여 글쓴이가 일하던 출판사에서 『설공찬전 연구』를 낸 일이 있다. 이로 인해 학계에서는 우리나라 한글 소설의 효시가 바뀌었다고 공언하였다. 채수는 세조 때 나서 중종 때까지 산 사람으로 세 번이나 장원급제한 수재인데 강직하기로 유명하다. 이가 반정을 비판하는 글을 언문으로 써 백성을 혼란케 했다고 금서로 묶여진 책이 바로 『설공찬전』인데, 이것은 훈민정음 반포 뒤 65년만의 일이다. 이 글을 이문건의 집안사람이 일기 뒷면에 필사해 놓은 것이다. 이문건 역시 꼼꼼하기 이를 데 없는 학자로서 '한글 고비' 새김이 우연한 일이 아님을 짐작케 한다.

한편 한글을 보듬고 키운 손길은 편지글이다. 언문 편지를 주고받으며 숨결을 고르고 한글을 쓰며 붓심을 키웠다. 얼마 전 1586년에 죽은 안동의 이응태라는 사람 무덤 속에서 그 아내가 쓴 한글편지가 발견되었다.

워늬 어바님ᄭᅴ 샹빅

자내 샹해 날ᄃᆞ려 닐오ᄃᆡ 둘히 머리 셰도록 사다가 ᄒᆞᆷᄭᅴ 죽쟈 ᄒᆞ시더니 엇디ᄒᆞ야 나ᄅᆞᆯ 두고 자내 몬져 가시ᄂᆞᆫ 날ᄒᆞ고 ᄌᆞ식ᄒᆞ며 뉘 긔걸ᄒᆞ야 엇디ᄒᆞ야 살라 ᄒᆞ야 다 더디고 자내 몬져 가시ᄂᆞᆫ고 자내 날 향ᄒᆡ ᄆᆞᄋᆞ믈 엇디 가지며 나ᄂᆞᆫ 자내 향ᄒᆡ ᄆᆞᄋᆞ믈 엇디 가지던고 ᄆᆡ양 자내ᄃᆞ려 내 닐오ᄃᆡ ᄒᆞᆫ ᄃᆡ 누어셔 이 보소 ᄂᆞᆷ도 우리 ᄀᆞ티 서ᄅᆞ 에엿ᄢᅵ 녀겨 ᄉᆞ랑ᄒᆞ리 ᄂᆞᆷ도 우리 ᄀᆞᄐᆞᆫ가 ᄒᆞ야 자내ᄃᆞ려 니ᄅᆞ더니 엇디 그런 이ᄅᆞᆯ ᄉᆡᆼ각디 아녀 나ᄅᆞᆯ ᄇᆞ리고 몬져 가시ᄂᆞᆫ고 자내 여히고 아ᄆᆞ려 내 살 셰 업ᄉᆞ니 수이 자내 ᄒᆞᆫ ᄃᆡ 가고져 ᄒᆞ니 날 ᄃᆞ려 가소 자내 향ᄒᆡ ᄆᆞᄋᆞ믈 ᄎᆞ싱 니ᄌᆞᆯ 줄리 업ᄉᆞ니 아ᄆᆞ려 셜운 ᄠᅳ디 ᄀᆞ이 업ᄉᆞ니 이 내 안ᄒᆞᆯ 어ᄃᆡ다가 두고 ᄌᆞ식 ᄃᆞ리고 자내ᄅᆞᆯ 그려 살려뇨 ᄒᆞ노이다 이 내 유무 보시고 내 ᄭᅮ메 ᄌᆞ셰 와 니ᄅᆞ소 내 ᄭᅮ메 이 보신 말 ᄌᆞ셰 듣고져 ᄒᆞ야 이리 서 년뇌 ᄌᆞ셰 보시고 날ᄃᆞ려 니ᄅᆞ소 자내 내 ᄇᆡᆫ ᄌᆞ식 나거든 보고 사ᄅᆞᆯ 일ᄒᆞ고 그리 가시ᄃᆡ ᄇᆡᆫ ᄌᆞ식 나거든 누ᄅᆞᆯ 아바 ᄒᆞ라 ᄒᆞ시ᄂᆞᆫ고 아ᄆᆞ려ᄒᆞᆫᄃᆞᆯ 내 안 ᄀᆞᄐᆞᆯ가 이런 텬디 ᄌᆞ온ᄒᆞᆫ 이리 하ᄂᆞᆯ 아래 ᄯᅩ 이실가 자내ᄂᆞᆫ ᄒᆞᆫ갓 그리 가 겨실 ᄲᅮ거니와 아ᄆᆞ려ᄒᆞᆫᄃᆞᆯ 내 안 ᄀᆞ티 셜울가 그지그지 ᄀᆞ이 업서 다 몯 서 대강만 뎍뇌 이 유무 ᄌᆞ셰 보시고 내 ᄭᅮ메 ᄌᆞ셰 와 뵈고 ᄌᆞ셰 니ᄅᆞ소 나ᄂᆞᆫ ᄭᅮ믈 자내 보려 믿고 인뇌이다 몰래(?) 뵈쇼셔 하 그지그지 업서 이만 뎍뇌이다

병슐 뉴월 초ᄒᆞᄅᆞᆫ날 지븨셔

(현대어) 원이 아버님께 당신이 늘 나에게 말하기를 둘이 머리가 세도록 살다가 함께 죽자 하시더니 어찌 나를 두고 먼저 가십니까 나와 자식은 누가 시키는 말을 들으며 어떻게 살라고 다 던지고 당신 먼저 가십니

까? 당신은 나를 향해 마음을 어떻게 가졌으며 또 나는 당신에게 어떤 마음을 가졌던가요. 한데 누워서 나는 당신에게 늘 말하기를, '여보 남도 우리같이 서로 어여뻐 여겨 사랑할까요. 남도 우리 같을까요.'라고 당신에게 말하였습니다. 어찌 그런 일을 생각지 않고 나를 버리고 먼저 가십니까? 당신을 여의곤 아무래도 난 살 수 없어 빨리 당신에게 가고자 하니 나를 데려가십시오. 당신을 향한 마음은 이승에서 잊을 수가 없고 아무리 해도 서러움 끝이 없으니 이 내 마음속은 어디다 두고 자식을 데리고서 당신을 그리워하며 살까 합니다. 이내 편지를 보시고 내 꿈에 와 자세히 말씀해 주세요. 내 꿈에 이 편지를 보시고 하는 말을 자세히 듣고 싶어서 이렇게 편지를 씁니다. 자세히 보시고 나에게 일러 주세요. 당신은 내가 밴 자식을 낳거든 보고싶다고 말하더니 그리 가셨는데 그 밴 자식이 태어나면 누구를 아버지로 삼으란 말입니까? 아무려나 내 마음 같을까요. 이런 천지에 서글픈 일이 하늘 아래 또 있을까요? 당신은 한갓 그곳에 가 있을 뿐이거니와 아무리 해도 내 마음같이 서러울까요? 가이없어 다 못 쓰고 대강만 씁니다. 이 편지를 자세히 보시고 내 꿈에 꼭 와서 자세히 말씀해 주세요. 나는 내 꿈에서 당신을 볼 것을 믿어요. 몰래 꼭 보여 주소서. 너무 가이없어서 이만 적습니다.

　　병술년 유월 초하룻날 아내가.

　서민들뿐만 아니라 학봉과 송강이나 현종과 숙종, 또는 왕비와 그 자식들의 한글 편지가 발견되는 것을 보아 반포 이후 곧바로 모든 시대, 모든 사람들이 언문(한글)을 썼다고 해도 지나치지 않다.

　조선의 그 기나긴 한문학의 그늘 속에서도 한글로 글을 쓰는 일은 들불처럼 번져 편지에서 시 구절로, 가사에서 소설로 나아감을 볼 수 있는데, 정철(1536~1593)은 '성산별곡'(1560)이 들어있는 '송강가사'에서 고유어 비중이 69.32%(최호연, 『정송강의 언어미학』, 1976)나 되게 우리말을 썼고, 이를 극찬한 김만중(1637~1692)은 『구운몽』과 『사씨남정기』를 썼다. 이제 한글 작품은 김만중에 와서 비평의 대상으로 발전하였다. 한글이 우리글이며 우리의 생각과 감정을 표현하는 데 가장 적합한 문자임을 떳떳하게 주장하는 데 이른 것이다.

지금 서포의 글을 다시 되새기는 것은 매우 의미있는 일이 아닐 수 없다. 김만중은 『서포만필』에서 이렇게 적고 있다.

"송강의 '관동별곡', '전·후 사미인가'는 우리나라의 '이소'(중국 굴원이 쓴 글)나, 그것은 한자로는 쓸 수가 없기 때문에 오직 시인들이 노래로 전하여 서로 이어받아 전해지고 혹은 한글로 써서 전해질 뿐이다. 어떤 사람이 칠언시로써 관동별곡을 번역하였지만, 아름답게 될 수가 없었다. 구마라습(344~413, 인도사람으로 산스크리트어의 불경 아미타경, 반야경, 묘법연화경 등을 한문으로 번역하여 중국에 전한 승려)은, '천축인의 풍속은 가장 문채를 숭상하여 그들의 찬불사는 극히 아름답다. 그러나 이제 이를 중국어로 번역하면 단지 그 뜻만 알 수 있지, 그 말씨는 알 수 없는 것이다.'라고 말하였다. 이치가 정녕 그럴 것이다."

"사람의 마음이 입으로 표현된 것이 말이요, 말의 가락에 있는 것이 시와 노래, 문장이다. 사방의 말이 비록 같지는 않더라도 진실로 말할 수 있는 사람이 각각 그 말에 따라 가락을 맞춘다면, 다같이 천지를 감동시키고 귀신을 통할 수가 있는 것은 유독 중국만이 그런 것은 아니다. 지금 우리나라의 시문은 자기 말을 버려두고 다른 나라 말을 배워서 표현한 것이니, 설사 아주 비슷하다 하더라도 이는 단지 앵무새가 사람의 말을 하는 것이다. 여염집 골목길에서 나무꾼이나 물 긷는 아낙네들이 에야디야 하며 서로 주고받는 노래가 비록 저속하다 하여도 그 참됨을 따진다면, 정녕 학사 대부들의 이른바 시와 문장이라는 것은 비교도 안 된다."

한글이 없었을 때 한자로 문학적 표현을 한다는 것이 얼마나 힘든 일인지를 토론한 내용이다. 조선왕조실록(『숙종실록』) 숙종 18년 4월 30일조에 서포 김만중의 졸기가 있다.

'전 판서 김만중이 남해의 유배지에서 죽었는데, 나이는 56세였다. 김만중의 자는 중숙이고 김만기(광성부원군, 숙종 첫 비인 인경왕후의 아버지)의 아우이다. 사람됨이 청렴하게 행동하고 마음이 온화했으며 효성과 우애가 매우 돈독했다. 벼슬을 하면서는 언론이 강직하여 선이 위축되고 악이 신장하게 될 때마다 더욱 정직이 드러나 청렴함이 다른 사람들보다 뛰어났고, 벼슬이 높은 품계에 이르렀지만 가난하고 검소함이 유생과 같았다. 왕비의 근친이었기 때문에 더욱 스스로 겸손하고 경계하여 권세 있는 요로를 피하여 멀리했고, 양전(이조와 병조)과 대제학을 극력 사양하고 제수 받지 않으므로, 세상에서 이를 대단하게 여겼다. 글 솜씨가 기발하고 시는 더욱 고아하여 당시 조잡한 어구를 쓰지 않았으며, 또한 재주를 감추고 나타내지 않았는데, 사람들이 그의 천품이 도에 가까우면서도 학문에 공력을 들이지 못한 것을 한스럽게 여겼었다. 적소(유배지)에 있으면서 어머니가 돌아가셨는데도 가지 못하여 애통해 하며 울부짖다가 병이 되어 졸하게 되었으니, 한때 슬퍼하며 상심하지 않는 사람이 없었다.'

김만중은 조선시대 학자 가운데 우리 말과 글의 중요성을 가장 구체적이고 명료하게 밝혀 놓은 유일한 사람이다.

- 『한글 새소식』 402호(2006.2.)에 실린 글.

# 최만리의 언문 창제 반대상소

『세종실록』 103권, 세종 26년(1444) 2월 20일 기사에는 최만리 등이 임금에게 올린 글이 온전히 실려 전한다. 당시 최고위급이자 대유학자인 최만리를 으뜸으로 하여 유학자 신석조, 김문, 정창손, 하위지, 송처검, 조근 등이 새로운 글자 창제의 부당함을 임금에게 아뢴 상소문 내용은 『훈민정음』에 기록된 서문과 해례 이상으로 매우 중요한 가치를 지닌다. 왜냐하면 상소란 신하로서 임금에게 문제점과 잘못, 또는 태도와 자세 따위를 지적하여 개선코자 할 때 올리는 글로서, 학문적 바탕을 총동원하여 글을 써야 하고, 근거와 타당성을 갖추어야 했으니, 목숨을 건 글쓰기일 수밖에 없기 때문이다.

세종이 언문을 창제하였다고 발표하자 두 달도 안되어 올린 이 상소의 내용으로 우리는 당시 국내외 정세를 좀더 자세히 알게 되고, 학자들의 문제제기와 그들이 이해하는 글자의 장단점을 보면서 객관적 안목을 넓힐 수 있게 되었다. 자그마치 일곱 사람의 집현전 대학자들이 머리를 맞대고 달포 동안 열심히 논의하여 그 논거와 논박의 명분을 찾아, 이를 잘 정리하여 상소문을 작성한 시간이 한 달 하고 스무날이었다. 결국 여기에 연명한 학자들은 세종이 문자를 만드는 사실 조차 몰랐음을 알 수 있다. 이들 뿐만 아니라 집현전과 그밖의 어떤 사람도 전혀 몰랐던 일이고, 다만 세종이 집안에서 작업을 할 때 곁에서 도왔던 왕자와 공주들만 알았으나 절대 밖으로 누설하지 않았음을 알 수 있다.

만약 이 상소문이 실록에 기록되지 않았다면, 세종의 문자 창제에 대한 객관성과 실증성은 지금보다 훨씬 결여되었을 것이다. 또 세종이 이런 논의를 거치지 않고 독단적 왕권으로 밀어붙인 것이 되고, 세종의 위대함은 그만큼 땅에 떨어졌을 것이다. 물론 한글은 지금 우리에게 없어서는 안될 존재로서 한글 없는 세상을 상상조차 못할 정도가 되었지만 100여 년 전만 해도 이 글자는 교육과 정책, 제도와 기록에서 멀리 떨어져 따돌림을 받고 있었다. 이 상소문이 실록에 그대로 기록됨으로써 실록청 찬집자들의 흔들림 없는 객관성을 확보한 셈이고, 실록의 실증주의 정신은 더욱 공고해졌다고 말할 수 있다. 즉 세종실록 찬집자들 중에는 최만리 등의 주장에 동조하거나 중요성을 느낀 사람도 있었다는 것이 된다. 그럼 최만리의 주장이 무엇인지, 반대한 논리는 무엇이며, 타당성은 있는 것인지를 따져보기로 하자.

집현전 부제학 최만리 등이 상소하기를,

신들이 삼가 언문(諺文)을 제작하신 것을 보니, 지극히 신기하고 놀라워, 사물의 이치를 터득하여 '언문'을 창조하시고 지혜를 쏟으심이 천고에 뛰어나십니다. 하오나, 신들의 구구하고 좁은 소견으로는 오히려 의심스러운 바가 있어, 감히 간곡한 심정을 펴서 삼가 뒤에 열거하오니 성재(聖裁)하시기를 엎드려 바라옵니다.

[集賢殿副提學崔萬理等上疏曰 臣等伏覩諺文制作 至爲神妙 創物運智 夐出千古 然以臣等區區管見 尙有可疑者 敢布危懇 謹疏于後 伏惟聖裁]

상소문 첫 문장에서 우선, 새로운 글자 이름이 '언문'이라는 것을 알 수 있다. 첫 기록에서부터 나오는 이름으로서, 이 상소문 뒤에 이어지는 임금과의 대화에서 보면 학자 뿐만 아니라 세종까지 모두 '언문'이라고만 부르고 있다. 아마도 이 새로운 글자를 만든 이가 세종이므로 이 이름도 세종이 맨먼저 만들어 신하들에게 알려준 이름임을 짐작할 수 있다. 당시까지만 해도 '언(諺)'이라는 한자는 '전하는 말, 속담, 입말'을 뜻하는 글자로서 늘 쓰던 글자라서 '언문'이라고 하는 순간 '뜻글자'를 대신하는 '소리글자'를 창제하였음을 직감적으로 받아들였다. '언문'이 무슨 뜻인지를 묻는 사람도, 그것에 대해 설명하는 기록도 없다는 사실이 더욱 이를 증명해 준다.

최만리 등 집현전학사들이 처음 새로운 글자를 접한 것은 아마도 세종이 직접 그들에게 설명한 것은 아니었고, 당시 집현전 최고참인 정인지를 통해 설명하였던 것으로 보인다. 왜냐하면 만약 처음에 세종이 글자를 써 보였거나 쓴 글자를 신하들 앞에 펼쳐 보였다면 상소를 하기 전에 이미 찬반에 대한 대화가 사관에 의해 기록되었을 것이다. 그러나 그런 기록은 없고 이런 상소를 했다는 것은 전달자에 의해 새 글자를 보고 그 글자의 이름이 '언문'이라는 것과, 어떻게 만들었다는 말을 전해 들은 것이라 할 수 있다. 그러면 과연 정인지로부터 최만리에게 전달된 글에는 어떤 내용이 적혀 있었을까? 우리가 알고 있는 해례본의 어제 서문이나 예의(例義)와 비슷한 글이었을 것이다. 세종의 뜻과 사성 칠음, 삼재 등 글자 만든 원리를 설명하고 초성, 중성, 종성 글자를 보임으로써, 모두 신묘(神妙)함에 놀라지 않을 수 없었던 것이다.

또, 글자를 만들 때 처음에는 집현전 학사들이 관여하지 않았음을 알 수 있다. 신하들에게 공개한 뒤에야 비로소 보고 놀라워하는 모습과, 두 달이 지나서야 살펴 평가하여 글을 올린 것을 보아 세종이 오랫동안 머릿속으로 구상하면서 대외적으로는 알리지 않았음을 알 수 있다. 실제로 수양대군과 안평대군, 그리고 정의공주 등 집안에서 자식들에게만 실험해 보고 의논하여 보았다는 기록이 있다. 당시 임금에게는 사관이 늘 그림자처럼 따라다니며 임금의 손짓 발짓을 기록하였으나 집안에까지는 들어가지 않았던 것이다. 또 집현전의 좁은 공간에서 누군가가 세종을 도와 창제 작업을 했다면 학자들 사이에 절대 비밀이 지켜질 수 없는 조직이었다. 실록 어디에도 창제에 대한 기록이 전혀 없고, 다른 사람들의 개인 문집 등에서도 글자 창제 과정을 보거나 관여했다는 기록은 보이지 않는 것으로 보아 임금의 내전이나 침전 밖에서 이루어진 일은 아님을 알 수 있다.

1. 우리 조선은 선조 임금 때부터 내려오면서 지성스럽게 큰 나라를 섬기고 한결같이 중화(중국)의 제도를 따랐는데, 이제 글을 같이하고 법도를 같이하는 때를 당하여 언문을 창작하신 것은 보고 듣기에 놀랍습니다. 설혹 말하기를, '언문은 모두 옛 글자를 본뜬 것이고 새로 된 글자가 아니다.'라고 하지만, 글자의 형상은 비록 옛날의 전문(篆文; 전서체 글)을 모방하였을지라도 음을 쓰고 글자를 합하는 것은 모두 옛 것에 반대되니 실로 근거가 없사옵니다. 만일 중국에라도 흘러 들어가서 혹시라도 비난하여 말하는 자가 생기면, 어찌 큰 나라를 섬기고 중화를 사모하는 데에 부끄러움이 없사오리까?

[一 我朝自祖宗以來 至誠事大 一遵華制 今當同文同軌之時 創作諺文 有駭觀聽 儻曰諺文皆本古字 非新字也 則字形雖倣古之篆文 用音合字 盡 反於古 實無所據 若流中國 或有非議之者 豈不有愧於事大慕華]

태조 이성계는 원나라를 끊고 명나라를 섬기자고 위화도에서 회군하여 역성혁명을 일으켰다. 이렇듯 중화의 정통성과 그 제도, 학문을 받아들이는 것이 옳다고 주장한 것은 개국 이래 조선의 임금과 신하들이 지녀야 할 최고의 원칙이었으니, 그것을 지키기 위해서는 대국의 글인 한자와 한문을 써야 하며 새로운 글자를 만드는 것은 의리에 맞지 않고 사리에 어긋난다는 주장이다. 집현전의 최고 실권자로서 아주 온당한 생각이다. 이른바 '사대교린(事大交鄰)'은 조선의 외교정책의 근간을 이룬다. 당시 거대 강국 명나라에게 맞서 대립할 나라는 없었다. 명나라를 섬기고 그 주변 나라들과는 화친을 지켜 나간다는 것이다. 이러한 조선의 외교정책은 고집스러우리만치 500여 년 동안 조선을 지켜냈다. 특히 창업 초기에는 한문을 중국처럼 쓰고 중국의 법전을 들여와 썼다. 명나라 태조 주원장은 창업을 이루자마자 『대명률』이라는 법전을 반포하는데, 조선 태조 이성계가 그것을 우리말로 풀이한 『대명률직해』라는 법전을 반포한다. 이 법전은 우리말 어순으로 쓴 이두문 법전이지만 최만리의 말대로 중국의 한문과 명나라의 법전임에는 틀림없다. 그러한 당시의 정황을 들어 말하고 있는 것이다.

'비록 옛날의 전문(篆文)을 모방하였을지라도 음을 쓰고 글자를 합하는 것은 모두 옛 것에 반대되니 실로 근거가 없다.'라는 말에는 긍정적인 면과 부정적인 면을 동시에 말하고 있다. 옛 전문을 모방했다고 하니 그것은 긍정적이라는 것이다. '전문'이란 조선에서 가르치던 '10학(十學)' 가운데 하나로서, 한자 서체인 '전자(篆字)'를 배우는 것인데, 전자에는 '대전(大篆), 소전(小篆), 팔분(八分)'이 있었고 생활 속에서 자주 쓰던 글자체였다. 결국 한자 서체를 근거로 만들었다는 말에 긍정적으로 받아들인 것인데, 다만 글자를 합하는 방식이 반절법이 아니라 초성, 중성, 종성으로 나누는 방식은 한자 분류법과 반대되는 것이기 때문에 잘못이라는 것이다.

최만리는 글자의 필요성 보다는 명나라에 발각되면 외교적으로 큰

타격을 받을 것을 먼저 생각하고 있음을 볼 수 있다. 공맹의 사상을 신봉하는 학문적 관점에서도 부끄럽다는 것이다. 하지만 세종은 우리나라 말이 중국말과 다르기 때문에 중국 문자로는 도저히 우리말을 표현할 수 없음을 『훈민정음』 서문에서 밝히고 있듯이, 글자는 외교와는 상관이 없는 것이고, 학문하거나 통치하는 데 현실적으로 시급한 요소라고 파악하였으며, 명나라가 아무리 강대국이더라도 국가 통치를 위한 정책에 관여할 수 없는 일이라는 주체의식과 자주의식을 가지고 있었음을 알 수 있다.

1. 옛부터 구주(九州; 중국 각처) 안에 풍토는 비록 다르오나 지역의 말에 따라 따로 문자를 만든 것이 없사옵고, 오직 몽고(蒙古)·서하(西夏)·여진(女眞)·일본(日本)과 서번(西番)이 각기 그 글자가 있으되, 이는 모두 오랑캐[夷狄]의 일이므로 말할 것이 못 됩니다. 옛글에 말하기를, '중화를 써서 오랑캐를 변화시킨다'는 말은 있어도, '중화가 오랑캐로 변한다'는 말은 듣지 못하였습니다. 역대로 중국에서 모두, 우리나라는 기자(箕子)의 남긴 풍속이 있다 하고, 문물과 예악을 중화에 견주어 말하기도 하는데, 이제 따로 언문을 만드는 것은 중화를 버리고 스스로 오랑캐와 같아지려는 것으로서, 이른바 소합향(蘇合香; 웅담이나 사향)을 버리고 당랑환(蟷螂丸; 말똥구리가 만든 소똥이나 말똥)을 취함이오니, 어찌 문명의 큰 흠절이 아니오리까?

[一 自古九州之內 風土雖異 未有因方言而別爲文字者 唯蒙古西夏女眞日本西蕃之類 各有其字 是皆夷狄事耳 無足道者 傳曰 用夏變夷 未聞變於夷者也 歷代中國皆以我國有箕子遺風 文物禮樂 比擬中華 今別作諺文 捨中國而自同於夷狄 是所謂棄蘇合之香 而取蟷螂之丸也 豈非文明之大累哉]

최만리는 오직 모화 사대사상만을 강조하고 있다. 여러 나라를 오랑캐라고 규정한 것은 중국의 관점이다. 그런 관점에서 벗어나기만 하면 그 나라들이 왜 글자를 만들어야 했는지 이해가 빨리 될 수 있는 문제다. 당시 여러 나라에서 그들의 말과 맞지 않는 한문을 쓰면서 그 나라말에 맞는 글자가 필요했고, 그래서 몽고, 서하, 여진, 일본, 서번(티베트)이 각각 글자를 만들었지만 그들은 오랑캐이기 때문에 그것을 따를 수 없다는 것이다. 최만리도 당시 많은 나라에서 글자를 만들어 썼다는 역사적 사실에 대해서는 잘 알고 있었다는 말이다. 그러나 한자를 버린다는 것은 중국의 풍속과, 예악, 문물을 따르지 않겠다는 것이니 큰일 날 일이라는 것이다. 그런데 몽골은 징기스칸 때에 기존의 위구르 문자를 개량하여 몽고글자를 만들었으나 원나라 세조 쿠빌라이칸이 한자를 쉽게 터득하기 위해 파스파자를 새로 만든 것은 중국 역사 안에서 이루어진 문자 창제의 역사이기도 하다. 서하는 경종이 한자를 모방하여 문자를 만들었으며, 여진은 만주족의 선조인 여진족을 말하는데, 금나라 태조 5년(1119)에 완안희윤이 만든 여진 대자(大字)와 희종 1년(1138)에 희종 스스로가 만든 여진 소자(小字)가 있었으며, 15세기까지 쓰여지다가 사라졌다. 이 또한 중국 안에서 이루어진 이민족의 문자 창제의 역사다. 일본은 8세기 말쯤부터 가나글자를 만들어 썼다. 한자를 빌려 그 일부를 생략하여 만든 가다가나(片假名)와 그 초서체를 따서 만든 히라가나(平假名)가 있다. 서번은 서쪽 오랑캐 나라인 토번, 즉 티베트를 말하는데, 8세기에 인도와 중국 사이에서 두 나라의 문물을 교류하며 번성하였으며, 티벳문자를 만들어 썼다. 이들의 문자를 보면 한자를 본뜨거나 차자(借字) 표기로서 표음문자를 만들어 썼지만, 그 원리가 체계적이지 못하여 한자를 벗어날 수가 없었으며 곧 사라졌다. 일본의 가나글자는 지금도 쓰고 있으나 한자와 함께 써야 하는 절름발이 글자가 되었다.

최만리의 생각은 온통 대국 명나라만을 향하고 있다. 당시로서는 모든 학문과 현실 외교를 생각할 때 충분히 그런 처지를 이해할 수 있다. 그럼에도 세종이 그런 처지를 잘 알면서도 새로운 글자를 만드는 일이 온당하다고 여긴 까닭은 무엇일까? 그것은 중국 역사 속에서 이미 문자 창제라는 일이 수차례 있었고, 그것이 백성들을 위하는 일이며, 통치자의 권위로 새로운 문화를 이룩하기 위해 필수 불가결한 언어정책이라는 것을 세종이 알았기 때문이다. 그것은 또 많은 역사서를 통하여 중국 황제들도 이미 주장하고 인정한 사실이다.

1. 신라 설총의 이두는 비록 천하고 속된 말[俚言]이지만, 모두 중국에서 통행하는 글자를 빌어서 말을 짓는 데 사용하였기에, 문자가 원래 서로 분리된 것이 아니므로, 비록 말단 구실아치나 노비의 무리라도 반드시 익히고자 하면, 먼저 몇 가지 글을 읽어서 대강 문자를 알기만 해도 이두를 쓸 수 있사온데, 이두를 쓰는 자는 모름지기 문자에 의거하여야 능히 의사를 통하게 되므로, 이두로 인하여 문자를 알게 되는 자가 자못 많사오니, 또한 학문을 일으키는 데에 도움이 되었습니다. 만약 우리나라가 원래부터 문자를 알지 못하여 새끼로 매듭을 엮어 쓰는 시대라면 우선 언문을 빌어서 한때의 사용에 이바지하는 데는 오히려 옳을 것입니다. 그래도 바른 의논을 고집하는 자는 반드시 말하기를, '언문을 시행하여 임시방편으로 하는 것보다는 차라리 더디고 느릴지라도 중국에서 통용하는 문자를 습득하여 먼 훗날의 계책을 삼는 것만 같지 못하다' 할 것입니다. 더욱이 이두는 시행한 지 수천 년이나 되어 관아의 장부와 문서, 회의 기록 등의 일에 방해됨이 없사온데, 어찌 예로부터 시행하던 폐단 없는 글을 고쳐서 따로 천하고 상스럽고 무익한 글자를 창조하시나이까? 만약에 언문을 시행하오면 관리된 자가 오로지 언문만을 습득하고 학문하는 문자를 돌보지 않아서 관리들

이 둘로 나뉠 것이옵니다. 진실로 관리된 자가 언문을 배워 통달한다면, 후진들이 모두 이러한 것을 보고 생각하기를, 27자의 언문으로도족히 세상에 입신할 수 있다고 할 것이오니, 무엇 때문에 마음을 다하고 힘써 노력하여 성리학을 배우려 하겠습니까?

[一 新羅薛聰吏讀 雖爲鄙俚 然皆借中國通行之字 施於語助 與文字元不相離 故雖至胥吏僕隷之徒 必欲習之 先讀數書 粗知文字 然後乃用吏讀 用吏讀者 須憑文字 乃能達意 故因吏讀而知文字者頗多 亦興學之一助也 若我國 元不知文字 如結繩之世 則姑借諺文 以資一時之用猶可 而執正議者必曰 與其行諺文以姑息 不若寧遲緩而習中國通行之文字 以爲久長之計也 而況吏讀行之數千年 而簿書期會等事 無有防礙者 何用改舊行無弊之文 別創鄙諺無益之字乎 若行諺文 則爲吏者專習諺文 不顧學問文字 吏員岐而爲二 苟爲吏者以諺文而宦達 則後進皆見其如此也 以爲二十七字諺文 足以立身於世 何須苦心勞思 窮性理之學哉]

최만리는 이두 예찬론을 펼치고 있다. 오늘날 이두는 설총이 제작한것이 아니라 이미 설총 이전부터 사용한 기록이 여러 곳에서 나타난사실을 알고 있지만, 당시 사람들은 설총이 만든 것이라고 믿고 있었다. 세종도 최만리도 그랬다. 아무튼 최만리는 이두가 그리 만족스럽지 못한 글자임을 인정하면서도 한자를 이용하여 만든 글자이니 학문에 도움이 된다고 하였다. 이두가 한자음을 표현하지 않고 우리말 말소리를 표현한 데 대하여 '속된 글자[俚言]'라고 하면서도, 이두를 써서한문을 해득하면 되는 것이지 새로 글자를 만들 필요가 없다고 하였다. 이제 언문을 백성에게 가르치면 한자는 배우지 않으려고 할 것이고, 그렇게 되면 공맹의 가르침도 못 읽을 것이니 차라리 느릴지라도한자를 배워 쓰도록 하여야 성리학을 깨닫게 될 것이라고 하였다. 언문이 학문의 발전을 해친다는 주장이다.

사실 당시 이두는 조선의 공식 문자였다. 조선을 창업한 태조 이성계는 명나라 창업 법전인 『대명률(大明律)』(1374)을 받아들여 『직해대명률』(또는 『대명률직해』)(1395)을 반포하였는데, 이 책은 명나라 말을 우리말로 완벽하게 재구성한 이두문 책이다. 이 책은 명실공히 새로운 나라 조선의 법전으로서 오랫동안 법 집행의 기본서로 쓰였다. 곧, 이두문은 조선이라는 나라의 첫 법전에 쓰인 공식 문자였던 것이다. 이윽고 1397년, 현실을 반영하여 육조(六曹)에 맞게 법을 세운 최초의 공적 법전인 『경제육전(經濟六典)』도 이두문으로 작성되었다. 이미 고려 때부터 널리 사용하던 이두가 조선에 와서 국가 공식 문자로서 공표된 것이라 해도 지나친 말이 아니다. 조선 초부터 조선 말기까지 모든 문서(공문서와 사문서)는 이두문으로 썼다. 즉, 중앙과 지방의 관리들이 주고받던 상언(上言), 장계(狀啓), 보첩(報牒) 등과, 행정관청에서 주고 받는 집문서, 땅문서, 노비문서 같은 공문서, 그리고 편지나 물품 거래서와 같은 각종 사문서까지 그야말로 일상생활에 필요한 글쓰기는 대다수 이두문으로 작성하였다.

『심양장계』는 병자호란에 패한 뒤 소현세자 등이 청나라에 볼모로 가 있는 동안(1637~1643) 그곳에서 신하들이 본국에 올린 장계를 모아 엮은 책인데, 이 책을 보면 모두 이두문으로 장계를 올렸다.

『각사등록(各司謄錄)』은 조선 선조 10년(1577)부터 1910년까지 약 330여년간 각 지방의 관아에서 주고받은 문서들을 모은 책으로, 수만 편의 공문서가 모두 이두문으로 기록되어 있다. 임진왜란으로 불타지 않았다면 선조 이전의 문서들도 전해졌을 것이다. 이뿐만이 아니다. 현재 규장각과 장서각을 비롯하여 전국 도서관과 집안 종가에서 소장하고 있는 고문서를 합산한다면 수십만 편의 공문서, 사문서가 쏟아질 것이다. 이들 대다수가 이두문으로 작성된 것이다.

이두문의 뿌리는 신라 「임신서기석(壬申誓記石)」(552)이다. 그러므로 이두문은 이미 천 년 동안 우리 겨레가 쓰던 문자였다. 이것은 매우 자연스런 현상이다. 중국에서 한자가 들어왔지만 중국말과 한문으로 된 문헌들을 따라 글을 적기는 매우 힘든 일이었다. 그러니 그 한자의 음과 뜻을 빌어 우리말식으로 글을 쓸 수밖에 없는 형편이다. 주로 용어나 명사 따위는 한문을 그대로 쓰지만 한문에 없는 토씨(조사)나 씨끝(어미)은 만들어서 써야 했고, 이것이 이두가 되고 그 문장은 우리말식 문장, 즉 이두문이 된 것이다.

더욱 쉽게 이해하려면 서양의 문자생활을 보면 된다. 로마제국이 망하였지만 로마자는 유럽의 모든 나라에서 계속 사용하였고, 그 로마자로 각자 제 나라의 말을 표기하였다. 영국은 영어를, 독일은 독일어를, 프랑스는 프랑스어를 로마자로 적으며 지금까지 살아오고 있다. 일본도 마찬가지다. 한자를 이용해 제 나라 말을 제나라 문법에 맞추어 쓰고 있다. 우리도 그랬다. 조선왕조 500년 동안 그렇게 한자를 빌어 우리말 방식으로 문장을 쓰면서 살아온 것이다. 이것은 조선이 망하고서야 바뀌었다. 한글이란 이름이 붙으면서부터다. 1900년 안팎 많은 선각자들이 한문과 한자를 버리고 한글과 우리말로 글을 쓰자고 나서기 시작했다. 계몽주의 언어관의 등장이다. 언문이란 글자의 소중함과 훌륭함을 그제야 조금씩 깨달은 것이다. 그러나 아직도 소중함을 모르는 사람들이 있다. 그 틈에서 이두문은 국한문 혼용이라는 가면을 쓰고 오늘날에도 세종의 뜻을 모르고 무시하며 최만리처럼 주장하는 사람들에 의해 쓰여지고 있다. 국한문 혼용의 뿌리는 곧 이두문이라는 것이다.

세종은 이두라는 문자 쓰기 방식에서 새로운 문자 창제라는 아이디어를 창출하였지만 결국 이두문의 극성으로 언문은 활개를 치지 못하고 숨죽여 지내야만 했던 것이다. 이두는 처음부터 우리말을 살려 쓰기 위해 생겨난 글이었고, 어려운 한자를 우리말 방식으로 빌려와 썼던 것인데, 그 굴레를 벗으라고 훈민정음을 만들어 주었는데도 손가락에 낀 반지처럼 좀체 벗어날 수 없는 굴레가 되었던 것이다. 세종의 말을 듣고 세종의 뜻을 따랐다면, 아니 조금만 더 세종이 폭군이었다면 차라리 좋았을 것이다. 오늘날처럼 훌륭한 글자라는 것을 좀더 일찍 알았다면 그토록 어리석은 짓은 일찌감치 버렸을 것이다. 그러나 그 진실을 알았던 백성과 임금과 학자들은 많지 않았고, 이두문은 조선이 망할 때까지 각종 문서에 쓰면서 한글을 대신하였다.

이렇게 되면 수십 년 후에는 문자를 아는 자가 반드시 적어져서, 비록 언문으로써 능히 관리의 일을 집행한다 할지라도, 성현의 문자를 알지 못하고 배우지 않아서 담을 마주한 것처럼 사리의 옳고 그름에 어두울 것이오니, 언문에만 능숙한들 장차 무엇에 쓸 것이옵니까? 우리나라에서 오래 쌓아 내려온 우문(右文: 학문을 무예보다 높이 여김)의 교화가 점차로 땅을 쓸어버린 듯이 없어질까 두렵습니다. 전에는 이두가 비록 문자 밖의 것이 아닐지라도 유식한 사람은 오히려 비천하게 여겨 이문(吏文: 漢吏文)으로 바꾸려고 생각하였는데, 하물며 언문은 한문과 조금도 관련됨이 없고 오로지 백성들의 말을 쓴 것이지 않습니까? 가령 언문이 전조(前朝) 때부터 있었다 하여도 오늘의 문명한 정치에 변로지도(變魯至道: 올바른 도에 이르게 함)하려는 뜻으로서 그대로 물려받을 수 있겠습니까? 반드시 고쳐 새롭게 하자고 의논하는 자가 있었을 것이니, 이는 빤한 이치이옵니다. 옛 것을 싫어하고 새 것을 좋아하는 것은 고금을 통해 근심스런 일이온데, 이번의 언문은 새롭고 기이한 한 가지 기예(技藝)에 지나지 못한 것으로서, 학문에 방해됨이 있고 정치에 유익함이 없으므로, 아무리 되풀이하여 생각하여도 그 옳은 것을 찾아볼 수 없사옵니다.
[如此則數十年之後 知文字者必少 雖能以諺文而施於吏事 不知聖賢之文字 則不學墻面 昧於事理之是非 徒工於諺文 將何用哉 我國家積累右

文之化 恐漸至掃地矣 前此吏讀 雖不外於文字 有識者尙且鄙之 思欲以
吏文易之 而況諺文與文字 暫不干涉 專用委巷俚語者乎 借使諺文自前朝
有之 以今日文明之治 變魯至道之意 尙肯因循而襲之乎 必有更張之議者
此灼然可知之理也 厭舊喜新 古今通患 今此諺文不過新奇一藝耳 於學有
損 於治無益 反覆籌之 未見其可也]

　언문만 알고 한문을 모르면 사리의 옳고 그름을 모를 것이라는 최만
리의 우려는 기우에 지나지 않았음을 오늘날 학문을 보면 알 수 있다.
오히려 지구상 많은 문자와 문화, 그리고 학문들을 번역하여 배움으로
써 더 올바르고 깊이 있게 알게 되었고, 전문인이나 학자들이 더욱 많
아져서 과학은 발전하였고 학문의 수준은 더욱 높아졌다. 지금까지 한
글이 없이 한문으로만 학문을 하였다면 모든 청소년들이 수많은 나라
의 학문을 터득하기는 매우 어려웠을 것이다.

　최만리는, 이두 예찬론을 계속 펼치고 있다. 최만리는 글이란 오로지
중국 성현의 학문을 배우는 데에만 필요한 것으로 판단하고 있다. 말과
글의 효용성, 상관성을 전혀 모르고 있으며, 백성들의 말을 전하기 위해
글자가 필요하다는 것을 절대 용납하려 하지 않고 있다. 언문으로 학문
을 하거나 나라를 다스리면 도덕이 무너지고 예의가 사라지며, 학문이
이루어지지 않는다고 여기고 있다. 현대 중국의 대학자들까지 한문의
폐단을 말하며 망국론을 펼치기까지 하는 것을 최만리는 알 리 없었다.
최만리의 생각은 학문의 이치가 한자를 알아야 터득할 수 있다는 것이
었다. 그러나 학문은 글자에 있는 것이 아니고 글의 내용과 뜻, 주장과
논리에 있는 것이기 때문에 어떤 문자로 기록된 학문이라도 그 문자를
해독하여야 하는 것이니, 문자는 학문의 도구이지 학문 자체는 아니다.
수많은 언어가 서로 만나 충돌할 때는 그 언어를 해석하여 그 속에
담긴 내용과 문화, 정서를 알아야 학문과 창작이 가능해지는 것이다.

최만리는 세종이 언문을 만든 것을 손재주에 지나지 않는다고 하였다. 세종이 얼마나 많은 책을 읽고 연구하고 실험해 보았는지 그것을 그는 애써 모른 체하였다. 아니 그것을 무시하고 폄하하고 있다. 최만리의 생각은 조선 시대 양반과 관료들의 생각을 대변하였고 결국 그 생각이 조선 말까지 지배해 왔다.

　　1. 누군가 말하기를, '살인에 대한 옥사(獄辭) 같은 것을 이두 문자로 썼을 때, 글 모르는 어리석은 백성이 한 글자의 착오로 혹 원통함을 당할 수도 있으나, 이제 언문으로 그 말을 직접 써서 읽어 듣게 하면, 비록 지극히 어리석은 사람일지라도 모두 다 쉽게 알아들어서 억울함을 품을 자가 없을 것이다.'라고 할지 모르나, 예로부터 중국은 말과 글이 같아도 사람을 잡아 가둠에 원통한 일이 심히 많습니다. 가령 우리나라만 하더라도 옥에 갇혀 있는 죄수로서 이두를 해득하는 자라도 친히 범죄를 적은 문서를 읽고서 허위인 줄을 알면서도 매를 견디지 못하여 그릇 항복하는 자가 많사오니, 이는 범죄 문서의 글 뜻을 알지 못하여 원통함을 당하는 것이 아님이 명백합니다. 만일 그렇다면 비록 언문을 쓴다 할지라도 무엇이 이보다 다르리까? 이것은 형옥(刑獄)이 옥리(獄吏)가 공평한가 공평하지 못한가에 달린 것이지, 말과 문자의 같고 다름에 있지 않다는 것을 보여주는 것이니, 신들은 언문으로써 옥사를 공평하게 할 수 있다는 말이 옳은 줄을 알 수 없사옵니다.

　　[一 若曰如刑殺獄辭 以吏讀文字書之 則不知文理之愚民 一字之差 容或致冤 今以諺文直書其言 讀使聽之 則雖至愚之人 悉皆易曉而無抱屈者 然自古中國言與文同 獄訟之間 冤枉甚多 借以我國言之 獄囚之解吏讀者 親讀招辭 知其誣而不勝棰楚 多有枉服者 是非不知招辭之文意而被冤也 明矣 若然則雖用諺文 何異於此 是知刑獄之平不平 在於獄吏之如何 而不在於言與文之同不同也 欲以諺文而平獄辭 臣等未見其可也]

최만리는, 백성이 법을 지키는 것은 법문을 읽어 해득하여 따르는 것이 아니라 법을 시행하는 사람이 공평하게 해야 지켜지는 것이라고 말하고 있다. 법을 몰라도 된다는 말이다. 하지만 그렇다고 알 수 없는 글자로 적혀 있어서 그 법의 내용을 모른다면 대중이 집행관의 횡포나 형평성에 어긋난 처결에 맞서 따질 수도 없거니와 그런 법이 있는지도 모를 것이니 이것은 지배자의 논리일 수밖에 없다. 최만리의 정신이 세종의 애민 정신과 아주 멀리 있음을 보게 된다. 최만리는 우매한 백성이 다스리기에 좋다는 논리로밖에 볼 수 없다.

1. 무릇 일의 공로를 세울 때는 쉽고 빠른 것을 귀하게 여기지 않사온데, 국가가 근래에 조치하는 것이 모두 빨리 이루는 것에 힘쓰니, 두렵건대 정치하는 올바른 체제가 아니라고 생각하옵니다. 만일에 언문이 꼭 필요해서 만드는 것이라면, 이것은 풍속을 변하여 바꿀 만한 큰 일이므로, 마땅히 재상으로부터 아래로는 모든 신하들에 이르기까지 함께 의논하되, 나라 사람이 모두 옳다 하여도 오히려 선갑후경(先甲後庚; 일의 앞뒤 차례를 잘 살핌)하여 다시 세 번을 더 생각하고, 제왕(帝王; 황제와 임금)에게 묻고 따져 바르게 하여 어그러지지 않고, 중국에 상고하여 부끄러움이 없으며, 백년이라도 성인(聖人)을 기다려 의혹됨이 없은 연후라야 이에 시행할 수 있는 것이옵니다. 이제 널리 여러 사람의 의논을 채택하지도 않고 갑자기 구실아치 10여 사람에게 가르쳐 익히게 하며, 또 가볍게 옛사람이 이미 이룩해 놓은 운서(韻書)를 고치고, 근거 없는 언문을 가져다 붙이고 장인(匠人) 수십 사람을 모아 나무판에 새겨 떠서 급하게 널리 반포하려 하시니, 천하 후세의 공의(여론)가 어떠하겠습니까? 또한 이번 청주 초수리에 거동하시는 데도 특히 농사가 흉년인 것을 염려하시어 호위하여 따르는 모든 일을 힘써 간략하게 하셨으므로, 전날에 비교하면 10에 8, 9는 줄어들었고, 임금께 올리는 공무도 또한 의정부에 맡기시었는데, 언문 같은 것은 국가의 급하고 부득이하게 시간을 맞출 일도 아니

온데, 어찌 이것만은 행재소에서 급히 하시어 몸을 보살핌에 번거롭게 하시나이까? 신들은 그 옳음을 더욱 알지 못하겠나이다.

[一 凡立事功 不貴近速 國家比來措置 皆務速成 恐非爲治之體 儻曰諺文不得已而爲之 此變易風俗之大者 當謀及宰相 下至百僚國人 皆曰可 猶先甲先庚 更加三思 質諸帝王而不悖 考諸中國而無愧 百世以俟聖人而不惑 然後乃可行也 今不博採群議 驟令吏輩十餘人訓習 又輕改古人已成之韻書 附會無稽之諺文 聚工匠數十人刻之 劇欲廣布 其於天下後世公議何如 且今淸州椒水之幸 特慮年歉 扈從諸事 務從簡約 比之前日 十減八九 至於啓達公務 亦委政府 若夫諺文 非國家緩急不得已及期之事 何獨於行在而汲汲爲之 以煩聖躬調燮之時乎 臣等尤未見其可也]

최만리는, 세종이 새 글자를 만들어 반포하는 것에 대해 매우 졸속으로 이루어졌고, 깊이 생각하지도 않았고, 신하들과 의논하지도 않아서 아무런 근거도 없이 작은 손재주로 만든 것이라고 폄하하고 있다. 또 중요하지도 않고, 시급하지도 않은 일을 서둘러 결정하여 앞으로 그 폐단이 많을 것이라고 말하고 있다. 이것은 그동안 세종이 새 글자를 만들 때 학자들이나 신하들에게 알리지 않아서, 언제부터 어떠한 준비 과정을 통하여 얼마만큼 연구하여 만들었는가 하는 의구심을 나타낸 말로서, 집안 몇몇 사람을 제외하고는 아무도 이전의 과정을 알지 못했음을 알 수 있다. 하지만 새로운 글자를 창제하는 일이 그리 짧은 시간에 이루어지지는 않았을 것이다. 그가 읽고 참고한 책들이 과연 얼마나 될까? 그는 어려서부터 책벌레라는 별명을 얻을 정도로 책을 읽었고, 임금이 되어서도 스스로 책 한 권을 100번씩 읽는다고 할 정도로 다독, 정독을 좋아했던 임금이다. 그가 똑똑한 학자들만 모인 집현전의 학자들에게 '너희들이 운서를 아느냐? 사성 칠음을 얼마나 아느냐?'라고 말할 정도면 얼마나 공부를 많이 했는지 짐작하고도 남을 일이다. 그런

각고의 노력을 기울인 새 글자 창제 사업이 자신의 죽음으로 말미암아 무산되지 않기를 간절히 바랐던 것이다. 결국 25년을 통치하면서 국가의 무궁함과 백성의 안녕을 위해 노심초사하며 많은 일을 했던 세종에게, 새 글자 창제란 삶의 마지막 사업이며 백성을 위한 매우 중차대한 사업으로서 절대 포기할 수 없는 일이었다. 다만, 신하들과 학자들에게 새로운 글자를 만들 것을 알리고 논의를 거치면서 좀 더 다양한 의견을 수렴하는 과정이 없었고, 임금 독단으로 큰 일을 벌이었다는 데 최만리는 문제를 제기하고 있는 것이다. 그런 의미에서 그의 주장은 잘못이라고 할 수 없다. 그럼에도 세종이 이 사업을 신하들과 학자들에게 알리지 않고 비밀히 추진하였던 것은 왜일까? 아마도, 매우 전문적인 문자와 음운에 대한 것과 만물의 이치에 대해, 갑론을박하는 주장으로 국론이 분열되고 시급한 정사에 소홀하게 되는 것을 염려하였을 것이다. 신하들은 중국의 눈치를 보면서 처음부터 무용론을 펼쳤을 것이며, 이에 휘말려 시작도 못하게 될까 염려했을 것이다. 예컨대, 현대 사회에서 첨단 기술 연구 기관에서처럼 심도 있는 연구를 해야 하는 일과, 입법·사법·행정과 같이 나라를 다스리는 일은 분리되어야 하는 것처럼, 신하들과 문자 창제의 일을 논의하는 것은 많은 무리수가 생길 수 있다고 판단했을 것이다. 그렇다고 글자를 만드는 전문적인 학문 분야도 없었고, 석학을 구하기도 쉽지 않은 형편에, 왕조 시대의 임금보다 더 백성을 위해 의지를 펼칠 수 있는 사람은 없었다. 더욱이 세종의 지식은 문자를 창제할 만한 높은 경지에 있었으니 손수 창제 작업을 했던 것이다. 집현전학사들은 임금 옆에서 정사를 돌보는 직책도 함께 지닌 것처럼 당시의 학자는 정치와 구분 없이 겸임하던 시대였다. 이런 왕조시대의 특수성 때문에 정치적으로 매우 예민한 글자 창제의 일을 학자에게 시키기엔 너무 정치적으로 흔들리기 쉽다고 판단했을 것이다.

1. 옛 선유(先儒)가 이르기를, '여러 가지 완호(玩好)는 대개 지기(志氣)를 빼앗으며, 글씨를 익히고 편지를 쓰는 것은 선비들의 일 중에 가장 중요한 것들이긴 하지만, 외곬으로 그것만 좋아하면 또한 자연히 지기가 상실된다.' 하였습니다. 이제 동궁(東宮; 왕세자)이 비록 덕성이 성취되셨다 할지라도 아직은 유학(儒學)에 마음을 깊이 두시어 그 이르지 못한 것을 더욱 탐구해야 할 때입니다. 언문이 비록 유익하다 이를지라도 특별히 문사(文士)의 육예(六藝) 가운데 한 가지일 뿐이옵니다. 하물며 만에 하나도 정치하는 도리에 유익됨이 없사온데, 정신을 연마하고 사려를 허비하면서까지 날을 마치고 때를 옮기시오니, 실로 때를 맞추어 해야 할 민감한 학업에 손실되옵니다. 신들이 모두 시를 짓거나 묵화를 그리는 보잘것없는 재주로 곁에서 모시는 신하로서 죄를 짓고 있지만, 마음에 품은 바를 감히 묵묵부답으로 있을 수 없어서 삼가 간곡한 마음을 다하여 아룀에, 우러러 성총을 번거롭게 하였나이다."

[一 先儒云 凡百玩好 皆奪志 至於書札 於儒者事最近 然一向好着 亦自喪志 今東宮雖德性成就 猶當潛心聖學 益求其未至也 諺文縱曰有益 特文士六藝之一耳 況萬萬無一利於治道 而乃研精費思 竟日移時 實有損於時敏之學也 臣等俱以文墨末技 待罪侍從 心有所懷 不敢含默 謹罄肺腑 仰瀆聖聰]

옛 선유의 말이란, 『소학(小學)』 외편에 나오는 중국 북송 때 사람 정호(程顥)의 글이다. "명도(明道) 정호 선생이 말씀하시기를, 자제 중에 경솔하지만 재주가 뛰어난 자가 염려된다면 단지 경서를 소리 내어 읽도록 가르칠 뿐 글을 짓게 해서는 안 된다. 자제들이 온갖 잡스런 것들을 즐기고 좋아하는 것은 모두 학문에 대한 뜻을 빼앗게 만든다. 그 중에 글씨를 익히고 편지를 쓰는 것은 선비들의 일 중에 가장 중요한 것들이긴 하지만, 이것들마저 지나치게 집착하면 또한 저절로 본뜻을 잃게 된다."라고 하였다. 동양에서는 전통적으로 학문한다고 할 때

성현의 말씀을 읽어 그 뜻을 깨치는 것을 중요시한 반면, 글쓰기, 창작, 편지쓰기 따위는 부수적인 일로 생각하였음을 알 수 있다. 그러한 전통에 따라 글자를 만드는 일은 임금이나 성인에게 무익한 일이라고 여겼던 것이다. 이것은 학문하는 자세가 아니라 종교적 자세이다. 유학에만 집중하여 그것을 따르는 일을 중시한 것이다.

최만리는, 왕세자에게 학문할 시간까지 뺏으면서 언문에 관여케 하는 것은 정치하는 도리에 유익하지 않다고 하면서, 글자 개발은 선비들이 기예를 부리는 기초적 교양이지 나라를 다스릴 사람이 해서는 안 되는 일이라고 하였다. 이 말은 상소 기록 나흘 전에 있었던 일을 거론한 것인데, 세종은 2월 16일 집현전학사들에게 '운회(韻會)'를 한글로 번역하라는 지시를 내렸고, 왕세자에게 책임 감독하고 임금에게 보고하는 일을 맡겼다. 최만리 등 여러 신하들은 임금이 새 글자로 한자 운서를 번역하는 일에 왕세자를 참여시킨 것에 대하여 마뜩잖게 여겼음을 알 수 있다.

> 하니, 임금이 글을 보고, 최만리 등에게 이르기를,
> "너희들이 이르기를, '음(音)을 사용하고 글자를 합한 것이 모두 옛글에 위반된다.' 하였는데, 설총의 이두도 역시 음이 다르지 않느냐? 또 이두를 제작한 본뜻은 백성을 편리하게 하려 함이 아니겠느냐? 만일 그것이 백성을 편리하게 한 것이라면 지금 언문도 백성을 편리하게 하려 한 것이다. 너희들이 설총은 옳다 하면서 임금의 하는 일은 그르다 하는 것은 무엇 때문이냐? 또 너희가 운서(韻書)를 아느냐? 사성 칠음(四聲七音)에 자모(字母)가 몇이나 있느냐? 만일 내가 그 운서를 바로잡지 아니하면 누가 이를 바로잡을 것이냐? 또 글에 이르기를, '새롭고 기이한 하나의 기예(技藝)일 뿐이다.' 하였으니, 내 늘그막에 하는 일 없이 세월을 보내기 싫어 서적으로 벗을 삼을 뿐인데, 어찌 옛 것을 싫어하고 새

것을 좋아하여 하는 것이겠느냐? 또는 매사냥을 하는 기예도 아닌데 '육예 가운데 한 가지일 뿐이고 한' 너희들의 말은 너무 지나치다. 그리고 내가 나이 늙어서 국가의 직무를 세자에게 오로지 맡겼으니, 비록 작은 일일지라도 참예하여 결정함이 마땅하거든, 하물며 언문이겠느냐? 만약 세자로 하여금 항상 동궁(東宮)에만 있게 한다면 환관(宦官)에게 일을 맡기랴? 너희들이 시종신으로서 내 뜻을 밝게 알면서도 이러한 말을 하는 것이 옳은 일이냐?"

[上覽疏 謂萬理等曰 汝等云 用音合字 盡反於古 薛聰吏讀 亦非異音 乎 且吏讀制作之本意 無乃爲其便民乎 如其便民也 則今之諺文 亦不爲 便民乎 汝等以薛聰爲是 而非其君上之事 何哉 且汝知韻書乎 四聲七音 字母有幾乎 若非予正其韻書 則伊誰正之乎 且疏云 新奇一藝 予老來難 以消日 以書籍爲友耳 豈厭舊好新而爲之 且非田獵放鷹之例也 汝等之言 頗有過越 且予年老 國家庶務 世子專掌 雖細事固當參決 況諺文乎 若使 世子常在東宮 則宦官任事乎 汝等以侍從之臣 灼知予意 而有是言可乎]


최만리 등의 상소를 보고 난 뒤 그들을 불러서, 세종은 간단하게 상소 내용의 잘못을 지적하였다. ① 이두가 한자음과 다른 우리말을 표현했듯이, 언문도 한자음과 다르지만 이두는 좋다 하고 언문은 그르다 하니 잘못이다. 이두의 음과 글자를 합하는 법이 한자와 다른데 언문만을 문제 삼는 것은 잘못이다. ② 글자를 만든 본뜻이 백성을 편리하게 하려 한 것도 설총과 세종이 마찬가지인데 오히려 백성을 다스리는 데 번거롭고 학문하는 데 소홀해질 것이라는 말은 잘못이다. ③ 글자를 만드는 데는 운서를 배워야 하는데 이에 대해 전혀 지식이 없는 상태이니 신하들의 주장은 잘못이다. ④ 운서와 사성 칠음에 자모가 몇이나 있는지도 모르는 신하들이 글자의 음을 말하는 것은 잘못이다. ⑤ 반면 임금인 나는 그동안 운서들과 중국의 사성 칠음에 대해 수없이 연구하고 비교

검토하여 그 문자의 원리에 대해 자신 있다. ⑥ 병이 들어 정사를 돌보지 못하는 시간에 오랫동안 연구한 결과인데 '새롭고 기이한 하나의 기예일 뿐이다'라고 한 말은 잘못이다. 자모에 대한 연구는 중국 위진 남북조 시대부터 있어온 것이고 세종은 오랫동안 중국의 운서를 탐독해 왔다. 그러므로 옛것을 싫어한다는 말은 잘못이라는 말이다. ⑦ 이것을 한낱 기예에 불과하다는 말은 너무 지나친 말이다. ⑧ 왕세자와 함께 상의한 것은 국가의 직무를 세자와 논의하여 처리함과 같이 새 글자 창제의 일도 국가의 중요한 일이니 당연하다. ⑨ 시종신으로서 그동안 임금의 많은 일을 곁에서 보았음에도 함부로 말한 것은 옳지 않다.

하니, 최만리 등이 대답하기를,

"설총의 이두는 비록 음이 다르다 하나, 한자음에 따르고 해석에 따라 어조(語助)와 문자가 전혀 서로 떨어지지 않사온데, 이제 언문은 여러 글자를 합하여 함께 써서 그 음과 해석을 바꾼 것이니, 글자의 형상이 아닙니다. 또 새롭고 기이한 한 가지의 기예라 했던 것은 특히 글자의 기세를 보고 이 말을 한 것이옵고 다른 뜻이 있어서 그러한 것은 아니옵니다. 동궁은 공사(公事)라면 비록 작은 일일지라도 참예하여 결정하시지 않을 수 없사오나, 급하지 않은 일을 무엇 때문에 시간을 허비하며 심려하시옵니까?"

하였다. 임금이 말하기를,

"전번에 김문(金汶)이 아뢰기를, '언문을 제작함에 불가할 것은 없습니다.' 하더니, 지금은 도리어 불가하다 하고, 또 정창손(鄭昌孫)은 말하기를, '『삼강행실(三綱行實)』을 반포한 후에 충신·효자·열녀의 무리가 나옴을 볼 수 없는 것은, 사람이 행하고 행하지 않는 것이 사람의 자질 여하에 있기 때문입니다. 어찌 꼭 언문으로 번역한 후에야 사람이 모두 본받을 일이겠습니까?' 하였으니, 이따위 말이 어찌 선비의 이치를 아는 말이겠느냐? 아무짝에도 쓸데없는 선비이다."

하였다. 이는 지난번에 임금이 정창손에게 말씀하기를,

"내가 만일 언문으로 『삼강행실』을 번역하여 민간에 반포하면 어리석은 남녀가 모두 쉽게 깨달아서 충신·효자·열녀가 반드시 무리로 나올 것이다."

하였는데, 정창손이 이 말로 의견을 아뢴 때문에 이제 이러한 하교가 있은 것이었다. 임금이 또 하교하기를,

"내가 너희들을 부른 것은 처음부터 죄주려 한 것이 아니고, 다만 글 안에 한두 가지 말을 물으려 하였던 것인데, 너희들이 사리를 돌아보지 않고 말을 바꾸어 대답하니, 너희들의 죄는 벗기 어렵다."

하고, 드디어 부제학 최만리·직제학 신석조·직전 김문, 응교 정창손·부교리 하위지·부수찬 송처검, 저작랑 조근을 의금부에 내렸다가 이튿날 석방하라 명하였는데, 오직 정창손만은 파직시키고, 곧바로 의금부에 지시하기를,

"김문이 앞뒤에 말을 바꾸어 아뢴 연유를 국문(鞫問)하여 아뢰라." 하였다.

[萬理等對曰 薛聰吏讀 雖曰異音 然依音依釋 語助文字 元不相離 今此諺文 合諸字而並書 變其音釋而非字形也 且新奇一藝云者 特因文勢而爲此辭耳 非有意而然也 東宮於公事則雖細事不可不參決 若於不急之事 何竟日致慮乎 上曰 前此金汶啓曰 制作諺文 未爲不可 今反以爲不可 又鄭昌孫曰 頒布三綱行實之後 未見有忠臣孝子烈女輩出 人之行不行 只在人之資質如何耳 何必以諺文譯之 而後人皆效之 此等之言 豈儒者識理之言乎 甚無用之俗儒也 前此 上敎昌孫曰 予若以諺文譯三綱行實 頒諸民間則愚夫愚婦 皆得易曉 忠臣孝子烈女 必輩出矣 昌孫乃以此啓達 故今有是敎 上又敎曰 予召汝等 初非罪之也 但問疏內一二語耳 汝等不顧事理 變辭以對 汝等之罪 難以脫矣 遂下副提學崔萬理 直提學辛碩祖 直殿金汶應敎鄭昌孫 副校理河緯地 副修撰宋處儉 著作郎趙瑾于義禁府 翌日 命釋之 唯罷昌孫職 仍傳旨義禁府 金汶前後變辭啓達事由 其鞫以聞]

세종은 상소에 대해 매우 너그러운 조치를 취하여 신하로서 의견을 제시한 것을 인정하고 있다. 사리에 맞지 않는 말로서 말을 바꾼 것만을 죄주었을 뿐, 논쟁에 대한 일은 크게 문제 삼지 않았다. 신하들의 생각이 형편없음을 답답해 하는 세종의 모습을 짐작할 수 있다.

-『한글 새소식』 318호(1999.2.)에 실린 글.

---

※ 이 글은 『한글 새소식』 318호(1999년 2월호)에 실린 「최만리 등의 상소문과 세종대왕의 가르침」이라는 글에다가, 실록 원문을 덧붙이고 내용도 더 자세하게 풀어서 새롭게 작성했기 때문에 『한글 새소식』의 글과는 많이 다름을 알립니다.

# 신문 가로쓰기의 의미

우리가 한글을 가로로 쓰기 시작한 것은 1900년대 이후이다. 글쓴이가 조사하기로는 인쇄 기계와 타자기를 개발하면서 글쇠를 가로로 치게 하고, 때맞춰 서양의 글틀을 접하면서 쉽고 편리한 가로쓰기가 생활 속에서 아주 빠르게 퍼져 나간 것으로 파악하였다. 실제로 그전부터 우리가 쓰는 글틀은 세로쓰기가 전부였으며 가로쓰기가 형성된 뒤에도 거의 대등하게 두 가지를 함께 써 온 것이 사실이다. 지금도 신문 대다수가 세로쓰기를 하고 있다.

그러면 여기서 세로로 쓰던 글을 왜 가로로 쓰도록 주장하는가를 되짚어 보기로 한다. 왜 가로쓰기로 바뀌어야 하는가. 이 물음에 대답하기에는 먼저 한글이 왜 만들어졌으며, 우리는 왜 한글을 써야 하는가 하는 원론적인 문제로 거슬러 올라가야 한다.

우리는 말을 하면서도 그 말에 적합한 글을 만들지 못한 채 수백 년 동안 한자라는 중국 글자를 써 왔다. 그 글은 우리가 쓰는 말투와도 맞지 않고 문법이나 어감과도 전혀 딴판이다. 더욱이 그 글자가 얼마나 어렵고 복잡한지 모든 한자를 평생 배워도 다 알 길이 없을 정도이다. 그런 세월을 보내던 우리 조상은 끝내 우리 글을 만들어야겠다는 자각에 와 닿은 것이다. 물론 신라 때 설총 같은 이가 이두를 만든 뜻도 마찬가지려니와 세종대왕은 훈민정음을 만들면서 첫마디에 '우리말은 다른 나라와 다르다[나랏말씀이 중국과 달라]'라고 외친 것이다. 아무리 외고 말하고 써도 한자말은 우리말이 아니기 때문에 좀처럼 자연스럽게 쓸 수가 없었던 것이다. 머리 좋은 사람이야 달달 외고 말하고 써서 평생 공부하여 높은 자리에 올라 그 외웠던 것으로 자기의 지위를 유지할 수 있었겠지만, 한자가 여간 어렵지 않으니 일반 백성들이야 실제 생활에서 말도 제대로 못하였고 글은 더더욱 쓰기가 힘들었으리라. 세종은 한글을 만들기 위해 외국을 두루 살펴서 책을 구하고, 입 모양을 보고 글과 말의 상관 관계를 살폈고, 당시 유학적 정치 이념인 우주의 원리에 맞추어, 과학적 원리와 민본주의를 실현하는 쉽고 편리한 글자를 만들었던 것이다. 너무 쉬워서 비아냥거리는 선비들이 속출하여 천대하며, 글이란 어려워야 한다는 한문 문화에 찌들은 왜곡된 생각이 지금까지도 이어지고 있다.

한글만 쓰는 뜻이 바로 여기에 있었다.
우리말에 들어맞는 글자로서 다른 나라의 말과 글과는 전혀 다르면서도, 모든 백성이 쉽고 편리하게 사용할 수 있으며, 과학적으로 우리몸의 생리나 경제성에 맞았기 때문이다. 그렇기 때문에 한글이 맨 처음 만들어질 때 생겼던 비난은 세월이 흐를수록, 조목조목 따져 볼수록 감탄으로 변하였고, 더 이상 불만이나 의구심을 더 말할 수 없을정도로 우리 말과 글은 잘 어울렸다.

그러면 가로쓰기는 어떤가.
우리에겐 한자가 서슬 퍼런 시대에 한글을 만났던 것처럼 말을 담는 우리의 그릇도 없던 때에 한자말만을 한문 글틀에 맞추어 쓴 것은 어쩔 수 없는 일이었다. 그러니 우리 글을 만들었다 해도 글틀까지 바꾸는 것은 엄두도 못 냈던 것이다. 또한 그 뒤 일제에 의해 서양 기계 문명이 들어올 때에도 일본 신문을 교과서로 삼아 글을 박아냈기 때문에 한자가 대부분인 일본 글틀 세로쓰기를 그대로 답습하게 된 것이다.

그러나 여기서 우리가 짚고 넘어가야 할 것은 아무리 오랫동안 우리가 사용한 글틀이라 하더라도 우리 글, 우리말에 맞지 않는다면 그것은 우리 글틀이 될 수 없다는 것이다. 다시 말하면 맛있는 감자를 담기 위해 급하게 이웃집에서 빌려 온 바구니는 언젠가는 돌려주어야 하며, 빨리 돌려줄수록 욕을 안 먹는 것과 같은 이치다. 즉 우리 말과 글은 한자틀인 세로쓰기에 얽매여 아직 우리 글틀이 형성하지 않던 때를 보냈다 하더라도 가로쓰기가 쉽고 잘 어울리어 쓰기에 편하다면 분명히 우리말에 맞는 글틀이라 할 수 있으며 세로쓰기는 버려야 할 것이다.

1914년 주시경 선생은 『말의 소리』 가운데에 '우리 글의 가로 쓰는 익힘'이란 제목으로 '말은 반드시 다듬어야 좋은 말을 이루고 좋은 말을 적어 좋은 글이 되나니라. 글의 가장 좋은 것은 그 가장 잘 다듬은 말을 적은 것이요, 또 이를 가로 쓰는 것이니라.'라고 하였고, 1932년 5월에 조선어학회에서 『한글』을 가로쓰기로 창간하였는데, 이 때 인쇄, 출판물과 편지글에서는 벌써 가로쓰기 글틀에 일반 대중들이 낯이 익었음을 짐작케 한다.

여기서 눈여겨볼 일은 한글이 세종대왕에게서 만들어진 것과는 달리 이 한글 가로쓰기 글틀은 일반 대중들이 정부나 대통령에 앞서 먼저 쓰기 시작했다는 것이다. 이것은 결론적으로 한글에 가로쓰기 글틀이 아주 잘 맞는 글틀이거나, 아니면 보다 과학적이고 실용적이며, 진보한 글틀임이 분명하다. 더욱이 우리의 세로쓰기 역사가 천 년이 넘었다면,

가로쓰기 역사는 백 년도 채 되지 못하면서도 급속히, 그것도 일반 백성에게서 먼저 쉽게 파급되었다는 것은 가로쓰기가 백성의 글틀이며, 한글의 글틀에 가깝다는 움직일 수 없는 결론을 말하고 있는 것이다.

사실 로마자의 역사를 보더라도 글틀의 흐름은 유사한 면이 있다.

로마자의 기원을 따져 올라가면 맨 처음 페니키아 글자와 이집트 상형 글자에서부터로서, 처음엔 나뭇결에 따라 세로로 글을 쓰기 시작하였는데, 그것을 가로쓰기로 바꾸면서 오른쪽에서 왼쪽으로 썼다고 한다. 그 뒤 그리스 글자로 넘어가 처음엔 왼쪽으로 쓰다가, 다음엔 왼쪽에서 오른쪽, 오른쪽에서 왼쪽으로 번갈아 썼다는 것이다. 그런 단계를 거쳐 지금의 로마자 글틀인 왼쪽에서 오른쪽으로만 쓰게 됐다. 이런 글틀의 변화는 좀더 편리하고 발전한 모양이 무엇이냐 하는 끝없는 물음과 함께, 그에 따른 탐구와 부단한 노력을 줄기차게 해 온 그네들이 얻어낸 결정체이다.

동양에서도 지금 중국과 일본을 보면 대부분의 글이 가로쓰기로 만들어지고 있는 것을 볼 때, 정보화, 과학화 시대에 보다 나은 글틀로 바뀌는 것을 단지 서양 문명을 따라간다고 단정짓기보다는, 언어학에서 말하는 '말과 글은 태어나고 변화하며 죽어 간다.'는 유기체적인 역사적, 과학적 전개 양상으로 보아야 옳다.

한글 가로쓰기가 갖는 의미는 바로 여기에 있다.

한글 창제 정신, 즉 자주 정신, 민본 정신, 과학 정신이 가로쓰기 하려는 오늘의 시각에도 그대로 맞아떨어진다는 점에서 아주 큰 의미가 있다. 한자 섞어쓰기와 세로쓰기를 고집하는 신문의 낡은 권위주의는 지탄의 대상으로 전락하고, 시대를 앞서가기는커녕 뒤쳐진 독불장군으로 현대 사회에서 아주 틀에 박혀 볼품없는 철옹성에 갇힌 골동품 취급을 받고 있다.

여기서 신문이 전면 가로쓰기로 나가야 하는 또 하나의 필연성을 따져 보고자 하는데, 그것은 우리나라 신문은 독립 의지가 없으면 안 된다는 것이다. 우리가 걸어온 길을 되돌아보면, 순한글의 『독립신문』이 보이지 않는가. 그런데도 일본의 압박 36년과 광복 후 50년 동안 일제 찌꺼기들을 버리지 못하고 헤어나지 못한 부끄러운 세월이 우리를 가위누른다.

광복이 되면서 선각자 노산 이은상 선생은 무엇보다도 먼저 신문을 전면 가로쓰기로 펴낸다. 1947년 8월 15일 『호남신문』 사장직에 있으면서 우리나라 신문 사상 최초로 가로쓰기 신문을 내놓았던 것이다. 거기에 『이 충무공 일대기』, 『대도론』, 『노변필담』, 『조국 강산』들을 연재하며 겨레와 언론이 어디로 가야 하는가를 일깨워 주었고, 당시 엄청난 인기를 받았다 한다. 또 외솔 최현배 선생은 대학에 몸담고 있으면서 1958년 1월 대학 신문 『연세춘추』를 순한글 전면 가로쓰기로 만들어 놓았다. 진정 두 분이 왜 광복을 맞아 만사 제치고 바삐 신문을 가로로 쓰는 데 힘을 쏟았는가. 그것은 한자와 일본어 그리고 세로쓰기, 이 세 가지 요소가 이 땅의 자주 독립, 민주주의에 가장 큰 걸림돌이 된다는 생각에서 나온 것이라 생각한다. 한자말에다 일본 '가나'처럼 토씨를 붙인 세로쓰기 신문을 보고, 이래서는 안 되겠다는 생각을 했을 것이다. 순한글 전체 가로쓰기로 진솔하게 펼쳐 놓은 글 한 편, 신문 한 장은 읽는 독자로 하여금 진정 광복된 내 나라, 내 겨레가 가슴에 와 닿는 느낌을 주었으리라.

우리가 광복이 되고 학교를 열 때, 우리 교과서는 일제 교과서와는 달리 한글 가로쓰기였다. 그렇게 시작한 교육은 지금까지 한결같이 가로쓰기로서 우리 말과 얼을 살리고 있다. 50년이라면 가르친 햇수도 적지 않은 세월인데, 무엇이 그렇게 세로쓰기판을 무섭게 고집하게 하는가.

지난 9월 22일 『중앙일보』가 창간 30돌을 맞으며 내놓은 사보에 1995년 10월 9일 한글날을 맞아 전면 가로쓰기 글틀을 채택하여 펴내겠다는 다짐이 있었다. 참으로 기쁜 소식이다.

벌써 『한겨레신문』이 성공하였고, 여러 스포츠 신문이 날개 돋친 듯 팔리고 있는 마당에 하나 놀랄 일이 아니라고 하겠지만, 『중앙일보』가 기존의 내로라하는 큰 신문사를 앞질러 그들을 일깨웠다는 점에서 그 용기와 투지를 높이 사지 않을 수 없다.

신문은 모두 가로쓰기 글틀이어야 하며, 신문을 순한글 가로쓰기로 한다는 것은 자주, 민주, 독립, 과학, 교육, 나아가 통일에 적합한 '의미'를 가지는 길이 될 것이다.

- 『한글 새소식』 278호(1995.10.)에 실린 글.

※ 참조 - 『중앙일보』 1995년 9월 29일 17면 기사
〈전문가 의견〉 '지금은 가로쓰기 시대'(홍현보)

# 교정

홍현보

밀알을 고른다
책상머리에 구르는
한 알 한 알
굴리고 또 굴리면
썩기도 하고 부서지기도 할까.

서랍 속의 밀알들
두 번 세 번 낯이 익을 때마다
기지개를 켜면
물줄기 같은 생명이
꿈틀거리고.

밭을 간다
쟁기질
곰배질 그리고
갈이질

굽은 고랑이 펴진다.

밭 갈고 밀알 썩으면
온 세상 보일까.

생명들 비로소
인왕산 계절이
피어서 지고 바람이
이미 훔치어 간
썩는 침묵
그 뜻 담아 낼까.

※ 홍현보님은 한글 학회 사전 편찬실에서 '우리말 큰사전' 교정의 일을 보고 있다. 지금 우리 학회의
여러 젊은이들은, 올해 안에 이 사전을 겨레 앞에 내놓기 위하여, 홍님과 같은 머리와 눈과 손으로
밤낮을 잊고 일하고 있다. 〈엮은이〉

-『한글 새소식』 226호(1991.6.)에 실린 글.

제2장

# 한글의 미래

# 2장을 여는 말씀

　제2장은 『한글 새소식』에 실린 글 밖의 다른 잡지들에 실렸던 글들이다. 어떤 기관에서 그들이 정한 주제에 맞는 원고를 부탁하면 아는 것을 총동원하여 글을 썼기 때문에 내 지식의 한계가 드러나 보인다. 그런 글을 모아 한 자리에 엮으니 같은 내용이 중복될 수밖에 없었다. 하지만 이미 발표된 상태를 훼손하기보다는 자료를 정리한다는 생각으로 엮었으므로 읽는 분은 넓은 마음으로 이해하여 주시면 고맙겠다.

　그래도 세종대왕과 훈민정음, 그리고 우리 말과 글에 대해 나름대로 관심이 깊다는 인정을 많은 분들이 해 주신 덕택으로 때마다 글을 쓸 수 있었다는 것에 감사하고, 이 자리를 빌어 원고를 부탁한 기관이나 담당자에게 다시 한번 깊은 감사의 말씀을 올린다.

　2장에 실은 글들은 오늘날 한글이 우리나라의 위상을 얼마나 올려 놓았는지 그 현주소를 짚어보고 한글의 미래 지향적 가치가 앞으로 어떻게 우리에게 혜택을 가져다 줄지를 생각해 보는 글들이다.

# 한국판 뉴딜과 세종의 한글 창제

## 1. 들어가기

문재인 정부가 2020년 7월 제7차 비상경제회의에서 이른바 "한국판 뉴딜(대한민국 대전환)" 정책을 발표하였다. 전세계를 휩쓸고 있는 코로나 19 돌림병 이후 우리나라가 새롭게 거듭나 국제사회를 선도할 수 있는 국가로 도약하기 위한 힘찬 의지다.

이 글은 세종대왕의 '한글 창제'라는 역사적 사건을 재조명해 봄으로써, 대통령의 "한국판 뉴딜(대한민국 대전환)" 정책 선언과 연결지어, 어떤 의미가 있는지를 규명해 보고자 한다.

## 2. 역사적 배경

### 1) 나라 밖 사정

1271년 원나라를 개국한 임금 쿠빌라이칸은 칭기즈칸의 손자로, 중국의 문명과 역사를 배우기 위해 파스파자(八思巴字)라는 새로운 문자를 만들어 가르쳤다.

釋老 八思巴

짐은 오로지 글자로써 말을 쓰고 말로써 사물을 기록하는 것이 고금의
공통 제도라고 본다. 우리들이 북방에서 국가를 창업하여 속되고 간단한
옛 그대로의 것을 숭상하고 문자를 제정하는 데 게을러서 '지금' 쓰이는
문자는 모두 한자의 해서나 위구르 문자를 사용하여 이 나라의 말을
표기하였다. 요(遼)나라와 금(金)나라, 그리고 먼 곳의 여러 나라들의 예
를 비추어보면 각기 문자가 있었으나, 우리가 지금처럼 문교로 나라를
다스려 점차 흥기하였는데도 다만 서사할 문자가 없다. 그러므로 국사(國
師) 파스파에게 몽고 신자를 창제하라고 특명을 내려서 모든 문자를 번역
하여 기록하라고 하였다. 그리하여 능히 언어가 순조롭게 통하고 각지의
사물이 바르게 전달되기를 바랄 뿐이다. 이제부터 대저 조령 문서의
반포와 발행은 모두 몽고 신자를 쓸 것이며 각국의 자기 문자는 함께
붙이게 한다.

[朕惟字以書言 言以紀事 此古今之通制 我國家肇基朔方 俗尚簡古 未
遑制作 凡施用文字 因用漢楷及畏吾字 以達本朝之言 考諸遼金以及遐方
諸國 例各有字 今文治寢興 而字書有闕 於一代制度 實爲未備 故特命國
師八思巴創爲蒙古新字 譯寫一切文字 期於順言達事而已 自今以往 凡有
璽書頒降者 並用蒙古新字 仍各以其國字副之] (『원사(元史)』 권202, 「열전
(列傳)」 제89)[6]

한문을 잘 모르는 몽골족이 중국문화를 쉽게 배워 원나라의 문화를
융성케 하기 위해 혁신적인 조치를 취한 것이다. 그러나 1368년 명나

---

6) 정광, 『몽고자운』 '해제', 한국학중앙연구원, 2008, 155~156쪽에서 번역한 것을 인용
함. (원문은 원사를 인용함)

라를 세운 황제 주원장은 97년 동안 치욕스런 식민지배를 했던 원나라의 문화와 글자를 모조리 쓸어버리고 『대명률』(1367)이라는 새로운 법을 제정한 뒤, 『홍무정운(洪武正韻)』(1375)이라는 표준 한자 운서를 반포하여, 수많은 소수민족과 지방 사투리로 혼란스런 거대 중국을 결속시키는 표준어와 한자음을 통일시키고자 하였다.

모든 나라가 처음 세워지면 새로운 법을 제정하고 말과 글의 통일을 위하여 맞춤법과 표준어를 만드는 일은 매우 자연스럽고 당연한 일이기도 하다. 조선도 새로운 법률을 제정하였으니 태조 4년에 공표한 『대명률직해』(1395)와 『경제육전』(1397)이 그것이다. 그러나 태조 이성계는 원나라 쿠빌라이나 명나라 주원장처럼 문자를 만들거나 한자의 음과 뜻을 정비하는 일은 하지 않았다. 그것은 당시 모든 학문의 바탕이었던 중국의 경전과 각종 서적들이 모두 한자(한문)로 이루어졌고 외교적으로는 거대한 명나라의 위압 아래 놓여 있었기 때문이다.


## 2) 나라 안 사정

이러한 나라 밖의 변화와 혼란이 조선에게도 엄청난 외교적 위기를 가져왔고, 정치적, 사회적, 학문적으로도 총체적 난국이 아닐 수 없었다.

첫째는 한자의 발음이 문제였다. 천 년 전부터 들어온 중국의 서적들은 한자의 뜻과 발음이 여러 가지여서 한자를 사용하던 조선에서도 사람들마다 제각각이었고, 한자를 써서 전달하는 일은 참으로 버거운 걸림돌이었다. 과거시험을 준비하는 전국의 학도들이나 공직의 위정자들도 경전 읽기나 공문서 읽고 쓰기가 쉽지 않았다. 더욱이 몽골족인 원나라의 한자 발음은 명나라의 발음과 매우 달랐기 때문에 원나라에서 들어온 서적과 명나라의 글들이 서로 통하지 않았고 말투도 달랐다. 이것은 각국 외교관의 외국어 교육에 치명적 결함이 되기도 했다. 이성계의 지시로 명나라 주원장에게 간 이색이 원나라 말투 때문에 곤욕을 치른 일화는 유명하다.

> 고려 말 창왕 때 이색은 이성계의 위엄과 덕망이 날로 성하여, 조정과 민간에서 마음이 그에게 돌아감으로써, 자기가 돌아오기 전에 변고가 있을까 두려워하여 이성계의 아들 하나를 명나라에 같이 가기를 청하니, 그의 아들 이방원을 서장관으로 삼았다. … 경사(京師)에 이르니 천자가 평소부터 이색의 명망을 듣고 있었으므로 조용히 말하기를, "그대가 원(元)나라에 벼슬하여 한림학사가 되었었으니 응당 중국말[漢語]을 잘하겠구나." 하니, 이색이 갑자기 중국말로써 대답하기를, "왕(창왕)이 친히 조회하기를 청합니다." 하매, 천자가 이해하지 못하여 말하기를, "무슨 말을 하였느냐?" 하므로, '명나라' 예부(禮部)의 관원이 전하여 이 말을 아뢰기를, 이색이 오랫동안 중국에 들어와 조회하지 않았으므로 말이 자못 어려워 소통하지 못한다고 변명하니, 천자가 웃으면서 말하기를, "그대의 중국말 하는 것은 꼭 나하추(納哈出)와 같구나." 하였다.
>
> [穡以太祖威德日盛 中外歸心 恐其未還乃有變 請一子從行 太祖以殿下爲書狀官 天子素聞穡名 引見從容語曰 汝仕元朝爲翰林 應解漢語 穡遽以漢語對曰 親朝 天子未曉其志 問曰 說甚麼 禮部官傳奏之 穡久不入朝 語頗艱澁 天子笑曰 汝之漢語 正似納哈出] (『태조실록』 총서 / 태조 5년 5월 7일)

이색은 원나라 과거에서 급제한 아버지(이곡) 덕분에 10살 때부터 '중국어 교육'을 받았다. 중국 원어민 강사가 이색의 교육을 맡은 것이다. 아버지는 "사나이는 모름지기 황제의 도읍에서 벼슬해야 한다."는 신조를 갖고 있었다. 지금으로 치면 미국 유학의 신봉자라고 할까. 그는 20살 때 북경 유학을 떠나 국자감 생원에 입학했다. 이후 4년간 원나라 한림원(황제 조칙이나 외교문서, 역사편찬 등을 맡던 기관)에서 일했다. 당대 '중국어의 종결자'였던 셈이다. 그러던 고려 창왕 1년(1388), 이성계의 명령을 받은 이색은 원나라의 뒤를 이은 명나라에 사신으로 떠난다. 명나라와 국교를 수립하고, 창왕이 직접 명나라 조정에 입조하겠다는 뜻을 전하기 위한 사절단이었다. 나하추는 명나라로 항복한 원나라 장수였다. 그랬으니 본토 중국어가 얼마나 서툴렀을까? 천하의 이색이 나하추와 같은 반열이 되어 망신을 당한 것이다.

둘째는 조선의 문자 생활이 엄청난 혼란 속에 놓여 있었다. 당시 조선에서는 세 가지의 글자를 사용하고 있었는데, 중국 글자인 '한자', 삼국시대부터 만들어 쓰던 '구결(口訣)'(입겿)이란 글자와, '이두(吏讀)'라는 글자가 그것이다. 구결은 유교 경전이나 불경과 같이 한문으로 된 문장을 끊어서 읽기 편하게 만든 우리 조상의 새로운 문자였다. 즉, 구결은 한자를 빌어 만든 차자표기 문자인데 예컨대, 'ㄱ-야(也의 가로획), ㆉ-ㄴ (飛의 윗부분), ㅅ-이(叱의 아래획), ㄱ-면(面의 윗획), ㅅ-라(羅의 반자인 ㅉ의 아랫부분), ㄱ-애(厓의 윗변), ㆎㄱ-하면(爲面의 윗획)' 따위처럼 축약된 표기와 한자 그대로 쓰는 표기 2가지가 있었다. 그러나 구결만 가지고는 우리말을 적을 수 없다.

또 다른 문자인 '이두'도 역시 우리 조상이 만든 새로운 차자표기 문자지만, 구결처럼 말끝에만 쓰는 글자가 아니라, 우리말 순서대로 문장을 적을 때 쓰는 문자였다. 중국 한문식 문장을 풀어헤쳐서 온전히 우리말 순서대로 적을 때 이두를 섞어 문장을 작성하는 방식이다. 이두는 이미 신라 향가에서부터 써오던 문자다. 태조 때의 법전인 『대명률직해』는 명나라 『대명률』을 완전히 조선의 현실에 맞게 내용을 고치고 문장도 우리말 순서대로 새로 쓴 이두문이었고, 후속 법전인 『경제육전』도 이두문이었다.

東京明期月良　夜入伊遊行如可(동경 밝은 달에 밤이 깊도록 노니다가)

(『삼국유사』 권2, 「처용랑」)

男女自出意　交嫁爲在乙良　男女爲首　主婚爲從是齊(남녀가 스스로 뜻을 내어 교가(위법한 혼인)한 것일랑 남녀가 우두머리 되고, 주혼인은 종속범이 된다.)

(대명률직해 6:10)


이처럼 한문이 어려워서 구결, 이두 등 새로운 글자를 만들어 우리말을 표현했지만 이 역시 한자를 빌어 만들었기 때문에 오히려 문자생활에 혼란을 가중시켰다. 또한 외교문서는 원나라에서부터 쓰던 '이문(吏文)' 작성법이 그대로 명나라에까지 이어져 중국어와 외교문서가 달랐다.

셋째, 민본애민정책을 펼치려는 세종에게 큰 장애물이 되었다. 우리말을 온전히 표현할 수 없음은 물론이고, 한문과 한자의 난해함 때문에 중앙 정부와 지방 관리들 사이에 불통이 심했고, 백성들 사이에도 학문을 배우거나 제뜻을 전하기가 참으로 어려웠다. 법과 제도가 바로 서지 못하고, 그 법과 제도를 온전히 백성에게 일깨울 수 없는 현실을 세종은 늘 고민하였다.

넷째, 구습에 물들지 않은 새롭고 뛰어난 인재가 필요했다. 고려의 지식인들은 죽임을 당하거나 낙향하였고, 남아 있던 관료들은 혁신을 위한 의제를 내놓지 못하였다. 세종은 집현전을 새로 꾸리고 사가독서(賜暇讀書)를 장려하면서 풍부한 지식을 쌓아 정책에 반영하도록 많은 인재를 양성하였다.

## 3. 세종의 뉴딜 정책 – 훈민정음 창제

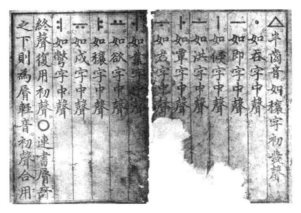

[『훈민정음』(간송미술관 소장본) 3쪽]

세종대왕이 언문(훈민정음)을 창제한 뒤 새로운 변혁의 시대가 시작되었다.

첫째, 1443년 우리 겨레는 배우기 쉽고 쓰기 편한 우리만의 문자를 갖게 되었다. 세종은 새로운 문자를 만든 이유를 이렇게 공표하였다. "우리나라 말이 중국말과 달라서 한자로는 서로 통하지 않으니, 백성들이 말하고자 하는 것을 끝내 펼쳐 보이지 못한다. 내가 이를 불쌍히 여겨 새로 28 글자를 만들었으니, 모든 사람이 날마다 배우고 익혀 쉽게 쓰기 바란다." 어려운 한자(한문) 때문에 법전도 못 읽고, 학문을 배우기도 어렵고, 임금과 신하와 백성들이 서로 소통하지도 못하며, 사람마다 답답한 마음을 표현하지도 못하였는데, 이제부터는 모든 백성이 누구나 다 한글로 쉽게 마음을 전할 수 있게 되었다. 세종은, 법전도 한글로 쓰고 『삼강행실도』도 한글로 써서 펴내면 많은 백성이 억울하게 옥살이도 하지 않을 것이고, 효자 충신이 줄지어 나올 것이라고 기뻐하였다.

둘째는, 『용비어천가』를 지어, 조선의 글자로 조선 왕권의 정통성을 노래할 수 있었다. 이뿐만 아니라 이 노래로 궁중악을 연주할 수 있게 되면서 조선만의 예악을 세울 수 있게 된 것이다.

셋째는, 의금부와 승정원 관리들에게 임금의 진솔한 마음을 온전히 전달할 수 있었다. 세종은 1446년 10월 10일에 직접 한글로 신하들에게 공문을 써 보여 뜻을 알렸고, 1449년 6월 20일에는 세종이 좌의정에게 언문으로 수십 장의 글을 써서 의논하기도 하였다.

넷째는, 『동국정운』(1448)과 『홍무정운역훈』(1455)을 발표함으로써, 오랫동안 혼란스럽던 한자의 발음과 뜻을 명확히 정리할 수 있게 되었다. 이것은 당시 학문의 기초 지식이던 한자와 한문의 해독, 해득력을 높이는 데 큰 힘이 된 것이다.

다섯째는, 당시 모든 공문서와 사문서는 이두문으로 썼는데, 그 내용을 잘 해석하지 못하여 관리들이 공무 수행을 제대로 하기 힘들었다. 세종은 1446년 12월 26일에, 문서 담당 하급관리를 뽑는 제도에 훈민정음을 시험 보게 하였고, 1447년 4월 20일에는, 함길도 각 관아의 식년시 이과 시험에 훈민정음을 필수과목으로 실시하라 명하였다. 이것은 공문서와 사문서를 한글로 써서 정확하게 전달하는 정책일 뿐 아니라, 이를 통하여 전국민이 한글을 깨치게 하려는 방안이었다.

여섯째는, 학문을 위하여 필수 과목인 사서삼경을 한글로 번역하라 지시하였다. 1448년 3월 13일에 세종이 김문에게 언문으로 사서(四書)를 번역케 하였으나 죽었고, 3월 28일에는 김구에게 다시 언문으로 사서를 번역하라 하였다. 지식이 담긴 문헌들이 한문으로 되어 있어 원천적으로 접근하기 힘든 것을 일거에 해결함으로써 선진 문물과 역사, 철학 등을 모든 백성이 고루 배울 수 있게 하려는 것이었다.

일곱째, 일반 백성이 한글로 정치적 발언을 하게 되었다. 1449년 10월

5일, 한양 백성 누군가가 언문으로 '하 정승아 또 정사를 망치지 마라'라는 벽서를 써붙인 일이 있었는데, 이것은 일반 백성도 정치에 관심을 갖고 자기의 주장을 누구나 쉽게 밝힐 수 있게 되었다는 증거다.

## 4. 미래지향적이고 항구적인 '뉴딜'

1) 한글 창제 후 600여년이 지난 오늘날, 남녀노소를 막론하고 누구든지 한글로 지식을 얻고, 제 뜻과 논리를 펼치며, 어렵지 않게 정부 정책의 시시비비를 가릴 수 있게 되었다. 이것은 먼저 세종의 정책이 민본애민정신을 바탕으로 한 진정성의 표출이었기에 가능했다. 즉 논리성(Logos)과 애민성(Pathos)이 결합된 신뢰성(Ethos) 있는 지도자의 정책이라는 것이다. 민초들은 이 글자를 버리지 않았고, 한글은 일제 강점기에 우리 겨레의 독립정신을 고취시켰으며, 해방 후 반민주와 권위

[인도네시아 찌아찌아족 마을 표지판]

[삼성 휴대전화의 천지인 글자판]

주의에 항거한 풀뿌리 민주 시민의 표상이 되기도 하였다. 나아가 다가올 남북의 동질성 회복과 통일을 앞당길 수 있는 가장 절대적인 요소가 아닐 수 없다.

2) 더욱이 전세계 언어학자들 입에서 '한글보다 뛰어난 문자는 세계에 없다.(미국 언어학자 Robert Ramsey)'라는 칭송이 끊이지 않고, 인도네시아 찌아찌아족이 한글로 문자생활을 훌륭히 영위하고 있는 것은 한글이 세계적 문자가 되었다는 증거다.

3) 한글이 과학적 문자라는 사실은 한국이 정보통신기술(IT) 강국으로 우뚝 설 수 있는 바탕을 갖추었다는 것인데, 전기통신, 방송, 컴퓨팅(정보처리, 컴퓨터 네트워크, 컴퓨터 하드웨어, 컴퓨터 소프트웨어, 멀티미디어), 통신망 등에서 세계 최고의 기술을 가질 수 있었던 원인이라고 말하는 학자가 많다. 정보를 쉽게 입력하고 쉽게 수정하며, 오차 없이 빠르게 전달할 수 있는 기능은 바로 한글의 과학성과 연결되어 있기 때문이다.

## 5. 나가기

　세종은 나라 안팎으로 정치, 사회, 문화, 외교적으로 엄청난 혼란과 위기를 맞았다. 중국의 왕조가 바뀌고, 지배 민족이 바뀌면서 문자생활도 어지럽고, 외교적 교섭도 어렵게 되었다. 새로운 나라 조선이 선진 문화를 창출하기 위해서는 온 백성이 말과 글을 자유롭게 할 수 있어야 했지만, 중국문자인 한문과 한자로는 도저히 백성들과 소통하기 힘들었고, 백성들이 생각과 뜻을 제대로 밝힐 수도 없었다. 중앙정부와 지방관리 사이에 정책이나 지시 내용이 잘 소통하지 못하였고, 학문(정보)의 축적도 이룰 수가 없었다. 한글 창제는 세종의 뉴딜 정책이었다. 한글을 창제함으로서 온국민이 우리의 고유문화도, 한문 공부도, 의사 소통도, 국가 정책의 전달과 수용도 모두 쉽게 이룰 수가 있었고, 외국어 학습 능력이 높아져 외교력을 키웠다.

　정리하면, 세종의 뉴딜 정책인 '문자 창제' 사업이 국가의 위기를 기회로 만들어 주었고, 백성 중심의 정치를 펼칠 수 있게 된 것이다. 백성만 생각한 세종의 과학적 발상이 우리 겨레의 문화를 세계 위에 우뚝 서게 만들었고, 세계 문화사를 바꾼 위대한 업적이 되었듯이, 오늘날 코로나19 돌림병으로 전세계가 죽음과 절망으로 빠져버리고, 우리나라도 총체적 위기 상황에 처하였지만, 국민의 삶과 행복을 위해 국가 원수가 새로운 결단과 혁신 정책을 펼침으로써 이 위기가 위대한 도약을 위한 역사적 전환점이 될 수 있으리라는 기대를 가져 본다.

　　　　－『공감』 577호(2020. 11. 2. 문화체육관광부)에 실린 글.

# 우리의 자랑스러운 것들

한글

## 1. 한글의 이름

'한글'이란 이름은 110여 년 전에 생겼다. 기록에 따르면 1912년 주시경 선생이 '소리갈'에서 처음 지어 썼다고 한다. 그럼 우리가 아는 바대로 세종대왕이 한글을 만든 것은 1443년인데 그동안 뭐라고 불렀을까? 『세종실록』 1443년 12월 30일 기사에 이 새로운 문자의 이름이 처음 나오는데,

> "이달에 임금이 친히 <u>언문</u> 스물 여덟 글자를 만들었다. 그 글자가 옛 전자(篆字)를 모방하고, 초성·중성·종성으로 나누었으니, 합한 연후에야 글자를 이룬다. 무릇 문자(한자)와 우리나라 말을 아울러 모두 쓸 수 있으니"
>
> [是月 上親制諺文二十八字 其字倣古篆 分爲初中終聲 合之然後乃成字 凡于文字及本國俚語 皆可得而書]

라는 기록이다. 즉, 갓 태어난 글자를 '언문(諺文)'이라고 부르고 있다. 그런데 이 기사의 이어진 문장 끝에 또다른 이름이 나타난다.

"글자는 비록 간단 명료하지만 전환하는 것이 무궁하다. 이것을 훈민정음이라고 이른다."
　[字雖簡要 轉換無窮 是謂訓民正音]

라고 하였으니 두 가지의 이름이 동시에 나타나 조금 혼란스럽다.

　이때 세종이 갑자기 새 문자를 창제하였다는 사실을 밝히자, 놀란 최만리 등 7명의 집현전학사들이 모여 달포 뒤 연명으로 상소하여 새로운 글자 만들기를 극렬히 반대하면서 문제가 커졌다. 결국 3년 뒤인 1446년 9월에 『훈민정음』 해례본이 완성되어 세상에 나오는데, 이 책은 집현전학사 8명을 동원하여 세종이 창제한 새로운 문자에 대해 과학적으로 원리를 밝히고 해설과 용례를 보인 것이다.

　이상한 것은 이 책이 나오기 전 3년 동안 많은 대화와 주장들이 난무하였음에도 '훈민정음'이라는 이름은 전혀 쓰지 않고 세종이나 신하들이 오로지 '언문'이라고만 하였다. 이로 보아 위의 문장 끝 '이를 훈민정음이라 이른다(是謂訓民正音)'라는 부분은 3년 뒤에 책을 내면서 지어진 이름으로, 세종이 죽은 뒤 세종실록을 엮을 때 1443년 12월의 언문 창제 사실을 기록하면서 그 말미에 덧붙여 놓은 말이다. 그럼에도 훈민정음이라는 말은 성종 13년(1482)을 끝으로 우리 역사에서 사라졌다. 훈민정음이라는 이름은 조선왕조실록을 통틀어 성종 이후에는 딱 1번(정조실록)밖에 나오지 않는다. 40년도 채 되지 못하여 그 이름이 사라진 것이다.

　반면 언문이란 이름은 조선시대 모든 사람이 부르던 이름이고, 실록에도 1천 회 이상 나오는 말이다. 임금을 포함한 모든 사농공상이 성군인 세종께서 만든 언문으로 편지도 쓰고 공부도 하면서 늘 '언문! 언문!'이라 한 것이다. 그러다가 고종이 1894년에 칙령을 내려 '법률과 칙령은 모두 국문(國文)을 기본으로 하되 한문으로 번역을 붙이거나 혹은 국한문(國漢文)을 혼용할 수 있다.'라고 지시한 이래로 '국문(國文)'이라는 이름이 붙게 되었다. 즉 주시경 선생이 '한글'이란 이름으로 고쳐 부른 것까지 하면, '언문 → 훈민정음(정음) → 언문 → 국문 → 한글'로 변한 것이다.


## 2. 한글의 우수성

지구상에 문자는 수없이 많다. 그 가운데 우리가 가장 쉽게 떠올리는 로마자 알파벳과 중국 한자의 변천을 보자.

로마자 : Aa

한　자 : 갑골문(그림문자), 금문(金文), 대전(大篆), 소전(小篆), 육국(六國)문자, 예서(隷書), 해서(楷書), 초서(草書), 행서(行書), 명조체(明朝體), 간체자(简体字)


이렇게 현존하는 문자들은 시대마다 변해 왔고, 앞으로도 계속 변하면서 새로운 문자도 생겨날 것이다.

세계의 문자를 그 기원이나 제자원리로 비교한다면 크게 그림글자(상형문자), 뜻글자(표의문자), 소리글자(표음문자)로 나눌 수 있다. 또 다른 분류 방법은 단어문자, 음절문자, 음소문자로 나누는 것인데, 이것은 언어학적 접근방법이다. 즉, 사람의 말은, '이야기 – 문장 – 구 – 단어 – 형태소 – 음절 – 음소 – 음성 – 변별 자질'로 쪼갤 수 있는데, '이야기나 문장, 구, 단어, 형태소'까지를 한 개의 문자로 나타내는 중국의 한자, '음절'을 나타내는 일본의 가나, '음소'를 나타내는 로마자와 한글로 크게 구별된다.

특히 우리의 한글은 '소리글자'이면서, '음성과 변별 자질'까지 나타내는 문자이다. 그래서 특별히 한글을 '자질문자'라고 부른다. 글자 속에 소리의 특징과 변별 자질을 품고 있다는 것이다. 여기서 말하는 '자질'이란 것은 물론 '음성자질'을 가리키는데, 말소리를 '어금닛소리, 혓소리, 입술소리, 잇소리, 목구멍소리, 된소리, 거센소리, 앞혀홀소리, 가운데홀소리, 뒤혀홀소리, 떨림, 소리막음, 소리없음 등'으로 소리의 변별적 특성을 글자로 나타낸 것이다.

즉 글자 자체가 말소리의 원칙을 그대로 표현하고, 소리의 변화까지 표현하기 때문에 과학적인 '언어학적 문자'라는 것이다. 대다수 문자가 오랜 세월을 거쳐 조금씩 수정되면서 만들어졌다면, 한글은 처음부터 말소리가 생성되는 입의 모양과 혀의 높낮이, 소리의 세기 등을 바탕으로 글자로 표현한 논리적 문자다.

'자질문자'라는 말은 영국 언어학자 샘슨(geoffrey Sampson, 1985)이 처음 사용하였다. 샘슨은 자질문자의 유일한 예로서 '훈민정음'을 소개하였다.

훈민정음은 ㄱ, ㄴ, ㅁ, ㅅ, ㅇ의 다섯 개의 기본자를 바탕으로 해서, 기본자에 가로획을 한 번 그으면 [폐쇄성]을 갖고, 두 번 그으면 [유기성]을 가지며, 기본자를 중복하면 [경음성]을 갖게 된다. 비슷한 문자 기호들이 동일한 음성적 특징을 나타내고 있음을 알 수 있다. 예를 들어

ㅋ은 ㄱ보다 거센소리이며, ㅂ은 ㅁ보다, ㅍ은 ㅂ보다 거세다. 이 '거세다'
는 특징을 획을 더함(가획)으로써 나타낸다. 모음자 또한 마찬가지다.
각각 하늘, 땅, 사람을 나타내는 세 개의 기본자 'ㆍ, ㅡ, ㅣ'를 이용해
ㅡ의 위쪽과 아래쪽, ㅣ의 오른쪽과 왼쪽에 ㆍ를 배열하면 각각 ㅗ, ㅜ,
ㅏ, ㅓ의 네 모음이 만들어진다(1차 결합). 또한 같은 방법으로 ㆍ를 두
번 배열하면 각각 ㅛ, ㅠ, ㅑ, ㅕ 네 개의 모음이 만들어진다(2차 결합).
즉, ㆍ가 한 번 배열된 모음과 ㆍ가 두 번 결합된 모음들은 각각 단모음과
이중모음이라는 음성적 특징으로 구분된다. 또한 ㆍ가 ㅡ, ㅣ의 위쪽이나
오른쪽에 배열된 ㅗ, ㅏ, ㅛ, ㅑ는 양성모음의 특징을 가지고, 아래쪽이나
왼쪽에 배열된 ㅜ, ㅓ, ㅠ, ㅕ는 음성모음의 특징을 갖는다는 점에서 자질
문자적인 성격을 아주 잘 드러내고 있다. 자음 기호와 모음 기호의 제자
원리가 다른 것도 한글의 자질문자적인 속성을 잘 보여 준다. 세계의
많은 문자들이 자음자와 모음자를 구별하고 있지 않다는 점에서 이러한
특징은 특기할 만하다. (Sampson, G.(1985), Writing systems. London:
Hutchinson & Co. 『세계의 문자 체계』(신상순 번역, 한국문화사, 2000), 162쪽에
서 재인용함.)

한글이 얼마나 과학적이고 합리적인 글자인지를 알아보려면 로마자
와 비교해 보면 금새 알 수 있다.

로마자 'A(a)'를 어떻게 읽는가? 그 발음이 무려 11가지나 된다. 이
렇게 불완전하고, 비과학적인 문자지만 제 나라 문자가 없는 지구상의
대다수 나라는 이 로마자로 제 나라 말을 적고 있지 않은가?

로마자 A(a)의 소리 : [a] (car)/ [aː] (calm)/ [æ] (cat)/ [ei] (able)/
[ɔː](all)/ [ə] (sofa)/ [i] (palace)/ [u](road)/ [eə] (software)/ [ɛ]
(care)/ [무음] (crystal)

한글은 '글자 하나에 소리 하나'의 원칙을 기본으로 하는 글자이기 때문에 발음의 혼동이 거의 없지만, 로마자 'a'가 나타내는 소리는 '아, 아~, 애, 에이, 오, 어, 이, 우, 에어, 에, 무음' 등 무려 열한 가지나 된다는 말이다.

중국에서는 오래전부터 내려오던 한자 분류법으로 '칠음(七音; 아, 설, 순, 치, 후, 반설, 반치)'이 있었다. 세종은 이 일곱 소리의 특징을 간파해 입안의 모양과 소리의 세기를 글자로 형상화해 보였다. 이른바 닿소리, 즉 초성과 종성에 쓰이는 기본자 'ㄱ(아), ㄴ(설), ㅁ(순), ㅅ(치), ㅇ(후), ㄹ(반설), ㅿ(반치)'를 표현해 낸 것이다. 여기에 소리의 세기에 따라 획을 더하여 'ㅋ, ㄲ, ㆁ/ ㄷ, ㅌ, ㄸ/ ㅂ, ㅍ, ㅃ/ ㅈ, ㅊ, ㅆ, ㅉ/ ㅎ, ㆅ'를 만들었다.

홀소리 'ㆍ'는 하늘을 본뜬 것이라고 했으니 양(陽)의 성질을 가진다. 이것을 해의 모습으로 보면 이해하기 쉽다. 해가 사람의 동쪽이나 땅 위에 있을 때는 'ㅏ, ㅑ, ㅗ, ㅛ'가 되어 밝고 가벼운 소리(양성모음)가 되고, 해가 서쪽으로 기울거나 땅 밑에 있을 때는 'ㅓ, ㅕ, ㅜ, ㅠ'가 되어 어둡고 무거운 소리(음성모음)가 된다. 이렇게 『주역』의 천지인(天地人) 원리를 우리말에 대입시켜 글자를 만든 것은 우리말의 가장 큰 특징인 모음조화 때문이다. '맑아, 밝아, 살아' 같은 말은 양성모음으로 결합되어 있지만, '어두워, 무거워, 죽어' 같은 말은 음성모음으로 결합되어 있음을 알 수 있듯이, 우리말은 15세기로 올라갈수록 모음조화가 엄격히 지켜졌다. 또 소리가 없이 비어 있는 목구멍소리를 'ㅇ'으로 표기한 것은 목구멍을 형상화한 것이면서 오늘날 수학에서처럼 '영(0)'과 같은 의미를 가지며, 목젖이 목구멍을 막는 모습을 'ㆆ'으로 표기하여 소리가 있는 유성음을 분별한 것은 인체공학적으로 깊은 연구가 필요한 원리다. 이처럼 말소리를 분석하여 수학적 공식으로 글자를 만든

것이 한글이다. 절묘한 점과 선, 원과 네모의 조합이며 기하학적 결합
이다. 그래서 예술가나 디자이너가 옷이나 상품에 표현하기를 좋아하
는가 보다.

## 3. 미래 산업의 선구자

결론적으로 말하면 한글이 역사상 가장 진보한 문자라는 것이다.
한글이 과학적 문자라는 사실은 한국이 정보통신기술(IT; Information
Technology) 강국으로 우뚝 설 수 있는 바탕을 갖추었다는 것인데, 그래
서 전기통신, 방송, 컴퓨팅(정보처리, 컴퓨터 네트워크, 컴퓨터 하드웨어, 컴퓨
터 소프트웨어, 멀티미디어), 통신망 등에서 세계 최고의 기술을 가질 수
있었던 원인이라고 말하는 학자가 많다. 정보를 쉽게 입력하고 쉽게
수정하며, 오차 없이 빠르게 전달할 수 있는 기능은 바로 한글의 과학성

[2009년, 유네스코 세종문해상 20주년기념 역대수상자 한국 방문]

과 연결되어 있기 때문이다.

1989년부터 유네스코에서는 해마다 세계에서 문맹 퇴치에 공이 큰 사람들에게 '세종대왕 문맹퇴치상(King Sejong Literacy Prize)'을 주고 있다. 이 상 이름에 세종대왕이 올려진 것은 세종이 만든 한글이 가장 배우기가 쉬워 문맹자를 없애기에 좋은 글자임을 세계가 인정했기 때문이다.

더 나아가 고유의 말은 있지만 고유한 문자가 없어 어려움을 겪는 나라에 한글이 새로운 길을 찾아준다는 것이다. 인도네시아 북부 술라웨시의 소수 부족 찌아찌아족이 그들의 말을 적는 문자로 한글을 사용하기 시작하였다는 소식이 그것이다.

– 『월간 순국』(2020.5. 광복회)에 실린 글.('순국' 책이름 해례본체 글쓴이가 제작함)

# 한글로 지식과 정보를 나누고자 한 세종대왕

## 세종대왕 탄신 623돌 기념 특별 대담

세종대왕기념사업회 홍현보 교육부장
세종국어문화원 김슬옹 원장

현재 전 세계에는 수천 개의 언어가 존재하지만 문자는 40여 개 정도만 사용되고 있다. 세계 곳곳의 수많은 사람들은 자신의 언어에 꼭 맞는 문자를 갖지 못하고 남이 만든 문자를 빌려 쓰고 있다는 뜻이다. 우리에겐 우리말에 꼭 맞는 문자 '한글'이 있다. 존재 자체만으로도 으스댈 만한데, 한글은 가장 과학적이고 배우기 쉬운 문자로 인정받는다는 점에서 해마다 한글날이 되면 우리의 어깨가 한껏 올라가게 된다. 바로 이 한글을 만드신 세종대왕의 탄신이 5월 15일이다. 기념하지 않을 수 없다.

1956년 창립 이래로 세종대왕의 업적을 기리고 널리 알리는 일에 힘써 온 '세종대왕기념사업회'의 홍현보 교육부장을 만나 세종대왕과 한글 창제에 얽힌 이야기들을 들어보았다. 대담에 함께해 준 김슬옹 세종국어문화원장은 평생 세종대왕과 한글 연구에 매진한 전문가로서 『한글을 지킨 사람들』, 『훈민정음 해례본 입체강독본』 등의 저자이다. 탄신 623돌을 맞아 민족의 스승 세종의 정신을 다시 한번 만나 보자.

▲세종대왕기념사업회 본관 앞 세종대왕 동상 앞에 선 홍현보 부장(왼쪽)과 김슬옹 원장

### 스승의 날일까, 세종대왕 나신 날일까?

**김슬옹 원장**
**(이하 김슬옹)**

올해로 세종 탄신 623돌입니다. 세종대왕 나신 날은 스승의 날로 잘 알려진 5월 15일인데요. 언제부터 스승의 날이 세종대왕 나신 날이 된 건가요.

**홍현보 교육부장**
**(이하 홍현보)**

1949년부터 한글학회가 중심이 되어 5월 15일을 세종날로 정해 기념해 왔어요. 스승의 날은 본래 5월 26일로 1964년 와이엠시에이(YMCA)에서 따로 작게 기념하고 있었고요. 그러다 세종대왕이야말로 겨레의 큰 스승이라는 의미에서 1965년부터 스승의 날을 5월 15일로 정해 공식적으로 기념하기 시작했죠.

**김슬옹**

정부에서는 여주에서 세종대왕 나신 날 행사를 하고 있죠? 그건 언제부터 시작된 건가요?

**홍현보**

박정희 전 대통령이 세종대왕을 모신 여주 영릉을 성역화하면서 크게 확충을 하고, 1977년 10월 9일에 이곳에서 제1회 세종대왕 숭모제전을 거행한 게 시작이라고 볼 수 있습니다. 그러다가 1982년부턴가요? 5월 15일로 날짜를 바꾸어 숭모제전을 열고 있죠.

**김슬옹**

세종대왕이 나신 날이면 대단히 기쁜 날이잖아요. 그런데 능에 가서 축하를 한다는 게 좀 이상합니다. 그동안 이에 대한 이의제기도 있어 왔고 말이죠.

**홍현보**

그런 의견들이 있죠. 요즘은 시민운동 차원에서 바로잡자고 하기도 하죠. 왜 생일날 무덤에 가서 절을 하느냐고 말이죠.(웃음) 돌아가신 날 무덤에 갈 수는 있지만 무덤에서 생일잔치를 하는 것은 말이 안 된다고 봐요. 박 전 대통령이야 성역화하는 차원에서 축하하는 의미로 시작했겠지만, 사실 그 의미로 봤을 때 안 맞죠. 지금은 세종대왕 동상이 있는 광화문에서 해야 하지 않느냐는 여론이 많습니다.

**김슬옹**

광화문 광장도 좋고, 거기서부터 1km 정도 떨어진 종로구 통인동에 세종대왕이 태어나신 곳을 알리는 새김돌이 있잖아요. 그 근처 경복궁도 좋을 것 같아요.

### 세종의 정신, 한글의 가치를 이어갈 수 있는 근간, 실록 한글 번역 작업

**김슬옹**

세종대왕기념사업회가 그동안 세종대왕의 업적을 기리는 일에 큰 역할을 해 온 걸로 알고 있습니다. 그런데 일반 국민들은 세종대왕기념사업회를 잘 모르는 것 같아요

**홍현보**

1956년 한글학회 이사장이셨던 외솔 최현배 선생님이 한글날 행사를 하시다가, 행사 식장에서 각계각층의 지식인들이 다 모여 있는 가운데 발언을 하셨어요. '한글을 창제했고, 우리나라 역사에서 가장 위대하신 분인데 세종대왕에 대한 기념 모임이 있어야 하지 않겠냐' 해서 그날 전격적으로 경제, 학술, 문화 분야 등의 28개 단체장이 찬성해서 발기 총회를 선포함으로써 창립을 하게 된 거죠.

**김슬옹**

28개 단체장은 훈민정음 28자를 기려서인가요?

**홍현보**

글쎄요. 그런 게 아니었는데 우연히 그렇게 됐어요.(다 함께 웃음) 잘 아시는 이희승, 이병도 선생부터 그야말로 당대의 명망 있는 경제, 학계, 문화 단체에서 모두 모여서 창립을 하게 됐는데, 당시 초대 회장을 최규남 문교부장관이 맡았으니 지금에 비하면 사업회의 위상이 매우 높았다고 할 수 있습니다.

**김슬옹**

세종대왕기념사업회가 그간 해 온 일 가운데 가장 주목할 만한 일은 뭔가요?

홍현보  「조선왕조실록」, 그중에서도 「세종실록」을 세종대왕기념사업회에서 번역을 했다는 게 가장 큰 의미가 있겠네요. 국가 재정으로 실록 번역 사업을 처음 시작한 게 저희거든요.
사업회가 생기고 12년 만인 1968년에 「세종실록」 첫 권이 발간되었어요. 세종이 재위한 32년, 그 방대한 기간을 완간하기까지 8년 정도가 걸렸죠. 그 이후에 태조, 정종 순으로 발간을 했습니다.

김슬옹  최근에는 한글 고전 전체를 실록처럼 데이터베이스화해서 자유롭게 검색할 수 있는 통합시스템을 구축하고 계시잖아요. 이게 완성되면 우리나라 글의 변천사를 볼 수 있는 것 아닙니까?

홍현보  한국학중앙연구원이나 한국고전번역원 누리집에 접속하면 다양한 한문 고전 자료들을 통합 검색할 수 있습니다. 이처럼 한글과 관련된 자료들을 원문은 물론이고 현대어 번역, 주석, 원전 사진 등을 모두 입력해서 다양한 정보를 제공하는 시스템(db.sejongkorea.org)을 구축해서 작년 한글날에 시연회도 개최한 바 있습니다. 15세기 훈민정음 언해본부터 각종 한글로 된 문헌만을 선별해서 우리 회가 1990년부터 지금까지 계속 역주사업으로 간행하고 있어요. 거의 200책에 가까운 역주본이죠.
3년 전부터는 그 자료를 데이터베이스화하여 다양한 검색기능을 첨가함으로써 관련된 말을 모든 한글문헌에서 찾아내어 앞뒤 문장과 함께 보여 주는 것입니다. 세종대왕기념사업회 누리집에서 「세종고전 데이터베이스」 방에 들어가면 원전 책들과 내용들이 개별적으로 올려져 있고, 검색창에 찾고자 하는 낱말을 적으면 모든 책들에서 그 낱말의 용례가 한꺼번에 나타나는 거죠.

김슬옹  국어학자, 국어사학자, 한글학자 등이 시연회에 와서 다 흥분했잖아요. (웃음) 책으로 볼 때는 수많은 문헌들을 찾아봐야 하는데, 이젠 일관되게 검색이 되고 원문을 검색하면 용례와 함께 관련된 모든 책이 뜨잖아요.

홍현보  세종대왕의 가장 위대한 정신이자 업적은 쉬운 글말을 통해서 지식과 정보를 나누고자 한 것이 아니겠습니까? 한문으로 쓰여 있거나, 한글로 쓰여 있어도 한문을 모르면 알 수 없는 글들을 쉽게 이해할 수 있는 한글로 번역하고 정보화하는 일은 한글 창제에 담겨 있는 세종대왕의 정신을 이어가는 일이라 생각합니다. 이것이 우리 사업회의 존재 이유이기도 하고요.

김슬옹  일부에서는 세종대왕이 창제한 것이 '한글'이냐, '훈민정음'이냐 하고 구분해서 질문을 하기도 하던데, 한글은 좁은 뜻으로는 1910년 이후의 근대 명칭이지만 넓은 뜻으로는 훈민정음을 다 아우르는 거죠.

| 홍현보 | 그렇죠. 1910년 주시경 선생이 한글이란 이름을 붙였고 그전에는 훈민정음이라고 했죠. 사실 훈민정음이라는 말도 실록을 보면 한 10번 나올까 말까 해요. 시기도 성종 이후로 끊어지고요. 세종부터 줄곧 '언문'이라고 불러왔고. 당시 백성들은 훈민정음이란 말조차 몰랐던 거예요. |
|---|---|

연산군의 탄압이 이유가 될 수도 있고 워낙 유학자들이 언문을 싫어하고 폄하했어요. '언해'라는 말도 언문으로 번역한다는 말이잖아요? 원래 낮춘 말이 아닌데 양반 사대부들이 깔보니까 조선 말경에 낮춘 말처럼 변질되었어요. 세종은 이두문으로 주고받던 공문서와 사문서를 언문으로 작성하도록 처음부터 추진하셨죠.

 ## 한글은 세종대왕이 직접 창제

| 김슬옹 | 결론부터 말씀을 드리자면 한글은 세종대왕이 단독 창제했다고 보는 것이 역사적 사실에 부합하는 해석이라고 생각합니다. 왜냐하면 가장 중요한 문헌이 『세종실록』과 『훈민정음 해례본』인데, 『세종실록』에는 세종이 1443년 음력 12월에 창제했다는 기록이 있고, 『훈민정음 해례본』에는 서문에 세종이 친히 모든 백성들이 편하게 쓸 수 있도록 28자를 새로 만들었다고 쓰여 있어요. |
|---|---|

또 지금의 발문 비슷한 '정인지서'에도 임금이 글자를 만들었으니 해설 책을 쓰라고 해서 썼다고 돼 있어요. 더욱 중요한 건 세종대왕이 단독 창제를 할 수밖에 없는 역사적 진정성인데, 이 또한 실록 기록으로 확인할 수 있습니다. 훈민정음 창제 17년 전인 1426년(세종 8년) 당시의 실록을 보면, 법률을 백성들한테 알려야 하는데 양반들조차 어렵다고 한다고 나와 있어요. 이두로 해 볼까 했지만 이두도 한자로 만든 것이기 때문에 그 또한 어렵고, 그래서 답답한 나머지 1434년(세종 16년)엔 한쪽엔 한문 한쪽엔 그림을 그려서 만화책까지 펴냅니다. 『삼강행실도』가 그것이죠. 그래도 안 되니까 피나는 연구 끝에 누구나 쉽게 배울 수 있는 문자를 창제했다고 실록에 다 나와 있습니다.

| 홍현보 | 이왕 말씀을 하셨으니 집현전 학사 협찬설의 허구성에 대해서도 설명해 주시죠. |
|---|---|

▲오랜 한글운동과 연구 공로로 문화체육부장관상과 외솔상을 받은 김슬옹 원장

| 김슬옹 | 집현전 학사 협찬설이란 『훈민정음 해례본』을 펴낼 때 세종을 도와 집필에 참여한 8명이 함께 훈민정음도 함께 창제했다는 것인데 몇 가지 기록을 살펴보면 신빙성이 없는 얘기인 걸 알 수 있습니다. 우선 8명은 일생 동안 한글을 개인적으로 안 썼었어요. 유명한 양반 사대부들은 평생 있었던 일들을 문집으로 남기는데 거기에 한글로 된 작품이 하나도 없어요. |
|---|---|

그리고 반포된 당시에 정인지만 세종대왕보다 한 살 많고, 최항이 30대, 나머지는 과거에 급제한 지 얼마 안 된 20대 후반이었어요. 신숙주가 해례본 저술에서는 중요한 역할을 하지만 그런 신숙주조차도 1443년 창제 직전 일본에 통신사로 갔다 와서 관여를 하려할 수가 없었어요. 이런 사정들을 종합해 보면 집현전 학사 협찬설은 성립하기 어렵다고 봅니다.

| 홍현보 | 최근에는 신미대사가 훈민정음 창제에 핵심적인 구실을 했다는 주장이 제기된 적이 있습니다. 그 주장을 일일이 반박하자면 이야기가 너무 길어질 것 같고, 한 가지만 말씀드리면, 다른 사람이 한글을 만들었다는 기록은 없어도, 세종이 직접 문자를 만들었다고 한 기록은 세종실록 1443년 12월 기사를 비롯해 수없이 많습니다. 최만리 등의 반대 상소가 있고요, 『훈민정음 해례본』의 어제 서문, 정인지 서문, 『동국정운』의 신숙주 서문, 정인지가 지은 세종대왕 영릉신도비명, 『홍무정운역훈』의 신숙주 서문, 『월인석보』의 세조 서문, 『열성어제』의 훈민정음 서문, 이승소의 세종장헌대왕 천릉지석문, 서거정의 최항 묘비명, 이승소의 신숙주 묘비명, 한계희와 강희맹의 『금강경삼가해』 발문, 『필원잡기』와 『역어지남』의 서거정 서문, 『배자예부운략』(갑인자본)의 부록, 『경세훈민정음』의 최석정 글, 『훈민정음운해』의 신경준 글, 『훈음종편』의 이사질 글, 『증보문헌비고』 악고와 예문고, 홍양호의 상소문, 고종 때 『오주연문장전산고』의 이규경 글 등에서 한결같이 세종임금이 친히 훈민정음을 창제하였다고 말하고 있습니다. |
| --- | --- |
| 김슬옹 | 신미대사는 한글 보급 공로자로서 충분히 평가를 받아야 하는 인물인데, 최근에 창제 공로자로 입길에 오르내리는 건 신미대사의 업적을 오히려 가리는 일이 될 수도 있다고 봅니다. |
| 홍현보 | 세종 사후 세조는 간경도감을 설치해서 한문 불전 31종 500권과 언해 불전 9종 35권을 간행합니다. 그때 중추적인 구실을 한 것이 신미대사였으니 창제 초기에 훈민정음을 널리 퍼뜨리는 데에 큰 자취를 남겼다는 점은 높이 평가합니다. |

▲ 세종대왕의 위대한 업적과 한글의 가치를 연구해 온 두 사람은 시종일관 진지하게 이야기를 이어갔다.

 ## 시대를 초월한 완전한 천재, 세종대왕

| 김슬옹 | 세종대왕이 한글을 창제한 건 기적이에요. 여기서 기적이란, 지식과 정보를 나누는 걸 뜻하는데요. 18~19세기 실학자들 태도를 보면 그게 왜 기적인지를 잘 알 수 있지요. 정약용, 박지원, 박제가 같은 실학자도 지식과 정보를 대중적으로 나누는 걸 거부합니다. 한글 사용을 거부했기 때문이에요. 그런데 15세기에 그런 틀을 깼다는 것 자체가 기적이라고 볼 수 있죠. 이런 세종대왕의 정신이 실록에 "하늘 아래 양민과 천민의 차이가 어디 있겠느냐"라고 사람의 존귀함을 나타낸 기록으로 남아 있고 그런 정신이 『훈민정음 해례본』에 그대로 반영되어 있죠. |
| --- | --- |

| 홍현보 | 저는 생각이 좀 다른데요. 김 원장께서는 기적이라고 하지만, 당시 조선은 건국 초기를 맞아 법률과 제도를 정비하여 나라를 바로 세우는 일이 시급했어요. 요즘 코로나19 사태를 겪으면서 국가 지도자가 어떤 가치관과 능력을 갖추어야 위기에 잘 대응할 수 있는지 실감하고 있잖아요? 세종은 통치자로서 국왕의 권위가 있었을 뿐만 아니라 최고의 지식을 갖춘 지식인이었습니다.

새로운 국가에 맞는 법률과 제도도 중요하지만 현대 사회가 맞춤법과 표준어를 정립하듯이 왕권이 바로 서려면 말과 글이 바로 서야 했고, 바른 말글 정책을 세우는 것은 통치자의 당면한 책무였었죠. 중국에서도 그랬어요. 국왕이고 지식인이었던 세종이 혼란한 말글을 바로 세워 몸소 사회 통합을 이루기 위해 문자를 만들어야겠다고 생각한 것은 아주 당연한 일이고 당면 과제가 아닐 수 없었던 것입니다. 세종과 최만리 일파가 논쟁을 벌인 기록을 보면, "백성을 위해 글자를 만든 것인데 설총은 잘했다 하고 내(세종)가 한 것은 왜 쓸데없는 짓이라 하느냐"라고 반문합니다. |

| 김슬옹 | 저는 국민들이 세종대왕을 단순히 임금보다는 융합인문학자로 기렸으면 좋겠어요. 인문학은 사람다운 세상을 위해 학문을 연구하고 소통하는 것이 중요하잖아요. 언어는 성찰이 중요하고, 역사는 '왜'라는 근본을 따져야 하고, 철학은 또 다른 세상을 상상할 수 있어야 하니 문학까지 해서 인문학이죠.

세종대왕은 언어뿐만 아니라 인문학에 대한 조예가 깊었으며, 이를 바탕으로 과학, 수학, 음악 등 다양한 학문을 끌어왔습니다. 이러한 통섭과 융합의 인문학적 배경이 훈민정음 창제를 이끌어 낸 것이라고 생각합니다. 훈민정음에 담긴 민본(民本), 애민(愛民), 위민(爲民)의 정신은 세종대왕이 일생 동안 이룬 정치적 성과와 학문적 체계에서도 발현되었기 때문에 지금 우리가 그의 탄신을 존경의 마음을 담아 기릴 수 있는 게 아닌가 합니다. |

| 홍현보 | 그 옛날 임금이 통치하던 시대나 지금 민주주의 시대나 마찬가지라고 봐요. 어떻게 통치하느냐가 중요하죠. 세종은 국가 최고 책임자로서의 '민본'을 가장 중요한 책무로 두었습니다. 이 민본은 민주와 일맥상통한다고 봐요. 과학적인 사고방식은 세종을 따라갈 사람이 없어요. 모든 과학기기나 정치, 윤리, 농술, 의학, 국방, 외교 등을 책으로 정리했어요. 통치자로서 그걸 보는 지식과 혜안이 앞서야 한다고 봐요. |

| 김슬옹 | 우리 두 사람 모두 평생을 세종 연구에 바쳤다고 해도 과언이 아닌데요. 그런데도 늘 감탄하게 되잖아요. 세종대왕은 단계적으로 차근차근 많은 업적을 남기셨어요. 임금이 되고 나서 집현전을 세워서 인재를 키우고 그걸 바탕으로 과학, 음악을 발전시키고, 국방을 정비하고, 의학을 발전시키고, 백성 중심의 농사 정책을 펴서 식량 문제를 개선했죠. 또 생애 막바지에 훈민정음이라는 위대한 업적을 이뤘습니다. 하나의 업적이 다음 업적의 바탕이 됩니다. 문제를 단계적으로 차근차근 해결해 간 것을 확인할 때마다 정말 감탄이 절로 나옵니다. |

| 홍현보 | 『조선왕조실록』이 지금까지 남아 있을 수 있었던 이유가 세종대왕이 실록을 한 권만 만들면 나중에 난리가 날 수 있으니 이것만으로 안 된다고 해서, 같은 책을 여러 권 만들어 따로 보관했기 때문이에요. 그런데 진짜 임진왜란이 나서 다 타고 전주사고본만 유일하게 남았잖아요.

선조가 다시 그대로 인쇄해서 5부를 만들었죠. 「세종실록」에는 부록이 네 가지가 있는데 직접 제작하거나 신하들과 함께 제작에 참여한 세종악보, 지리지, 오례의, 칠정산내외편 등이죠. 「정간보」라는 악보는 세종이 만든 것이죠. 얼마나 훌륭하십니까? 가사도 세종이 썼는데 그게 「용비어천가」예요. 그때 필사된 악보가 정족산본에 남아 있어요.

그래서 저는 최초이자 최고의 필사본은 실록에 있는 「용비어천가」라고 얘기합니다. 세종이 실록을 여러 권 만들라고 했기에 지금까지 남아 있는 거고, 그래서 지식과 정보를 나누고 지킬 수 있었고, 우리 역사를 온전히 보전할 수 있었으니 이보다 위대한 게 없죠. 다 타버렸으면 우리가 뭘 가지고 공부했겠습니까. 그리고 지금 우리가 가진 많은 문화 콘텐츠들이 만들어질 수 있었겠습니까. 저는 이 생각만 하면 지금도 가슴이 벅차오릅니다. |

글: 강은진
사진: 김영길

# <전문가의견>지금은 가로쓰기 시대-홍현보

중앙일보 | 입력 1995.09.29 00:00

지면보기 ⓘ

우리 겨레가 글을 쓰기 시작한 것도 벌써 1천 5백년이 넘는다. 증보 문헌비고 권242 『예문고』에 보면 신라는 처음에 문자가 없어 나무에 새겨서 표를 했고, 고구려는 오경과 사기. 삼국지 등의 책이 보이며, 백제는 고이왕 51년(서기 284년) 일본에 중국문자를 건네주었다고 적혀 있다. 중국문자(한자)는 그때부터 구한말까지 우리 기록 역사의 대부분 을 차지한다.

세종대왕이 창제한 한글의 역사가 올해로 5백 49년이기는 해도 생 활에서 제 구실을 하기는 조선 말기 영·정조 이후 고대소설이나 서간 체에서였고, 그것도 20세기 근대사회에 들어와 뿌리를 내리다가 일제 이후 우리 겨레가 울분과 치욕의 늪에서 헤어나 독립이라는 자각이 있고부터야 비로소 한글이 이렇게 소중한 것이구나 하고 깨닫는다.

우리가 가로로 글을 쓰기 시작한 것은 1900년대 이후다. 글쓴이가 살펴본 바로는 인쇄기계에 글쇠를 가로로 찍게 하고, 인쇄기와 타자기 로 출판인쇄물을 내면서 같은 시기에 서양의 글을 본떠 쉽고 편리한 가로쓰기가 생활 속에 아주 빠르게 번져 갔다.

그리고 해방을 맞아 우리가 학교교육을 시작할 때도 교과서를 처음 부터 일본교과서와는 전혀 다른 "한글 가로쓰기"로 펴냈다.

그러니 가로쓰기 교육은 벌써 50년이라는 세월을 계속해 온 것이다. 노산 이은상 선생은 1947년 8월 15일 호남신문 사장직을 맡으면서 신 문 전체를 한글 가로쓰기로 펴냈다. 우리 신문 역사상 최초로 가로쓰

기 신문의 장을 연 것이다. 그 인기는 대단했다고 한다. 또 외솔 최현
배 선생은 대학에 몸담고 있으면서 1958년 1월 1일 『대학신문』(연세춘
추)을 순한글 가로쓰기로 만들어 놓았다. 이것은 해방된 우리 겨레와
신문이 가야 할 길을 제시한 것이라고 볼 수 있다.

지금 중국과 일본에서도 대부분의 글이 가로쓰기 편집으로 만들어
지고 있다. 정보화·과학화 시대에 보다 나은 글틀로 바뀌는 것을 단지
서양문명을 따라간다고 단정짓기보다는 언어학에서 말하는 말글의 유
기체적인 역사, 과학적인 전개 양상으로 봐야 옳다. 동서양의 모든 글
자가 변화한 모습이 우리에게 보여주듯이, 세로쓰기는 권위주의 시대
의 산물로 파악하며 가로쓰기로 점차 나아가고 있다.

한글을 가로쓰기한다는 것은 민주시민 사회, 열린 사회를 지향하는
것이며 학교교육과 생활교육이 바르게 맞물려 나아가는 것이다. 또한
역사적으로 봤을 때 신문은 독립의지를 발산하고 계몽하려는 시대적
사명도 안고 있다. 더 나아가 한글 가로쓰기 신문은 통일을 대비하는
데 한발 앞서가는 신문 글틀이라 할 수 있다.

왜냐하면 북한의 신문틀도 가로쓰기이기 때문이다. 중앙일보는 이
러한 우리말이 걸어온 역사에 비춰 현명한 결단을 내렸다고 본다.

세종대왕기념사업회 연구원 홍현보

- 『중앙일보』 1995. 9. 29. 17면에 실린 글.

제3장

# 세종이 사랑한 책들

# 3장을 여는 말씀

우리나라 사람에게 가장 존경하는 역사 인물을 꼽으라면 단연 세종이다. 요즘 사람뿐만이 아니다. 조선시대에도 후대 임금이나 신하들, 나아가 어떤 백성이라도 언제나 성군 세종대왕을 경애하고 칭송하는 데 주저하지 않았다.

오늘날 조선의 제4대 임금 세종 이도를 바라보는 눈은 아주 다양하다. 그것은 세종의 위대한 업적이 그만큼 많고 다양하기 때문일 것이다. 예를 들어, 대한민국 헌법에 명시된 영토, 즉 두만강과 압록강을 경계로 하여 독도와 제주도까지의 땅을 구획한 임금이 바로 세종이다. 또, 한의학에서 법전처럼 중요시하는 책 『동의보감』(1610)의 바탕을 이루는 『향약집성방』(1433)과 『의방유취』(1445)가 간행된 것은 세종의 관심과 기획에 말미암은 것이다. 오늘날 군사와 우주과학의 기본 장비인 로켓의 원조라 할 수 있는 '신기전(神機箭)'(1448)을 개발한 임금이 세종이고, 나무로 글자를 새겨 만들던 방법에서 본격적으로 쇠와 여러 금속을 섞어 경자자(1420), 갑인자(1434) 등 많은 금속활자를 만들어 엄청난 책을 인쇄하게 한 사람이 세종이며, 세금을 거두기 위해 공법을 제정(1444)할 때는 전국 모든 성인 남자에게 각 지방의 형편을 물어 현대사회의 민주적 방식인 '국민 여론 조사'를 통해 결정한 임금이 세종이다. 관노비에게 출산휴가를 주었던 임금, 우주관측소를 세우고 아라비아와 중국의 천문학을 받아들여 학자들에게 연구하게 한 결과 1년을 365.2425일, 1달을 29.530593일로 정하고, 원주를 360도, 1도를 60분, 1분을 60초로 한 새로운 방식을 수용하는 책(『칠정산 내외편』, 1442)을 펴낸 임금도 세종이다.

무엇보다 위대한 발명은 문자의 발명이다. 훈민정음(한글)은 오로지 세종 혼자 창안하여 만들고 그것으로 글을 써 보임으로써 만백성이 누구나 제 마음을 쉽게 글로 표현할 수 있는 새 세상을 열어주었다.

세종은 임금이기에 앞서 학자였다.

유년 시절 책만 읽던 충녕군에게 부왕 태종은 독서금지령을 내릴 정도였다. 건강을 해치도록 책을 읽는 아들을 방안에 가두고 책을 모조리 빼앗기까지 하였다. 그러나 충녕은 병풍 뒤에 떨어진 책 한 권을 발견하고 수십 번을 반복하여 읽고 또 읽었다.

그가 임금자리에 올라서도 항상 책을 곁에 두고 책읽기를 잠시도 멈추지 않았고, 경연에 나가 또 신하들과 온갖 책의 내용을 두고 논쟁을 벌였으며, 읽은 책에 대하여 주석을 달고 판각하여 수백 권씩 인쇄하게 하여 신하들에게 읽게 하였다.

세종 즉위 동안 수많은 책들이 인쇄되었으니 금속활자 개발에도 엄청난 발전을 가져왔고, 농사와 법률 등 다양한 방면에 책을 간행할 때는 직접 집필과 교정에 관여하여 당시 사회 전반에 걸쳐 실용적으로 사용되도록 힘을 썼다.

여기 소개하는 책들은 세종이 백성을 통치하면서 직접 지시하여 만든 이루 헤아릴 수 없는 다양한 간행물 중에서, 세종의 지식과 실천력을 유감없이 드러내는 가장 대표적인 책들이다. 이 책들의 간행 과정을 살피다 보면 우리가 세종의 학문적 역량과 정신 세계, 끝없는 탐구열에 놀라지 않을 수 없을 것이다.

소개할 책은 다음 여덟 책이다.

1. 용비어천가
2. 자치통감 사정전 훈의
3. 삼강행실도
4. 명황계감
5. 치평요람
6. 의방유취
7. 칠정산 내외편
8. 금강경삼가해

이제 그 책들을 들여다보자. 여기에 실은 글 중에는 글쓴이가 논문으로 썼거나, 해제로 썼던 글도 있고, 새로 자료를 찾아 정리한 글도 있다. 이 책을 엮으면서 좀더 보완하여 묶어 보았다.

# 용비어천가

## 1. 들어가는 말

'용비어천가(龍飛御天歌)'란, 조선 세종 때 임금의 조상인 목조(穆祖)에
서 태종(太宗)에 이르는 여섯 대의 행적을 찬양한 서사시로서, 고전시
가 중 한글로 표현된 최초의 작품일 뿐만 아니라, 『훈민정음』 반포 뒤
그 글자를 써서 찍어낸 최초의 한글 문헌이다. 오늘날 말하는 '용비어
천가'는 노래 제목으로서 시가만을 가리키기도 하지만, 그 가사에 담
긴 뜻과 역사적 사실을 자세히 해설하여 엮은 책을 가리키기도 한다.
즉 곡이름[曲名]이면서 책이름[冊名]이다.

제목의 뜻은 '용(임금)이 날아올라 하늘을 다스리는 노래'인데, 그 용
은 목조, 익조(翼祖), 도조(度祖), 환조(桓祖), 태조(太祖), 태종을 가리킨다.
목조, 익조, 도조, 환조는 이성계가 임금이 된 뒤 높여 부른 이름이다.
모두 10권 5책인데 1447년에 발간한 초간 초쇄본은 현재까지 권1, 2의
1책만 남아있고, 이후 16세기에 초간본을 찍은 목판으로 다시 찍은 판본
이 전하나 이 초간 후쇄본은 조금 훼손되긴 했으나 10권 5책이 온전하여
지금까지 전한다. 그 뒤 초간본의 판식을 따라 여러 번 중간본(광해군
4년, 효종 10년, 영조 41년)이 간행되어 지금 전한다. 이 밖에도 『세종실록』

부록인 「악보(樂譜)」에 정간보의 가사로 실린 용비어천가가 필사로 전한다. 세종실록에는 네 개의 글[志]이 부록으로 실려 있는데 「오례(五禮)」, 「악보(樂譜)」, 「지리지(地理志)」, 「칠정산내외편(七政算內外篇)」이 그것이다. 실록을 활자로 찍어낼 때 이들 부록만은 필사한 채 그대로 책으로 엮었기 때문에 초간본인 정족산본은 물론 선조 때 재판한 태백산본까지 필사본이다.

지은 목적은, 임금이 된다는 것은 오랜 세월에 걸쳐 피나는 노력을 하여, 덕을 쌓아 하늘의 명을 받아야 한다는 것을 강조하고, 후대 임금은 이렇게 어렵게 쌓아올린 공덕을 헛되이 하지 말아야 할 것임을 경계하려는 데 있다.

이 책을 만든 경위를 살펴보려면 우선 이 책의 첫머리에 실린 「용비어천가서(龍飛御天歌序)」와 「진용비어천가전(進龍飛御天歌箋)」, 그리고 끄트머리에 실린 「용비어천가발(龍飛御天歌跋)」을 읽어보면 잘알게 될 것이다. 다음은 이 세 가지 글을 소개하면서 『용비어천가』 책의 모습도 함께 보인다. 아울러 세종실록에 기사들을 찾아서 그 경위를 좀더 자세히 살펴보기로 하자.

## 2. 『용비어천가』 서문

序

天地之道博厚高明故其……
累深長故其基緪也亦悠
遠而無窮今人徒見夫海嶽山川
之布列也飛潛動植之涵育也風
雨雷霆之變化也日月寒暑之運
行也不知博厚也高明也所以致
不息之切人徒見夫
宗廟宮室之懿美也州郡民物之富庶
也禮樂刑政之洋溢也不知積累也深
長也所以達不拔之基恭惟
仁恩敎化之洋溢也……文明也
祖宗有
司空始佐新羅餘世濟其美歷數百
餘年至于

穆祖肇基朔方
翼祖
度祖
桓祖三聖相承以孝弟忠信為
家法朔方之人咸歸心焉至今父老
相傳稱口不置
太祖以聖文神武之資濟世安民之略
當高麗之季南征北伐厥績懋焉
天地鬼神之所栖誣歌獄訟之所
歸用集大命
太宗以聰明睿知之聖高世絶倫之見
決策開
國靖難定
神功偉烈在人耳目於戲我
列聖龍潛之日
化家為國

[『용비어천가』 1, 2면]

右面

文德武功之盛天命人心之歸與其
符瑞之作超出百代其悠遠之業
配諸覆載而無疆可前知也。周自
后稷始封公劉居豳陶於戎狄之
俗。忠厚為德養民為政犬王王季
又咸克修繼業民賴其慶有士千
宵餘年而後文王武王。誕膺天命。
奄有四方傳祚八百周公制禮樂
炳耀彙若日星猗歟盛哉伏覩
原其王業之所由。以形歌詠鏗鏘
於是有餘生民皇奏七月之詩時

祖宗之統。

殿下永
某衣拱手禮備樂和頌聲之作正在
今日。臣與集賢殿大提學議政府
右贊成臣權提學工曹參判臣

左面

安止。沐浴
恩澤藏備文翰歌詠
盛德乃其宜也。不可以詞語鄙拙為
辭謹採民俗釋頌之言撰歌詩一
百二十五章。先叙古昔帝王之迹
次述我
祖宗之事。而

朝

祖

太祖
太宗即位以隆。
深仁善政則莫罄名言只撮
潛邸時德行事業推本
列聖摹基之復。詠嘆以著
實德友復詠嘆以著
王業之艱難。仍繹其歌以作解詩麻繼
雅頌之遺音被之管絃傳示罔極

[『용비어천가』 3, 4면]

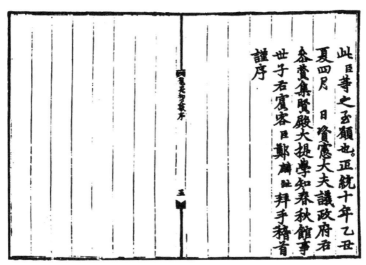

此臣等之至願也 正統十年乙丑
夏四尺 日資憲大夫議政府右
叅贊集賢殿大提學知春秋館事
世子右賓客臣鄭麟趾 拜手稽首
謹序

[『용비어천가』 5면]

<『용비어천가』 서문 원문>

龍飛御天歌序

臣竊觀天地之道 博厚高明 故 其覆載也 悠久而無疆 祖宗之德 積累深
長 故 其基業也 亦悠遠而無窮 今人 徒見夫海嶽山川之布列也 飛潛動植
之涵育也 風雨雷霆之變化也 日月寒暑之運行也 不知博厚也 高明也 所
以致不息之功 人徒見夫宗廟宮室之懿美也 州郡民物之富盛也 禮樂刑政
之文明也 仁恩敎化之洋溢也 不知積累也 深長也 所以建不拔之基

恭惟祖宗 自司空 始佐新羅 綿綿世濟其美 歷數百餘年 至于穆祖 肇基
朔方 翼祖 度祖 桓祖 三聖相承 以孝弟忠信 爲家法 朔方之人 咸歸心焉
至今 父老相傳 稱口不置

太祖 以聖文神武之資 濟世安民之略 當高麗之季 南征北伐 厥績 懋焉
天地鬼神之所祐 謳歌獄訟之所歸 用集大命 化家爲國 太宗 以聰明睿知
之聖 高世絶倫之見 決策開國 靖難定社 神功 偉烈 在人耳目 於戱 我列

聖龍潛之日 文德武功之盛 天命人心之歸 與其符瑞之作 超出百代 其悠
遠之業 配諸覆載而無疆 可前知也

周自后稷始封 公劉居豳 隣於戎狄之俗 忠厚爲德 養民爲政 大王 王季
又皆克修舊業 民賴其慶 有土千有餘年而後 文王 武王 誕膺天命 奄有四
方 傳祚八百 周公制禮樂 於是 有綿 生民 皇矣 七月之詩 皆原其王業之
所由 以形歌詠 鏗鏘炳燿 垂若日星 猗與盛哉

伏覩殿下承朝宗之統 垂衣拱手 禮備樂和 頌聲之作 正在今日 臣 與集
賢殿大提學 議政府右贊成 臣 權踶 提學 工曹參判 臣 安止 沐浴恩澤 職
備文翰 歌詠盛德 乃其宜也 不可以詞語鄙拙爲解 謹採民俗稱頌之言 撰
歌詩一百二十五章 先敍古昔帝王之迹 次述我朝祖宗之事 而太祖 太宗卽
位以後 深仁善政 則莫罄名言 只撮潛邸時德行事業 推本列聖肇基之遠
指陳實德 反復詠嘆 以著王業之艱難 仍繹其歌 以作解詩 庶繼雅頌之遺
音 被之管絃 傳示罔極 此臣等之至願也

正統十年乙丑夏四月 日 資憲大夫 議政府右參贊 集賢殿大提學 知春
秋官事世子右賓客 臣 鄭麟趾는 拜手稽首 謹序

## 〈『용비어천가』 서문 해석〉

용비어천가 서문

신(정인지)이 삼가 살피건대 천지의 도는 드넓고 두터우며 높고 밝기
에 만물을 실어 주고 덮어 줌이 유구하여 끝이 없으며, 조종(祖宗)의
덕은 오래 쌓여 길고 장구하기에 왕업의 터전 또한 원대하여 끝이 없는
것입니다. 그러나 오늘날 사람들은 한갓 바다와 산악이 널리 펼쳐 있는
것과 새와 물고기, 동물과 식물이 커나가는 것과 바람, 비, 우레, 번개의
변화하는 것과 해와 달, 추위와 더위의 운행만을 볼 뿐 땅의 박후(樸厚)함
과 하늘의 고명(高明)함으로 끊임없는 공화(功化)가 이루어졌음을 알지

못합니다. 그리고 사람들은 한낱 종묘 궁실의 아름다움과 고을 백성들의 만물의 풍부하고 성대함과 예절, 음악, 형벌, 정사의 문명과 인정(人政), 은택, 교화가 넘치는 것만 볼 뿐, 조종의 덕이 오래 쌓여 왔고 깊고 장구하여 흔들리지 않는 왕업의 터전이 세워졌음을 알지 못합니다.

삼가 생각하건대 우리 조종은 사공(司空)이 처음 신라에 벼슬함으로부터 끊임없이 대대로 아름다움을 이루어 수백여 년을 지내 오다가, 목조(穆祖)에 이르러서 처음으로 삭방(朔方)에서 왕업의 터전을 열었으며, 익조(翼祖), 도조(度祖), 환조(桓祖) 세 성인이 서로 계승하여 효도, 공순, 충성, 신의로 가법(家法)을 삼으니, 삭방의 사람들이 함께 귀의하여 오늘날까지도 그 고을 연로자들이 서로 그 일을 전하면서 칭찬해 마지않습니다.

태조께서는 성스러운 문덕과 신비로운 무예의 바탕과 세상을 구제하고 백성을 편안하게 할 경략(經略)을 갖추시어, 고려 말에 남북 정벌의 아름다운 공적은 천지신명의 도움이며, 백성이 노래하며 송사(訟事)를 결정함에 그에게로 돌아오니 천명을 받아 집안을 바꾸어 나라를 창업하셨습니다. 태종께서는 총명하고 슬기로운 성인의 덕과 세상에 빼어난 식견을 지니시어 개국 창업의 책략을 결정하시고 국난을 평정하고 사직을 안정시켜 그 신성한 공업이 위대하여 사람들의 이목에 빛나고 있습니다. 아! 우리 열성(列聖)들이 왕위에 오르지 않던 날, 문덕 무공의 성대함과 천명 인심의 귀의와 그 상서(祥瑞)의 출현이 백대(百代)에 뛰어나시고, 그 유구하고 원대한 왕업이 천지와 짝하여 끝이 없음을 알 수 있습니다.

주(周)나라는 후직이 처음 제후에 봉해진 후로 공유(公劉)가 빈(豳)땅에 거주할 때 융적과 가까이하면서도 충후함으로 덕을 삼고 백성을 기르는 것으로 정사에 힘썼으며, 태왕과 왕계 또한 선대의 왕업을 잘 닦아서 백성들이 그의 덕을 힘입음으로써 제후에 봉해진 지 천여 년이 지난 후에야 문왕과 무왕이 크게 천명을 받아 태어나 천하를 소유하여

800년의 왕업을 전하였습니다. 주공(周公)은 예악을 제정하여 이에 「면 (綿)」, 「생민(生民)」, 「황의(皇矣)」, 「칠월(七月)」 시가 모두 왕업의 유래 를 추원(推原)하여 이를 노래로 나타내어 아름답게 울려 나고 빛남이 마치 태양과 별과 같으니 참으로 성대하고 아름다운 일입니다.

엎드려 살펴보건대 전하께서는 조종의 왕업을 공손히 받들어 이으 심에 예절이 갖추어지고 음악이 화기로우니 열성조를 칭송하는 음악 의 창작이 바로 오늘에 있습니다. 신과 집현전 대제학 의정부 우찬성 신 권제(權踶), 제학 공조참판 신 안지(安止)는 성상의 은혜를 입어 문한 (文翰)의 직책을 맡고 있기에 조종의 성대한 덕을 노래함이 마땅한 바 이오나 비졸(鄙拙)한 말로는 이를 노래할 수 없어 삼가 백성들이 칭송 하는 말들을 채집하여 시가(詩歌) 125장을 찬술하였습니다. 먼저 옛 제 왕의 자취를 서술하고 다음으로 조종의 일을 서술하되, 태조와 태종 즉위 이후의 깊은 인정(仁政)과 훌륭한 정사는 말로 다할 수 없기에, 다만 잠저 때의 덕행과 사업만을 채록하여 열성조 왕업의 터전이 원대 했음을 미루어 바탕으로 삼고, 실재의 덕을 서술하여 이를 정음(正音) 으로 반복하여 읊으면서 왕업의 어려움을 나타냈습니다. 이를 뒤이어 서 그 노래를 풀이하는 한시(漢詩)를 지음으로써 거의 아송(雅頌)의 유 음(遺音)을 계승하고자 하여 이를 관현(管絃)에 올려 천추만대 먼 후세 까지 전하는 것이 간절한 저희들의 바람입니다.

정통 10년(세종 27, 1445) 을축 4월 일, 자헌대부 의정부 우참찬 집현 전 대제학 지춘추관사 세자우빈객 신 정인지는 삼가 절을 올리며 머리 숙여 이 서문을 쓰는 바입니다.[7]

---

7) 이 『용비어천가』 서문의 현대어 해석은 『역주 용비어천가』(박창희 역주, 한국학중앙 연구원출판사, 2015)에서 끌어다 썼습니다. 이 자리를 빌어 박창희 선생께 깊은 존경

# 3. 『용비어천가』 전문(箋文)

龍飛御天歌箋

崇政大夫議政府右贊成集賢殿大提學知春
秋館事兼成均大司成[臣]權踶資憲大夫議政
府右參贊集賢殿大提學知春秋館事 世子
右賓客[臣]鄭麟趾嘉善大夫工曹參判集賢殿
提學同知春秋館事 世子右副賓客[臣]安止
等言伏以

積德累仁肇啓

洪祚撰

功紀實宜播歌章肆集奏詞庸徹
竊惟根深者末必茂源遠則流益長周詠緜瓜
推本其所自出商歌玄鳥退叙其所由生是知
王者之作興必頼先世之締造惟我
本朝

司空始顯於羅代
奕葉相承
穆王初起於朔方

景命已兆朕
異度而毓慶友
聖祖而毓祥
恩信素孚人之歸附者非一二世積德待屢現天之
眷顧者殆數百年
太祖康獻大王
挺上聖之資
應千齡之運
揮神戈而奮威武迎掃義旗
太宗恭定大王
英明邁古
勇智絕倫
炳幾先而建邦家
功高億載
戴福亂而定
杜稷
德冠百王偉

[『용비어천가』 7, 8면]

과 감사의 말씀을 올립니다.

累世之鴻休與前聖而駢美盍形歌詠以示來今。

恭惟

主上殿下。

惟一惟精。

善繼善述道洽政治渢然

德澤之旁露禮備樂和煥乎文物之煥著令惟歌

詩之作屬諸

隆秦之朝正葉備以彤管之主詷明文翰之佐

謹採民俗之謌頌歌謠

朝

廟之樂歌爰有

祖宗肇基之詩遂

于王業之艱難陳陵之備詳諸古事歌用

王業之艱難陳陵之日凡諸事蹟之存備搜摭無遺夫

太宗潛邸之日凡諸事蹟之存備搜摭無遺夫

聲韻歌隣陳陵之時以辭去謌畫天枝春曰轉末

國言仍墓之時以辭去謌畫天枝春曰轉末

揆其形容勤金石被管小青揚孔

光烈懼加

肯納述

---

許頒行傳諸

子傳諸

孫知

大業之不易用之鄉用之

國至永世而難忘所撰歌詩總一百二十五章

謹繕寫裝潢隨

箋以

閒上塵

塵聖下情無任慚懼戰汗屏營之至頓首頓首謹言

正統十年四月　日崇政大夫議政府右贊成

集賢殿大提學知春秋館事兼成均大司成臣

權踶資憲大夫議政府右贊集賢殿大提學

知春秋館事　世子右賓客臣鄭麟趾崇政大

夫工曹判集賢殿提學同知春秋館事　世

子右副賓客臣安止　等上

[『용비어천가』 9, 10면]

<『용비어천가』 전문(箋文) 원문>

進 龍飛御天歌箋

崇政大夫 議政府右贊成 集賢殿大提學 知春秋館事 兼 成均大司成 臣
權踶 資憲大夫 議政府右參贊 集賢殿大提學 知春秋館事 世子右賓客 臣
鄭麟趾 嘉善大夫 工曹參判 集賢殿提學 同知春秋館事 世子右副賓客 臣
安止等 言

伏以積德累仁 蔚啓洪祚 撰功紀實 宜播歌章 肆纂蕪詞 庸徹睿鑑 竊惟
根深者未必茂 源遠則流益長 周詠綿瓜 推本其所自出 商歌玄鳥 追敍其
所由生 是知王者之作興 必賴先世之締造

惟我本朝司空 始顯於羅代 奕葉相承 穆王 初起於朔方 景命已兆 聯翼
度而毓慶 及聖桓而發祥 恩信素孚 人之歸附者 非一二世 禎符屢現 天之
眷顧者 殆數百年

太祖康獻大王 挺上聖之資 應千齡之運 揮神戈而奮威武 迅掃夷戎 受
寶籙而布寬仁 輯綏黎庶 太宗恭定大王 英明邁古 勇智絶倫 炳幾先而建
邦家 功高億載 戡禍亂而定社稷 德冠百王 偉累世之鴻烋 與前聖而騈美
盍形歌詠 昭示來今

恭惟主上殿下 惟一惟精 善繼善述 道洽政治 霈然德澤之旁霑 禮備樂
和 煥乎文物之極著 念惟歌詩之作 屬玆隆泰之期 臣等 俱以彫篆之才 濫
叨文翰之任 謹採民俗之稱頌 敢擬朝廟之樂歌 爰自穆祖肇基之時 逮至太
宗潛邸之日 凡諸事蹟之奇偉 搜摭無遺 與夫王業之艱難 敷陳悉備 訂諸
古事 歌用國言 仍繫之詩 以解其語 畫天地摹日月 雖未極其形容 勒金石
被管絃 小有揚於光烈 儻加省納 遂許頒行 傳諸子 傳諸孫 知大業之不易
用之鄉 用之國 至永世而難忘

所撰歌詩 總一百二十五章 謹繕寫裝潢 隨箋以聞 上塵睿覽 下情無任
慙懼戰汗屏營之至 頓首頓首 謹言 正統十年四月日 崇政大夫 議政府右
贊成 集賢殿大提學 知春秋館事 兼 成均館大司成 臣 權踶 資憲大夫 議
政府右參贊 集賢殿大提學 知春秋館事 世子右賓客 臣 鄭麟趾 嘉善大夫

工曹參判 集賢殿提學 同知春秋館事 世子右副賓客 臣 安止等 上箋

<『용비어천가』 전문 해석>

　용비어천가를 올리면서 드리는 글

　숭정대부 의정부 우찬성 집현전 대제학 지춘추관사 겸 성균대사성 신 권제(權踶), 자헌대부 의정부 우참찬 집현전 대제학 지춘추관사 세자우빈객 신 정인지(鄭麟趾), 가선대부 공조참판 집현전 제학 동지춘추관사 세자우부빈객 신 안지(安止) 등은 아뢰옵니다.

　엎드려 생각하오니, 덕을 쌓고 인(仁)을 쌓아 위대한 왕업을 성대히 여셨으니 그 공로와 사실을 기록하여 악장(樂章)에 올려야 할 일입니다. 이에 거친 문장으로나마 이를 지어 올리오니 굽어 살펴주시기 바라는 바입니다. 삼가 생각해 보오니, 뿌리가 깊으면 반드시 가지가 무성하고 샘이 깊으면 물줄기가 더욱 멀리 뻗어 가는 법입니다. 주나라는 「면(綿)」, 「과(瓜)」 시를 읊어 선조의 본디 일어난 바 그 근본을 미루어 본 것입니다. 상나라는 「현조(玄鳥)」편을 노래하여 선조의 태어난 바를 서술한 바 있습니다. 이로써 임금이 공업을 일으킴에 있어서는 반드시 선대의 위업에 힘입은 바 있었음을 알 수 있습니다.

　우리나라는 사공(司空)이 처음 신라시대에 명성을 떨친 후로 대대로 위업을 이어오다가, 목왕이 처음 북방에서 일어나면서 천명을 받을 조짐이 이미 나타났으며, 익조와 도조를 거쳐 오면서 그 경사를 키워 왔습니다. 환조에 이르러서는 상서로운 기운이 나타나 은혜와 미더움이 본디 두터워 그에게 충심으로 따라 붙좇는 백성이 한두 세대가 아니었으며, 상서로운 기운이 자주 나타나 하늘의 돌보심을 입은 지 자못 수

백 년이 되었습니다.

태조강헌대왕은 빼어난 성인의 바탕으로 천년의 천운을 얻어 신비로운 무예로써 위엄을 떨쳐 단숨에 이융(夷戎)을 소탕하였고, 천명을 받아 보위에 올라 너그러운 인정을 펼침으로써 백성을 편안케 하셨고, 태종공정대왕의 영명(英明)하심은 옛사람보다 뛰어나고 용기와 지혜는 뭇사람 중에 빼어나 일의 기틀에 밝아 나라를 창건하시니 그 공로는 억만년에 드높고, 국난을 다스려 사직을 안정시키니 그 덕은 백대의 왕에 으뜸입니다. 이처럼 오랜 여러 세대의 크신 위업은 전성(前聖)과 아름다움을 함께하셨으니 어찌 이를 노래로 읊어 후대에 밝게 전하지 않을 수 있겠습니까?

삼가 생각해 보면, 주상전하께서 한결같은 마음과 정밀한 조예로써 열성조의 위업을 잘 계승하여 도덕이 충만하고 정사가 안정되어 성대한 덕택이 사방에 적셔졌고, 예의가 갖춰지고 음악이 화기로워서 찬란한 문물이 지극히 빛났습니다. 생각건대 시가(詩歌)의 창작은 이 같은 태평 시기에 속한 일이기에 신 등은 모두 보잘것없는 재주로 외람되이 문한(文翰)의 임무를 맡은 까닭에, 삼가 민간에서 칭송되어 오는 얘기들을 채집하여 감히 종묘에 아뢰는 악가를 견주어 짓게 된 것입니다. 이에 목조가 처음 왕업을 이룩한 시기로부터 태종께서 태자로 있던 그날까지 모든 위대한 사적을 빠뜨림 없이 기록하여 왕업을 이룩하기 어려운 점을 열거하여 모두 갖추되 옛 고사에서 고증하였고, 가사는 나랏말을 썼고, 이어 한시(漢詩)를 덧붙여 그 정음(正音) 가사를 해석하니, 천지를 그리고 일월을 그림과 같습니다. 비록 나타내야 할 모습을 다 표현하지는 못하였으나 금석(金石)에 새기고 관현(管絃)에 올린다면 조금이나마 찬란한 업적을 떨칠 수 있을 것입니다. 만일 성상께서 이를 굽어 살펴 받아들여서 마침내 이를 반포하여 온 자손들에게 전하신다면 왕업이 쉽지 않음을 알 것이며, 온 고을과 나라에서 이를 쓰시면 길이길이 이를 잊지 못할 것입니다.

　여기에 지은 시가는 모두 125장입니다. 삼가 이를 베껴 쓰고 제본하여 이 글월과 함께 성상께 올립니다만, 부끄럽고 두려운 마음 이길 길이 없습니다. 머리 숙여 삼가 이를 말씀드리는 바입니다.

　정통 10년(세종 27, 1445) 4월 일, 숭정대부 의정부 우찬성 지변전 대제학 지춘추관사 겸 성균대사성 신 권제, 자헌대부 의정부 우참찬 집현전 대제학 지춘추관사 세자우빈객 신 정인지, 가선대부 공조참판 집현전 제학 동지춘추관사 세자우부빈객 신 안지 등은 이 글을 올립니다.[8]

---

8) 이 용비어천가 전문의 현대어 해석은 『국역 세종장헌대왕실록』에도 번역문이 있으나 실록(세종 27년 4월 5일 기사)에 기록된 내용은 책의 내용을 요약한 부분이 있어, 『역주 용비어천가』(박창희 역주, 한국학중앙연구원출판사, 2015)에서 끌어다 썼습니다. 이 자리를 빌어 박창희 선생께 깊은 존경과 감사의 말씀을 올립니다.

## 4. 『용비어천가』 발문

龍飛御天歌跋

詩之淸頌　所以稱述先王盛德成功　以寓念慕之懷　而爲子孫保守之遺也　應觀自古興運之主非一。然其

聖作神述　天授民戴　德之厚　功之隆　事迹之瑛奇顯曇　未有如我

祖宗之盛者也　歌頌之作宜已耶。歲乙安　議政府右贊成臣鄭麟趾　臣安止等僉爲歌詩一百二十五章以進　皆據事

撰詞　據古擬今　反覆敷陳而終之以規戒之義

龍飛御天歌　惟應所述事蹟　雖載在史編而人難遍閱　遷

殿下覽而嘉之　賜名曰

命臣及守集賢殿校理臣朴彭年　守敦寧府判官臣姜希顏　集賢殿副校理臣申叔舟　守副校理臣李賢老　僉據上以三　門臣李善史　僉佐郎臣崔恒　永孫等就加註解　於是粗叙其用事之本末復

爲音訓以便觀覽　共一十卷　作先音之要　人以

詩爲敎訓之際　律用之　鄕國以化滅天下　至今千載之下　尙能使人感歎而興起　況在當代之事乎。

後關而觀此　則追本今日之所由興盛　有以起其繼序不忒之金而保守之規　自有所不敢易　固人而觀興應　則推原今日之所由安盖有以作其泯世難忘之心而愛慕之誠　自有所不能已者　然則是歌之作　固與天作玄鳥之頌　並傳而不泯矣。吁　藏我正統十二年二月　日朝奉大夫集賢殿應敎　藝文應敎　知製敎　世子右弼善臣崔恒　拜手稽首謹跋

[『용비어천가』 끝면(발문)]

龍飛御天歌跋

詩之有頌 皆所以稱述先王盛德成功 以寓念慕之懷而爲子孫保守之道
也 歷觀自古興運之主非一 然 其聖作神述 天授民戴 德之厚 功之隆 事迹
之環奇顯異未有如我祖宗之盛者也 歌頌之作 可但已邪 歲乙丑 議政府右
贊成臣權踶 右参贊臣鄭麟趾工曹参判臣安止等製爲歌詩一百二十五章以
進 皆據事撰詞 摭古擬今 反覆敷陳而終之以規戒之義焉 我殿下覽而嘉之
賜名曰龍飛御天歌 惟慮所述事蹟 雖載在史編 而人難遍閱 遂命臣及守集
賢殿校理臣朴彭年 守敦寧府判官臣姜希顔 集賢殿副校理臣申叔舟 守副
校理臣李賢老 修撰臣成三問 臣李塏 吏曹佐郎臣辛永孫等 就加註解 於
是 粗敘其用事之本末 復爲音訓 以便觀覽 共一十卷 於乎 昔之聖人 以詩
爲教 叶之聲律 用之鄕國 以化成天下至今千載之下 尚能使人感發而興起
況於當代之事乎 後嗣而觀此則追本今日之所由興 益有以起其繼序不忘
之念而保守之規自有所不敢易 國人而觀此則推原今日之所由安 益有以
作其沒世難忘之心而愛慕之誠 自有所不能已者 然則是歌之作 固當與天
作玄鳥之頌 並傳而不泯矣 吁 盛哉 正統十二年二月日 朝奉大夫集賢殿
應教藝文應教知製教世子右弼善 兼 左中護臣崔恒 拜手稽首謹跋

용비어천가 발문

『시경』에 송(頌)이 있는 것은 모두가 선왕의 훌륭한 덕과 크나큰 공로
를 칭송하여 사모하는 마음을 붙여 두는 것임과 동시에, 이로써 자손들
이 나라를 보존하고 지켜 나가는 도를 삼고자 함일 것입니다. 예로부터
창업한 임금은 한둘이 아닙니다. 그렇지만 성인이 신의 뜻을 이어받고,

하늘이 천명을 주고, 백성이 추대하여 두터운 덕과 크나큰 공로와 훌륭한 사적(事跡)의 뚜렷함이 우리의 조종(祖宗)처럼 훌륭한 적은 일찍이 없었습니다. 이에 가송(歌頌)의 저작을 그만둘 수 있겠습니까? 을축년(1445)에 의정부 우찬성 신 권제, 우참찬 신 정인지, 공조참판 신 안지 등이 가시(歌詩) 125장을 제술하여 올렸사온데, 이는 모두 사실에 근거하여 기사를 지은 것이며, 옛일을 모아 오늘날의 일에 비유하고 반복하여 이를 서술하되, 경계의 뜻으로써 끝을 맺었습니다. 이에 우리 전하께서 이를 보시고 가상히 여기시어 '용비어천가(龍飛御天歌)'라는 이름을 하사하셨습니다. 다만 염려되는 바는 여기에 서술된 사적들이 비록 역사에 기재되어 있기는 하지만, 사람들이 모두 쉽게 알기 어려우므로, 마침내 신과 수집현전교리 신 박팽년(朴彭年), 수돈녕부판관 신 강희안(姜希顏), 집현전부교리 신 신숙주(申叔舟), 수부교리 신 이현로(李賢老), 수찬 신 성삼문(成三問), 신 이개(李塏), 이조좌랑 신 신영손(辛永孫) 등에게 명하시어 자세히 주해를 덧붙이도록 하였습니다. 이에 대략이나마 그 용건의 본말을 서술하고, 다시 음훈(音訓)을 마련하여 책을 보기에 편리하게 하니 모두 10권이 되었습니다. 아! 옛 성인들이 시로써 가르침을 삼고 성률(聲律)에도 맞추어 고을과 나라에 두루 사용하여 천하에 교화가 이루어졌으므로, 천 년이 지난 오늘날까지도 사람들을 감동시키고 흥기시키기에 남음이 있는데 하물며 당대는 어떠하겠습니까?

후사(後嗣)의 임금으로써 이를 살펴본다면 오늘날 흥성할 수 있었던 일의 근본을 미루어 보시어, 왕실의 이어옴의 그 으뜸에 있었음을 더욱 더 잘 알게 되어 잊을 수 없음에 생각이 일어나게 됨으로써 나라를 보존하고 지켜가는 법도를 스스로 가볍게 다루지 않을 것이옵니다. 나라의 백성으로서 이를 본다면 오늘날 우리가 편안할 수 있었던 바 근본을 알게 되어 더욱더 세상이 다하도록 잊을 수 없는 사모의 정성이

진작되어 그침이 없을 것입니다. 그러하온즉 이 노래의 저작을 마땅히
「천작(天作)」, 「현조(玄鳥)」의 송(頌)과 함께 전하여 없어지지 않도록 함
이 마땅합니다. 아! 훌륭한 일이라 하겠습니다. 정통 12년(세종 29, 1447)
2월 일, 조봉대부 집현전응교 지제교 세자우필선 겸 좌중호 신 최항(崔
恒)은 머리를 조아려 삼가 발문을 올리는 바입니다.[9]

## 5. 세종실록에 나타난 간행 경위

앞에 옮긴 서문과 전문(箋文)에 따르면, 처음에 권제, 정인지, 안지
등이 세종의 명을 받아, 민간에서 칭송되어 오는 얘기들을 채집하여
종묘에 쓸 악가를 지었는데, 목조부터 태종이 태자로 있던 때까지 모든
사적을 기록하여 왕업을 이룩하기 어려운 점을 열거하여 모두 갖추되
옛 고사에서 고증하였다. 가사는 임금이 우리말로 지어 읊었으며, 이어
신하들이 한시(漢詩)를 덧붙이고 그 한글 가사를 해석하여 세종 27년
(1445) 4월에 악장이 완성되었다고 하였다. 그러나 이 악장에 자세히
주해를 덧붙이고 한자의 음훈(音訓)을 다는 일을 추가로 시행한 것은
최항, 박팽년, 강희안, 신숙주, 이현로, 성삼문, 이개, 신영손 등이었고,
2년이 흘러 세종 29년(1447)에야 비로소 책으로 간행되었다는 것이다.

이제 『세종실록』의 기사를 통하여 좀더 자세히 들여다보자.[10]

---

9) 이 용비어천가 발문의 현대어 해석은 『역주 용비어천가』(박창희 역주, 한국학중앙연
구원출판사, 2015)에서 끌어다 썼습니다. 이 자리를 빌어 박창희 선생께 깊은 존경과
감사의 말씀을 올립니다.
10) 이 책에서 인용하는 실록의 번역문은 모두 『국역 세종장헌대왕실록』(세종대왕기념
사업회)에서 인용하였다.

경상도와 전라도 관찰사에게 전지(傳旨)하기를, "홍무 13년(1380) 9월
에 왜구가 떼를 지어 육지로 올라와 우리의 경계를 침략하였을 때에,
우리 태조께서 부대를 정비하여 이끌고서 바로 운봉(雲峯)에 이르러 한번
에 소탕하였으니, 그 훌륭한 공과 위대한 업적은 후세에까지 전하지
아니할 수 없는 것이다. 그러므로, 그 때의 군마(軍馬)의 수효와 적을
제어한 방책과 접전한 수와 적을 함락시킨 광경 등을 본 사람이 반드시
있을 것이니, 경은 도내 여러 고을에 흩어져 살고 있는 늙은이들에게
널리 다니며 물어 상세히 기록하여 아뢰라." 하였다. 이때에 임금이 바야
흐로 『용비어천가』를 짓고자 하여 이러한 전지를 내린 것이었다. (세종
24년(1442) 3월 1일 기사)

세종은 1442년 3월 1일의 세종실록 기록처럼 이때부터 용비어천가
를 지어야겠다고 결심하여 자료를 모으기 시작했음을 알 수 있다.
　그런데 1445년 4월 5일 실록 기사에는,

　　의정부 우찬성 권제, 우참찬 정인지, 공조 참판 안지 등이 『용비어천
가』 10권을 올렸다. 전(箋)에 이르기를, (세종 27년 4월 5일 기사)

라고 한 것을 보면, 세종이 이미 1442년 전후부터 권제, 정인지, 안지
등에게 글의 형식과 내용에 대해 설명하고 글짓기를 지시한 것으로
보인다. 1445년 4월 5일 이전에는 글을 지으라고 명령한 기록이 없지
만 이때 이미 10권을 완성하여 임금에게 바쳤다는 것은 3년 동안이
글을 지은 시간이었음을 알 수 있다. 그 사이 1443년 9월에 세종이
훈민정음을 창제하였음을 신하들에게 알리는 역사적 사건이 일어났
고, 이 새 문자로 국가적 사업인 대서사시를 기록하고자 했던 것이다.
　또한 1445년 4월 5일 기사에는 이미 신하들이 글을 다 짓고 올린
전문(箋文)까지 함께 기록하고 있으니, 발문에 보이는 1447년 2월까지

는 수정 보완하면서 목판에 새기고 종이로 인쇄하는 일이 진행되었다는 것을 알 수 있다. 그렇다면 세종이 수많은 정간(井間) 악보를 짓고 거기에 용비어천가를 가사로 붙이는 작업은 언제 시작되었을까? 전문에 이미 '금석에 새기고 관현에 올린다면'이라는 말이 있고, 세종실록에는 1447년 5월 5일에 만찬을 열어 세종이 지은 악보를 관현악으로 연주하게 하였다고 한다. 이것은 용비어천가를 지은 목적이 두 가지였음을 알 수 있는데, 첫째는 조선 창업의 역사적 정당성을 만천하에 천명하는 일이었고, 둘째는 대한민국의 애국가처럼 국가 차원에서 연주하고 부를 악보와 노래를 지어 제례를 비롯한 각종 행사 때에 연주하도록 하는 일이었다. 이미 1447년 6월 5일 실록 기사에는,

처음에 임금이 용비어천가를 관현(管絃)에 올려 느리고 빠름을 조절(調節)하여 치화평(致和平)·취풍형(醉豐亨)·여민락(與民樂) 등 음악을 제작하시매, 모두 악보가 있으니, 치화평의 악보는 5권이고, 취풍형과 여민락의 악보는 각각 2권씩이었다. 뒤에 또 문무(文武) 두 가지 춤곡조를 제작하였는데, 문(文)은 '보태평(保太平)'이라 하고 무(武)는 '정대업(定大業)'이라 하여 악보가 각각 1권씩이고, 또 상서(祥瑞)의 감응된 바를 취재(取才)하여 따로 한 가지 곡조를 지었으니 이름을 '발상(發祥)'이라 한 악보 1권이다. 또 속악(俗樂)을 정하여 환환곡(桓桓曲)·미미곡(亹亹曲)·유황곡(維皇曲)·유천곡(維天曲)·정동방곡(靖東方曲)·헌천수(獻天壽)·절화(折花)·만엽치요도(萬葉熾瑤圖)·최자(嗺子)·소포구락(小拋毬樂)·보허자(步虛子)·파자(破子)·청평락(淸平樂)·오운개서조(五雲開瑞朝)·중선회(衆仙會)·백학자(白鶴子)·반하무(班賀舞)·수룡음(水龍吟)·무애(無㝵)·동동(動動)·정읍(井邑)·진작(眞勺)·이상곡(履霜曲)·봉황음(鳳凰吟)·만전춘(滿殿春) 등의 곡조로써 평시에 쓰는 속악을 삼았는데, 악보 1권이 있다. (세종 29년 4월 5일 기사)

그런데 윗글에서 '처음에'가 언제였을까? 아무리 세종이 뛰어난 작곡가라 할지라도 2월에서 5월까지 3개월만에 이 많은 곡을 작곡하기는 쉽지 않다. 이미 1443년 9월에 자신이 창제한 훈민정음으로 가사를 짓기 시작했으니, 1445년에는 그 가사를 붙여 곡을 만드는 작업을 어느 정도 마무리하였음을 합리적으로 추측할 수 있다. 이를 뒷받침하는 기록도 보인다.

임금이 승정원에 지시하기를, "우리나라는 멀리 동쪽 변방에 있어 음악이 중국과 같지 않다. 옛적에 당(唐)나라에서 악기를 하사하였는데, 그 뒤에 세대가 멀어서 음악이 무너졌다. 고려 공민왕 때에 악사(樂師)를 주청하였으나 윤허를 받지 못하였다가, 근래 선덕(宣德) 연간(1426~1434)에 본국에서 창가비(唱歌婢)를 가려 뽑아 입조(入朝)하게 하여 6,7년이 지나니, 태황태후께서 놓아 돌려보내고 이르기를, '나라 안에서 임의로 부리라.' 하였으니, 내가 생각하기를 일찍이 입조하여 근시한 자라 하여 사역시키지 않은 지가 여러 해가 되었다. 이제 용비시(龍飛詩)를 관현(管絃)에 입히고자 하여 창가비로 하여금 당악에 맞추려 하니, 혹은 그 음률을 잊은 것도 있고, 혹은 잊지 않은 것도 있으나, 현가(絃歌)의 소리가 본국의 음악에 합하지 않고 무도(舞蹈)하는 모양만이 볼 만하였다. 또 내가 병이 있어 깊은 궁중에 있으므로 음악을 듣기를 좋아하지 않으나, 본국의 음악[音]을 당률(唐律)에 합하게 하여 그 모양과 소리를 익혀서 후인이 보고 듣게 함도 좋을 것이다. 그 창가비에게는 옷 1습(襲)씩을 상주라." 하였다. (세종 27년(1445) 9월 13일 기사)

1445년 4월 5일 이미 10권을 완성하여 임금에게 바쳤고, 위 실록 기사처럼 그해 9월 13일에는 악기를 연주하여 용비어천가를 노래하게 하려고 했다는 것이다. 목판으로 인쇄한 책은 1447년 10월 16일 550본을 신하들에게 반사하지만, 그 이전에 이미 임금에게 올린 초본으로 세종은 악보를 제작하고 실제로 연주시켜 보는 작업을 했다는 말이다.

　결론적으로 우리가 간과해선 안 될 일은, 세종은 백성의 편리를 위해 한글을 만들었고, 국가 최고의 대서사시와 종묘제례악을 한글로 기록하고 연주하였다는 사실이다. 즉, 용비어천가라는 책은 민본과 실용, 주최의식이 바탕을 이룬다는 것 뿐만 아니라 한글(훈민정음, 언문)이 태어나자마자 이런 사상을 담아내는 데 얼마나 높은 격식을 갖추어 중요하고 숭고하게 사용되었는지를 극명하게 보여준다.

# 자치통감 사정전 훈의

『자치통감(資治通鑑)』은 중국 북송(北宋) 시대의 정치가이자 역사가인 사마광(司馬光, 1019~1086)이 영종 황제의 명을 받아 만든 중국 역사책이다. 사마광은 이 책에서 기원전 403년 주(周)나라 위열왕 때부터 송나라 건국 직전인 960년 오대(五代) 시대까지의 역사를 시대별로 서술하였다. 무려 1362년 동안의 역사를 편년체로 서술하다 보니 16조(朝) 16기(紀) 294권이나 되는 어마어마한 분량에다 책을 완성하는 데도 20년이나 걸렸다.

공자가 동양의 가장 위대한 성인이 될 수 있었던 것은 그가 역사를 정리했기 때문이다. 그는 스스로 '육경(六經)을 산술(刪述)했다.'라고 말했듯이, 오랜 역사 속에 산재해 있던 시(詩), 서(書), 역(易), 예(禮), 춘추(春秋), 악(樂)을 정리하여 경전의 경지에 올려놓은 인물이다.

14세기 조선에는 중국의 역사서와 유교 경전들이 무수히 들어와 지식인들에게 읽혔다. 당시 조선 지식인들에게 중국의 역사서는 필독서였고, 지식의 대부분을 차지할 만큼 중요한 학문이었다. 조선에 들어와 있던 중국의 역사서는 사마천의 『사기(史記)』, 반고의 『한서(漢書)』, 진수의 『삼국지(三國志)』, 사마광의 『자치통감(資治通鑑)』, 주희의 『자치통감강목(資治通鑑綱目)』 등 무수히 많았다. 사마광은 공자의 『춘추』 편찬 정신을 본받아 계승코자 『자치통감』을 지은 것이다. 이어서 남송(南宋)의 주희(1130~1200)는 『자치통감』의 역사 사실을 제단하여 비평적 주석을 달아 『자치통감강목』을 저술하였다. 주희도 공자처럼 『자치통감강목』을 펴냄으로써 주자학의 시조가 될 수 있었다.

『자치통감』은 김부식이 『삼국사기』를 쓸 때 참고하였던 책이니 이미 고려 때부터 들어와 읽혔던 책이다. 조선에 들어와서도 태조 이성계는 즉위 교서에서 인재를 뽑을 때 사서 오경과 함께 통감에 통달한 사람을 뽑겠다고 선언하였다. 태종 역시 통감을 읽고 신하들과 의견을 나누었다고 한다. 『자치통감강목』은 명나라 황제가 직접 하사하여 조선에 들어온 것만도 다섯 차례나 된다. 즉, 태종 6년(1406), 태종 8년(1408), 세종 8년(1426), 세종 12년(1430), 세종 15년(1433)에 사신이 가져온 것이다.

세종은 즉위 초부터 『자치통감』을 읽었다.

> 주자소(鑄字所)에 술 1백 20병을 내려 주었다. 얼마 전 책을 찍는데 글자를 구리판[銅板]에 벌여 놓고 황랍(黃蠟)을 끓여 부어, 단단히 굳은 뒤에 이를 찍었기 때문에 납이 많이 들고, 하루에 찍어 내는 것이 두어 장에 불과하였다. 이 때에 이르러 임금이 친히 지휘하여 공조 참판 이천(李蕆)과 전 소윤 남급(南汲)으로 하여금 구리판을 다시 주조하여 글자의 모양과 꼭 맞게 만들었더니, 납을 녹여 붓지 아니하여도 글자가 이동하지 아니하고 더 해정(楷正)하여 하루에 수십 장에서 백 장까지 찍어 낼 수 있었다. 임금은 그들의 일하는 수고를 생각하여 자주 술과 고기를 내려 주고, 『자치통감강목』을 찍어 내라고 명령하고, 집현전으로 하여금 그 잘못된 곳을 교정하게 하였는데, 경자년(1420) 겨울부터 시작하여 임인년(1422) 겨울에 이르러 일을 끝냈다. (세종 3년(1421) 3월 24일 기사)

처음 『자치통감강목』을 금속활자로 인쇄하라고 한 것이 즉위하여 3년이 되지 않은 때이니 이미 세종은 즉위하면서부터 이 책을 읽고 그 내용을 상세히 알고 있었음을 말해 준다.

더 나아가 세종은 사정전(思政殿) 신하들에게 명을 내려, 사람들이 『자치통감』과 『자치통감강목』을 보다 쉽게 읽어볼 수 있도록 뜻을 자세하게 풀이하여 책을 만들라고 지시하고, 신하들의 수고도 마뜩지 않았는지 직접 밤늦게까지 이 책의 교정을 보다가 안질이 생길 정도로 심혈을 기울였다. 완성된 다음에는 이 책을 인쇄하여 전국에 배포하였는데, 이것이 『자치통감 사정전훈의』와 『자치통감강목 사정전훈의』이다.

> 중추원사 윤회, 예조 좌참판 권도, 집현전 부제학 설순 등을 불러 집현전에 모두고 『자치통감』을 고열(考閱)하게 하여, 그 글뜻의 알기 어려운 귀절은 『원위집람석의(源委輯覽釋義)』로부터 여러 서적에 이르기까지 참고하여, 그 해설이 있는 것을 뽑아서 그에 해당한 마디마다 끝에 붙여 편찬케 하고 이름을 '통감훈의'라 하였다. 또 문신인 집현전 응교 김말, 교리 유의손, 우헌납 이중윤, 전 우헌납 이사중, 집현전 수찬 이계전, 부수찬 최항, 이조 좌랑 남계영, 세자 좌사경 어효첨, 사헌 감찰 강맹경, 봉상 녹사 민원 등을 뽑아 교정에 참여하게 하고, 또 좌승지 권맹손으로 겸하여 이를 관장하게 하였다. (세종 16년(1434) 6월 26일 기사)
> 대제학 윤회(尹淮) 등이 날마다 편찬하는 『자치통감훈의』를 매일 저녁 궐내에 들이니, 임금이 친히 오류(誤謬)된 것을 교정하기를 혹은 밤중에 이르도록 하였다. (세종 16년(1434) 12월 11일 기사)

세종은 『자치통감』 해설책을 내는 작업에 직접 나서서 매일 검토하며 밤늦게까지 원고를 교정하였다.

요즈음 이 글을 보면서 독서가 유익함을 알았다. 총명이 날마다 더하
고 잠이 아주 줄었다. (세종 16년(1434) 12월 11일 기사)

사정전은 경복궁 근정전 뒤에 있는 편전으로 세종이 집현전 학자들과
수시로 경연을 열던 곳이다. 세종이 얼마나 많이 『자치통감』을 읽었으
면 그 내용을 다 꿰고 교정까지 보았을까? 이 책을 제대로 이해하기
위해 필요한 중국의 인명, 지명, 고사에 대한 풀이를 단 책이 '훈의(訓義)'
이니 그 방대한 양뿐만 아니라 역사적 지식에 놀라지 않을 수 없다.
서거정(1420~1488)은 『필원잡기』에, "훈의(자치통감 사정전훈의)』만큼
상세하고 정밀한 책은 세상에 없을 것이다. 나는 우리나라의 훈의가
가장 우수하다고 생각한다."라고 써 놓았다.

이계전과 김문에게 명하여 강목과 통감의 훈의를 찬술하게 하고, 유의
손으로 하여금 서문을 짓게 하였다. (세종 18년(1436) 7월 29일 기사)

세종은 이 책의 편찬을 시작한 1434년에 종이 30만 권을 준비하여
5~6백 질을 간행 보급할 계획을 세웠다고 한다. 그런데 294권이나 되
는 책을 5백 질이나 만들려니 그 비용과 인력을 감당하기가 쉽지 않았
다. 더욱이 목판으로 이 정도의 책을 만들려면 목판을 수천 장 새겨야
하는 어려움이 있었다. 결국 세종의 처음 생각과 달리 분량이 많은 이
책은 금속활자 갑인자로 간행되었으니, 1438년 완성된 책은 무려 100
책 294권이나 된다. 세종은 즉위하는 동안 『자치통감』과 관련한 책을
수없이 편찬하였다.

『자치통감강목』(1422), 59권
『자치통감강목속편』(1423),

『자치통감강목』(1424),

『자치통감』(1427), 294권

『자치통감강목』(1434),

『소미가숙 통감절요(小微家塾 通鑑節要)』(1434), 50권

『음주 자치통감(音註資治通鑑)』(1435), 100권

『자치통감 사정전훈의』(1438),

『자치통감강목 사정전훈의』(1438), 149권

『찬주부음 자치통감 오기증의』(1434?).[11]


　『자치통감』은 세종이 역사를 보는 눈을 넓히는 데 노둣돌 구실을 톡톡히 한 셈이다. 뿐만 아니라 당시 조선에는 중국의 『십팔사략』이 이미 들어와 있었고, 조선의 지식인들은 중국의 역사를 우리 역사 못지않게 알아야 했다.

　『소미가숙 통감절요』란 송(宋)나라 강지(江贄)가 사마광의 『자치통감』을 간추린 것으로 그의 호 소미(小微)를 따서 이름지은 책이다. 총 294권인 『자치통감』을 줄여서 전체 50권 분량으로 펴냈다.

　이뿐만 아니라 세종은 경연을 많이 연 임금으로도 잘 알려져 있는데, 이 경연에서 강독의 대상이 된 책을 보면, 논어, 맹자, 대학, 중용, 시경, 서경, 역경, 춘추, 사기, 자치통감, 통감절요, 통감강목, 자치통감속편, 통감속편절요, 대학연의, 율려신서, 근사록, 성리대전, 주자가례, 송조명신언행록, 송원절요, 송감 등으로, 이를 크게 분류하면, 유교 경전, 사서, 기타 통감 따위로 나눌 수 있다.[12] 이것은 세종의 독서량이 얼마나 방대하였는지를 말해주고, 또 그 지식의 깊이를 가늠케 해 준다.

---

11) 손보기, 『세종시대의 인쇄출판』, 세종대왕기념사업회, 1986, 118쪽에서 참고함.

12) 손보기, 『세종대왕과 집현전』, 세종대왕기념사업회, 1984, 31쪽에서 인용함.

# 삼강행실도

## 1. 『삼강행실도』와 『오륜행실도』

### 1) 『삼강행실도』

세종 16년(1434)에 처음 간행한 한문본 『삼강행실도(三綱行實圖)』는 3권 3책 목판본으로서, 처음부터 『삼강행실효자도(三綱行實孝子圖)』, 『삼강행실충신도(三綱行實忠臣圖)』, 『삼강행실열녀도(三綱行實烈女圖)』의 각 권을 3책으로 구성하여, 각 책마다 반포 교지, 전(箋), 서(序), 발(跋)을 다 실었다. 이것은 각 도에서 한꺼번에 세 책을 다 간행하지 않고 재량껏 한 책만 낼 수도 있도록 책마다 독립된 체재로 구성한 것이다. 본문은 중국과 한국의 역대 인물에서 선정된 효자, 충신, 열녀 각 110명씩 330명의 그림과, 공적을 정리한 글을 싣고, 여기에 이를 찬양한 내용의 시(詩)와 찬(讚)을 수록하였다.

책의 편집체제는 1명을 1판장에 배치하여, 접었을 때 앞면에 해당하는 부분에 표제와 함께 그림이, 뒷면에 해당하는 부분에 행장과 시·찬(詩讚)이 보이도록 하였다. 문장과 시찬은 모두 읽기 쉽게 동그란 권점(圈點)

을 찍어 해석하기 편리하도록 하였다. 그러므로 그림과 권점의 표시는 이 책이 백성 교화용으로 제작된 윤리서라는 성격을 말해준다.

세종이 처음 이 책을 편찬토록 한 계기는 잘 알다시피, 세종 10년 (1428)[13] 진주에 사는 김화(金禾)라는 사람이 아비를 죽인 사건이 일어나서이다. 세종은 임금으로서 그 책임을 통감하고, 효제(孝悌)의 마음을 돋우고 풍속을 두텁게 하는 방안을 찾던 중, 변계량이『효행록』과 같은 책을 펴내자고 아뢰자 곧바로 직제학 설순을 책임자로 하여 책을 지어 펴내라고 명령한 것이다. 우선 기존의『효행록』에 수록된 24인을 바탕으로 20인을 증보하여『효행록』의 증보본을 편찬하기로 하였다. 세종 13년(1431) 여름에 세종이 집현전 직제학으로 재직중이던 설순 등에게 새로운 효행록『삼강행실도』를 편찬하도록 하명하였던 것이다.

이에 왕명에 따라 설순 등이『효순사실(孝順事實)』과『효행록』등을 참고하여 세종 14년(1432) 6월에 집현전에서『삼강행실도』의 편찬을 완료함과 동시에, 권채(權採, 1399~1438)의 서문과 맹사성(孟思誠, 1360~1438)의 전문(箋文)이 찬진되고, 세종 15년(1433) 2월에 예문관 대제학 정초(鄭招, ?~1434)가 왕명을 받들어『삼강행실도』의 발문(跋文)을 찬진하자, 이에 세종 16년(1434) 4월에 주자소에 이송하여 판각하고 인출(印出)하여 반포하고, 아이들과 부녀자들도 알 수 있도록 중앙은 한성부와 오부에서, 지방은 감사와 수령의 친속들이 교육하도록 하라는 교서를 내렸다. 교서문은 윤회(尹淮, 1380~1436)에게 찬진하도록 하였다. 그 후 같은 해 11월에는 실제로 인출된『삼강행실도』를 종친과 신하들에게 반사하고 각 도에도 나누어 주었으며, 세종 21년(1439) 3월에는 함길도 관찰사의 건의에 따라 부거현(富居縣)에까지 내려 보내도록 하였다. 또

---

13)『세종실록』제42권, 세종 10년(1428) 10월 3일 기사.

한 세종 25년(1443)에는 함길도의 경원·경흥·회령·온성·종성·부거 등 각 고을에도『삼강행실도』를 보냈다.

또한 세종 26년(1444) 2월에 집현전 부제학 최만리(崔萬理, ?~1445)와 정창손(鄭昌孫, 1402~1487) 등이 한글[諺文] 제작의 부당함을 아뢰자 세종은 "내가 만일 언문으로『삼강행실도』를 번역하여 민간에 반포하면 어리석은 남녀가 모두 쉽게 깨달아서 충신·효자·열녀가 반드시 무리로 나올 것이다."(『세종실록』권103, 세종 26년 2월 20일 기사)라고 하면서 꾸짖었으니, 그 언해는 세종 때에 이미 착수하지 않았을까 하는 추정도 가능하다. 그러나 언해를 완성하였다는 기록이 세종 때는 나타나지 않으며, 성종실록 성종 12년(1481) 3월에 가서야 나타나므로, 정창손 등의 반대 상소로 인해 중단되었음을 알 수 있다.

권채가 쓴『삼강행실도』서문에는 다음과 같은 내용이 있다.

중국에서 우리나라에 이르기까지 고금의 서적에 기록되어 있는 것으로 참고하지 않은 것이 없으며, 그 속에서 효자, 충신, 열녀로서 특출한 자 각 1백10명씩을 뽑아, 그림을 앞에 그리고 행적을 뒤에 적되 찬시(讚詩)를 한 수씩 붙였는데, 이때 시는 효자도의 경우, 명나라 태종이 보내준 『효순사실(孝順事實)』에 실린 시와, 나의 고조할아버지 권부(權溥)께서 고려 때 편찬한『효행록(孝行錄)』가운데 이제현(李齊賢)이 쓴 찬을 옮겨 실었으며, 거기에 없는 것과 충신도, 열녀도의 찬과 시들은 모두 편찬관들이 나누어 지었다. (『삼강행실도』서)

『삼강행실도』는 효자도가 가장 먼저 나오고, 충신도, 열녀도의 순서로 나오는데, 효자를 충신 앞에 편집한 것도 세종의 깊은 뜻이 담겨있는 것이라 한다. 권채의 서문에 따르면, 효자편은 중국의『효순사실』과 고려의『효행록』, 그리고 다른 여러 책에서 뽑아 편찬하였고, 체재도 두 책을 따라 행적 기록 끝부분에 시(詩)와 찬(贊)을 넣되, 앞의 두 책에 기록된 시찬이 있으면 그대로 인용한 것임을 알 수 있다. 충신편과 열녀편에 대해서는 앞선 간행 책이 없어 정사(正史)와 기타 안팎의 많은 책에서 수집하여 기록하였고, 시와 찬도 모두 새로 쓴 것이라 적고 있다. 내용을 보면, 중국의 여러 정사에 나오는 열전(列傳)과, 유향(劉向)이 지은 『열녀전(列女傳)』, 명나라 초기 영락제 때 간행된 『고금열녀전(古今列女傳)』 등에서 수집한 것임을 알 수 있다.

『삼강행실도』가 『삼강행실록』이 아닌 까닭은, 이야기를 그린 그림을 먼저 새겨 앞에 놓고 그 뒤에 이야기를 글로 새겨 놓아 글 모르는 사람도 그림을 보고 내용을 알 수 있도록 했기 때문이다. 또한 인물이 중국사람이면 중국의 의식주를 따라 그렸고, 왜인(倭人)이면 왜의 복장과 두발 등을 정확히 묘사하고 있다는 사실은, 얼마나 심혈을 기울여 제작하였는지를 알게 하는 일이다. 특히 이야기에 따른 여러 장면을 한 그림 속에 몇 개로 쪼개어 그 흐름대로 그려 넣고 있다. 즉 시간을 달리하는 여러 장면을 표현하되 시간차를 나타내기 위해, 예를 들면 대문 바깥, 대문안 마당, 집안 등으로 화면을 가로 잘라서 사람들을 배치하고 그것으로 다른 장면을 표현하는 방법을 쓰고 있다. 이와 같은 방법은 중국의 유사한 판본에서 볼 수 없는 방법으로서, 중국의 책에서는 한 쪽의 윗부분에 그림을, 아랫부분에 글을 싣거나, 글을 그림 뒤에 실었다. 후대 명청 시대에는 두 쪽에 걸쳐 그림을 싣고 그림 뒷쪽부터 글을 싣기도 한 경우도 있었다.

세종 16년(1434)에 반포된 초간본의 인쇄 부수는 극히 제한되었을 것으로 보인다. 조선 시대 간본은 용지 관계도 있지만 수요가 제한되어 있어서 특별 관판(官版) 이외는 지역 수요자를 위한 한정판이었고, 관판의 경우도 대개는 각 관서와 관원들에게 반포하는 것이 목적이었고, 특히 널리 읽혀야 할 책이거나 오래 보존되어야 할 책은 각 도의 관찰사로 하여금 관간본(官刊本)을 복각하거나 재간행케 하는 것이 관례였으니, 그래서 정부 활자본의 경우도 활자본의 주요 기능은 지방에서의 복각을 위해 적은 부수만 신속히 최소 비용으로 찍어내는 것이었다.(김원용, 『삼강행실도』(한문본) 해제, 1982)

그러나 언해본이 나온 뒤로는 읽기 힘든 한문본이 급격히 사라져 현전하는 한문본은 한두 편 뿐이다. 다만 세종 때 펴낸 한문본의 원판은 내용을 대폭 줄인 언해본에도 그대로 사용되고 있으니 이것은 세종의 정신을 그대로 계승하려는 후대 임금들의 노력이 아닐 수 없다. 이 세종 때의 『삼강행실도』 한문본은 조선 시대 전반에 걸쳐 백성의 윤리서로서 본보기가 되었고 백성의 생활 규범과 사회 질서의 초석을 마련한 것이라고 할 수 있다.


### 2) 『삼강행실도』(언해본)

성종 20년 6월, 경기관찰사 박숭질이 성종에게 아뢰기를, '세종조에는 『삼강행실도』를 중외에 반포해서 민심을 선도하였는데, 이제 책이 귀해져서 관청에서조차 비치하지 못하고 있는 형편일 뿐만 아니라, 그 내용이 너무 방대하여 일반이 읽기 힘드니, 이것을 선록(選錄)하여 축소하되 목판인쇄는 매우 어려우니 활자(活字)로 인쇄함이 어떻겠습니까?' 하니, 성종이 즉석에서 이를 받아들여 내용을 추려 1책으로 산정본(刪定本)을 간행케 하였다.

성종 21년(1490)에 한문본에서 각 35명씩 모두 105명만을 뽑아 산정(刪定)하고 언해하여 언해본 『삼강행실도』를 간행하였으나 지금은 전하지 않고, 이를 다시 인출한 중종 5년(1506) 간행본이 남아 영국 런

던대학교에 소장되어 전하며, 이를 바탕으로 세종대왕기념사업회에서 역주본을 간행한 바 있다. 이 한문본과 언해본은 그 판본이 같은 목판본으로, 언해본은 다만 한문본 목판의 이마 부분에 언해문을 덧새겨서 찍어낸 것임을 알 수 있다.

언해본 『삼강행실도』는 효자, 충신, 열녀를 각각 35명씩 뽑아 모두 105명, 즉 원래 3권 3책인 것을 1책으로 대폭 축소하여 펴내게 된 것이다.(김정수, 『삼강행실도』(언해본) 해제, 2010) 이 중종 때의 원간본 『삼강행실도』(언해본)는 앞에서도 언급한 바와 같이 세종 때 한문본이 완성된 뒤에 이미 언해 작업을 착수하여 성종 때에 완료된 것임을 보여주는 요소들이 나타나 있다. 즉, 『용비어천가』 등 초기 문헌의 표기와 비슷한 언어 형태가 보이고, 한글의 자형은 『월인석보』와 같다. 그리고 방점과 'ㅸ, ㅿ, ㅆ, ㆅ'자가 쓰이고 있다.(박종국, 『한글문헌 해제』 153쪽)

### 3) 『속삼강행실도』와 『이륜행실도』

세종이 명하여 처음 간행된 『삼강행실도』는 그뒤 여러 형태의 다른 책들로 계승되어 간행되었는데 정리하면 다음과 같다.

1. 『삼강행실도』(한문본) – 세종 16년(1434) – 316인의 행적
2. 『삼강행실열녀도』(언해본) – 성종 12년(1481) – 전하지 않음
3. 『삼강행실도』(언해본) – 성종 21년(1490) – 한문본의 산정본, 105인의 행적
4. 『삼강행실도』(언해본) – 중종 5년(1506) – 원간본(성종 21년)의 재인출. 교서, 서문, 발문 등이 빠짐.
5. 『속삼강행실도』 – 중종 9년(1514) – 한문본에 빠진 사람을 추가한 69인의 행적

6. 『이륜행실도』 - 중종 13년(1518) - 형제, 종족, 붕우, 사생 등을 추가한 48인의 행적
7. 중간본 『삼강행실도』(언해본) - 중종 6년(1511), 중종 9년(1520), 명종 9년(1554), 선조 14년(1581), 선조 39년(1606), 영조 5년(1729), 고종 19년(1882) 등. (『한글문헌학』(백두현) 247쪽 인용)
8. 중간본 『속삼강행실도』 - 선조 14년(1581), 영조 3년(1727) 등.
9. 중간본 『이륜행실도』 - 선조 13년(1579), 영조 3년(1727), 영조 6년(1730) 강원감영판본 등.
10. 『동국신속삼강행실도』 - 광해군 9년(1617) - 1515인의 행적+삼강행실 16인+속삼강행실 56인 발췌
11. 『오륜행실도』 - 정조 21년(1797) - 삼강행실도(언해본)와 이륜행실도의 합본, 150인의 행적

여기서 『삼강행실도』(한문본)과 『삼강행실도』(언해본)에 이어진 『속삼강행실도』과 『이륜행실도』에 대하여 간략히 살펴보자.

『속삼강행실도(續三綱行實圖)』는 중종의 명에 따라 신용개(申用漑) 등이 중종 9년(1514)에 간행한 1책의 목판본으로서, 『삼강행실도』(한문본)에 빠진 사람을 찾아 추가로 간행하였다고 하지만, 체재는 언해본과 같이 본문 윗면에 언해문을 새겼다. 원문에는 시(詩)와 찬(讚)을 붙이고, 1장에 한 사람씩 효자 36인, 충신 5인, 열녀 28인, 모두 69인의 사적을 수록·언해하였는데, 조선과 명나라 개국 이후에 발생한 사실을 중심으로 하여 조선 사람은 효자 33인, 충신 2인, 열녀 20인으로 모두 55인이고, 명나라 사람은 효자 3인, 충신 3인, 열녀 8인으로 모두 14인이니, 우리나라 사람 위주로 뽑았음을 알 수 있다.

『이륜행실도(二倫行實圖)』는 중종 13년(1518) 김안국(金安國)이 편찬한 책이다. 강혼(姜渾)이 쓴 서문에 의하면, 당시 승정원의 승지로 있던

김안국이 건의하니 중종이 이를 받아들여 왕명으로 편찬하려 했으나 김안국이 경상도관찰사로 멀어지게 되어 경상도 금산군(金山郡, 지금의 경북 김천)에 은거하고 있던 전 사역원정 조신(曹伸)에게 편찬케 하였으니, 이때 김안국은 집필과 편집 등을 맡았고 조신이 이를 받아 금산에서 인쇄, 간행하였다고 하였다. 그런데 김안국의 행장에 기록된 것을 보면, 중종 11년(1516)에 상계(上啓)한 내용에서 그가 건의한 내용은 『삼강행실도』의 인간(印刊)이 백성들을 교화하는 데 큰 성과가 있었음을 언급하고 나서, 그렇지만 『삼강행실도』에는 장유유서(長幼有序)와 붕우유신(朋友有信)의 두 가지 규범은 삼강과 함께 오륜이 되므로 제외할 수 없는 인륜이라고 하였다. 그리하여 김안국은 이미 이때부터 장유와 붕우의 윤리 내용을 『삼강행실도』에 보충하여 『오륜행실도』를 편찬 반포할 것을 건의하고 있다.[14] (김문웅, 『이륜행실도』 해제, 2010)

### 4) 동국신속삼강행실도

『동국신속삼강행실도(東國新續三綱行實圖)』는 광해군 6년(1614)에 유근(柳根) 등이 왕명에 따라서 엮은 것으로 『삼강행실도』의 속편의 성격을 띠었다. 효자, 충신, 열녀 등 삼강의 윤리에 뛰어난 인물들을 수록한 책으로, 모두 18권 18책이다. 『삼강행실도』와 확연하게 다른 점은 언해문을 본문 안에 원문에 나란히 이어 붙였고, 조선의 인물만을 대상

---

14) 『慕齋集』 권15. 〈先生行狀〉
　　今上十一年 丙子 公啓曰 祖宗朝 撰三綱行實 形諸圖畫 播之歌詠 頒諸中外 使民勸習 甚盛意也 然長幼朋友 與三綱兼爲五倫 以長幼推之敦睦宗族 以朋友推之鄉黨僚吏 亦人道所重不可闕也 以臣迂濶之見 當以此二者 補爲五倫行實 擇古人善行 爲圖畫詩章 頒諸中外 敦勵而獎勵之 上深然之

으로 하고 있다는 것이다.

임진왜란과 정유재란이라는 우리 역사상 초유의 전란을 치르고 난 이후 효·충·열의 행적이 있는 사람에 대한 국가 차원의 조사와 포상이 진행되었으며, 이에 대한 정리를 바탕으로 행실도를 편찬하게 되었다. 사실상 백성에 대한 군왕의 배려라는 점도 있으나 이는 광해군 자신의 계축사건에 대한 입막음의 효과를 위함이라는 주장도 있다.

『동국신속삼강행실도』에는 효자 8권, 충신 1권, 열녀 8권, 속부 1권의 총 18권 18책으로 되어 있는데, 속부에서는 『삼강행실도』·『속삼강행실도』에 실려 있는 우리나라 사람 72인을 취사하여 부록으로 싣고 있다. 초간임에도 불구하고 총 50건 밖에 간행하지 못했는데, 이는 8도에 각기 5~6권 밖에 나누어주지 못하는 제한적인 것이었다. 그보다도 폐위 당한 군왕의 치적인 『동국신속삼강행실도』가 이후 제대로 자리매김을 하지 못하였음을 나타내는 것이기도 하겠다.

『동국신속삼강행실도』는 여러 면에서 앞선 행실도의 흐름을 이어가면서도 시대와 여건에 따라 변모하는 과정을 함께 보여준다. 우선 책의 이름에서 신속(新續)이란 용어가 그렇다. 『삼강행실도』와 『속삼강행실도』를 잇는 행실도라는 점을 분명히 하고, 그 짜임에서도 앞선 행실도의 효자·충신·열녀의 갈래를 그대로 따랐다. 『삼강행실도』, 『속삼강행실도』를 함께 실음으로써 역대 행실도류를 아우른 것을 볼 수 있다. 그러면서도 앞선 행실도에 실린 중국의 사례는 모두 빼고, 새로 실리는 사람들도 우리나라 사람들을 중심으로 함으로써, 이름처럼 동국(東國)이라는 특징을 강조하였다. 이것은 민족자존의 발로이기도 하다.

편집체제에서도 지속과 변화를 중시하고 있다. 행실도의 편집체제는 최초의 행실도인 『삼강행실도』에서 그 준거를 삼고 있다. 한 장의 판목에 한사람씩 기사를 실어 인쇄하였을 경우, 앞면에는 한 면 전체에 그림이 들어가도록 하였으며 뒷면에는 인물의 행적기사와 인물의 행적을 기리는 시나 찬을 기록하는 전도 후설(前圖後說)의 체재를 취하고 있다. 전도 후설의 짜임은, 그림을 싣고 있는 대부분의 중국에서 일반적인 상도 하문(上圖下文)의 체재, 즉 그림과 글을 함께 볼 수 있도록 한 것과는 다른 체재다.

『동국신속삼강행실도』의 편찬은 특히 임진왜란을 통하여 체득한 귀중한 자아 의식 및 도의 정신의 바탕 위에서 비롯된 것으로, 임진왜란 이후의 효자·충신·열녀 등의 행실을 수록, 널리 펴서, 민심을 격려하고 정국을 안정시키려는 데 그 의미가 있었다. 책의 제목에 나타나 있는 것처럼 그 소재나 속내가 동국, 즉 조선에 국한되면서 그 분량이 많다는 특징뿐 아니라, 실린 사람의 신분이나 성의 차별 없이 천민이라 하더라도 행실이 뛰어난 자는 모두 평등하게 실었다는 민본주의를 바탕에 깔고 있음도 주목할 일이다.(동국신속삼강행실도 해적이, 정호완, 2015)


### 5) 『오륜행실도』

『오륜행실도(五倫行實圖)』는 『삼강행실도』와 『이륜행실도』의 합본 형태로 간행된 것이다. 정조의 명에 따라 이병모(李秉模), 윤시동(尹蓍東) 등이 두 책을 합하여 정조 21년(1797)에 정리자(整理字, 정조 19년 정리의궤를 찍기 위해 만든 활자)로 새로 찍어 간행하였다. 『삼강행실도』가 편찬된 이래 이륜을 더해 오륜에 대한 행실도를 내고자 한 시도는 이미 앞서 말한 대로 중종 11년(1516)에 김안국(金安國)이 임금에게 제안했던 적이 있으나 실현되지 못하다가 280여년이 지난 뒤에야 『오륜행실도』가 간행된 것이다. 사실상 김안국의 제안이 비로소 이루어진 셈이다.

이 책이 두 책을 합본한 형태이긴 하지만 『삼강행실도』의 내용 중

효자 2인(곽거매자(郭巨埋子), 원각경부(元覺警父))의 이야기가 빠져 있고, 열녀도 이씨감연(李氏感燕)이 왕씨감연(王氏感燕)으로 성이 바뀌는 등, 차례가 조금씩 달라진 것을 알 수 있다. 또한, 성종 21년(1490)에 간행된 초간본 『삼강행실도』는 현재 전하지 않고, 이를 다시 인출한 중종 5년(1506) 간행본이 남아 영국 런던대학교에 소장되어 전하는 것에는 서문과 발문이 없이 바로 목록과 본문으로 들어가는데, 『오륜행실도』에서는 정조의 '어제 윤음'을 비롯하여 '오륜행실도 서문'과 함께, '삼강행실도 서문'과 '이륜행실도 서문', '오륜행실도 발문'까지를 모두 싣고 있어 그 자취를 한꺼번에 다 알 수 있게 되었다. 『오륜행실도』의 한문 원문은 『삼강행실도』와 똑같지만, 이를 번역한 언해문은 새로 언해한 것이며, 그림과 글씨도 모두 새로 새긴 것임을 알 수 있다. 즉 한문을 재해석하고 그림도 새로운 해석에 맞추어 다시 그린 것이다. 그러므로 이상의 여러 행실도류 책을 비교하여 분석한다면 원문의 변화, 언해문 해석의 차이, 글자와 문장의 변화, 그리고 더 나아가 그림 속에 새겨진 사람의 옷차림이나 의식주(衣食住) 양식의 변화까지 조선 시대의 모든 분야의 변천을 알 수 있는 매우 소중한 자료가 아닐 수 없다.


## 6) 행실도 그림의 의미

지금까지 살펴본 우리나라의 행실도류는 우선 그림을 앞에 새겨 놓은 뒤 이어서 한문 원문을 새기었고, 이를 번역한 언해문을 본문의 머리 부분에 새기거나 한문 원문과 나란히 본문에 이어 새겼다. 당시 한문을 모르는 대다수 백성들에게 유교적 윤리 교화를 위해서는 그림보다 더 나은 것은 없었을 것이다. 그런 의미에서 행실도류는 새로운 간행 방법이었고, 더 백성에게 가까이 다가가려는 제작 의도가 담겨 있는 간행물이라 할 수 있다. 한 그림 속을 서너 등분하여 이야기의 흐름을 쉽게 이해할 수 있도록 새겨 넣었고, 그림 옆쪽에 한문 원문을 새겨서 바로 그림과 함께 그 내용을 파악하게 하였다. 나아가 그 원문을 언해하여 누구나 다 쉽게 읽을 수 있도록 함으로써 글을 잘 모르는 백성들까지 교화시키고자 심혈을 기울인 임금의 뜻이 담겨 있다고 할 수 있다. 행장의 인물이 중국사람이나 왜인이면 그림 속 그들의 생김새나 의복, 가옥 등도 그대로 따라서 그렸고, 자연이나 수목들도 현실감 있게 그렸기 때문에 사회상의 역사적 흐름을 비교 연구할 수 있는 좋은 자료이기도 하다.

『삼강행실도』의 그림은 「몽유도원도」로 유명한 안견(安堅)이 그렸고, 『속삼강행실도』와 『이륜행실도』의 작가는 기록이 없으나 『이륜행실도』는 편찬 실무자 전 사역원정 조신(曹伸)이거나 그의 지친이었을 것이다. 『동국신속삼강행실도』는 내용이 방대하여 김수운(金水雲), 김신호(金信豪), 이징(李澄), 이신흠(李信欽)이 그렸으며, 『오륜행실도』는 풍속화가로 유명한 김홍도(金弘道)가 그렸다고 한다.[15]

그러나 그림을 삽입하여 사람의 행실을 책으로 엮는 방식은 이미 중국에서 오래전에 시작되었는데, 그 중에 조선 태종 때 명나라 영락제의 명으로 제작된 『고금열녀전』이 명에서 간행된 지 1년도 안되어 600여권이나 직수입된 사실이 있었다. 그러므로 세종이 『삼강행실도』 간행을 추진한 것은 이 『고금열녀전』을 받아들인 것임을 알 수 있다.

---

15) 정병모, 『한국의 풍속화』, 한길아트, 2000, 149~181쪽 참조.

## 2. 『열녀전』의 다양성

### 1) 『열녀전(列女傳)』의 유래

중국은 오래전부터 여성의 교화를 위한 책이 다양하게 간행되었다. 이 가운데 우리나라에 들어온 여성과 관련된 책은, 유향의 『열녀전』, 반소의 『여계』와 『송사열녀전』, 『원사열녀전』, 『고금열녀전』, 채옹의 『여훈』과 『여효경』, 『내훈』, 『안씨가훈』, 『시경』, 『서전』, 『예기』, 『주역』, 『여사서』 등이 있는데 이 중국 서적이 조선의 지식인을 중심으로 읽히고 있었다. 그 가운데 한글 창제 후 우리말로 번역한 조선에서의 여성 수신 교훈서로는, 『삼강행실도』를 비롯한 여러 행실도류와 함께, 성종 6년(1475)에 소혜왕후가 『열녀전』, 『소학』, 『여교』, 『명황계감』에서 요긴한 대목만을 뽑아 편찬한 『내훈』과, 중종 27년(1532)에 최세진이 조태고의 『여훈』을 언해한 『여훈언해』에 이어, 영조 12년(1736)에 중국의 4대 여훈서를 언해한 『여사서언해』 및 융희 원년(1907) 이를 개간한 개간본 『여사서언해』, 영조 대 『어제내훈』 등이 있었다.(이상규, 『여사서언해』 해제, 2014)

그 가운데서도 중국 한나라 때의 유향(劉向, BC.77~76)이 지은 『열녀전(列女傳)』은 동양의 여성 수신 교훈서로서는 효시적인 작품이라 할 수 있는데, 이 책이 언제부터 우리나라에 유입되었는지 구체적인 시기는 알 수 없다. 다만 고려 말 정추(鄭樞)의 문집에 『열녀전』이라는 책 제목이 확인되어 적어도 고려 말에는 이 책이 유입되었음을 알 수 있다. 『열녀전』이 본격적으로 유입되어 유통된 시기는 조선조부터이다. 『조선왕조실록』 태조 4년(1404) 기사를 보면, 3월에 명나라 황제가 하사한 『고금열녀전(古今列女傳)』 110부를 가져왔고,

사은사 이빈·민무휼과 하정사 김정경 등이 경사에서 돌아왔는데, 예부의 자문(咨文)을 싸가지고 왔다. 그 글은 이러하였다. "…(줄임)… 1. 책력과 서적을 흠사하는 일. 영락 2년의 대통력 1백 본(本)과, 『고금열녀전(古今烈女傳)』 110부(部)를 내려준다." (태종 4년(1404) 3월 27일 기사)

11월에는 추가로 500부를 받아 왔다는 기록이 있다.

진하사 이지·조희민이 황제가 하사한 『고금열녀전』과 약재와 예부의 자문을 가지고 경사(명나라 서울)에서 돌아왔다. 자문은 이러하였다.
"성지를 받드니, '조선 국왕이 약재가 부족하므로 신하를 차견하여 와서 이곳에서 수매하니, 너희 예부에서 그 매입할 수목(數目)을 조회하여 그 장차 가져 갈 것을 내어주고, 왕의 쓸 것도 주라.' 차견하여 온 사신이 고하여 말하기를, '먼저 『고금열녀전』의 반사(頒賜)함을 입었으나, 나누어주다보니 두루 돌아가지 아니하였습니다.' 하니, '다시 5백 부(部)를 주도록 하라.' 하였으므로, 약재와 『고금열녀전』을 차견하여 온 사신 이지 등에게 교부(交付)합니다. 사향(麝香)이 2근(斤)이요, 주사(朱砂)가 6근(斤)이요, 침향(沈香)이 5근(斤)이요, 소합유(蘇合油)가 10냥 쭝이요, 용뇌(龍腦)가 1근(斤)이요, 백화사(白花蛇)가 30조(條)요, 『고금열녀전』이 500부입니다." (태종 4년(1404) 11월 1일)

『고금열녀전』은 명나라 영락제의 명에 의해 영락 1년(1403)에 해진(解縉) 등이 편찬한 책으로, 유향의 『열녀전』과, 한대(漢代) 이후에 나온 역대 사서(史書)의 열전(列傳)에 실린 여성들의 이야기에서 선별하여 3권으로 펴낸 책이다. 황제의 명으로 간행된 『고금열녀전』이 간행된 바로 다음 해에 사신을 통해, 적지 않은 수량이 조선에 유입되어 유통되었던 것이다.(『여러 여성들의 이야기 열녀전』 해제, 2015, 국립한글박물관) 이 『고금열녀전』의 유입이 세종의 『삼강행실도』 간행에 영향을 주었음은 분명한 사실이며, 그 두 책의 내용을 비교해 보면 그러한 사실이 더욱 확연히 드러난다.

조선 중종 때(1543~1544) 간행된 『고열녀전(언해)』은 바로 유향이 처음 지었던 『열녀전』과 명나라 영락제가 명하여 다시 엮은 『고금열녀전』을 종합적으로 수용하고, 여기에 우리말 번역을 붙인 새로운 형태의 판본임을 알 수 있다.[16]

예컨데 여성 수신 교훈서의 또다른 맥을 형성하고 있는, 한문본 『여사서(女四書)』는 중국 청나라 시대에 왕진승(王晉升, 1662~1722)이 간행한 책인데, 이 책은, 후한의 조태고(曹大家) 반소(班昭)가 지은 『여계(女誡)』, 당나라 송약소(宋若昭)가 지은 『여논어(女論語)』, 명나라 영락제의 황후(인효문황후)가 지은 『내훈(內訓)』과 명나라 왕절부 유씨(王節婦劉氏)가 지은 『여범첩록(女範捷錄)』을 묶어 엮은 것으로서, 왕절부 유씨의 아들인 청나라 왕진승이 어머니의 글(여범첩록)에 다른 세 편의 글을 더하여 편집한 것이다. 이 책은 곧바로 우리나라에 들어와 영조의 명으로 이덕수(李德壽)가 언해하여, 개주갑인자 활자로 『여사서언해』를 영조 13년(1737)에 간행하게 된다. 그러나 『여사서』가 『삼강행실도』(1434)보다 3백년이나 뒤에 간행된 책이므로 『여사서』 이전에 이미 들어와 있던 『여계』나 『여논어』, 『내훈』을 개별적으로 참고하였다고 보는 것이 옳다. 이들 책의 관계는 원문이 완전 일치하는 부분도 있으나 대체로 효행, 충의, 열녀의 중국 사실이 일치하는 부분이 매우 많다. 이처럼 중국의 고대 때부터 여성의 행실에 대해 소개하는 책들은 끊임없이 이어졌고, 이것들이 우리나라에 곧바로 수입되어 특히 조선시대 유교 숭상 정책에 편승하여 행실류뿐만 아니라 고전소설류에까지 영향을 주었던 것이다.

---

16) 박철상, 『조선본 열녀전의 서지적 의미』, 국립한국박물관, 2015, 214쪽 참조.

## 2) 『열녀전』의 내용과 변화

2015년 연말에 국립한글박물관이 '소장자료총서2'로서 『여러 여성들의 이야기, 열녀전』이라는 책을 출판하였다. 이 책은 조선 중종 38년 (1543)~39년(1544) 사이에 간행된 『고열녀전(古列女傳)』(언해본)을 대상으로 하였는데, 이 책은 목판본으로, 모두 8권이었지만 현재 발견된 것은 권4 「정순전(貞順傳)」 한 권뿐이라고 한다. 이 한 권에는 그림, 한문, 언해문의 순서로 구성된 15개의 이야기가 실려 있다. 문장 실력이 뛰어난 문인 신정(申珽)과 유항(柳沆)이 번역하고 당대 명필이었던 유이손(柳耳孫)이 글을 썼으며, 조선 전기 인물화로 명성을 떨친 화가 이상좌(李上佐)가 그린 미려한 판화 13점도 포함되어 있다.(어숙권 『패관잡기(稗官雜記)』[4]의 기록) 이 언해본의 원전인 『고열녀전(古列女傳)』은 중국 한나라 때 사람 유향(劉向)이 편찬한 것으로, 그가 살던 때에 두루 전하던 중국 역사상 모범이 될 만한 여성들과 나라를 어지럽히거나 망하게 한 여성들의 이야기를 일곱 부류로 나누어 담고 있다. 사실 유향이 편찬한 책은 『열녀전』인데, 이후 북송(北宋) 때 사람 소송(蘇頌, 1020~1101)과 왕회(王回, 1023~1065)가 '송(頌)'을 추가로 붙여 『고열녀전(古列女傳)』이라고 이름을 지어 펴냈고, 이를 다시 남송(南宋) 때 사람 채기(蔡驥)가 한나라 이후 여성들을 모아 권8을 추가하여 새로 엮은 『신편고열녀전(新編古列女傳)』(1214)을 간행하였으니, 이때 고개지(顧愷之, 348~409)가 그린 그림과 함께 글을 새겨 펴내게 된 것이라 한다. 위의 언해본 『고열녀전』에도 이상좌가 그림을 그렸으면서도 원본 그대로 진(晉)나라 대사마참군 고개지의 그림이라고 적고 있음을 볼 수 있다. 그런데 고개지는 동진 때 참군이라는 관직을 얻었던 사람으로 한나라 사람 유향과는 400여 년의 시간이 지난 시대 사람이다. 또한 소송과 왕희, 채기라는 사람들이 『고열녀전』이란 책을 엮으면서 그림을 새롭게 삽입하였다고 하지만, 고개지가 살았던 시대와는 650여년이나 떨어진 때에 비로소 그림을 삽입하였다는 말은 어딘가 어색하다. 고개지는 4세기 사람으로서 10세기에 엮어 펴낸 『고열녀전』과 『신편고열녀전』을 위해 그림을 그렸다고 할 수는 없는 일이므로, 고개지가 그린 그림이 삽입된 『열녀전』이 이미 고개지 생전에 간행되었다고 보는 것이 타당할 것이다. 일설에는 진(晉)나라 사람 고개지가 유향의 『열녀전』 중 일부만 그렸는데, 그 그림이 전해지다가 송대(宋代)나 원대(元代)를 거치면서 다른 사람이 추가로 그림을 그려서 『고열녀전』을 간행하였을 것으로 보기도 한다.

유향이 처음 편찬한 『열녀전』은 말 그대로 '**여러 여성 이야기[列女傳]**'였다. 유향은 한나라 이전의 여러 유명한 여성 106명의 삶을 일곱 가지로 분류하여 이 책을 편찬하였다. 여기에 『고열녀전』은 한나라 이후 20명을 더하여 126명을 실었다. '여러 여성 이야기'에는 모범이 될 만한 부인들뿐만 아니라 나라를 어지럽히거나 망하게 한 여성들도 두루 소개하고 있다. 물론 결론은 그 이야기들을 읽고 교훈을 얻으라는 것이었다. 그러나 『삼강행실도』에 실린 여성은 '**정절을 지키기 위해 갖은 노력을 했던 여성[烈女]**'을 중심으로 모았으니 유향의 책에서 선별할 수밖에 없었을 것이다. 실제로 유향이 『열녀전』 권7에 수록한 얼폐전(孽嬖傳) 15명은 이미 『고금열녀전』에서 뿐만 아니라 『삼강행실도』(한문본)에서도 완전히 제외시킨 것을 알 수 있다. 얼폐전은 '나라와 가문을 망친 여성'들을 모아놓은 부분이기 때문이다.

세종 때 『삼강행실도』에는 110명의 제목이 있지만, 중국사람이 95명이고 우리나라 사람이 15명이다. 유교적 관점에서는 '얼폐전'의 여성들이 필요치 않았던 것이다. 세종은 중국의 서적을 수입하여 우리의 여성 교육을 위한 유교서적을 편찬하면서, '열녀(列女)' 가운데 '열녀(烈女)'만 가려 『삼강행실도』를 지음으로써 더욱 유교적 사회 질서를 공고히 하려

했음을 알 수 있다. 그러나 그런 체재는 이미 태종 때 들어온 『고금열녀전』에서부터였다. 한편 세종은 『명황계감(明皇誡鑑)』과 같은 책을 내어 또다른 부류의 여성에 대해 경계하기도 하였는데, 『명황계감』은 당(唐) 현종(玄宗)이 양귀비(楊貴妃)의 미색에 탐닉하다가 정사를 등한시하고 국가를 패망의 지경에 이르게 했던 행태를 경계하기 위해 편찬한 책으로서, 그 내용에 의거하여 후일 세종 자신이 직접 168장 분량의 노랫말을 지어 붙이기도 하였다. 이때에도 여러 문헌에서 뽑아 책을 엮으면서 이야기마다 그림을 그려 설명하라 명한 일이 『세종실록』(세종 23년(1441) 9월 29일)에 전한다. 그러므로 『삼강행실도』(1434)와 『명황계감』(1441)의 그림 삽입 간행법은 『고금열녀전』의 전래로 비롯되었다고 할 수 있다.

세조는 이 책을 다시 증수하고 언해하여 『명황계감언해』를 편찬하였는데, 최항이 증수 작업을 지속하면서 언해까지 관할하며 『명황계감』 전반의 개찬을 맡게 되었던 것이다. 언해는 처음에는 『명황계감』의 사적 및 주석 부분에만 한정되었다가, 이내 세종의 어제 가사를 번역하는 단계로까지 진전된다. 이처럼 중국의 『열녀전(列女傳)』은 우리나라에 전해지면서 '열녀(烈女)'만을 뽑아내어 『삼강행실열녀도』를 거치면서 『열녀전(烈女傳)』으로 변하여 정착되었고, 그 내용이 다양한 책에 인용이 되어 전하면서 고착화되었다.

예컨데, 국립한글박물관에서 역주한 『여러 여성들의 이야기, 열녀전』이라는 책은 중종 38년(1543)~39년(1544) 사이에 간행된 책으로서, 본문에 『고열녀전(古列女傳)』 권4 「정순전(貞順傳)」으로 시작하면서도, 원본책의 표지에는 『열녀전(烈女傳)』이라 적고 있다. '열녀전(列女傳)'과 '열녀전(烈女傳)'이 한 책 안에서 혼동하며 충돌하고 있다는 것이다. 이것은 중국의 책이 조선에 들어오면서 처음부터 조선사람에겐 오직 '열녀(烈女)'만이 관심의 대상이라는 정체된 인식의 사회상을 반영하는 것이거나,

또는 조선 사회에 직수입된 『고금열녀전』(1403)보다 『삼강행실도』(1434) 「열녀도」의 위력이 더 강력했다는 증거가 아닐 수 없다. 조선 시대에는 '열녀(列女)'라는 말이 전혀 사용되지 않고 있음이 그것을 반증한다.

### 3) 유향의 『열녀전』과 해진의 『고금열녀전』

중국 한나라는 후궁과 외척이 권세를 휘두르던 시기였다. 고조(高祖) 의 황후 여후(呂后), 성제(成帝)의 외척 조비연(趙飛燕), 합덕(合德) 자매와 이평(李平) 등이 유명하다. 유향(劉向, BC.77~76)은 이런 후궁과 외척 세력 이 황실을 어지럽히는 것을 경계하려는 생각으로 『열녀전』을 지었다고 한다. 유씨 왕실의 측근이었던 그는 당대까지 전해지고 있던 여러 문헌 에서 여성에 관한 자료를 수집하여 자신의 관점에서 그들의 삶을 재구 성했던 것이다. 그러한 시기는 점점 유학을 필요로 하였고, 유학을 지배 이념으로 정착시키려는 노력이 높아져, 남성 중심의 가부장적 원리에 입각해 여성을 정의할 필요가 생겼던 것이다. 『열녀전』은 바로 이 가부 장적 원리가 중국 사회에 뿌리내리고 확산되는 과정에서 배태된 텍스트 다.[17] 권1은 '훌륭한 어머니', 권2는 '현명한 아내', 권3은 '지혜로운 여 성', 권4는 '예와 신의를 지킨 여성', 권5는 '도리를 실천한 여성', 권6은 '지식과 논리를 갖춘 여성', 권7은 '나라와 가문을 망친 여성'이다. 이 유향의 책은 중국 『후한서(後漢書)』에 역사 사실로 기록되기에 이른다. 여기에 송대에 '속열녀전'이라는 권8이 추가되어 『고열녀전』이 나오게 된다. 내용을 보면, 『시경(詩經)』, 『서경(書經)』, 『주역(周易)』, 『국어(國 語)』, 『춘추좌전(春秋左傳)』, 『춘추공량전』, 『사기(史記)』 등의 앞선 자료

---

17) 강명관, 『유향의 고열녀전과 삼강행실도 열녀편』, 국립한글박물관, 2015, 216쪽 참조.

에서 두루 인용하고 있음을 알 수 있다.

그런데 시간이 흘러 명나라 성조(成祖; 영락제)가 효의왕후(孝懿王后) 마씨의 유지를 받들어 해진(解縉) 등에게 유향의 『열녀전』을 본보기로 삼아 새로 편찬케 하고 이름을 『고금열녀전(古今列女傳)』이라고 하였다.

『태종실록』 4년(1404) 3월 27일 기사에 따르면, 이날 사은사 이빈(李彬)과 민무휼(閔無恤) 등이 이성계가 이인임의 후손이 아니라는 것을 명에 전하고 개정을 약속받은 뒤 돌아왔다. 이때 영락 2년의 『대통력(大統曆)』 100부와 『고금열녀전』 110부를 받아왔다는 기록이 있다. 명나라 『고금열녀전』은 한대(漢代)의 『열녀전』과, 한대 이후부터 명대 초기까지의 여러 역사서에서 수집한 내용을 합하여, 상권은 역대의 후비(后妃), 중권은 제후와 대부의 처, 하권은 사(士)와 서인(庶人)의 사적을 각각 수록한 책이다.

이빈과 민무휼에 이어 같은 해 11월 1일에도 역시 진하사 이지(李至), 조희민(趙希閔)이 황제가 하사한 『고금열녀전』 500부를 받아왔다. 500부란 많은 부수를 받아온 것은, 아마도 조선의 요청에 의한 것이었을 터이다. 사실 중국에서 주는 책은 조선에서 필요할 경우, 대개 번각(飜刻)하기 마련인데 왜 이렇게 많은 부수를 즉시 요청했는지는 의문이다. 필요는 했지만 목판본으로 제작하기 어려워서 그랬을 가능성도 있지만 단언할 수는 없다. 『고금열녀전』은 『열녀전』의 상당 부분을 그대로 전재하고 있기 때문이다. (강명관(2015), 윗 글, 221쪽 참조)

고려 때까지 유향의 『열녀전』이 전래되어 읽혔다는 기록은 찾기 힘들지만, 명나라 영락제가 새로 짓게 한 『고금열녀전』(1403)은 간행되자마자 610부나 되는 방대한 양이 우리나라에 들어오게 되면서 역사상 유래가 없는 엄청난 물량 공세를 폈음에도 불구하고, 30년 뒤 조선 세종의 명에 따라 간행된 『삼강행실도』(1434)가 치밀하면서도 조직적인 제작과 배포를 통하여 반포됨으로써 그 후 "열녀전(列女傳)"이라는 말은 좀체 찾기 힘들고, 중종 때 언해본 『고열녀전』이 간행되지만 표지에는 『열녀전(烈女傳)』으로 적기까지 이른다. 이것은 『열녀전(列女傳)』이 표면상으로 조선 사회 전반에 끼친 영향은 그리 크지 않아 보이지만, 그럼에도 행실도류나 여성 교화를 위한 책에는 이미 여러 이야기가 선별적으로 인용되고 있는 것도 사실이다. 무엇보다 610권이란 엄청난 물량이 한꺼번에 유입되면서 조선에는 인쇄 출판물에 대한 관심과, 여성 또는 백성의 유교적 학습을 위한 관심이 높아졌고, 이에 따른 주자(鑄字) 제조와 인쇄 배포에 대한 깊이 있는 연구가 이루어져, 세종 시대의 문화 융성에 기폭제가 되지 않았나 싶다. 그럼 여기에서, 『고열녀전』(유향의 『열녀전』과 남송대(南宋代)의 『고열녀전』)의 내용과 명나라 『고금열녀전』의 내용을 비교해 보고, 『삼강행실도』의 내용에 영향을 준 저본(底本)이 무엇인지를 증명하여 보자.

유향의 『열녀전』 전체 목차는 다음과 같다.(『신역(新譯) 열녀전(列女傳)』 (2003) 삼민서국(대만) 목차)

**권1 모의전(母儀傳)**
1.유우이비(有虞二妃) 2.기모강원(棄母姜嫄) 3.설모간적(契母簡狄) 4.계모도산(啓母塗山) 5.탕비유신(湯妃有㜪) 6.주실삼모(周室三母) 7.위고정강(衛姑定姜) 8.제녀부모(齊女傅母) 9.노계경강(魯季敬姜) 10.초자발모(楚子發母) 11.추맹가모(鄒孟軻母) 12.노지모사(魯之母師) 13.위망자모(魏芒慈母) 14.제전직모(齊田稷母)

**권2 현명전(賢明傳)**
1.주선강후(周宣姜后) 2.제환위희(齊桓衛姬) 3.진문제강(晉文齊姜) 4.진목공희(秦穆公姬) 5.초장번희(楚莊樊姬) 6.주남지처(周南之妻) 7.송포여종(宋鮑女宗) 8.진조쇠처(晉趙衰妻) 9.도답자처(陶荅子妻) 10.유하혜처(柳下惠

妻) 11.노검루처(魯黔婁妻) 12.제상어처(齊相御妻) 13.초접여처(楚接輿妻) 14.초로래처(楚老萊妻) 15.초어릉처(楚於陵妻)

### 권3 인지전(仁智傳)

1.밀강공모(密康公母) 2.초무등만(楚武鄧曼) 3.허목부인(許穆夫人) 4.조희씨처(曹僖氏妻) 5.손숙오모(孫叔敖母) 6.진백종처(晉伯宗妻) 7.위영부인(衛靈夫人) 8.제영중자(齊靈仲子) 9.노장손모(魯臧孫母) 10.진양숙희(晉羊叔姬) 11.진범씨모(晉范氏母) 12.노공승사(魯公乘姒) 13.노칠실녀(魯漆室女) 14.위곡옥부(魏曲沃婦) 15.조장괄모(趙將括母)

### 권4 정순전(貞順傳)

1.소남신녀(召南申女) 2.송공백희(宋恭伯姬) 3.위선부인(衛宣夫人) 4.채인지처(蔡人之妻) 5.여장부인(黎莊夫人) 6.제효맹희(齊孝孟姬) 7.식군부인(息君夫人) 8.제기량처(齊杞梁妻) 9.초평백영(楚平伯嬴) 10.초소정강(楚昭貞姜) 11.초백정희(楚白貞姬) 12.위종이순(衛宗二順) 13.노과도영(魯寡陶嬰) 14.양과고행(梁寡高行) 15.진과효부(陳寡孝婦)

### 권5 절의전(節義傳)

1.노효의보(魯孝義保) 2.초성정무(楚成鄭瞀) 3.진어회영(晉圉懷嬴) 4.초소월희(楚昭越姬) 5.합장지처(蓋將之妻) 6.노의고자(魯義姑姊) 7.대조부인(代趙夫人) 8.제의계모(齊義繼母) 9.노추결부(魯秋潔婦) 10.주주충첩(周主忠妾) 11.위절유모(魏節乳母) 12.양절고자(梁節姑姊) 13.주애이의(珠崖二義) 14.합양우제(郃陽友娣) 15.경사절녀(京師節女)

### 권6 변통전(辯通傳)

1.제관첩정(齊管妾婧) 2.초강을모(楚江乙母) 3.진궁공녀(晉弓工女) 4.제상괴녀(齊傷槐女) 5.초야변녀(楚野辯女) 6.아곡처녀(阿谷處女) 7.조진녀연(趙津女娟) 8.조불힐모(趙佛肸母) 9.제위우희(齊威虞姬) 10.제종리춘(齊鍾離春) 11.제숙류녀(齊宿瘤女) 12.제고축녀(齊孤逐女) 13.초처장질(楚處莊姪) 14.제녀서오(齊女徐吾) 15.제태창녀(齊太倉女)

### 권7 얼폐전(蘗嬖傳)

1.하걸말희(夏桀末姬) 2.은주달기(殷紂妲己) 3.주유포사(周幽褒姒) 4.위

선공강(衛宣公姜) 5.노환문강(魯桓文姜) 6.노장애강(魯莊哀姜) 7.진헌여희
(晉獻驪姬) 8.노선무강(魯宣繆姜) 9.진녀하희(陳女夏姬) 10.제영성희(齊靈聲
姬) 11.제동곽희(齊東郭姬) 12.위이난녀(衛二亂女) 13.조령오녀(趙靈吳女)
14.초고이후(楚考李后) 15.조도창후(趙悼倡后)

### 권8 속열녀전(續列女傳)

1.주교부인(周郊婦人) 2.진국변녀(陳國辯女) 3.섭정지자(聶政之姊) 4.왕
손씨모(王孫氏母) 5.진영지모(陳嬰之母) 6.왕릉지모(王陵之母) 7.장탕지모
(張湯之母) 8.준불의모(雋不疑母) 9.한양부인(漢楊夫人) 10.곽부인현(霍夫人
顯) 11.엄연년모(嚴延年母) 12.한풍소의(漢馮昭儀) 13.왕장처녀(王章妻女)
14.반녀첩여(班女婕妤) 15.한조비연(漢趙飛燕) 16.효평왕후(孝平王后) 17.
갱시부인(更始夫人) 18.양홍지처(梁鴻之妻) 19.명덕마후(明德馬后) 20.양부
인예(梁夫人嫕)


권8 「속열녀전」은 원래 유향의 『열녀전』에 없던 것으로 후대 누군가
가 유향이 살았던 전한과 이어진 후한의 여성 20명을 더 뽑아서 엮은
것이다. 그러므로 엄밀히 말하자면, 위 목록은 『고열녀전』의 목록이다.
다음은 명 영락제 때 새로 만든 『고금열녀전(古今列女傳)』의 목록이
다.(『사고전서(四庫全書)』 사부(史部)7 참조)


흠정사고전서(欽定四庫全書) 편
고금열녀전(古今列女傳) 권1

우(虞)
1. 유우순씨 이비(有虞舜氏二妃)
하(夏)
2. 계모자도산씨 장녀(啟母者塗山氏長女)

상(商)

3. 설모간적자 유숭씨지장녀(契母簡狄者有娀氏之長女)

4. 탕비유신신동자 유신씨지녀(湯妃有㜪莘同者有㜪氏之女)

주(周)

5. 기모강원자 태후지녀(棄母姜嫄者邰侯之女)

6. 태강자 왕계지모 유려씨지녀(太姜者王季之母有呂氏之女)

7. 태임자 문왕지모 지임씨중녀(太任者文王之母摯任氏中女)

8. 주선강후자 제후지녀(周宣姜后者齊侯之女)

전한(前漢)

9. 풍소의자 효원제지소의(馮昭儀者孝元帝之昭儀)

10. 반첩여자 좌조월기반황지녀 한효성황제지첩여(班婕妤者左曹越騎
班況之女漢孝成皇帝之婕妤)

11. 한왕황후자 안한공태부대사마왕망지녀 효평황제지후(漢王皇后者安
漢公太傅大司馬王莽之女孝平皇帝之后)

후한(後漢)

12. 광렬음황후 휘여화 남양신야인(光烈陰皇后諱麗華南陽新野人)

13. 명덕마황후 휘모 복파장군원지소녀(明德馬皇后諱某伏波將軍援之
小女)

14. 화희등황후 휘수 태부우지손(和熹鄧皇后諱綏太傅禹之孫)

15. 문명왕황후 휘원희 동해담인(文明王皇后諱元姬東海郯人)

당(唐)

16. 고조 태목순성황후 두씨 경조평릉인(高祖太穆順聖皇后竇氏京兆平
陵人)

17. 태종 문덕순성황후 장손씨 하남낙양인(太宗文德順聖皇后長孫氏河南
洛陽人)

18. 태종 현비 서혜 호주장성인(太宗賢妃徐惠湖州長城人)

19. 덕종 현비 위씨 척리구족(德宗賢妃韋氏戚里舊族)

20. 순종 장헌황후 왕씨(順宗莊憲皇后王氏)

21. 헌종 의안황후 곽씨(憲宗懿安皇后郭氏)

송(宋)

22. 진종 장목곽황후 태원인(真宗章穆郭皇后太原人)

23. 인종 자성광헌조황후 진정인(仁宗慈聖光獻曹皇后真定人)

24. 풍현비 동평인(馮賢妃東平人)

25. 영종 선인성렬고황후 박주몽성인(英宗宣仁聖烈高皇后亳州蒙城人)

26. 신종 흠성헌숙향황후 하내인(神宗欽聖憲肅向皇后河內人)

27. 고종 헌성자열오황후 개봉인(高宗憲聖慈烈吳皇后開封人)

28. 효종 사황후 단양인(孝宗謝皇后丹陽人)

원(元)

29. 세조 소예순성황후 명철백이홍 길리씨(世祖昭睿順聖皇后名徹伯爾鴻吉哩氏)

국조(明)

30. 태조 효자소헌지인문덕승천순성고황후 마씨(太祖孝慈昭憲至仁文德承天順聖高皇后馬氏)


고금열녀전 권2

주 열국(周列國)

1. 위고정강자 위정공지부인 공자지모(衛姑定姜者衛定公之夫人公子之母)

2. 위선부인자 제후지녀(衛宣夫人者齊侯之女)

3. 제전직자지모(齊田稷子之母)

4. 제상안자복어지처(齊相晏子僕御之妻)

5. 제영중자자 송후지녀 제영공지부인(齊靈仲子者宋侯之女齊靈公之夫人)

6. 맹희자 화씨지장녀 제효공지부인(孟姬者華氏之長女齊孝公之夫人)

7. 제기양식지처(齊杞梁殖之妻)

8. 우희자 명연지제위왕지희(虞姬者名娟之齊威王之姬)

9. 종리춘자 제무염읍지녀 선왕지정후(鍾離春者齊無鹽邑之女宣王之
   正后)

10. 숙류녀자 제동곽채상지녀 민왕지후(宿瘤女者齊東郭採桑之女閔王之后)

11. 고축녀자 제즉묵지녀 제상지처(孤逐女者齊即墨之女齊相之妻)

12. 노계경강자 거녀(魯季敬姜者莒女)

13. 노대부 유하혜지처(魯大夫柳下惠之妻)

14. 장손모자 노대부장문중지모(臧孫母者魯大夫臧文仲之母)

15. 노공승사자 노공승자피지자(魯公乘姒者魯公乘子皮之姊)

16. 백희자 노선공지녀 성공지매(伯姬者魯宣公之女成公之妹)

17. 진조쇠처자 진문공지녀(晉趙衰妻者晉文公之女)

18. 진대부백종지처(晉大夫伯宗之妻)

19. 숙희자 양설자지처(叔姬者羊舌子之妻)

20. 진범씨모자 범헌자지처(晉范氏母者范獻子之妻)

21. 초장자발지모(楚將子發之母)

22. 번희 초장왕지부인(樊姬楚莊王之夫人)

23. 초영윤손숙오지모(楚令尹孫叔敖之母)

24. 백영자 진목공지녀 초평왕지부인 소왕지모(伯嬴者秦穆公之女楚平
    王之夫人昭王之母)

25. 정강자 제후지녀 초소왕지부인(貞姜者齊侯之女楚昭王之夫人)

26. 초소월희자 월왕구천지녀 초소왕지희(楚昭越姬者越王勾踐之女楚昭
    王之姬)

27. 식군부인자 식군지부인(息君夫人者息君之夫人)

28. 조진녀연자 조하진리지녀 조간자지부인(趙津女娟者趙河津吏之女趙
    簡子之夫人)

29. 곡옥부자 위대부여이모(曲沃負者魏大夫如耳母)

30. 대조부인자 조간자지녀 양자지자 대왕지부인(代趙夫人者趙簡子之
    女襄子之姊代王之夫人)

31. 도대부답자처(陶大夫答子妻)

전한(前漢)

32. 당읍후진영지모(棠邑侯陳嬰之母)

33. 승상안국후왕릉지모(丞相安國侯王陵之母)

34. 제태창녀자 한태창령 순우공지소녀(齊太倉女者漢太倉令淳于公之少女)

35. 경조윤준불의지모(京兆尹雋不疑之母)

36. 양부인자 한승상안평후 양창장상성지처(楊夫人者漢丞相安平侯楊敞
    長上聲之妻)

37. 하남태수동해엄연년지모(河南太守東海嚴延年之母)

후한(後漢)

38. 양부인예자 양송지녀 번조지처(梁夫人嫕者梁竦之女樊調之妻)

39. 한중정문구처자 동군이법지자(漢中程文矩妻者同郡李法之姊)

40. 도간모담씨 예장신감음감인(陶侃母湛氏豫章新淦音紺人)

수(隋)

41. 정선과모최씨자 청하인(鄭善果母崔氏者清河人)

42. 배륜처 하동유씨녀(裴倫妻河東柳氏女)

당(唐)

43. 이덕무처 배씨(李德武妻裴氏)

44. 초왕령구비 상관씨(楚王靈龜妃上官氏)

45. 고예처진씨녀(高叡妻秦氏女)

46. 양렬부자 이간처(楊烈婦者李侃妻)

47. 동창령모 양씨(董昌齡母楊氏)

오대(五代)

48. 왕응처 이씨(王凝妻李氏)

49. 동의대부 진성화취풍씨(諫議大夫陳省華娶馮氏)

50. 사방득지처 이씨(謝枋得之妻李氏)

51. 감문흥처 왕씨 명초초건강인(闞文興妻王氏名楚楚建康人)

52. 풍씨 명환가녀(馮氏 名宦家女)

국조(명)

53. 한태초처류씨 진정신악현인(韓太初妻劉氏真定新樂縣人)

## 고금열녀전 권3
### 주 열국(周列國)

1. 제의계모자 제이자지모(齊義繼母者齊二子之母)

2. 제상괴녀자 상괴연지녀(齊傷槐女者傷槐衍之女)

3. 모사자 노구자지과모(母師者魯九子之寡母)

4. 노겸루선생지처(魯黔婁先生之妻)

5. 노의고자자 노야지부인(魯義姑姊者魯野之婦人)

6. 여종자 송포소지처(女宗者宋鮑蘇之妻)

7. 궁공처자 진번인지처(弓工妻者晉繁人之妻)

8. 채인지처자 송인지녀(蔡人之妻者宋人之女)

9. 추맹가지모(鄒孟軻之母)

10. 정희자 초백공승지처(貞姬者楚白公勝之妻)

11. 소남신녀자 신인지녀(召南申女者申人之女)

12. 위망자모자 위맹양씨지녀 망묘지후처(魏芒慈母者魏孟陽氏之女芒卯
    之後妻)

13. 효부자 진지소과부(孝婦者陳之少寡婦)

14. 우제자 합양읍 임연수지처(友娣者郃陽邑任延壽之妻)

15. 경사절녀자 장안대창리인지처(京師節女者長安大昌里人之妻)

16. 고행자 양지과부(高行者梁之寡婦)

### 후한(後漢)

17. 양홍처자 우부풍 양백란지처(梁鴻妻者右扶風梁伯鸞之妻)

18. 태원왕패처자 불지하씨지녀(太原王霸妻者不知何氏之女)

19. 하남악양자지처자 불지하씨지녀(河南樂羊子之妻者不知何氏之女)

20. 오허승처자 여씨지녀(吳許升妻者呂氏之女)

21. 주천방연모자 조씨지녀(酒泉龐涓母者趙氏之女)

22. 패류장경처자 동군환란지녀(沛劉長卿妻者同郡桓鸞之女)

**원위(元魏)**

23. 거록위부처방씨자 모용수귀향태수 상산방담녀(鉅鹿魏溥妻房氏者慕容垂貴鄉太守常山房湛女)

24. 청하방애친처최씨자 동군 최원손지녀(清河房愛親妻崔氏者同郡崔元孫之女)

25. 경주정녀 아씨(涇州貞女兒氏)

**수(隋)**

26. 효녀왕순자 조군인(孝女王舜者趙郡人)

27. 효부담씨자 상군종씨부(孝婦覃氏者上郡鍾氏婦)

28. 조원해처 최씨자 청하인(趙元楷妻崔氏者清河人)

**당(唐)**

29. 번회인모 경씨 자상자포주하동인(樊會仁母敬氏字像子蒲州河東人)

30. 번언침처 위씨(樊彥琛妻魏氏)

31. 봉천두씨 이녀(奉天竇氏二女)

**송(宋)**

32. 주아자 월주상우주회녀(朱娥者越州上虞朱回女)

33. 장씨 나강사인녀 기모양씨(張氏羅江士人女其母楊氏)

34. 조씨 구주인부 상거학구왕칙반문조씨(趙氏具州人父嘗舉學究王則反聞趙氏)

35. 서씨 화주굉중녀(徐氏和州閎中女)

36. 왕정부 부가임해인(王貞婦夫家臨海人)

37. 담씨부조 길주영신인(譚氏婦趙吉州永新人)

38. 한씨녀 자희 맹파릉인(韓氏女字希孟巴陵人)

39. 진당전한주락현 왕씨녀(陳堂前漢州雒縣王氏女)

40. 왕씨 이주로제거상평사간판공사 유당가지모(王氏利州路提舉常平司幹辦公事劉當可之母)

41. 첨씨녀 무호인(詹氏女蕪湖人)

42. 왕씨부 양 임천인(王氏婦梁臨川人)

43. 조효부덕안 응성인(趙孝婦德安應城人)

44. 문씨 소흥유신지처(聞氏紹興俞新之妻)

45. 이지정 건녕포성인(李智貞建寧浦城人)

46. 이경문처서씨 명채란(李景文妻徐氏名彩鸞)

47. 조빈처주씨 명금가락양인(趙彬妻朱氏名錦哥洛陽人)

48. 절부장씨 제남추평현인(節婦張氏濟南鄒平縣人)

49. 유사연처동씨 엄주인(俞士淵妻童氏嚴州人)

50. 혜사현처왕씨 대도인(惠士玄妻王氏大都人)

국조(명)

51. 난성이대처 견씨(欒城李大妻甄氏)

52. 영씨녀 초허가안구류진아(甯氏女初許嫁安丘劉眞兒)

53. 연안장민도처 조씨(延安張敏道妻趙氏)

54. 이충처왕씨 안경회녕인(李忠妻王氏安慶懷寧人)

55. 보선경위진씨(步善慶爲陳氏)

56. 산음서윤양여처 반씨(山陰徐允讓與妻潘氏)

57. 안길리무사처 고씨(安吉李茂死妻高氏)

58. 광주고시고씨 유오절부류씨고희봉처(光州固始高氏有五節婦劉氏高希
鳳妻)

59. 진정심주부모처 악씨(眞定深州傅某妻岳氏)

60. 요주악평현서덕안처 진씨(饒州樂平縣徐德安妻陳氏)


다음은 중국의 구십주(仇十洲)가 그린 그림에 왕도곤(汪道昆, 1525~
1593)이 편집한 지부족재장판(知不足齋藏版) 『열녀전(列女傳)』의 목록(하
버드 옌칭 연구소(Harvard-Yenching institute) 소장본)이다. 구십주의 이름은
영(英)이고 자는 실보(實父, 實甫)이며, 십주는 그의 호인데, 1552년에
죽었으나 태어난 때는 알려지지 않은 명나라 중기 때 화가로서 명사대

가(明四大家) 중 한 사람이다. 이 책의 서문에 따르면, 만력 연간(1573~ 1620)에 왕도곤이 16권으로 편집한 『열녀전』으로서, 청나라 고종(건륭) 44년(1779)에 청나라 사람 포정박이 편집하여 펴낸 총서에 실려 있다. 내용을 보면 유향의 『열녀전』이 주제에 따라 분류하였다면 왕씨의 『열녀전』은 연대별로 나열한 뒤 양에 따라 권수를 나누었음을 볼 수 있으며, 중국 열녀전 중 가장 예술성이 뛰어난 판화 작품으로 유명하다.

### 제1권

1.유우이비(有虞二妃) 2.계모도산(啓母塗山) 3.기모강원(棄母姜嫄) 4.태왕비태강(太王妃太姜) 5.왕계비태임(王季妃太任) 6.문왕비태사(文王妃太姒) 7.주선강후(周宣姜后) 8.위고정강(衛姑定姜) 9.위선부인(衛宣夫人) 10.위영부인(衛靈夫人) 11.위종이순(衛宗二順) 12.제효맹희(齊孝孟姬) 13.제영중자(齊靈仲子) 14.제위우희(齊威虞姬) 15.제종리춘(齊鍾離春) 16.제숙류녀(齊宿瘤女) 17.제녀부모(齊女傅母) 18.제상어처(齊相御妻) 19.제전직모(齊田稷母) 20.제기량처(齊杞梁妻) 21.제고축녀(齊孤逐女) 22.왕손씨모(王孫氏母)

### 제2권

1.제관첩정(齊管妾婧) 2.제의계모(齊義繼母) 3.제상괴녀(齊傷槐女) 4.제녀서오(齊女徐吾) 5.제섭정자(齊聶政姊) 6.노계경강(魯季敬姜) 7.노장손모(魯臧孫母) 8.노지모사(魯之母師) 9.노검루처(魯黔婁妻) 10.노추결부(魯秋潔婦) 11.노과도영(魯寡陶嬰) 12.노칠실녀(魯漆室女) 13.송포여종(宋鮑女宗) 14.진문제강(晉文齊姜) 15.진어회영(晉圉懷嬴) 16.진조쇠처(晉趙衰妻) 17.진백종처(晉伯宗妻) 18.진양숙희(晉羊叔姬)

### 제3권

1.진범씨모(晉范氏母) 2.진궁공처(晉弓工妻) 3.밀강공모(密康公母) 4.허목부인(許穆夫人) 5.여장부인(黎莊夫人) 6.식부인(息夫人) 7.조희씨처(曹僖氏妻) 8.주남지처(周南之妻) 9.소남신녀(召南申女) 10.주교부인(周郊婦人) 11.주주충첩(周主忠妾) 12.채인지처(蔡人之妻) 13.진국변녀(陳國辯女) 14.

아곡처녀(阿谷處女) 15.추맹가모(鄒孟軻母) 16.진목공희(秦穆公姬) 17.백리해처(百里奚妻) 18.초무등만(楚武鄧曼) 19.초성정무(楚成鄭瞀) 20.초평백영(楚平伯嬴) 21.초소월희(楚昭越姬) 22.초처장질(楚處莊姪) 23.초백정희(楚白貞姬) 24.손숙오모(孫叔敖母)

### 제4권

1.초자발모(楚子發母) 2.초강을모(楚江乙母) 3.한사인처(韓舍人妻) 4.초어릉처(楚於陵妻) 5.초완포녀(楚浣布女) 6.구천부인(句踐夫人) 7.조진녀연(趙津女娟) 8.조불힐모(趙佛肸母) 9.조장괄모(趙將括母) 10.대조부인(代趙夫人) 11.위절유모(魏節乳母) 12.개구자처(蓋邱子妻) 13.과부청(寡婦淸) 14.우미인(虞美人) 15.풍소의(馮昭儀) 16.효평왕후(孝平王后) 17.광열음후(光烈陰后) 18.명덕마후(明德馬后) 19.화희등후(和熹鄧后)

### 제5권

1.진영모(陳嬰母) 2.왕릉모(王陵母) 3.준불의모(雋不疑母) 4.양부인(楊夫人) 5.엄연년모(嚴延年母) 6.진나부(秦羅敷) 7.양부인예(梁夫人嫕) 8.왕사도처(王司徒妻) 9.주애이의(珠崖二義) 10.조포모(趙苞母) 11.강시처(姜詩妻) 12.서서모(徐庶母) 13.경사절녀(京師節女) 14.동해효부(東海孝婦) 15.합양우제(郃陽友娣) 16.양절고자(梁節姑姊) 17.양과고행(梁寡高行) 18.육속모(陸續母) 19.서숙(徐淑) 20.농모조아(龐母趙娥)

### 제6권(*6권 이하는 『열녀전』에 없는 사람임. 단, 제태창녀 제외)

1.포선처(鮑宣妻) 2.오허승처(吳許升妻) 3.유장경처(劉長卿妻) 4.제태창녀(齊太倉女) 5.이문희(李文姬) 6.순양양향(順陽楊香) 7.숙선웅(叔先雄) 8.효녀조아(孝女曹娥) 9.왕경모(王經母) 10.연단후(燕段后) 11.양양후(涼楊后) 12.장부인(張夫人) 13.유곤모(劉琨母) 14.도간모(陶侃母) 15.주서모(朱序母) 16.양위처(梁緯妻) 17.우담모(虞潭母) 18.하후영녀(夏侯令女)

### 제7권

1.황보밀모(皇甫謐母) 2.위경유처(衛敬瑜妻) 3.양록주(梁綠珠) 4.의양팽아(宜陽彭娥) 5.순관(荀灌) 6.왕씨녀(王氏女) 7.명공왕후(明恭王后) 8.곡률씨비(斛律氏妃) 9.대의공주(大義公主) 10.세부인(洗夫人) 11.위유씨처(魏劉氏

妻) 12.종사웅모(鍾仕雄母) 13.정선과모(鄭善果母) 14.위부처(魏溥妻) 15.방애친처(房愛親妻) 16.조원해처(趙元楷妻) 17.요씨치이(姚氏癡姨) 18.담씨부(覃氏婦) 19.이정효녀(李貞孝女) 20.예정녀(倪貞女) 21.왕효녀(王孝女)

### 제8권

1.강채빈(江采蘋) 2.위현비(韋賢妃) 3.초영구비(楚靈龜妃) 4.배숙영(裴淑英) 5.고예처(高叡妻) 6.진막처(陳邈妻) 7.당부인(唐夫人) 8.최원위모(崔元暐母) 9.유중영모(柳仲郢母) 10.양열부(楊烈婦) 11.후씨재미(侯氏才美) 12.담분처(湛賁妻) 13.복고회은모(僕固懷恩母) 14.이일월모(李日月母)

### 제9권

1.번회인모(樊會仁母) 2.정의종처(鄭義宗妻) 3.경양이씨(涇陽李氏) 4.적양공자(狄梁公姊) 5.번언침처(樊彦琛妻) 6.견정절부(堅正節婦) 7.정감처(鄭邯妻) 8.정소란(鄭紹蘭) 9.강담오구(江潭吳嫗) 10.주연수처(朱延壽妻) 11.왕씨효녀(王氏孝女) 12.가효녀(賈孝女) 13.두씨이녀(竇氏二女) 14.장씨이녀(章氏二女) 15.갈씨이녀(葛氏二女) 16.목란녀(木蘭女) 17.관반반(關盼盼) 18.마희악처(馬希萼妻) 19.주행봉처(周行逢妻) 20.맹창모(孟昶母) 21.화예부인(花蕊夫人) 22.임공황숭하(臨邛黃崇嘏) 23.왕응처(王凝妻)

### 제10권

1.소헌두후(昭憲杜后) 2.장목곽후(章穆郭后) 3.자성조후(慈聖曹后) 4.풍현비(馮賢妃) 5.헌숙향후(憲肅向后) 6.소자맹후(昭慈孟后) 7.주후(朱后) 8.자열오후(慈烈吳后) 9.성숙사후(成肅謝后) 10.왕소의(王昭儀) 11.현목공주(賢穆公主) 12.김정부인(金鄭夫人) 13.김갈왕비(金葛王妃) 14.진모풍씨(陳母馮氏) 15.유안세모(劉安世母) 16.이호의처(李好義妻) 17.나부인(羅夫人) 18.진인처(陳寅妻) 19.순의부인(順義夫人) 20.진문용모(陳文龍母)

### 제11권

1.오하모(吳賀母) 2.충방모(种放母) 3.포효숙식(包孝肅媳) 4.이정모(二程母) 5.윤화정모(尹和靖母) 6.유우처(劉愚妻) 7.구희문처(歐希文妻) 8.망성막전(莽城莫荃) 9.소상촌부(小常村婦) 10.도단우처(涂端友妻) 11.진당전(陳堂前) 12.강하장씨(江夏張氏) 13.유당가모(劉當可母) 14.임천양씨(臨川梁氏)

『고금열녀전』이 태종 4년(1404)에 우리나라에 610부나 유입됨으로써 조선 사회에서도 이와 같은 전범서(典範書)가 필요하게 되었고, 그러면서도 방만하게 느껴지기까지 한 이 책의 내용을 조선 사회에 맞게 걸러내는 작업이 필요하다는 판단을 하지 않았을까 싶다. 그런데 이상에서 살핀 바와 같이 중국의 '열녀전(列女傳)'이 조선에 들어와 '열녀전(烈女傳)'으로 바뀌면서 책을 낸 목적과 의미가 확연히 달라진 듯 보인다. 그러나 실제 내용을 보면 고치거나 각색하지 않고 원문 문장 그대로를 싣고 있다. 다만 부분적으로 내용을 줄이기는 하였으나 편집상 책의 분량을 맞추기 위함이지 1500여년 동안 이어온 동양 여인들의 옛 이야기를 왜곡하고자 했던 의도는 찾아볼 수 없다. 그러니까 서양의 예수가 나타났던 동시대에 이미 간행되었던 『열녀전(列女傳)』이 2천년 동안 끊임없이 읽혔다는 사실에 놀라지 않을 수 없다. 4세기 고개지라는 사람이 그림을 그려 넣은 것이 크게 효과를 얻었다고 할 수도 있지만, 다양한 여성의 다양한 삶의 모습을 편벽되지 않게 적고 있음도 큰 장점 중 하나로 본다. 오히려 조선 초기 실록에서는 '열녀전(列女傳)'이라고 말하면서 『고금열녀전』에 나오는 내용을 상고하지만, 조선 중기 중종 때(중종 12년 12월 15일 기사)에 가서는 유향의 『열녀전』에 나오는 '칠실(漆室)

의 여자'를 인용하고 있다.[18] 그리고 중종 38년(1543)에 『고열녀전』의 언해본이 간행되었으니 이 언해본은 '권4 정순전'이라는 원문으로 보아 유향의 『열녀전』을 저본으로 삼은 것임이 분명하다. 『고금열녀전』의 체계는 왕조별 구분하여 전체 3권으로 구성되어 있어 전혀 다른 체재이기 때문이다. 중국에서도 후대에 가면서 더 정밀한 그림과 더 다양한 여성이 추가됨으로써 생명력을 더욱 높일 수 있지 않았나 싶다. 조선에 들어와 '열녀(烈女)'를 강조한 면은 있으나 인위적인 왜곡이 없이 이어졌다는 것은 매우 고무적인 일이고, 광해군의 『동국신속삼강행실도』와 같이 모든 백성을 아우르는 국가 통합의 시대정신을 반영하기까지 하였다는 것은 행실도류의 업적이 아닐 수 없다. 이제 이 책이 『삼강행실도』에 어떻게 수용되었는지를 알아보자.

## 3. 『오륜행실도』 권3 「열녀」의 출처 분석

### 1) 『오륜행실도』 권3과 『삼강행실열녀도』의 관계

위에서 언급한 바와 같이, 『오륜행실도』는 체재상 『삼강행실도』 언해본과 『이륜행실도』를 단순하게 합책(合冊)한 형태이다. 물론 그 판각은 새로 짰다. 『삼강행실도』 언해본이 그 한문본 판본의 본문 밖 머릿부분에 언해문을 새긴 것과는 달리, 『오륜행실도』는 본문에 한문과 언

---

18) 칠실(漆室)의 여자도 나라를 근심하는 마음을 가지고 기둥에 의지해서 탄식했다(중종실록 31권, 중종 12년 12월 15일 기사) - 『열녀전』 권3 인지전(仁智傳) '노칠실녀(魯漆室女)'에 "노(魯)나라 칠실(漆室)이란 고을에 사는 아직 시집가지 못한 처녀가 하루는 걱정하기를 '우리나라는 임금이 늙었고 태자는 어리니 만일 국란이 있으면 임금이나 백성이 모두 욕을 당할 것인데 여자들은 어디로 피할까?' 했다." 하였다.

해문을 나란히 이어서 새긴 것이다. 물론 그림도 새로 그려서, 새로 새긴 한문과 언해문과 함께 새판을 짠 것이다. 그러나 그 원문은 세종의 『삼강행실도』에서 3분의 1(35인)만 발췌하여 간행한 성종의 『삼강행실도』 언해본의 원문 그대로를 새판에 새김으로써 내용상 변화가 없었다. 그러면서도 원문을 번역한 언해문은 성종 때 언해한 것을 그대로 쓰지 않고 새로 번역을 해서 새겼다. 낱말마다 풀어 해석한 방식이 다르고 표기법도 많이 차이를 보인다.

그러므로 『오륜행실도』 권3 「열녀」편의 내용과 출처를 분석하려면, 그보다 앞서 처음 간행한 『삼강행실도』 한문본을 대상으로 하는 것이 가장 바람직하다. 구체적으로 한문본 『삼강행실열녀도』 전체 제목을 기준으로 언해본과 『오륜행실도』 「열녀」편을 비교하고, 아울러 각각의 출처를 낱낱이 찾아 비교해 보기로 한다.


## 2) 『삼강행실열녀도』와 『열녀전(列女傳)』과의 비교

세종 16년(1434)에 간행된 한문본 『삼강행실도』는 『삼강행실효자도(三綱行實孝子圖)』 110도, 『삼강행실충신도(三綱行實忠臣圖)』 110도, 『삼강행실열녀도(三綱行實烈女圖)』 110도로 3권 3책, 330개의 그림과 행장으로 이루어져 있다. 그런데 이 세 가지 책의 처음 인쇄 부수는 극히 제한되었을 것이다. 조선 시대 간본(刊本)은 용지 관계도 있지만 수요가 제한되어 있어서 특별 관판(官版) 이외는 지역 수요자를 위한 한정판이었고, 관판의 경우도 대개는 각 관서(官署)와 관원들에게 반포하는 것이 목적이었고, 특히 널리 읽혀야 할 책이거나 오래 보존되어야 할 책은 각 도의 관찰사로 하여금 관간본(官刊本)을 복각(覆刻)하거나 재간(再刊)케 하는 것이 관례였으며, 그래서 정부 활자본의 경우도 활자본의 주요 기능은 지방

에서의 복각판 원본을 소부수 적당량을 신속하게 최소 비용으로 찍어내는 것이었다.[19]

그러므로 각 도에서 이 원간본을 내려받아 한꺼번에 만들지 않고 필요에 따라 따로따로 각권씩 만들었기 때문에 오늘날 효자도, 충신도, 열녀도 세 책이 오롯이 한 벌로 발견되는 경우가 드물다. 또 처음 판각부터 각 책마다 반포 교지, 전문과 서문, 발문을 다 수록하여 각권별로 인쇄할 수 있도록 했던 것이다. 그래서 현전하는 책 가운데는 부분적으로 제목만 새기고 그림과 행장이 빠진 판본이 있는데, 그 빠진 부분들이 판본마다 다르다. 또 세종대왕기념사업회 소장본처럼 차례에 없던 사람이 마지막에 추가로('은보감오(殷保感烏)')[20] 기록된 판본도 있다.

한편, 『2011년도 동산문화재분과위원회 제3차 회의 안건』(문화재청 문화재위원회)이라는 공개 문헌을 보면, 경북 영주시 순흥면 배점리 조창현 씨가 소장하고 있는 『삼강행실효자도』는 '허자매수(許孜埋獸)', '효신여묘(孝新廬墓)', '은시단지(恩時斷指)', '성무구어(成茂求魚)' 등 4인이나 결락(缺落)되어 있다고 하였다. 또 서울대학교도서관 소장본 「충신도」에서도 '한기원훈(韓琦元勳)', '곽영타매(郭永唾罵)', '몽주운명(夢周隕命)', '길재거절(吉再拒節)', '원계함전(原桂陷陳)' 등 다섯 명이 제목만 적혀 있고 그림과 내용은 공백이며, 김원용(金元龍) 님 소장본 「열녀도」에서도 '주주사애(住住死崖)', '한씨절립(韓氏節粒)', '여귀액엽(黎貴縊枼)' 등 세 편이 내용 없이 제목만 적혀 있는 상태이다.

---

19) 김원용, 『삼강행실도에 대하여』, 세종대왕기념사업회, 1982.

20) 은보감오(殷保感烏): 은보가 까마귀를 감동시키다. 조선 지례현 사람 윤은보(尹殷保)와 서즐(徐騭)의 이야기다. 효자도의 목록에는 110도만 적혀 있으나 본문에는 마지막에 '은보감오'라는 행장이 더 있어서 111도가 되지만, 중간에 나오는 '효신여묘(孝新廬墓)'는 제목만 새겼을 뿐 그림과 글이 새겨지지 않았으니 결국 110도인 셈이다.

이제 김원용 님 소장본인 『삼강행실도』(한문본) 「열녀도」의 목록을
기준으로 하여, 『삼강행실도』(언해본)와 『오륜행실도』의 「열녀도」를 비
교해 보고, 중국의 『고열녀전』, 『고금열녀전』, 왕도곤의 『열녀전』 등
세 가지와도 비교함으로써 그 출처를 밝혀 보기로 한다.

『삼강행실열녀도』(한문본)의 출처 분석표

| 『삼강행실도』(한문본)「열녀도」(1434) | 『삼강행실도』(언해본)「열녀도」(1490) | 『오륜행실도』「열녀도」(1797) | 남송 채기 『고열녀전』(1214) | 명 영락제 『고금열녀전』(1403) | 명 왕도곤 『열녀전』(1600 전후) | 나라와 출처 |
|---|---|---|---|---|---|---|
| 1. 황영사상 (皇英死湘) | | | 유우이비 (有虞二妃) | ○(1-1) | ○(1-1) | 우(虞). 고열녀전 |
| 2. 태임태교 (太任胎敎) | | | 주실삼모 (周室三母) | ○(1-6,7) | ○(1-4,5,6) | 주(周). 고열녀전 |
| 3. 강후탈잠 (姜后脫簪) | | | 주선강후 (周宣姜后) | ○(1-8) | ○(1-7) | 주(周). 고열녀전 |
| 4. 소의당웅 (昭儀當熊) | | | 한풍소의 (漢馮昭儀) | ○(1-9) | ○(4-15) | 한(漢). 고열녀전 |
| 5. 첩여사연 (婕妤辭輦) | | | 반녀첩여 (班女婕妤) | ○(1-10) | | 한(漢). 고열녀전 |
| 6. 왕후투화 (王后投火) | | | 효평왕후 (孝平王后) | ○(1-11) | ○(4-16) | 한(漢). 고열녀전 |
| 7. 마후의련 (馬后衣練) | | | 명덕마후 (明德馬后) | ○(1-13) | ○(4-18) | 한(漢). 고열녀전 |
| 8. 문덕체하 (文德逮下) | | | | ○(1-17) | | 당(唐). 舊唐書. 『용가』 70장 |
| 9. 조후친잠 (曹后親蠶) | | | | ○(1-23) | ○(10-3) | 송(宋). 宋史. 慈聖曹后 |
| 10. 효자봉선 (孝慈奉先) | | | | ○(1-30) | ○(14-1) | 명(明). 고금열녀전. 태조고황후 |
| 11. 공강수의 (共姜守義) | | | | | | 위(衛). 시경. 용풍편 '栢舟' |
| 12. 맹희서유 (孟姬舒帷) | | | 제효맹희 (齊孝孟姬) | ○(2-6) | ○(1-12) | 제(齊). 시경. 소아편 '都人士' |

| 『삼강행실도』(한문본)「열녀도」(1434) | 『삼강행실도』(언해본)「열녀도」(1490) | 『오륜행실도』「열녀도」(1797) | 남송 채기『고열녀전』(1214) | 명 영락제『고금열녀전』(1403) | 명 왕도곤『열녀전』(1600 전후) | 나라와 출처 |
|---|---|---|---|---|---|---|
| 13. 백희체화 (伯姬逮火) | 1. 백희체화 | 1. 백희체화 | 송공백희 (宋恭伯姬) | ○(2-16) | | 송(宋). 春秋. |
| 14. 백영대인 (伯嬴待刃) | | | 초평백영 (楚平伯嬴) | ○(2-24) | ○(3-20) | 초(楚). 고열녀전 |
| 15. 정강유대 (貞姜留臺) | | | 초소정강 (楚昭貞姜) | ○(2-25) | | 초(楚). 고열녀전 |
| 16. 여종지례 (女宗知禮) | 2. 여종지례 | 2. 여종지례 | 송포여종 (宋鮑女宗) | ○(3-6) | ○(2-13) | 송(宋). 고열녀전 |
| 17. 식처곡부 (殖妻哭夫) | 3. 식처곡부 | 3. 식처곡부 | 제기양처 (齊杞梁妻) | ○(2-7) | ○(1-20) | 제(齊). 고열녀전 |
| 18. 송녀불개 (宋女不改) | 4. 송녀불개 | 4. 송녀불개 | 채인지처 (蔡人之妻) | ○(3-8) | ○(3-12) | 채(蔡). 고열녀전 |
| 19. 절녀대사 (節女代死) | 5. 절녀대사 | 6. 절녀대사 | 경사절녀 (京師節女) | ○(3-15) | ○(5-13) | 한(漢). 고열녀전 |
| 20. 고행할비 (高行割鼻) | 6. 고행할비 | 5. 고행할비 | 양과고행 (梁寡高行) | ○(3-16) | ○(5-17) | 양(梁). 고열녀전 |
| 21. 목강무자 (穆姜撫子) | 7. 목강무자 | 7. 목강무자 | | ○(2-39) | ○(15-19) | 한(漢). 後漢書. 程文矩妻 |
| 22. 예종매탁 (禮宗罵卓) | 9. 예종매탁 | 9. 예종매탁 | | | | 한(漢). 後漢書. 皇甫規妻 |
| 23. 정의문사 (貞義刎死) | 8. 정의문사 | 8. 정의문사 | | ○(3-19) | | 한(漢). 後漢書. 樂羊子妻 |
| 24. 원강해곡 (媛姜解梏) | 10. 원강해곡 | 10. 원강해곡 | | | | 한(漢). 後漢書. 盛道妻 |
| 25. 영녀절이 (令女截耳) | 11. 영녀절이 | 11. 영녀절이 | | | ○(6-18) | 위(魏). 三國志. 夏侯令女 |
| 26. 여영보구 (呂榮報仇) | | | | | ○(6-2) | 오(吳). 後漢書. 吳許升妻 |
| 27. 왕비거호 (王妃距胡) | | | | | | 진(晉). 晉書. 列傳·烈女 |
| 28. 신씨취사 (辛氏就死) | | | | | | 진(晉). 晉書. 列傳·烈女 |
| 29. 종씨매희 (宗氏罵晞) | | | | | | 진(晉). 晉書. 列傳·烈女 |
| 30. 두씨수시 (杜氏守尸) | | | | | | 진(晉). 晉書. 列傳·烈女 |

| | | | | | | |
|---|---|---|---|---|---|---|
| 31. 염설효사<br>(閻薛效死) | | | | | | 진(晉). 晉書·<br>列傳·烈女 |
| 32. 모씨만궁<br>(毛氏彎弓) | | | | | | 진(晉). 晉書·<br>列傳·烈女 |
| 33. 양씨의열<br>(楊氏義烈) | | | | | | 진(晉). 晉書·<br>列傳·烈女 |
| 34. 장씨타루<br>(張氏墮樓) | | | | | | 진(晉). 晉書·<br>列傳·烈女 |
| 35. 이씨감연<br>(李氏感燕) | 12. 이씨감연 | 12. 왕씨감연<br>(王氏感燕) | | | | 송(宋).<br>이씨→왕씨<br>태평광기<br>권제270 |
| 36. 유씨분사<br>(劉氏憤死) | | | | | ○(7-11) | 원위(元魏).<br>魏書. 魏劉氏妻 |
| 37. 유씨동혈<br>(柳氏同穴) | | | | | | 수(隋). 隋書.<br>襄城王恪妃 |
| 38. 원씨훼면<br>(元氏毁面) | | | | | | 수(隋). 隋書.<br>華陽王楷妃 |
| 39. 유씨투정<br>(柳氏投井) | | | | ○(2-42) | | 수(隋). 隋書.<br>裵倫妻 |
| 40. 최씨견사<br>(崔氏見射) | 13. 최씨견사 | 13. 최씨견사 | | ○(3-28) | ○(7-16) | 수(隋). 隋書.<br>趙元楷妻 |
| 41. 숙영단발<br>(淑英斷髮) | 14. 숙영단발 | 14. 숙영단발 | | ○(2-43) | ○(12-18) | 당(唐). 新唐書.<br>李德武妻 |
| 42. 상자둔거<br>(象子遁居) | | | | ○(3-29) | ○(9-1) | 당(唐). 新唐書.<br>樊會仁母 |
| 43. 상관완절<br>(上官完節) | | | | ○(2-44) | ○(8-3) | 당(唐). 新唐書.<br>楚王靈龜妃 |
| 44. 위씨참지<br>(魏氏斬指) | 15. 위씨참지 | 15. 위씨참지 | | ○(3-30) | ○(9-5) | 당(唐). 舊唐書 |
| 45. 옥영침해<br>(玉英沈海) | | | | | | 당(唐). 舊唐書.<br>符鳳妻 |
| 46. 진씨명목<br>(秦氏瞑目) | | | | ○(2-45) | | 당(唐). 新唐書.<br>高叡妻秦氏 |
| 47. 이두투애<br>(二竇投崖) | | | | ○(3-31) | ○(9-13) | 당(唐), 小學.<br>善行 |
| 48. 동씨봉발<br>(董氏封髮) | | | | | | 당(唐). 新唐書.<br>賈直言妻董 |
| 49. 경문수정<br>(景文守正) | | | | | | 당(唐). 新唐書.<br>殷保晦妻傳 |

| 『삼강행실도』<br>(한문본)<br>「열녀도」<br>(1434) | 『삼강행실도』<br>(언해본)<br>「열녀도」<br>(1490) | 『오륜행실도』<br>「열녀도」<br>(1797) | 남송 채기<br>『고열녀전』<br>(1214) | 명 영락제<br>『고금<br>열녀전』<br>(1403) | 명 왕도곤<br>『열녀전』<br>(1600<br>전후) | 나라와<br>출처 |
|---|---|---|---|---|---|---|
| 50. 열부중도<br>(烈婦中刀) | | | | | | 당(唐). 新唐書.<br>竇烈婦傳 |
| 51. 주처견매<br>(周妻見賣) | | | | | | 당(唐). 新唐書.<br>周迪妻某氏 |
| 52. 이씨부해<br>(李氏負骸) | 16. 이씨부해 | 16. 이씨부해 | | ○(2-48) | ○(9-23) | 오대(五代).<br>五代史.<br>家範(사마광) |
| 53. 조씨액여<br>(趙氏縊輿) | 17. 조씨액여 | 17. 조씨액여 | | ○(3-34) | ○(12-1) | 송(宋). 宋史.<br>趙氏女 |
| 54. 서씨매사<br>(徐氏罵死) | 18. 서씨매사 | 18. 서씨매사 | | ○(3-35) | ○(12-3) | 송(宋). 宋史.<br>徐氏女 |
| 55. 희맹부수<br>(希孟赴水) | | | | ○(3-38) | ○(11-16) | 송(宋). 宋史.<br>韓希孟 |
| 56. 이씨액옥<br>(李氏縊獄) | 19. 이씨액옥 | 19. 이씨액옥 | | ○(2-50) | | 송(宋). 宋史.<br>謝枋得妻李氏 |
| 57. 조씨우해<br>(趙氏遇害) | | | | ○(3-37) | ○(7-18) | 송(宋). 宋史.<br>潭氏婦趙 |
| 58. 옹씨동사<br>(雍氏同死) | 20. 옹씨동사 | 20. 옹씨동사 | | | | 송(宋). 宋史.<br>趙卯發傳 |
| 59. 정부청풍<br>(貞婦淸風) | 21. 정부청풍 | 21. 정부청풍 | | ○(3-36) | ○(11-18) | 송(宋). 宋史.<br>王貞婦 |
| 60. 양씨피살<br>(梁氏被殺) | 22. 양씨피살 | 22. 양씨피살 | | ○(3-42) | ○(11-14) | 송(宋). 宋史.<br>王氏婦梁 |
| 61. 뇌란약마<br>(挼蘭躍馬) | | | | | | 요(遼). 遼史.<br>列傳 |
| 62. 주주사애<br>(住住死崖)[21] | | | | | | 나라, 그림,<br>내용 없음.<br>康住住 邵州人<br>夫早亡 服闋<br>父取之歸家<br>許嚴沂為妻<br>康氏誓死弗聽<br>欲還夫家不可<br>得 乃投崖而死<br>詔有司致祭其<br>墓(金史. 列傳) |

| | | | | | |
|---|---|---|---|---|---|
| 63. 장결돈좌<br>(莊潔頓挫) | | | | | 금(金). 金史.<br>李英妻張氏 |
| 64. 난씨해적<br>(欒氏解賊) | | | | | 금(金). 金史.<br>相琪妻 |
| 65. 독길액사<br>(獨吉縊死) | | | | | 금(金). 金史.<br>獨吉氏 |
| 66. 묘진부정<br>(妙眞赴井) | | | | | 금(金). 金史.<br>馮妙眞 |
| 67. 명수구관<br>(明秀具棺) | 23. 명수구관 | 23. 명수구관 | | | 금(金). 金史.<br>蒲察氏 |
| 68. 정렬분사<br>(貞烈焚死) | | | ○(2-51) | ○(12-15) | 원(元). 元史.<br>闕文興妻王氏 |
| 69. 유모자서<br>(兪母自誓) | | | ○(3-44) | ○(13-1) | 원(元). 元史.<br>兪新之妻聞氏 |
| 70. 숙안조면<br>(淑安爪面) | | | ○(2-52) | ○(12-16) | 원(元). 元史.<br>馮氏淑安 |
| 71. 의부와빙<br>(義婦臥氷) | 24. 의부와빙 | 24. 의부와빙 | ○(3-48) | ○(13-2) | 원(元). 빙(氷,<br>冰) 元史. 張 |
| 72. 동아자액<br>(冬兒自縊) | | | | | 원(元). 元史.<br>李冬兒 |
| 73. 금가정사<br>(錦哥井死) | | | ○(3-47) | ○(13-7) | 원(元). 元史.<br>趙彬妻朱氏 |
| 74. 귀가액구<br>(貴哥縊廐) | | | | | 원(元). 元史.<br>貴哥蒙古氏 |
| 75. 유씨악수<br>(劉氏握手) | | | | | 원(元). 元史.<br>臺叔齡妻劉氏 |
| 76. 장씨자인<br>(張氏自刃) | | | | | 원(元). 元史.<br>湯輝妻張氏 |
| 77. 동씨피면<br>(童氏皮面) | 25. 동씨피면 | 25. 동씨피면 | ○(3-49) | ○(13-9) | 원(元). 元史.<br>兪士淵妻童氏 |
| 78. 장녀투수<br>(張女投水) | | | | | 원(元). 元史.<br>張氏女 |

---

21) 강주주(康住住)라는 여인은 부주(鄜州) 사람이다. 남편이 일찍 죽어 상복을 마치자, 그 아버지가 친정으로 데려가서 엄기(嚴沂)라는 남자의 아내되기를 허락하였다. 강씨는 죽기를 맹서하며 아비의 말을 듣지 않고 다시 남편집으로 돌아가려고 하였으나 돌아가지 못하니, 언덕에서 떨어져 죽고 말았다. 임금이 유사(有司)에게 조서(詔書)를 내려 그녀의 묘에 제사를 지내도록 하였다.(금사(金史), 열전)

| 『삼강행실도』(한문본)「열녀도」(1434) | 『삼강행실도』(언해본)「열녀도」(1490) | 『오륜행실도』「열녀도」(1797) | 남송 채기『고열녀전』(1214) | 명 영락제『고금열녀전』(1403) | 명 왕도곤『열녀전』(1600 전후) | 나라와 출처 |
|---|---|---|---|---|---|---|
| 79. 왕씨경사 (王氏經死) | 26. 왕씨경사 | 26. 왕씨경사 | | ○(3-50) | ○(13-10) | 원(元). 元史. 惠士玄妻王氏 |
| 80. 채란청심 (彩鸞淸心) | | | | ○(3-46) | | 원(元). 元史. 李景文妻徐氏 |
| 82. 숙정투하 (淑靖投河) | | | | | | 원(元). 元史. 吳守正妻禹氏 |
| 83. 주씨구욕 (朱氏懼辱) | 27. 주씨구욕 | 27. 주씨구욕 | | | | 원(元). 元史. 黃仲起妻朱氏 |
| 84. 왕씨사묘 (王氏死墓) | | | | | | 원(元). 元史. 焦士廉妻王氏 |
| 85. 허씨부지 (許氏仆地) | | | | | | 원(元). 元史. 趙洙妻許氏 |
| 86. 취가취팽 (翠哥就烹) | 28. 취가취팽 | 28. 취가취팽 | | | ○(13-18) | 원(元). 元史. 李仲義妻劉氏 |
| 87. 묘안쉬도 (妙安淬刀) | | | | | | 원(元). 元史. 鄭琪妻羅氏 |
| 88. 절부투강 (節婦投江) | | | | | | 원(元). 元史. 柯節婦陳氏 |
| 89. 화유쌍절 (華劉雙節) | | | | | | 원(元). 元史. 張訥妻劉氏 張思孝妻華氏 |
| 90. 유씨단설 (劉氏斷舌) | | | | | | 원(元). 元史. 安志道妻劉氏 |
| 91. 고부병명 (姑婦幷命) | | | | | | 원(元). 元史. 宋謙妻趙氏 |
| 92. 영녀정절 (甯女貞節) | 29. 영녀정절 | 29. 영녀정절 | | ○(3-52) | ○(13-11) | 명(明). 고금열녀전 |
| 93. 왕씨호통 (王氏號慟) | | | | ○(3-54) | | 명(明). 고금열녀전 |
| 94. 반씨운명 (潘氏隕命) | | | | ○(3-56) | | 명(明). 고금열녀전 |
| 95. 부처구사 (傅妻俱死) | | | | ○(3-59) | | 명(明). 고금열녀전 |
| 96. 미처담초 (彌妻啖草) | 30. 미처담초 | 30. 미처해도 (彌妻偕逃) | | | | 백제. 삼국사기. 열전 |

| | | | | | | |
|---|---|---|---|---|---|---|
| 97. 현처사수<br>(玄妻死水) | | | | | | 고려사.<br>玄文奕妻 |
| 98. 정처해침<br>(鄭妻偕沈) | | | | | | 고려사. 鄭文鑑 |
| 99. 안처구사<br>(安妻俱死) | | | | | | 고려사.<br>安天儉妻 |
| 100. 최씨분매<br>(崔氏奮罵) | 31. 최씨분매 | 31. 최씨분매 | | | | 고려사.<br>鄭滿妻崔氏 |
| 101. 삼녀투연<br>(三女投淵) | | | | | | 고려사.<br>江華三女 |
| 102. 열부입강<br>(烈婦入江) | 32. 열부입강 | 32. 열부입강 | | | | 고려사.<br>李東郊妻裵氏 |
| 103. 김씨사적<br>(金氏死賊) | | | | | | 고려사.<br>金彦卿妻金氏 |
| 104. 경처수절<br>(慶妻守節) | | | | | | 고려사.<br>景德宜妻安氏 |
| 105. 송씨서사<br>(宋氏誓死) | | | | | | 고려. 咸陽郡誌 |
| 106. 임씨단족<br>(林氏斷足) | 33. 임씨단족 | 33. 임씨단족 | | | | 조선 |
| 107. 김씨박호<br>(金氏撲虎) | 34. 김씨박호 | 34. 김씨박호 | | | | 조선 |
| 108. 한씨절립<br>(韓氏節粒) | | | | | | 조선. 그림,<br>내용 없음 |
| 109. 여귀액엽<br>(黎貴縊葉) | | | | | | 조선. 그림,<br>내용 없음 |
| 110. 김씨동폄<br>(金氏同窆) | 35. 김씨동폄 | 35. 김씨동폄 | | | | 조선 |

태종 때 중국 명나라 황제가 보내 준 『고금열녀전』이 610부나 되고, 그때로부터 30여년밖에 시간이 지나지 않은 세종 때에 『삼강행실도』가 편찬되었으므로, 흔히 사람들이 일반적으로 중국의 『열녀전』의 영향을 많이 받았을 것으로 짐작하지만, 정작 그 출처를 살펴본 결과, 매우 다양한 문헌을 참고하였음을 알 수 있었다. 그러나 기본적으로 이야기마다 제목을 붙인 형식은 『고금열녀전』(3권)의 형식과는 거리가

멀었다. 오히려 『열녀전』(7권)과 『고열녀전』(8권)의 형식을 빌었음을 알 수 있다. 그럼에도 제목을 짓는 방법에서는 『고열녀전』을 그대로 따르지 않고, 주인공과 그 이야기의 주된 내용을 축약해, 새로 제목을 지었음을 알 수 있다.

이와는 달리 『고금열녀전』은 왕조 이름을 앞에 적은 뒤, 제목 없이 시대와 연대순으로 이야기를 나열하였을 뿐이다. 특히 '기모강원(棄母姜嫄)'은 후직(后稷)의 탄생과 일대기로서, 중국의 『고열녀전』, 『고금열녀전』, 『왕씨 열녀전』에 모두 나오지만 『삼강행실도』에는 빠졌는데, 그 이유는 내용이 '열녀(烈女)'와 관련된 이야기라 할 수 없고 기묘한 신화에 속하므로 제외한 듯하다.

명나라 영락제 때 새로 엮은 『고금열녀전』은, 세 권으로 되어 있는데, 제1권은 우하(虞夏) 순임금의 비(妃)인 아황(娥皇)과 여영(女英)부터 명나라 태조의 비인 효자황후(孝慈皇后)까지 모두 30명의 천자 혹은 황제의 비이고, 제2권은 주대(周代)에서부터 전한, 후한, 수, 당, 오대(五代), 명나라까지 제후의 비(妃) 또는 양반을 다룬 듯하며, 제3권은 주 열국(列國)에서부터 후한, 원위(元魏), 수, 당, 송, 명나라까지의 평민을 중심으로 다루었다.

이상과 같이 『삼강행실도』(한문본) 110도(圖)를, 그 가운데 가려뽑은 『삼강행실도』 언해본과 『오륜행실도』를 비교하여 같고 다름을 확인해 보았으며, 모든 이야기의 출처를 찾아본 결과, 유향의 『열녀전(烈女傳)』과 겹치는 것은 16가지였을 뿐이며, 그마저 영락제 때의 『고금열녀전(古今列女傳)』과 모두 겹치는 것을 볼 때, 세종 시대 『삼강행실도』를 간행할 때는 유향의 『열녀전』(사실상 『고열녀전』)과 영락제의 『고금열녀전』을 함께 참고하면서 취사선택을 하였던 것으로 판단된다. 또한 같은 내용이 『고열녀전』과 『고금열녀전』에 반드시 겹치는 것은 아니었고, 오히려 중국 사서(史書)를 바탕으로 하면서 아울러 『고금열녀전』에도 나오는 이야기를 더 많이 수록하였음을 알 수 있었다. 즉 『한서』, 『진서』, 『위서』, 『수서』, 『구당서』, 『신당서』, 『송사』, 『금사』, 『원사』 등 중국의 역사서를 두루 망라하여 참고하였음을 알 수 있었다. 그 출처의 분포를 정리하면 다음과 같다.

| 삼강행실<br>(한문본) 열녀도 | 삼강행실<br>(언해본) 열녀도 | 오륜행실도<br>열녀도 | 고열녀전 | 고금<br>열녀전 | 청대<br>열녀전 |
|---|---|---|---|---|---|
| 전체 110편 | 35편 | 35편 | 124편 | 143편 | 309편 |
| 겹치는 부분 | 35편 | 35편 | 16편 | 49편 | 42편 |

이밖에도, 『시경(詩經)』 2편, 『소학(小學)』 1편, 『용비어천가』 1편, 『춘추(春秋)』 1편, 『후한서』 5편, 『삼국지(三國志)』 1편, 『진서(晉書)』 8편, 『태평광기(太平廣記)』 1편, 『위서(魏書)』 1편, 『수서(隋書)』 4편, 『구당서(舊唐書)』 3편, 『신당서(新唐書)』 8편, 『오대사(五代史)』 1편, 『송사(宋史)』 9편, 『요사(遼史)』 1편, 『금사(金史)』 6편, 『원사(元史)』 24편, 『삼국사기』 1편, 『고려사』 8편, 『함양군지(咸陽郡誌)』 1편, 조선 5편 등에서 참고하였을 것으로 보인다. 특히 사마천의 『사기(史記)』는 중국 상고시대부터 전한의 무제(武帝)까지 2천여 년 동안의 통사와 열전을 기록한 책으로서 유향이 기록한 『열녀전』의 바탕을 이루고 있음은 두말할 필요가 없다.

## 4. 『삼강행실열녀도』 및 『오륜행실도』 권3 「열녀」의 종합적 이해

세종실록 42권, 세종 10년(1428) 10월 3일 기사에 다음과 같은 기록이 있다.

　　경연에 나아가, 임금이 일찍이 진주(晉州) 사람 김화(金禾)가 그 아비를
살해하였다는 사실을 듣고, 깜짝 놀라 낯빛을 변하고는 곧 자책하고
드디어 여러 신하를 소집하여 효제(孝悌)를 돈독히 하고, 풍속을 후하게
이끌도록 할 방책을 논의하게 하니, 판부사 변계량이 아뢰기를, "청하옵
건대 『효행록(孝行錄)』 등의 서적을 널리 반포하여 항간의 백성으로 하여
금 이를 항상 읽고 외게 하여 점차로 효제와 예의(禮義)의 마당으로 들어
오도록 하소서." 하였다. 이에 이르러 임금이 직제학 설순(偰循)에게 이
르기를, "이제 세상 풍속이 박악(薄惡)하여 심지어는 자식이 자식 노릇을
하지 않는 자도 있으니, 『효행록』을 간행하여 이로써 어리석은 백성들을
깨우쳐 주려고 생각한다. 이것은 비록 폐단을 구제하는 급무가 아니지
만, 그러나 실로 교화하는 데 가장 먼저 해야 할 것이니, 전에 편찬한
중국의 『이십사효(二十四孝)』[22]에다가 또 중국인 20여 명의 이름난 효자
를 더 넣고, 고려와 삼국 시대의 효자로서 특출한 자들도 함께 모아
한 책을 편찬해 이루도록 하되, 집현전에서 이를 주관하라." 하니, 설순
이 대답하기를, "효도는 곧 백행의 근원입니다. 이제 이 책을 편찬하여
사람마다 이를 알게 한다면 매우 좋은 일입니다. 그러하오나 『고려사』로
말씀하오면 춘추관에 수장되어 있어 관 밖의 사람은 참고하여 살펴볼
수 없사오니, 청컨대 춘추관으로 하여금 이를 초록(抄錄)해 보내도록 하
소서." 하니, 즉시 춘추관에 명하여 이를 베끼도록 하였다.[23]

---

22) 원(元)나라 곽거경(郭居敬)이 엮은 책이다. 그의 책에 나오는 24효는 우순(虞舜)·한문
　　제(漢文帝)·증삼(曾參)·민손(閔損)·중유(仲由)·동영(董永)·염자(剡子)·강혁(江革)·
　　육적(陸績)·당부인(唐夫人)·오맹(吳猛)·왕상(王祥)·곽거(郭巨)·양향(楊香)·주수창
　　(朱壽昌)·유검루(庾黔婁)·노내자(老萊子)·채순(蔡順)·황향(黃香)·강시(姜詩)·왕포
　　(王襃)·정난(丁蘭)·맹종(孟宗)·황정견(黃庭堅) 등이다.

23) ○辛巳 御經筵 上嘗聞晉州人金禾弑父之事 矍然失色 乃至自責 遂召群臣 議所以敦
　　孝悌 厚風俗之方 判府事卞季良曰 請廣布孝行錄等書 使閭巷小民尋常讀誦 使之駸駸

이 기록은 처음『삼강행실도』가 만들어지기 전에『효행록』의 증보가 먼저 이루어졌음을 알게 해 준다.『효행록』은 고려 충목왕 때 권보(權溥)와 그의 아들 권준(權準)이 효행에 관한 기록을 모아 엮은 책이다. 처음에는 이제현(李齊賢)이 서문을 쓰고, 권근(權近)이 주해(註解)와 발문(跋文)을 달아서 고려 때 간행하였는데, 권보가 늙자 아들 권준이 아버지를 위로하려고, 화공(畵工)을 시켜 이십사효도(二十四孝圖)를 그리게 한 뒤, 그것을 이제현에게 주면서 찬(贊)을 지어 달라 부탁하여, 권보도 별도로 38효행을 골라 이제현으로부터 찬(贊)을 지어받았으니, 이십사효도의 24찬은 12구(句)로, 38효행의 38찬은 8구로 짓게 된 것이다. 이제 이『효행록』이『삼강행실도』제작에 어떻게 사용되는지를 알아보자.『효행록』을 증보하기 위해서는, 중국의『이십사효』와『고려사』를 참조하였다는 것을 알 수 있다.『이십사효』는 이미 고려 때에 우리나라에 들어와 매우 인기가 높았던 책으로, 고려 말 이제현(李齊賢)의 시문집『익재난고(益齋亂藁)』에서도 '맹종동순(孟宗冬筍)'이라는 시가 있을 정도이다. 또 권채(權採)가 쓴 '삼강행실 서문'에는 좀더 구체적인 사실을 적고 있다.

선덕 신해년에 우리 주상 전하(主上殿下)께서 측근의 신하에게 이렇게 명령하셨습니다. '삼대(三代)의 정치가 훌륭하였던 것은 다 인륜(人倫)을 밝혔기 때문이다. 후세(後世)에서는 교화가 점점 쇠퇴하여져서,

---

然入於孝悌禮義之場 至是 上謂直提學偰循曰 今俗薄惡 至有子不子者 思欲刊行孝行錄 以曉愚民 此雖非救弊之急務 然實是教化所先 宜因舊撰二十四孝 又增二十餘孝 前朝及三國時 孝行特異者 亦皆裒集 撰成一書 集賢殿其主之 循對曰 孝乃百行之原 今撰此書 使人人皆知之 甚善 若高麗史 莊之春秋館 外人不得考閱 請令春秋館抄錄以送 即命春秋館抄之

백성들이 군신(君臣)·부자(父子)·부부(夫婦)의 큰 인륜에 친숙하지 아니
하고, 거의 다 타고난 천성(天性)에 어두워서 항상 각박(刻薄)한 데에 빠
졌다. 간혹 훌륭한 행실과 높은 절개가 있어도, 풍속·습관에 옮겨져서
사람의 보고 듣는 자의 마음을 흥기(興起)시키지 못하는 일도 또한 많
다. 내가 그 중 특별히 남달리 뛰어난 것을 뽑아서 그림과 찬을 만들어
중앙과 지방에 나누어 주고, 우매한 남녀들까지 다 쉽게 보고 느껴서
분발하게 되기를 바란다. 그렇게 하면, 또한 백성을 교화하여 풍속을
이루는 한 길이 될 것이다.'고 하시고, 드디어 집현전 부제학 신(臣) 설
순에게 명하여 편찬하는 일을 맡게 하였습니다.

이 서문은 세종실록 세종 14년(1432) 6월 9일 기사에 그대로 기록되
어 있다. 그런데 여기서 임금이 부제학 설순에게 『삼강행실도』를 편찬
하라 명한 때를 '선덕 신해년'이라고 하였으니, 바로 세종 14년을 말하
니, 이 해 연초에 그런 명령을 내렸다는 말이다.

중국에서 우리나라에 이르기까지 고금의 서적에 기록되어 있는 것으
로 참고하지 않은 것이 없으며, 그 속에서 효자, 충신, 열녀로서 특출한
자 각 1백 10명씩을 뽑아 그림을 앞에 놓고 행적을 뒤에 적되 찬(贊)과
시(詩)를 1수(首)씩 붙였습니다. 이 시는 효자의 경우, 명나라 태종이 보
내 준 『효순사실(孝順事實)』에 실린 시와 신(권채)의 고조할아버지인 권
보(權溥)가 편찬한 『효행록(孝行錄)』 중 이제현(李齊賢)이 쓴 찬을 옮겨
기록하였으며, 거기에 없는 것과 충신편, 열녀편의 찬과 시들은 모두
편찬관들이 나누어 지었습니다.[24]

---

24) 自中國以至我東方 古今書傳所載 靡不蒐閱 得孝子忠臣烈女之卓然可述者 各百有十
人 圖形於前 紀實於後 而并系以詩 孝子則謹錄太宗文皇帝所賜孝順事實之詩 兼取臣
高祖臣溥所撰孝行錄中名儒李齊賢之贊其餘則令輔臣 分撰忠臣烈女之詩

이와 같이, 처음부터 편찬에 필요한 자료를 한두 가지 문헌에서 가져온 것이 아니었다. 『삼강행실도』의 체재가 유향의 『열녀전』 혹은 남송 때의 『고열녀전』의 체재를 따랐음은 사실이나, 그뿐만 아니라 명나라 초 영락제의 『고금열녀전』 내용을 더 많이 인용한 것을 볼 때, 여러 열녀전을 두루 참고하였다는 것을 알 수 있다. 명나라 영락 18년(1420)에 태종이 명하여 지었다는 『효순사실』을 조선에 보내주었는데 더 나아가 330편의 내용이 다양한 문헌에 있던 내용이고, 특히 『삼강행실열녀도』의 내용만 봐도, 중국의 역사서를 두루 섭렵하여 참고하였음을 알 수 있다.

특히 『삼강행실도』(한문본)의 여덟번째 이야기 '문덕체하(文德逮下)'는 『고금열녀전』에도 등장하는데, 본디 『구당서』에 나오는 이야기다. 그 주인공은 당 태종비 문덕황후로서, 조선 세종 27년(1445) 4월에 편찬되어 세종 29년(1447) 5월에 간행된 『용비어천가(龍飛御天歌)』 권제8, 70장에서 인용한 것으로 유명하다.

> 하늘이 (당 태종과 같은) 영기한 재주를 내시어 백성을 편안하게 살도록 하시매, 여섯 준마가 시기를 맞추어 나니.
> 하늘이 (이 태조와 같은) 용기와 지혜 가진 분을 주시어 나라의 편안을 위하시니, 여덟 준마가 때를 맞추어 나니.[25]

『용비어천가』 70장 노래의 주석에는,

> 당나라 태종은 여섯 마리의 준마가 있으니 그 이름이, 특륵표, 삽로

---

25) 天挺英奇(천연영기)ㅎ샤 安民(안민)을 爲(위)ㅎ실씨 六駿(육준)이 應期(응기)ㅎ야 나니.
  天錫勇智(천석용지)ㅎ샤 靖國(정국)을 爲(위)ㅎ실씨 八駿(팔준)이 應時(응시)ㅎ야 나니.

자, 청추, 권모과, 십벌적, 백제오이다. 태종이 문덕황후를 소릉에 장사
지내며, 스스로 글을 지어 비문을 새기고 아울러 여섯 마리 말 모양을
새기고 글을 함께 새겨 능 뒤에 세우니, 뒷사람이 이를 베껴 지금까지
전해 내려온다. 태조가 탔던 준마 여덟 마리의 준마가 있으니 이른바,
횡운골, 유린청, 추풍오, 발전자, 용등자, 응상백, 사자황, 현표이다. 팔
준도지(八駿圖誌)에 이르기를, 옛날부터 천명을 받은 임금은 바야흐로
그가 처음 창업할 때, 영웅 호걸이 구름과 바람처럼 모여들어 모두가
그를 도와 충성을 다하는 법이다. 심지어 미물인 짐승도 이러한 때에는
있는 힘을 다하지 않은 바가 없었다. 이는 모두 그 시기에 부응하여
태어나 천명을 받은 임금을 도와 공덕을 이루고자 한 데서이다. 고려
말에 임금은 혼미하고 정치가 포악하여 도적들이 잇달아 침범하고 백
성이 도탄에 빠지게 되었는데, 하늘이 태조에게 용맹과 지혜를 주시어
혼란을 다스리고 세상을 구제하는 것을 자신의 사명으로 삼게 하셨다.
이에 사방을 정벌하여 몸소 활과 화살통을 메고 화살과 돌을 무릅쓰고
몸소 전투에 임하여, 몸에 입은 상처와 그 흔적들이 한두 군데가 아니
었다. 바람처럼 휘몰아치고 우레처럼 으르렁거리는 싸움터에서도 이르
는곳마다 모두 말끔히 다스렸으니, 그의 부지런함, 괴로움, 어려움과
위태로움이 또한 그지없었다.[26]

하였고, '태종이 문덕황후를 소릉에 장사지내며, 스스로 글을 지어 비
문을 새기고, 아울러 여섯 마리 말 모양을 새기고 글을 함께 새겨 능

---

26) 唐太宗六駿 曰特勒驃 曰颯露紫 曰青騅 曰拳毛騧 曰什伐赤 曰白蹄烏 太宗 葬文德皇
后於昭陵 御製刻石文 幷六馬像贊 皆立於陵後 後人 遂摹爲作圖 傳之至今 太祖所御駿
馬八 曰橫雲鶻 曰游麟靑 曰追風烏 曰發電赭 曰龍騰紫 曰凝霜白 曰獅子黃 曰玄豹 八
駿圖誌曰 自古受命之主 方其創業之初 必有英雄豪傑 感會風雲 攀鱗附翼 以輸其忠 至
於畜物之微 亦莫不秉時奮力 以效其勞 此皆應期而生 贊佐成功者也 高麗之季 主昏政
虐 寇盜交侵 生民塗炭 惟我太祖 勇智天錫 以撥亂濟世爲已任 征討四方 躬屬橐鞬 親
冒矢石 創瘢之在聖體者非一 雖風飛電激 所向廓淸 其勤苦艱危亦至矣

뒤에 세우니'라는 곳에 다시 주석 달기를,

> 문덕황우는 장손씨요, 수(隋)나라 우효위장군 성(晟)의 딸이니, 시호
> 는 문덕(文德)이다. 소릉(昭陵)은 경조 예천현 서북쪽 구종산(九嵕山)에
> 있다. 태종이 글을 지어 비석에 새겼는데, 황후는 검소하여 유언에 박
> 장(薄葬; 소박하게 장례를 치름)토록 할 것과, 금과 옥을 순장하지 말도록
> 하고, 자손으로 하여금 마땅히 받들어 법을 삼으라고 이른 사실을 칭찬
> 하는 내용이었다.[27]

라고 하였다. 이와 같이 문덕황후의 이야기는 조선 초기부터 회자되고
있었음을 알 수 있다.

『시경(詩經)』을 광해군 5년(1613)에 언해한 『시경언해』의 내용을 보
면, 『삼강행실도』(한문본) '11) 공강수의(共姜守義)'에 나오는 시가 『시
경』에서 인용한 것임을 알 수 있다. '잣나무 배[栢舟]'라는 시다.

> 汎범彼피栢빅舟쥬ㅣ여 在지彼피中듕河하ㅣ로다
> 髧담彼피兩량髦모ㅣ 實실維유我아儀의니
> 之지死ᄉㅣ언뎡 矢시靡미他타호리라
> 母모也야天텬只지시니 不블諒량人신只지아
>
> 汎범彼피栢빅舟쥬ㅣ여 在지彼피河하側측이로다
> 髧담彼피兩량髦모ㅣ 實실維유我아特특이니
> 之지死ᄉㅣ언뎡 矢시靡미慝특호리라
> 母모也야天텬只지시니 不블諒량人신只지아

---

27) 文德皇后長孫氏 隋右驍衛將軍晟之女也 諡曰文德 昭陵在京兆醴泉縣西北九嵕山 太
　　宗 爲文刻石 稱皇后節儉 遺言薄葬 不藏金玉 當使子孫 奉以爲法

위나라의 세자인 공백(共伯)이 일찍 죽자, 그 아내는 절개를 지키고자 하였다. 그러나 부모는 기어이 시집을 보내고자 하였다. 하지만 그녀는 부모의 말을 듣지 않았다. 그러므로 이 시가를 지어 읊었다고 하였다.

이상의 110편에서 (1)에서 (10)까지는 예외 없이 해진의 『고금열녀전』에서 인용되고 있다. (11)부터 (18)까지는 주대 제후의 비와 춘추시대 인물인데, (11)의 〈공강수의(共姜守義)〉만 『시경(詩經)』 용풍(鄘風) 「백주(柏舟)」의 서(序)에서 인용되고 있을 뿐, (12)에서 (18)까지도 역시 『고금열녀전』에서 인용되고 있다. (19) 이하는 한대(漢代) 이후의 제왕가의 비(妃)가 아닌 여성들이 주인공인데, 한대 초기의 여성을 다룬 (19), (20), (21)도 모두 『고금열녀전』을 옮긴 것이었다. 요컨대 하(夏) 왕조로부터 주(周), 춘추전국, 한(漢)의 일부까지 모두 21편 중에서 (11)을 제외한 20편이 『고금열녀전』에서 인용되고 있다. 더욱이 (24)에서 (38), (61)에서 (67), (81)에서 (91) 등은 중국의 '열녀전'에서는 전혀 찾을 수 없는 이야기로서, 명대와 청대의 '열녀전'이 방대한 양을 자랑하지만, 세종 때의 『삼강행실도』 집필자들은 결코 '열녀전'만 참고하지 않고 중국의 사서 가운데 '열전(列傳)'을 중심으로 매우 치밀한 검토를 통하여 이야기를 뽑아내어 『삼강행실도』를 엮었다는 것이 위의 표에서 확연히 드러나고 있다.

또 『삼강행실도』 집필진이나 세종의 의도라고 보았던 권7 「얼폐전」의 제외시킴은 이미 『고금열녀전』 편찬자의 의도였음이 드러났다. 즉 권7 「얼폐전」은 악녀와 음녀(淫女) 등 부정적 여성상이기 때문에 전혀 채택되지 않았던 것이다. 위에서 검토한 바와 같이 『삼강행실도』 「열녀편」은 『고금열녀전』을 인용하고 있되, 『고금열녀전』 자체가 『고열녀전』의 인용이기 때문에 사실상 『고열녀전』을 인용하고 있다고 보아도 무방할 것이다.

## 5. 맺음말

  중국에서 유향(劉向, BC.77~76)의 『열녀전』이 간행된 것은 지금으로부터 2천년 전이었다. 그러나 이때는 이미 사마천(司馬遷)에 의해 한(漢)나라 무제 때(BC.108~91 사이)에 이루어진 『사기(史記)』가 읽히고 있었다. 그 가운데 유향의 관심을 끈 것은 제왕의 연대기(年代記), 세가(世家), 열전(列傳)들 사이에 끼어 있는 여성들의 삶이었다. 물론 그의 의도는 유교적 가부장제가 원하는 여성상을 모아 보임으로써 사회 질서를 재편해 보려는 데 있었을 것이다. 이와 같은 유향의 의도는 『열녀전』을 통하여 동양의 전통적 가치관을 형성하며 중국을 비롯하여 조선과 일본 등 주변국에 지속적으로 그 영향력을 행사했다. 중국 내에서도 계속되는 국가의 정사(正史)에 '열전(列傳)'의 형식으로 많은 사람의 이야기가 기록되었음에도 불구하고 그와 병행하여 '열녀전(列女傳)'은 나름대로 내용을 확대하며 계속해서 간행 재생산되어 왔다. 그런데 고려에서는 『고열녀전』이 간행된 경우가 없었다. 그러다가 명나라 성조의 명을 받아 영락(永樂) 원년(1403)에 해진(解縉)이 엮은 『고금열녀전』이 태종 4년(1404)에 두 차례에 걸쳐 610부나 우리나라에 직수입되면서, 엄청난 물량 공세와 그 내용에 문화적 충격을 받은 조선에서도 여성에 대한 교육의 필요성을 느끼게 되었다. 하지만 조선에 들어온 '열녀전(列女傳)'은 백성 전반에 대한 교육의 필요성을 일깨우게 하였으며, 역사 속에서 효자(孝子), 충신(忠臣), 열녀(烈女)의 삶을 보임으로써 유교적 윤리 질서를 확립하려는 지배자들의 관점에 딱 맞는 방법으로 쓰이게 된 것이다. 그동안 중국의 『예기(禮記)』와 여성과의 관계,[28] 소혜왕후 한씨(1437~

---

28) 이숙인, 『동아시아 고대의 여성사상』, 여이연, 2005.

1504)의 『내훈(內訓)』[29]과 여성과의 관계 등 다양한 연구가 진행되어 왔다. 그러나 적어도 우리나라에 수용된 여성 이야기는 『삼강행실도』가 그 시발점이 되어 남성과 여성이 무게중심이 한쪽으로 편벽되지 않고 균형 있게 다루어졌음을 볼 때, 동양의 뿌리깊은 남존여비(男尊女卑) 사상의 잣대로 '열녀(列女)' 또는 '열녀(烈女)'를 거론하는 것은 세종의 뜻이 아니었다는 것을 알 수 있다. 그리고 그 뜻은 후속으로 이어진 행실도류에 그대로 이어졌다. 더욱이 세종은 여성에게 출산 휴가 100일을 주는 제도를 만들만큼 주도면밀한 분으로서, 『삼강행실도』의 순서에서도 잘 드러나듯이, 왕조시대는 위계적으로 '충효(忠孝)'를 앞세우지만, 세종은 효자를 충신 앞에 놓았고, 남편의 외도는 불문(不問)하고 부인의 정절(貞節)만을 요구하는 열녀(烈女)는 끝으로 밀고 있다.

한편 단순히 여성들의 이야기를 나열하는 '열녀전(列女傳)'에서, 지아비와 윗사람, 가정과 사회를 위해 헌신하고 희생하는 '열녀(烈女)'들의 '열녀전(烈女傳)'으로 조선에 정착한 것은 『삼강행실도』에서 비롯되었다고 할 수 있다. 그러나 각각 110명씩 동등한 수량을 제시하였다는 것과, 오히려 효자를 강조하면서 열녀는 맨뒤로 열거하였다는 것은 적어도 행실도류를 남존여비적 관점으로 이해해서는 안된다는 것이다. 조선 중기 중종 38년(1543)에 간행된 『고열녀전(古列女傳)』 언해본과, 후기에 간행된 『열녀전(列女傳)』의 이름으로 된 2권 2책의 한글필사본(국립중앙도서관 소장)이 전하는 것으로 보아, 영락제 때의 『고금열녀전』과 만력 연간(1573~1620)에 왕도곤이 16권으로 편집한 『열녀전』(이 책은 청나라 고종(건륭) 44년(1779)에 포정박이 편집하여 재간행됨.) 등과 함께

---

29) 이경하(서울대 인문학연구원 HK연구원), 「『내훈』의 『소학』 수용 양상과 의미」, 2008.5.3.

계속해서 우리나라에 전래되어 읽혔음을 알 수 있다. 이렇게 다양한 책이 우리나라에서 읽혔으므로, 유향의 『열녀전』 중 권7 얼폐전(孼嬖傳)을 모두 뺀 것이 남성 편향적 편집 자세라는 주장은 잘못이며, 또 이것이 『삼강행실도』보다 먼저 이미 『고금열녀전』에서부터 얼폐전을 뺀 채로 들어와서 읽혔으므로 조선이 경직된 관점에서 여성상을 주입하려 했다는 주장은 설득력이 없는 것이다.

『삼강행실도』 서문에 밝힌 바와 같이 처음부터 중국의 『열녀전』과 『고금열녀전』만이 참고 문헌으로서 사용된 것이 아니었고, 오히려 원나라 곽거경(郭居敬)이 편찬한 『이십사효』나 『효순사실』, 모든 역사서의 열전 등 다양한 자료를 출처로 삼았던 것이다.

사마천의 『사기』는 기본이고, 유향의 『열녀전』과 겹치는 송나라 때의 『고열녀전』 중 16편과 명나라 영락제 때의 『고금열녀전』 중 49편을 비롯하여, 중국 문헌 『시경』 2편, 『소학』 1편, 『춘추』 1편, 『후한서』 5편, 『삼국지』 1편, 『진서(晉書)』 8편, 『태평광기』 1편, 『위서(魏書)』 1편, 『수서』 4편, 『구당서』 3편, 『신당서』 8편, 『오대사』 1편, 『송사』 9편, 『요사』 1편, 『금사』 6편, 『원사』 24편과 우리나라 문헌 『삼국사기』 1편, 『고려사』 8편, 『함양군지(咸陽郡誌)』 1편, 『용비어천가』 1편 등 다양하면서도 정사(正史)를 참고함으로써 오류를 범하지 않고 정확한 기록을 수록하려는 노력과, 고대보다는 좀더 가까운 역사에서 더 많이 인용함으로써 현실과 맞는 이야기 위주로 엮었음을 알 수 있었다.

---

※ 이 글은 이수웅 교수의 요청으로 쓰게 된 『역주 오륜행실도』(권3, 열녀)(세종대왕기념사업회, 2016)의 해제 「오륜행실도 권3 열녀에 대하여」를 조금 수정한 것임.

# 명황계감

　『명황계감(明皇誠鑑)』은 세종이 당나라 명황(明皇; 현종)의 일을 생각하며 후대 임금들에게 가르침을 주고자 계획하여 펴낸 책이다. 실록 등의 기록에 따르면, 집현전학사들에게 당나라 현종에 대한 문헌들을 찾아 모으고 엮어 책을 펴내도록 명하고, 거기에 그림을 그려 설명하라 하였으며, 직접 168편의 시를 지어 그 뒤에 덧붙여 간행케 하였다고 한다. 그리고 20년 뒤에 세조가 여러 학자들에게 명하여 언해본(諺解本)을 만들게 하였다. 그러나 그 인쇄한 책 수가 많지 않았던지, 처음의 한문본도, 세조 때의 언해본도, 세월이 흘러 단 한 권도 남지 않고 사라져, 지금은 원래의 책에 대하여 가늠조차 할 수 없게 되었다. 이에 대해 『조선왕조실록』의 기록들과 『명황계감언해』의 내용을 찾아서 어떻게 책이 만들어졌고, 어떻게 언해되어 후대에 전해졌는지 살펴보기로 한다.

　『세종실록』 세종 23년(1441) 9월 기록에 보면,

　　임금이 호조 참판 이선(李宣), 집현전 부수찬 박팽년(朴彭年), 저작랑 이개(李塏) 등에게 명하여 말하기를, "옛사람이 당나라 명황과 양귀비

의 일을 그린 자가 퍽 많았다. 그러나 희롱하고 구경거리로 삼은 자료에 불과하였다. 내가 현종 개원(開元, 713~742)·천보(天寶, 742~756) 때의 성패(成敗)한 사적을 채집하여 그림을 그려 두고 보려 한다. 예전 한(漢)나라 때에도, 승여(乘輿)의 악좌(幄坐)와 병풍(屛風)에, 주왕(紂王)이 술에 취하여 달기(妲己)[30]에게 걸터앉아 밤새도록 즐기며 지새던 것을 그렸다 하니, 어찌 세상 임금들로 하여금 전철을 거울삼아 스스로 경계하게 하지 않을 수 있겠는가? 명황은 영주(英主)라고 이름이 높았는데, 만년에 여색에 빠져 패망하기에 이르렀으니, 처음과 끝의 다름이 이같은 자가 없었다. 월궁에서 놀았다든가, 용녀를 보았다든가, 양통유 등의 일은 지극히 허황하고 망령되어 쓸 만한 것이 못된다. 그러나 주자(朱子)가 지은 『강목(綱目)』에도 역시 '황제가 공중에서 귀신이 말하는 것을 들었다.'라고 써서, 명황이 기괴한 것을 좋아하는 사실을 밝혔으니, 무릇 이런 여러 가지 말은 역시 국가를 맡은 자가 마땅히 깊이 경계하여야 할 것이다. 너희들은 이를 책으로 엮어보라." 하니, 이선 등이 명령을 받들어 찬집하되, 먼저 그 형상을 그림으로 그리고, 뒤에 그 사실을 기록하였는데, 혹은 선유(先儒)의 논(論)한 것을 기록하기도 하고, 혹은 고금의 시(詩)를 써 넣기도 하였다. 글이 다 이룩되매, 이름을 『명황계감(明皇誡鑑)』이라고 내렸다.[31]

라고 하였다. 앞서 세종이 이선, 박팽년, 이개 등을 불러 『명황계감』을 편찬하라고 명하였고, 학자들이 여러 글들을 모아 잇되, 먼저 이야기

---

30) 달기(妲己): 은(殷)나라 주왕(紂王)이 아끼던 후궁. 아름답기가 매우 뛰어나 주왕이 아주 총애하였다. 그녀의 말이라면 뭐든지 들어주었고, 임금으로서 해야 할 나라 다스리는 일을 돌보지 않았으며, 밤낮으로 연회를 베풀고 놀았다. 이런 틈을 노려 주(周)나라 무왕이 제후를 모아서 주왕을 쳤다. 주왕은 녹대(鹿臺)에서 자결하고, 달기는 무왕에 붙잡혀 죽었다.

31) 『세종실록』 93권, 세종 23년(1441) 9월 29일 기사.

마다 그림을 그린 뒤, 학자들이 논한 것이나, 옛사람의 시를 그림 뒤에 붙여 그 그림을 설명한 형식으로 책을 엮으니 이날에 글이 다 되어 이름을 내렸다는 것이다. 이 실록의 기록은 박팽년이 쓴 『명황계감』 서문과도 똑같은 내용이니, 아마도 『세종실록』을 편찬할 때 실록청에서 박팽년의 서문을 가져다 실록에 올린 것으로 보인다. 지금 전하는 언해본의 내용을 보면, 실록에 적힌 글 중, "먼저 그 형상을 그림으로 그리고, 뒤에 그 사실을 기록하였는데, 혹은 선유의 논한 것과 혹은 고금의 시를 써 넣기도 하였다."라는 말에서, '그림'은 사라지고 없고, "사실을 기록하였다"라는 말처럼 역사적 사실들만 이어져 있다.

언해본의 내용을 면밀히 검토해 보면, 여기에는 『자치통감(資治通鑑)』, 『신당서(新唐書)』, 『구당서(舊唐書)』 따위의 사서에서 많이 인용한 것을 알 수 있다. 또 "선유의 논한 것"이란, 『안녹산사적(安祿山事迹)』, 『양태진외전(楊太眞外傳)』, 『개원천보유사(開元天寶遺事)』, 『명황잡록(明皇雜錄)』 등이고, "고금의 시를 써 넣기도 했다"라는 말은, 백거이의 『장한가(長恨歌)』와 이규보의 『개원천보영사시(開元天寶詠史詩)』 등의 내용을 인용한 것을 말하고 있음을 알 수 있다. 이 가운데서도 가장 많이 참고한 책은 무엇보다도 『자치통감』이다. 그러나 『자치통감』의 내용을 그대로 적지 않고 매우 간략하게 축약하여 이야기를 꾸몄기 때문에, 역사적 사실보다는 당 명황과 양귀비의 애정 이야기를 부각시켰음을 알 수 있다.

참고한 책 가운데 『개원천보유사』와 『개원천보영사시』가 서로 내용을 보완하는 데 자주 인용되었는데, 두 책이 모두 '개원(開元)과 천보(天寶)' 때의 일, 곧 당나라 현종의 야사를 수집하여 엮은 책이란 점에서 조선 사람들에게 많이 읽혔던 책임을 알 수 있다.

우선 후당(後唐, 923~925) 장종(莊宗) 때에 왕인유(王仁裕, 880~956)라는 사람이 쓴 『개원천보유사』와, 고려 때 사람 이규보(李奎報, 1168~1241)의 문집인『동국이상국집(東國李相國集)』제4권에 수록된『개원천보영사시』를 비교하면서, 그 내용 중에 어떤 것들이『명황계감』에 인용되었는지를 알아본다.

중국 사람 왕인유가 쓴『개원천보유사』의 차례는 다음과 같다.

### 개원천보유사(開元天寶遺事)
#### 제1권

1)옥유태평자(玉有太平字), 2)보련소학사(步輦召學士), 3)사저표직(賜箸表直), 4)절등류편(截鐙留鞭), 5)참안후여갑(慚顏厚如甲), 6)칠보산좌(七寶山座), 7)치현(癡賢), 8)봉접상수(蜂蝶相隨), 9)소설영빈(掃雪迎賓), 10)몽호지요(夢虎之妖), 11)기사주(記事珠), 12)유선침(游仙枕), 13)수접소행(隨蝶所幸), 14)기악비(記惡碑), 15)자난배(自暖杯), 16)벽한서(闢寒犀), 17)전서합(傳書鴿), 18)견홍사취부(牽紅絲娶婦), 19)호우(豪友), 20)환철(喚鐵), 21)앵무고사(鸚鵡告事), 22)서탄(瑞炭), 23)고빙자명(敲冰煮茗), 24)물외지유(物外之游), 25)화요(花妖), 26)화상금령(花上金鈴), 27)요촉(妖燭), 28)칠보연로(七寶硯爐), 29)몽옥앵투회(夢玉鶯投懷), 30)참어등(饞魚燈), 31)조교화(助嬌花), 32)조병경(照病鏡), 33)조정화향(助情花香), 34)안색미인(眼色媚人).

#### 제2권

35)경악도(警惡刀), 36)몽중유잉(夢中有孕), 37)금롱실솔(金籠蟋蟀), 38)촉노(燭奴), 39)성취초(醒醉草), 40)분지어(盆池魚), 41)간화마(看花馬), 42)향기난수(香肌暖手), 43)금의공자(金衣公子), 44)화인(花裀), 45)소한화(銷恨花), 46)취여(醉輿), 47)기위(妓圍), 48)풍류수택(風流藪澤), 49)의빙산(依冰山), 50)금옹행차(禽擁行車), 51)경영성상자(鏡影成相字), 52)지경작(知更雀), 53)고송재생(枯松再生), 54)전음(顚飮), 55)선서창(選婿窗), 56)사방신사(四方神事), 57)입유화복(立有禍福), 58)이춘함(移春檻), 59)빙산피서(冰山避暑), 60)희척금전(戲擲金錢), 61)사단(射團), 62)탐관(探官), 63)철거

등촉(撤去燈燭), 64)도창자명(刀槍自鳴), 65)부굴(富窟), 66)상반향동(床畔香童), 67)용피선(龍皮扇), 68)몽필두생화(夢筆頭生花), 69)성주화(醒酒花), 70)주사복교(蛛絲卜巧), 71)야명장(夜明杖).

## 제3권

72)군신영로(郡神迎路), 73)현요파담(縣妖破膽), 74)이금첩자(泥金帖子), 75)희신(喜信), 76)피저원앙(被底鴛鴦), 77)반선지희(半仙之戲), 78)상풍정(相風旌), 79)점우석(占雨石), 80)향화걸아(向火乞兒), 81)결붕피서(結棚避暑), 82)빙저(冰箸), 83)계성단애(雞聲斷愛), 84)점풍탁(占風鐸), 85)산원보시(山猿報時), 86)유개표청운(游蓋飄青雲), 87)홍빙(紅冰), 88)투전도침(投錢賭寢), 89)정신돈생(精神頓生), 90)구안(口案), 91)언형(言刑), 92)소혼교(銷魂橋), 93)축악여구문예(逐惡如驅蚊蚋), 94)헐마배(歇馬杯), 95)취화조서(吹火照書), 96)금패단주(金牌斷酒), 97)문진웅수(文陣雄帥), 98)사비모(射飛毛), 99)누장(淚妝), 100)삭두계(索鬥雞), 101)육진(肉陣), 102)전서연(傳書燕), 103)등비(燈婢), 104)해어화(解語花), 105)유막(油幕), 106)두화(斗花), 107)군악(裙幄), 108)봉탄(鳳炭).

## 제4권

109)문수(文帥), 110)걸교루(乞巧樓), 111)흡화로(吸花露), 112)함옥겸진(含玉兼津), 113)홍한(紅汗), 114)금함(金函), 115)격감구월(擊鑒救月), 116)가직천금(歌直千金), 117)육요도(肉腰刀), 118)격장가(隔障歌), 119)누거재악(樓車載樂), 120)와자난국(猧子亂局), 121)결운아(決雲兒), 122)장탕십육소(長湯十六所), 123)금안(錦雁), 124)야명침(夜明枕), 125)금계장(金雞障), 126)백지등수(百枝燈樹), 127)천거촉위(千炬燭圍), 128)유각양춘(有腳陽春), 129)찬화지론(粲花之論), 130)취성(醉聖), 131)영작보희(靈鵲報喜), 132)주환지변(走丸之辯), 133)탐춘(探春), 134)빙수증왕공(冰獸贈王公), 135)작사지담(嚼蠞之談), 136)취어(醉語), 137)난옥안(暖玉鞍), 138)백보란(百寶欄), 139)사향각(四香閣), 140)임인여시과(任人如市瓜), 141)설자만두(雪刺滿頭), 142)인자(忍字), 143)풍류진(風流陣), 144)망월대(望月臺), 145)죽의(竹義), 146)미인가필(美人呵筆).

이와 같이, 『개원천보유사』는 4권으로 나누어 실은 이야기가 146가지나 된다. 이 책이 우리나라에 전해지면서 많은 사람의 입에 회자되었을 것이다. 고려 때 사람 이규보는 이 책을 읽고 영감을 얻어 한시를 쓰게 된다. 다음은 이규보의 『개원천보영사시』 43편과 그 출처를 살펴본 것이다.

개원천보영사시(開元天寶詠史詩)

1) 금저표직(金筯表直) - 『개원천보유사』 제1권 '사저표직(賜箸表直)'
2) 여지(荔支) - 『신당서(新唐書)』 '양귀비전(楊貴妃傳)'
3) 풍류진(風流陣) - 『개원천보유사』 제4권 '풍류진'
4) 목작약(木芍藥) - 『이백집(李白集)』 서(序)
5) 보련소학사(步輦召學士) - 『개원천보유사』 제1권 '보련소학사'
6) 벽한서(辟寒犀) - 『개원천보유사』 제1권 '벽한서(鬪寒犀)'
7) 월궁(月宮) - 일사(逸史)(?) ; 『양태진외전』, 『태평광기』 권제22 '신선'
8) 금패단주(金牌斷酒) - 『개원천보유사』 제3권 '금패단주'
9) 갈고(羯鼓) - 『갈고록(羯鼓錄)』
10) 금롱실솔(金籠蟋蟀) - 『개원천보유사』 제2권 '금롱실솔'
11) 미인가필(美人呵筆) - 『개원천보유사』 제4권 '미인가필'
12) 칠보산(七寶山) - 『개원천보유사』 제1권 '칠보산좌(七寶山座)'
13) 설수(蓺鬚) - 『명황잡록』(?) ; 『신당서』 '예종제자전'
14) 의죽(義竹) - 『개원천보유사』 제4권 '죽의(竹義)'
15) 대간무(戴竿舞) - 『명황잡록』
16) 목와(木瓦) - 『명황잡록』
17) 양비취옥적(楊妃吹玉笛) - 『양태진외전』
18) 서룡뇌(瑞龍腦) - 『양태진외전』
19) 엄공계(嚴公界) - 『개원전신기』

20) 기사주(記事珠) - 『개원천보유사』 제1권 '기사주'

21) 절등유편(截鐙留鞭) - 『개원천보유사』 제1권 '절등유편'

22) 화요(花妖) - 『개원천보유사』 제1권 '화요'

23) 녹의사자(綠衣使者) - 『개원천보유사』 제1권 '앵무고사(鸚鵡告事)'

24) 성취초(醒醉草) - 『개원천보유사』 제2권 '성취초'

25) 수부삽주(綉鳧鈒舟) - 『개원천보유사』 제4권 '금안(錦雁)'

26) 촉노(燭奴) - 『개원천보유사』 제2권 '촉노'

27) 전발(剪髮) - 『개원전신기』

28) 홍한(紅汗) - 『개원천보유사』 제4권 '홍한'

29) 금함(金函) - 『개원천보유사』 제4권 '금함'

30) 부굴(富窟) - 『개원천보유사』 제2권 '부굴'

31) 총저격장가(寵姐隔障歌) - 『개원천보유사』 제4권 '격장가(隔障歌)'

32) 염노(念奴) - 『개원천보유사』 제1권 '안색미인(眼色媚人)'

33) 소한화(消恨花) - 『개원천보유사』 제2권 '소한화(銷恨花)'

34) 무마(舞馬) - 『명황잡록』

35) 설의랑(雪衣娘) - 『명황잡록』

36) 송비자(送妃子) - 『명황유록』

37) 우림령(雨淋鈴) - 『명황잡록』

38) 응벽지(凝碧池) - 『명황잡록』

39) 금속환(金粟環) - 『명황잡록』

40) 망월대(望月臺) - 『명황잡록』

41) 위녹산기제(爲祿山起第) - 『신당서(新唐書)』'안녹산전(安祿山傳)'

42) 낙비지(落妃池) - 『양태진외전』

43) 몽유태진원(夢遊大眞院) - 『현종유록(玄宗遺錄)』

『개원천보영사시』는 『동국이상국집』 제4권에 수록되어 전하는데, 이규보가 당 현종에 관련한 여러 책을 읽고 한시를 지은 것을 모아 엮은 것이다. 이규보는 이 시집 앞에 서문을 쓰면서 다음과 같이 말하였다.

　내가 글 읽는 사이에 당 명황의 유적(遺迹)을 보았다. 개원 이전에는 정사에 부지런하고 치도(治道)를 형성하여 그 평화의 업적이 거의 정관(貞觀) 시대에 가까웠으나, 천보 이후에는 정사를 게을리하여 겸도(鉗徒)를 총애하고 참사(讒邪)들을 신임하다가 끝내 안녹산의 난을 만나 서촉으로 파천하기에 이르러 사직을 거의 망칠 뻔하였으니, 어찌 애석하지 않은가? 그 선(善)의 본받을 만한 것과 악(惡)의 경계할 만한 것을 모으니 풍영(諷詠)에 오르내릴 만하다. 개중에는 임금에게 관계되지 않은 일도 있지만 그 당시의 선악이 다 임금의 영도에 의하여 점염(漸染)된 것이기 때문에 아울러 모아 읊어 보았다. 그러나 어찌 감히 풍아(風雅)를 보(補)했다고 하겠는가? 그저 새로 배우는 자제(子弟)들에게 보이려는 것뿐이다.
　[予讀書之間 見唐明皇遺迹 開元已前 勤政致理 太平之業 幾於貞觀 天寶已後 怠於政事 嬖寵鉗固 信用讒邪 遂致祿山之亂 至播遷西蜀 幾移唐祚 可不悲夫 是用拾善可爲法惡可爲誡者 播于諷詠 雖事有不關於上者 其時善惡 皆上化之漸染 故幷掇而詠之 豈敢補之風雅 聊以示新學子弟而已][32]

이규보는 서문에서, 한 나라의 임금이 해야 할 치도에 대해 '그 선의 본받을 것과 악의 경계할 것을 모았다.'라고 하였다. 고려 때의 학자였지만 이 책이 조선에 전해지면서 세종 또한 이 책을 읽고 감동 받았음을 알 수 있는 부분이다. 일찍이 김일근 교수는 세종이 『명황계감』을 펴낼 것을 생각한 것도, 바로 이규보의 '개원천보영사시'를 읽고 착안

---

32) 이 번역문은 「한국고전종합 DB」(한국고전번역원)의 『동국이상국전집』 제4권에 실린 '개원천보영사시'의 원문과 번역문을 인용한 것임.

한 것이라고 주장한 바 있다.[33] 여기에는 위와 같이 한시 43수가 실려 있는데, 그 중 22수가 『개원천보유사』를 읽고 지은 시다. 위의 『개원천보유사』 내용과 비교해 보면, 순서나 제목을 다르게 적은 것이 많다. 또 '설수(蓺鬚)'라는 시는 『명황잡록』에서 인용하였다고 하였으나 실제로는 『명황잡록』에 없는 내용으로, 『신당서』 '예종제자전(睿宗諸子傳)'과, 『통감절요』 권지40 당현종 2년조에 나오는 이야기다.

또한, 언해본의 내용에 몇 번 인용된 '장한가(長恨歌)'는, 당나라 시인 백거이(白居易, 772~846)가 806년에 지은 칠언배율시 120구 840자의 장편 서사시로서, 구절구절마다 현종과 양귀비의 사랑을 묘사하였으니, 세종의 명을 받은 집현전학사들이 이 '장한가'를 읽고 인용한 것으로 보인다. 여기서 '장한가'를 살펴보자.

### 장한가(長恨歌)

한(漢)나라 황제가 여색을 중히 여겨 경국지색을 생각하였으나 세상을 다스린 지 여러 해에 구하지 못하였네. 양씨(楊氏) 집안에 딸이 막 장성하였는데 깊은 규중에서 자라 아무도 알지 못하였네. 하늘이 낸 고운 자질 스스로 버리기 어려워 하루아침에 뽑혀 군왕의 곁에 있었네.【개원 11년 (723)에 양귀비가 수저(壽邸)로 시집와 수왕(壽王)의 비가 되었는데, 뒤에 불러 여관(女官)을 삼고 호를 태진이라 하였으며, 다시 수왕을 위소훈(韋昭訓)의 딸에게 장가들게 하였다.】머리 돌려 한 번 웃으면 온갖 아름다움 피어나니 육궁(六宮)의 곱게 단장한 여인들 안색을 잃었다네. 봄 날씨

---

33) 『명황계감』의 내용은 당 현종과 양귀비에 관한 여러 가지 중국 문헌에서 소재를 유출하여 하나의 일련된 해설로 구성하였음을 확인할 수가 있다. 그러나 첫째, 이 작업은 세종 당시에 여러 관계자들의 창안이 아니고, 이미 그전에 이루어진 고려대 이규보의 '개원천보영사시' 43수에서 시사를 받아서, 더욱 발전시킨 것임을 이번 기회에 새로 규명한 것이다.(김일근, 「명황계감과 그 언해본에 대한 신고」, 『건대학술지』 제24집, 1980)

차가울 제 화청지에 목욕하게 하니 온천 물 매끄러워 엉긴 기름 같은 살결 씻었다오. 시녀가 부축하여 일으키는데 가녀려 힘이 없으니 처음 새로이 은택을 입던 때라오. 구름같은 머리와 꽃 같은 얼굴에 금보요(金步搖) 꽂고 부용장(芙蓉帳) 따뜻한데 봄 밤을 지내었네. 봄 밤 너무 짧아 해가 높이 떠야 일어나니 이로부터 군왕은 일찍 조회하지 않았다네. 총애를 받아 잔치에 모시느라 한가한 때 없었으니 봄이면 봄 유람 따라 가고 밤이면 밤을 독점하였네. 후궁에 아름다운 여자 삼천 명이었으나 삼천 명의 총애 한 몸에 있었다오. 금옥(金屋)에서 단장하고 아리따이 밤에 모시고 옥루에서 잔치 파함에 취하여 봄처럼 화하였네. 자매와 형제들 모두 땅을 떼어 봉후되니【양귀비의 사촌 오라비인 양국충이 공에 봉해지고 여자 형제들은 국부인에 봉해지니, 호를 한국·괵국·진국 세 부인이라 하였다.】광채가 문호에 생겨남 부러워하였네. 마침내 천하의 부모들 마음으로 하여금 아들 낳는 것 중하지 않고 딸 낳는 것 중하게 여겼다오. 여산의 화청궁 높은 곳 구름 속으로 들어가니 신선의 음악 바람에 날려 곳곳마다 들렸네. 고운 노래와 하늘거리는 춤 관현악 소리에 엉기니 하루 종일 보아도 군왕은 부족하게 여겼다오. 어양(漁陽)의 북소리 땅을 진동하며 몰려오니 놀라 예상우의곡을 파하였네. 구중의 성궐에 연기와 먼지 일어나니 천승과 만기 서남으로 피난 갔네. 취우(翠羽)로 장식한 깃발 흔들흔들 가다 다시 멈추니 서쪽으로 도성문 백여 리를 나갔다오. 육군(六軍)이 출발하지 않으니 어쩔 수 없어 아름다운 아미의 여인 말 앞에서 죽었네. 꽃비녀 땅에 버려져도 거두는 사람 없으니 취교(翠翹)와 금작(金雀)과 옥소두(玉搔頭)도 함께 버려졌다오.【취교와 금작과 옥소두는 모두 부인의 머리 장식이다.】군왕은 얼굴 가리고 구원할 수 없어 머리 돌리매 피와 눈물 뒤섞여 흘렀다오. 누런 먼지 자욱하고 바람 쓸쓸히 부니 구름 사이의 잔도(棧道) 구불구불 검각(劍閣)에 올랐네. 아미산 아래에 다니는 사람 적으니 깃발도 광채가 없으며 햇빛도 희미하였네. 촉강 물은 푸르고 촉산도 푸른데 성주(聖主)는 아침마다 저녁마다 그리워하는 정이라오. 행궁에서 달 보니 달빛에 마음 슬퍼지고 밤비에

방울소리 들리니 애간장 끊어지네. 하늘이 돌고 땅이 돌아 용어(龍馭)가 돌아오니 이곳에 이르러 머뭇거리며 떠나가지 못하였네. 마외파 아래 진흙 속에 옥안은 볼 수 없고 부질없이 죽은 곳만 남았다오. 군주와 신하 서로 돌아보고 눈물 흘려 모두 옷 적시니 동쪽으로 도성문 바라보고 말 가는 대로 돌아왔네. 돌아오니 못과 동산은 모두 예전 그대로라. 태액지(太液池)엔 연꽃 피었고 미앙궁(未央宮)엔 버들가지 드리웠네. 부용은 미인의 얼굴 같고 버들은 눈썹 같으니 이를 대함에 어찌 눈물 떨구지 않겠는가. 봄바람에 도리화 피는 밤이요 가을비에 오동잎 떨어질 때라오. 서궁과 남원에 가을 풀 많으니 붉은 낙엽 계단에 가득해도 쓸지 않았네. 이원의 제자들 백발이 새롭고 초방의 아감(阿監)은 청춘의 모습 늙었다오. 저녁 궁전에 반딧불 날자 그리움에 서글퍼지니 외로운 등불 심지 다 돋우고 잠 못 이루었네. 더딘 갱고(更鼓) 소리는 처음으로 긴 밤을 느끼고 반짝이는 성하(星河)는 날이 새고자 하누나. 원앙의 기와 차가운데 서리꽃 짙으니 비취 이불 차가운데 누구와 함께 잘까. 아득히 사별함 한 해가 지났으나 혼백은 일찍이 꿈속에조차 들어오지 않았다오. 임공의 도사 홍도객은 정령으로 혼백을 불러온다 하네. 군왕의 전전하는 그리움 감동시키기 위해 마침내 방사(方士)로 하여금 은근히 찾게 하였네. 바람을 밀치고 기운을 타고 번개같이 달리며 하늘에 오르고 땅속에 들어가 두루 찾았다오. 위로 푸른 하늘 다하고 아래로 황천(黃泉)에 이르렀으나 두 곳 아득하여 모두 볼 수 없었네. 문득 들으니 해상(海上)에 신선이 사는 산 있는데 이 산은 허무하고 까마득한 사이에 있다 하네. 누각과 궁전 영롱하고 오색 구름 일어나니 그 속에 아름다운 선녀들 많다네. 그 중에 한 사람 있는데 자가 옥진(玉眞)이니【옥진은 바로 양귀비이다.】백설 같은 피부에 꽃 같은 모습 거의 비슷하였다오. 금대궐 서쪽 행랑의 옥문 두드리고 다시 소옥(小玉)으로 하여금 쌍성에게 전달하게 하였네.【소옥과 쌍성은 서왕모의 두 시녀이다.】한나라 천자의 사신이 왔단 말 듣고는 구화장 속에 꿈꾸던 혼이 놀랐다네. 옷을 잡고 베개 밀치고 일어나 배회하니 진주로 꾸민 발과 은병풍이 따라 열리네. 구름 같은 머리 반쯤 기움 막 잠에서 깨어서이니 화관 정돈하지 못하고 당 아래로 내려왔네. 바람이 신선의 소매에 불어 표표히 날리니 흡사 예상 우의곡에 따라 춤추는 듯하였다오. 옥 같은 용모 적막하고 눈물 줄줄 흘리니 배꽃 한 가지 봄비 머금은 듯하여라. 정을 머금고 응시하고 군왕 께 사례하기를 한 번 작별함에 음성과 용모 모두 아득하니 소양전 안에 은혜와 사랑 끊기고 봉래궁 가운데에 세월이 오래되었네. 머리 돌려 인간이 사는 곳 내려다보니 장안은 보이지 않고 먼지와 안개만 보였네. 오직 옛 물건으로 깊은 정 표하오니 자개 상자와 금비녀 보내드리옵니 다. 비녀는 한 가락 상자는 한 쪽을 남기니 금비녀는 황금 갈라지고 상자는 자개 떨어졌다오. 다만 마음이 금비녀와 자개처럼 견고하다면 천상과 인간에서 마땅히 서로 만나보리라. 작별을 당하여 은근히 거듭 말을 전하니 맹세하는 말 가운데에 두 마음만이 서로 안다네. 칠월 칠일 장생전에 한밤중 아무도 없는데 귓속말 하였다네.【천보 10년(751)에 명 황이 양귀비의 어깨에 기대어 하늘을 우러러 견우와 직녀의 일에 감동하 고 은밀히 서로 마음속에 맹세하여 영원토록 맺어져 부부가 되기를 원하 였다.】하늘에 있으면 비익조가 되기 원하고 땅에 있으면 연리지가 되기 원하였다네. 하늘과 땅은 장구하나 다할 때 있어도 이 한은 면면이 이어 져 끊길 날 없으리라.

[漢皇重色思傾國 御宇多年求不得 楊家有女初長成 養在深閨人未識 天生麗質難自棄 一朝選在君王側【開元十一年 歸于壽邸 爲壽王妃 後召 爲女官 號太眞 更爲壽王 娶韋昭訓女】回頭一笑百媚生 六宮粉黛無顔色 春寒賜浴華淸池 溫泉水滑洗凝脂 侍兒扶起嬌無力 始是新承恩澤時 雲鬢 花顔金步搖 芙蓉帳暖度春宵 春宵苦短日高起 從此君王不早朝 承歡侍宴 無閑暇 春從春遊夜專夜 後宮佳麗三千人 三千寵愛在一身 金屋粧成嬌侍 夜 玉樓宴罷醉和春 姉妹弟兄皆列土【貴妃從兄國忠 封公 女兄弟封國 號 曰韓虢秦三夫人】可憐光彩生門戶 遂令天下父母心 不重生男重生女 驪 宮高處入靑雲 仙樂風飄處處聞 緩歌慢舞凝絲竹 盡日君王看不足 漁陽鼙 鼓動地來 驚罷霓裳羽衣曲 九重城闕煙塵生 千乘萬騎西南行 翠華搖搖行

復止 西出都門百餘里 六軍不發無奈何 宛轉蛾眉馬前死 花鈿委地無人收
翠翹金雀玉搔頭【皆婦人首飾】君王掩面救不得 回首血淚相和流 黃埃散
漫風蕭索 雲棧縈紆登劍閣 峨嵋山下少人行 旌旗無光日色薄 蜀江水碧蜀
山青 聖主朝朝暮暮情 行宮見月傷心色 夜雨聞鈴斷腸聲 天旋地轉回龍馭
到此躊躇不能去 馬嵬坡下泥土中 不見玉顏空死處 君臣相顧盡霑衣 東望
都門信馬歸 歸來池苑皆依舊 太液芙蓉未央柳 芙蓉如面柳如眉 對此如何
不淚垂 春風桃李花開夜 秋雨梧桐葉落時 西宮南苑多秋草 落葉滿階紅不
掃 梨園弟子白髮新 椒房阿監青娥老 夕殿螢飛思悄然 孤燈挑盡未成眠
遲遲更鼓初長夜 耿耿星河欲曙天 鴛鴦瓦冷霜華重 翡翠衾寒誰與共 悠悠
生死別經年 魂魄不曾來入夢 臨邛道士鴻都客 能以精神致魂魄 爲感君王
展 轉思 遂教方士殷勤覓 排風馭氣奔如電 升天入地求之徧 上窮碧落下
黃泉 兩處茫茫皆不見 忽聞海上有仙山 山在虛無縹緲間 樓殿玲瓏五雲
起 其中綽約多仙子 中有一人字玉眞 雪膚花貌參差是 金闕西廂叩玉扃
轉教小玉報雙成 聞道漢家天子使 九華帳裏夢魂驚 攬衣推枕起徘徊 珠箔
銀屏邐迤開 雲鬢半偏新睡覺 花冠不整下堂來 風吹仙袂飄飄擧 猶似霓
裳羽衣舞 玉容寂寞淚闌干 梨花一枝春帶雨 含情凝睇謝君王 一別音容
兩渺茫 昭陽殿裏恩愛絶 蓬萊宮中日月長 回頭下望人寰處 不見長安見塵
霧 唯將舊物表深情 鈿合金釵寄將去 釵留一股合一扇 釵擘黃金合分鈿
但令心似金鈿堅 天上人間會相見 臨別殷勤重寄詞 詞中有誓兩心知 七月
七日長生殿 夜半無人私語時【天寶十載 明皇 憑楊妃肩 仰天感牛女之事
密相誓心 願世世結爲夫婦】在天願作比翼鳥 在地願爲連理枝 天長地久
有時盡 此恨綿綿無絶期[34]

다음은, 이 책의 인용 서적과는 상관없지만, 현종과 관련한 시인으

---

34) 이 번역문은 「동양고전 종합 DB」(전통문화연구회)의 『고문진보 전집』 제9권 '가류
    (歌類)'에 실린 장한가(長恨歌)의 원문과 번역문을 인용한 것임.

로 이백(李白, 701~762)과 두보(杜甫, 712~770)를 빼놓을 수 없다. 두 사람 모두 현종 즉위 때에 활약하던 시인인데, 그 가운데 이백의 시는 이규보의 『개원천보영사시』 '목작약'에서 인용한 바가 있다. 이들의 시 가운데 당 현종에 관한 시가 있으니, 참고로 살펴보기로 한다.

**청평조(淸平調)**

其一
雲想衣裳花想容(운상의상화상용) 구름 같은 저고리와 치마, 꽃 같은 얼굴
春風拂檻露華濃(춘풍불함로화농) 봄바람 난간 스치고 이슬방울 꽃에 짙게 물드네.
若非羣玉山頭見(약비군옥산두견) 만약 군옥산 꼭대기에서 만나지 못하면
會向瑤臺月下逢(회향요대월하봉) 요대 달빛 아래에서 만나리라.

其二
一枝紅艶露凝香(일지홍염로응향) 한 가지 붉은 꽃 이슬에 향기 어려 있는데
雲雨巫山枉斷腸(운우무산왕단장) 무산의 운우지정에 공연히 애만 끊는구나.
借問漢宮誰得似(차문한궁수득사) 묻노니 한나라 궁실엔 누가 이와 같을까
可憐飛燕倚新粧(가련비연의신장) 아름다운 조비연도 새 단장 해야 하리.

其三
名花傾國兩相歡(명화경국양상환) 명화와 경국지색 둘이 서로 기뻐하니
常得君王帶笑看(상득군왕대소간) 언제나 임금은 웃음 지으며 바라보네.

解識春風無限恨(해식춘풍무한한) 봄바람에 무한한 한을 풀어버리고
沈香亭北倚闌干(침향정북의란간) 침향정 북쪽 난간에 기대어 있네.[35]

　당시 이백은 현종의 특별한 대우를 받으며 시종신이 되었고, 이때 궁정생활에 대한 작품을 창작하였는데, 청평조 세 수는 그 중의 하나이다. 현종이 양귀비와 함께 흥경궁 침향정에서 모란을 감상하며 이백에게 시를 지어 바치도록 하고, 이구년(李龜年)으로 하여금 노래하게 하였다고 전한다. 한편 이준의 『송창잡록』에는 이 시의 지은 연유를 다음과 같이 말하고 있다.

　개원 연간에 궁중에서는 목작약을 귀하게 여겼는데 지금의 모란이다. 홍색, 자색, 연홍색, 순백색 네 종류를 얻었는데, 임금이 흥경궁 못 동쪽 침향정 앞에 옮겨 심도록 하였다. 막 꽃이 무성하게 피려는 날 달이 뜬 밤에 임금은 양귀비를 불러 보련(步輦)을 타고 따르게 하고는 명을 내려 이원제자(梨園弟子) 중 뛰어난 자를 선발하여 16가지 종류의 소리를 갖추도록 하였다. 이구년이 노래로써 당대에 명성을 얻었는데, 손에 단판(檀板; 널빤지를 두드려서 박자를 맞추는 악기 이름)을 받들고 여러 악공 앞에 나와 노래를 부르려 하였다. 임금이 말하기를, '이름난 꽃을 감상하고 비를 마주하고 있는데, 그대는 어찌 옛 곡조의 노래를 하려는가?'라고 하여 마침내 명을 내려, 이구년이 금화전을 가지고 가서 한림학사 이백에게 하사하며 '청평조사(清平調詞)' 3수를 지어 바치게 하였다. 이백은 기쁘게 어명을 받들었으나 숙취가 깨지 않아 여전히 괴로워하다가 붓을 빼어 들고 시를 썼다. 이구년이 급히 이 노래를 가져다 바치자, 임금이 이원제자들에게 명하여 악기로 대략 곡을 맞추게 하고 드디어 이구년을

---

35) 이 번역문은 「동양고전 종합 DB」(전통문화연구회)의 『당시삼백수』 권6 '칠언악부(七言樂府)'에 실린 청평조의 원문과 번역문을 인용한 것임.

재촉하여 노래를 부르게 하였다. 임금은 이로부터 이한림(이백)을 보는 것이 다른 학사들을 보는 것과는 달랐다.

이백은 현종 가까이에서 임금을 모시면서 벼슬을 한 시인이다. 그러나 이백은 오히려 이 시로 말미암아 후에 현종의 분노를 사기도 하였다. 결국 고역사(高力士)의 모함으로 쫓겨나 두보(杜甫)를 만난다. 두보는 이백과 달리 벼슬도 못하고 떠돌이 신세가 되어 여산(驪山)에 머물다가 양귀비와 놀던 현종을 멀찍이 보고 시를 썼다. '자경부봉선현영부오백자(自京赴奉先县咏怀五百字; 장안에서 봉선현으로 가면서 감회를 읊은 500자)'라는 시는 현종이 임금으로서의 도리를 다하지 아니하고, 호화로운 향락으로 세월을 보내는 궁중의 일상을 꾸짖고 있다. 시 끝부분을 인용한다.

| 所愧为人父 無食致夭折 | 아비된 사람으로 부끄러운 것은 자식 먹이지 못해 일찍 죽게 한 죄로다 |
|---|---|
| 岂知秋禾登 贫窭有仓卒 | 어찌 가을에 곡식 거둠을 알겠는가 가난함이란 갑자기 들이닥치거늘 |
| 生常免租税 名不隶征伐 | 태어나 늘 세금은 면제받고 이름이 올려지지 않아 정벌에 나가지 않았네 |
| 抚迹犹酸辛 平人固骚屑 | 이 내 몸 만져보니 쓰리고 고통스럽네 평민이야 본디부터 처량한 신세 |
| 默思失业徒 因念远戍卒 | 곰곰이 생각하거늘 일자리 잃은 백성들, 멀리 변방을 지키는 병사들 |
| 忧端齐终南 澒洞不可掇 | 근심 걱정 종남산보다 크고 높아 골짜기 흐르듯 끝없어 가눌 길 없구나. |

두보는 누의(螻蟻; 땅강아지와 개미)도 제 굴 하나면 족하게 살아간다고 하였다. 그러나 사람의 욕심은 끝이 없어 세상을 혼탁하게 만든다.

두보는 피곤하고 괴로운 방랑을 계속하다가, 임금인 현종이 여산 기슭 온천에서 양귀비와 놀며 쾌락을 즐기는 것을 보고, 위정자의 사치와 백성의 굶주림이 동시에 횡행함을 한탄하였다. 추위에 얼어 죽고 먹지 못해 굶어 죽은 시체가 길거리에 즐비한 것을 보고, 큰 강을 건너 공동산의 험준한 얼음물이 쏟아져 내리는 것을, 현종과 조정의 어지러움으로 백성의 삶이 위태로움과 비교하며 읊고 있다. 처자식을 만나러 봉선현으로 가면서 초라한 자신의 모습과 굶어 죽은 어린 아이 이야기, 기울어가는 나라의 혼탁함을 사실 그대로 읊고 있다. 이백과 두보가 같은 시대에 태어나 시를 썼지만 삶과 시 내용이 이렇게 정반대였음을 알 수 있다. 아무튼 박팽년과 최항의 서문에서, 이들의 시가 처음의 『명황계감』 한문본과 언해본에는 실려 있었다는 것이다.

그런데 『세조실록』 세조 6년(1460) 4월 3일의 기록에는, 세조가 "명황계감은 내가 세종의 명을 받고 처음으로 찬집하였고, 뒤에 또 가사(歌詞)를 정하였다.[明皇誠鑑 予受世宗命始纂集 後又定歌詞]"라고 말하고 있다. 『세종실록』에서는 이선, 박팽년, 이개 등이 편찬하였다고 하였는데, 『세조실록』에서는 세조가 편찬하였다고 말하고 있는 것이다. 이 두 가지 말을 종합해 보면, 세종 당시 수양대군이 집현전학사들의 찬집 사업에 지휘관을 맡아 참여하였던 것이 아닌가 싶다. 그러므로 『명황계감』 한문본의 찬집자는 '수양대군, 이선, 박팽년, 이개 등'이라 해야 할 것이다.

세조가 『명황계감』에 대해 언급하고 1년 정도가 지났을 때, 『세조실록』 세조 7년(1461) 8월 27일에는,

예문관 제학 이승소, 행 상호군 양성지·송처관·김예몽, 예조 참의 서거정, 첨지중추원사 임원준 등을 불러 언문으로 명황계감을 번역하

게 하였다.

[召藝文提學李承召 行上護軍梁誠之宋處寬金禮蒙 禮曹參議徐居正 僉知中樞院事任元濬等 以諺文譯明皇誡鑑] (세조 7년(1461) 8월 27일)

라고 하였다. 즉, 『명황계감』의 언해 사업은 한문본이 나온 지 20년 뒤에 추진되었고, '이승소, 양성지, 송처관, 김예몽, 서거정, 임원준' 등이 참여하였음을 알 수 있다. 또 세조 9년(1463) 5월 15일 실록에는, '영응대군 이염(李琰), 도승지 홍응(洪應), 전 상주목사 김수온(金守溫)' 등에게, 5월 16일에는, '또 중추원사 최항(崔恒), 예문제학 이승소(李承召), 직예문관 이영은(李永垠), 성균박사 박시형(朴始亨)' 등도 합류하라 명하여, 『명황계감』의 가사(歌詞)를 우리말로 번역하게 하였다는 기록이 있으니, 이때 처음 언해한 책에는 세종의 노랫말까지 언해되어 있었음을 알 수 있다. 그러나 지금 전하는 필사본에는 그림도, 세종의 가사도 없다. 그러므로 처음 한문본의 모습을 전혀 알 길이 없다. 더욱이 한문본과 언해본의 체계가 달랐다는 것을 알 수 있는데, 실록의 "언문역명황계감(諺文譯明皇誡鑑)"이라는 말에, 그림에 대한 언급이 전혀 없다는 것이다.

그리고 세조 9년(1463) 9월 5일에는 은천군에게 마지막 교정을 보라하였다.

은천군 이찬에게 명하여 최항 등이 편찬한 『명황계감』을 수교(讎校)하게 하였다.

[又命銀川君穳 讎校恒等所撰明皇誡鑑]

세조의 명에 따라 언해에 참여하였던 최항은 본인이 쓴 서문에서 다음과 같이 말하고 있다.

주상 전하(세조)께서 즉위한 지 8년 여름 5월에 신을 불러 이르기를, "우리 세종께서 옛글을 널리 보시고 후일의 규범을 갖추고자 하여 일찍이 당 명황의 고사를 캐내서 손수 가사 1백 68장을 지어 대문마다 그 사실을 서술하셨는데, 성패가 명료하고 감계(鑑戒)함을 밝게 나타내시어 말씨가 완순하면서도 드러나고, 통달하면서도 그윽하니 진실로 만세의 귀감이다. 나는 항상 선대의 아름다운 정책을 생각하고 지난날의 끼친 자취를 회복하려 하는데, 다만 서술한 사실이 너무도 간략하여 소소한 견문으로는 알기 어려우니, 너는 다시 수정을 가하고 아울러 주해(注解)를 하라." 하시니, 신이 학식이 모자라면서도 감히 사양을 못하고, 공경히 지시를 받들어 신 아무개 아무개와 더불어 여러 서적을 참고하여, 겨우 보충하고 고치는 일을 끝내고, 따라서 음의(音義)를 붙여, 아울러 가사에 들어 있지 않은 사적까지도 부록하여 많이 듣고 볼 수 있도록 만들고, 또 유사(儒士)를 모아 언문으로 번역하고, 하성위 등이 교정한 것을 영응대군 등이 재교하고, 신이 아무개 아무개와 더불어 세번째 교정을 하여 완성해서 올리니, 이름을 『명황계감』이라 내리시고 또 신에게 명하여 서문을 지으라 하였다.(이하 줄임)

최항이 말한 '즉위하신 지 8년 여름 5월'은 앞서 실록에 기록된 '9년 5월 16일'을 가리킨다. 세조가 즉위한 것이 '윤6월'이니, 만으로 아직 9년이 채 되지 않았음을 정확히 기술한 것이다. 그러나 지금은 햇수로 따져 1463년을 '세조 9년'으로 통칭하므로 표현이 다를 뿐 같은 사실을 가리킨 것이다. 세종 때의 한문본도 『명황계감』이라 이름을 붙였고, 또 세조도 언해본을 『명황계감』이라 하였다는 것인데, 최항은 이 서문에서 본인이 언해 사업을 처음부터 참여하여 찬집하고, 교정도 보고, 서문까지 썼다고 말하고 있다. 그런데 한문본에서는 그림을 그렸다고 하였으나 언해본을 찬집할 때는 그림을 삽입하였다는 말이 사라졌다. 오히려 세조는 최항에게 수정을 가하면서 주석을 많이 달게 하였으니 언해본의 문장이 좀 더 세밀하였음을 알 수 있다.

그런데 지금 전하는, 김한신(金漢藎, 1720~1758)이 엮은 언해본에는, 이 서문에 '최힝'이라는 글쓴이의 이름이 적혀 있으나, 이 '언역등출(諺 譯謄出)본'이 발견되기 전인 1970년까지만 해도, 『동문선(東文選)』(1478) 에 유일하게 수록된 박팽년의 「명황계감서(明皇誡鑑序)」와 함께 실린 최 항의 「명황계감서」에는 '최항'이란 글자가 생략되어 있어 누가 쓴 서문 인지 알 수 없었다. 그러다가 김한신의 '언역등출본'이 발견되면서, 박팽 년이 세종 때 한문본 『명황계감』의 서문을 썼고, 최항이 세조 때 언해본 『명황계감』의 서문을 썼다는 것이 밝혀졌다. 그러나 두 서문은 모두 한문으로 쓰인 채 『동문선』에 실려 전해 왔기 때문에, 김한신이 우리말 로 언해하여 새로운 언해본을 엮어 펴낸 것이다. 『동문선』은 성종 9년 (1478)에, 성종의 명으로 편찬된 우리나라 역대 시문선집으로서, 대제학 서거정이 중심이 되어 노사신, 강희맹, 양성지 등 찬집관 23인이 작업에 참여하였으니, 이들 중 많은 이가 『명황계감』 언해 사업에도 참여했던 사람이다.

다시 말해서, 최항의 서문에는, 『명황계감』 한문본에 있었다던 그림 판에 대한 언급이 빠져 있다. 그러므로 세조 때의 언해본에는 그림이 없었다는 결론을 조심스럽게 도출해 낼 수 있다.

그러나 세종 때의 한문 원본이나, 세조 때의 언해본이 모두 300년이 란 세월이 지난 영조 때엔 그마저 단 한 권도 찾아 볼 수 없었다. 실록 의 기사를 보면 영조 이전에 이 책을 보았다는 기록이 수차례에 불과 하다. 『연산군일기』 연산군 11년(1505) 3월 10일 기록에, 연산군이 『명황계감』을 읽었다는 기사가 한 차례 보인다.

이제 『명황계감(明皇誡鑑)』을 보건대, 명황이 촉(蜀)으로 거둥할 때에 신하들이 다 양귀비, 양국충이 화근이라 하여 죽이기를 청하였으며, 심지어 육군(六軍)까지 떠나지 않고 상을 거역하며 죽이기를 청하였으니, 이는 아랫사람이 상을 공경치 않고 권세를 마음대로 부려서 그런 것이거늘, 그때의 사신(史臣)이 명예를 탐내어 그처럼 쓴 것이 아닌가? (연산 11년(1505) 3월 10일)

라고 하였고, 또 중종 때에 몇 차례 보인다.

『명황계감』 2~3건을 안에 들이라 명했다. (중종 6년(1511) 12월 1일)
『명황계감』 2책을 정원에 내리면서 일렀다. "궐내에 간직하고 있는 이 두 책은 모두 하권(下卷) 뿐이니, 교서관과 문무루에 있는 책 중에서 전질이 갖추어진 것을 궐내로 들이라." 하였다. (중종 23년(1528) 6월 16일)

『중종실록』의 기록에 의하면 중종 때까지는 『명황계감』이 있었다. 그러나 영조 9년(1733)까지 200년 가까이 이 책에 대한 언급이 전혀 보이지 않는다. 영조는 이 책을 수소문하여 구해 오라는 명령을 내렸으나 찾지 못했다는 기록이 『영조실록』 부록에 실린 '영조대왕 행장'에 보인다.

9년(1733) 12월에 왕께서 풍현증(風眩症)을 앓는데도 오히려 기무(機務)에 부지런하여 한밤이 되도록 주무시지 않으므로, 연신(筵臣)이 왕께 건강을 해치는 일을 절제하시기를 권하니, 왕께서 말씀하기를, '내가 보니 선조(先朝) 말년에 편찮으신 중에도 만기(萬機)를 수응(酬應)하시어 조금도 막힌 것이 없었다. 이것이 우리 가법(家法)이니 감히 스스로 안일할 수 있겠느냐?' 하시었다. 조금 뒤에 연신에게 말씀하기를, '처음에는 부지런하다가 나중에는 게으른 것이 임금들의 통환(通患)인데, 당 명황이 개원과 천보 때에 판이하게 두 사람이 된 것이 그 중에서도 가장 심하였다. 예전에 우리 세종(世宗)께서 명하여 『명황계감(明皇戒鑑)』을 짓게 하신 것은 성의(聖意)에 까닭이 있다.' 하고, 명하여 그 서적을 널리 구하여 바치게 하셨다.

이와 같은 영조의 명령에도 불구하고 『명황계감』을 찾았다는 기록은 없다. 이때 김한신이 영조의 곁에 있다가 『명황계감』을 구하라는 임금의 명을 듣고 앞장서서 그 책을 구해 보고자 했던 것이다. 월성위 김한신은 영조 8년에 화순옹주와 결혼을 하였기 때문에 영조가 여러 가지 왕가의 일을 시키곤 했는데, 김한신이 이름만 전하던 『명황계감』을 각방으로 찾았지만 끝내 구할 수 없었다. 그러던 중 마침내 선조의 딸 정안옹주와 결혼한 금양위(錦陽尉) 문정공(文貞公) 박미(朴瀰)의 집에 있던 언해본 책 한 권을 발견하고 이를 빌려 보게 되었다고 한다. 이러한 사실은 김한신이 쓴 '명황계감 언역 등출 소지'에 자세히 기록되어 있다.

명황계감 언역 등출 소지(明皇誠鑑諺譯謄出小識)
우리 세종대왕은 하늘이 내신 성인으로써 즙희(緝熙)의 공을 두시어 33년 동안 다스리심이 은나라 고종의 가정방국(嘉靖邦國)함과, 주나라 문왕의 휘유의공(徽柔懿恭)함과 같으시되, 오히려 박학(博學)하고 호문(好文)하시고 후세를 염려하신 뜻이 깊으시어, 『치평요람(治平要覽)』을 지어 나라의 흥망을 살피시고, 『명황계감』을 지어 음탕히 노는 일을 막으셨으니, 진실로 우리 동방의 으뜸 나신 성인(聖人)이시니 수제치평(修齊治平)하신 공부와 제례장악(制禮獎樂)하신 사업이, 문왕(文王)과 주공(周公) 이후 한당(漢唐)의 모든 임금[諸君]에 미칠 바가 아니었다. 그러나 중간에 임진왜란과 병자호란의 병화(兵火)를 지나면서 문헌과 사적이 남아 전하는 것이 적고, 다만 '해동요순'이라 하셨으니 칭하여 삼백년 태평을 근원하시었다는 말씀에, 한 나라 모든 백성들의 오매불망하는 마음이 한결같으니, 오호라! 지극하시도다. 신(臣)이 수백 년 뒤에 태어나, 사모하고 우러러 공경함이 요순과 주공에 견줄 만하니, 어찌 그 은혜를 온몸에 받아 예악(禮樂)을 헌장(憲長)할 뿐이겠는가? 진실로 삼대(하은주) 이후에 성군이 중화와 변방에 태어난 바가 없지만, 오직 우리 세종께서 일동일정(一動一靜)과 일호일령(一號一令)이 요순과 문왕에 합하지 아니한 일이 없으셨으니, 이것이 이른바 '성위율 신위도(聲爲律身爲度; 목소리는 음률이 되고, 몸은 척도가 된다. 말과 행동이 다 같이 법도에 맞음을 이르는 말)'요, '좌준승 우규구(左準繩右規矩; 좌로 움직이면 준승(準繩)이 되고, 우로 거동하면 규구(規矩)에 맞음)'이시다. 신이 일찍이 열성 어제 가운데, 어제 시문(御製詩文)을 세 번 외웠고, 『치평요람』과 『명황계감』을 한번 구경하기를 바랐는데, 『치평요람』은 홍문관에 갈무리한 것이 있었지만 그것이 한 질이 다 차지 못하였고, 『명황계감』은 자성편(自省篇)을 잃었다고 하였으매, 가련하게 사모하여도 친히 보지 못함을 한스럽게 여길 뿐 아니라, 성인의 손길이 미치신 바가 전하지 못함을 한스러워 마음에 근심하던 중, 『택당유집(澤堂遺集)』에서 '세종조에 찬술하신 책은 사고(史庫)에 비장(祕藏)되어 있다.'라는 글을 읽고, 혹시 사고에 보관되어 있지 않을까 여기되, 얻어 볼 길이 없었는데, 혹 누군가가 이르기를 금양위(錦陽尉) 박문정공(朴文貞公)의 집에 언역(諺譯)한 책이 있다고 하거늘, 신이 그 후손 금성위(錦城尉)와 인연이 닿아 빌려 보니, 성조(세종)의 어제 가장(歌章)과 고금(古今)의 의논(議論)이 하나도 들어있지 않았고, 다만 명황에 대한 사실만 기록하여 있으니, 크게 바라던 바에 미치지 못한 일이라서 결연(缺然)함을 이기지 못하였지만, 오히려 명황계감이라고 하는 이름이 추연히 원문을 보는 듯하여 차마 그저 돌려보내지 못하고 삼가 베끼고, 『동문선(東文選)』에 있는 박팽년과 최항의 전·후 서문을 첫끝에 올리고, 아래 두어 줄로 그 사실을 기록하니, 신이 오늘날 이렇게 하는 까닭이, 어찌 책이 후세에 경계로 삼을 만한 것뿐이겠는가? 비록 성인의 조박(糟粕)이나, 오히려 상상 방불(常常髣髴)한 사이에, 심법(深法)을 만의 하나라도 구하고자 함이다. 정묘년(영조 23, 1747) 1월 하순(下旬)에 신 김한신은 두 손 모아 엎드려 조아리고 절하며 삼가 글을 올린다.

이렇게 김한신이 언해된 『명황계감』을 구하였으나, '세종이 지으신 가장(歌章)과 고금의 의논이 하나도 들어있지 않았고, 다만 명황에 대한 사실만 기록하여 있었다.' 하였다. 그래도 '차마 그저 돌려보내지 못하고 삼가 베끼었다.'라고 적었다. 또 '『동문선』에 있던 박팽년과 최항의 서문을 옮겨 실었다.'라고 하였다. 곧 김한신이 구한 책은 언해본 이었고, 여기엔 이미 세종의 노래 168장과 집현전학사들이 적은 주해 (注解)가 사라진 책이었다는 것이다. 그러므로 세조의 명으로 펴낸 언해본이 아니라 뒤에 누군가가 언해본을 필사하면서, 세종이 지은 가사 (歌詞)와 학자들의 주석을 뺀 나머지 줄거리만 베낀 책이었다. 이미 최항의 서문에서도 그랬지만, 김한신 또한 그림에 대한 언급을 하지 않은 것으로 보아 언해본에는 이미 그림이 빠진 체재였음을 알 수 있다. 다만, 여기서 '베끼었다'라는 말을 '언역한 글을 그대로 똑같이 베낀 것'으로 본다면, 글 제목에 쓴 '언역(諺譯)'과 '등출(謄出)'이란 말은 김한신이 금성위가 가지고 있던 '언역본'을 그대로 필사하고, 거기에 『동문선』에 수록된 박팽년과 최항의 한문 서문을 '언역'하여 앞에 붙여 '등출'하였다는 말로 해석할 수 있다.

결국 김한신이 수소문한 지 14년이 흘러 영조 23년(1747) 1월 말경에 완전하지 않은 필사본을 얻어, 다시 필사를 끝내고 소지(小識)를 써서 책을 엮었으니, 이 책의 언문 표기법은 몇 가지로 분류된다고 보아야 한다.

앞의 '박팽년의 서문'과 '최항의 서문' 그리고 '명황계감언역등츌쇼디'는 김한신이 언해한 것이므로 18세기의 우리말 표기로 보아야 할 것이나, 본문의 표기는 이미 언해된 금성위 소장본이므로 한참 앞선 표기다. 그렇다고 세조 때인 15세기의 처음 만든 언해본이 아니므로 후대인 16~17세기의 표기라고 할 수 있다. 하지만 중간에 세조 때의 언해본을 필사한 사람이 상당 부분 15세기 표기를 그대로 따른 흔적도 보이므로 단정 짓기는 어렵다. 즉, 15세기부터 18세기까지의 표기가 혼재한다고 보아야 한다.

현재 이 언해본은 세종대왕기념사업회가 소장하고 있는데, 건국대학교 김일근 교수가 앞서 영인 발간한 자료집 '『국학자료와 연구 4, 명황계감언해』(1991, 도서출판서광)'에는 더러 행간에 수정한 글자가 보인다. 원본을 복사한 뒤 붓으로 행간에 수정자를 써넣은 것인데, 이번 역주본 부록에는 세종대왕기념사업회가 소장하고 있는 원본 그대로를 영인하였다.

『동문선』(1478) 이후 인조 때에 나온 김휴(金烋, 1597~1638)의 『해동문헌총록(海東文獻總錄)』(1636)에는 『명황계감』에 대한 글이 있었으나 김한신이 이 책의 존재를 알지는 못했나 보다. 이 책 '감계류(鑑誡類)'에는 다음과 같은 글이 있다.

우리 세종임금이 집현전 여러 유학자들에게 명하여, 당나라 명황과 양귀비의 옛일을 편찬하게 하였다. 먼저 형상을 그리고 뒤에 사실을 바로 적어, 어떤 대목은 선유들의 의론을 붙이거나 혹은 고금의 시를 덧붙여 글을 완성하니, 임금께서 친히 가사 168장을 지어 대목마다 그 사실을 서술하여 이름을 『명황계감』이라 내려 주셨다. 광묘(세조)가 또 여러 신하들에게 명하여 주석(註釋)을 지어 음과 뜻을 붙이고 마침내 바로잡아 교정하였다.[我 英廟命集賢諸儒。纂唐明皇楊妃故事。先圖其形。次記其實。付之以先儒之論。係之以古今之詩。成書。親製歌詞一百六十八章。逐節以紋之。賜名曰明皇戒鑑。光廟又命諸臣。著註解、係音義。竟可讐校]

김휴는 위와 같이 『명황계감』을 간략히 소개하고, 이어서 박팽년의 『명황계감』 서문을 조금 줄여서 제시하였다. 그러나 이 기록만으로는 인조 때까지 『명황계감』이란 책이 있었거나, 김휴가 『명황계감』을 직접 읽어보았다고 말할 수는 없다. 왜냐하면 위 글에서 『명황계감』과 『명황계감언해』를 뚜렷이 구별하지 않았고, '세조가 신하들에게 음과 뜻을 붙이고 교정하게 하였다.'라고 하면서 최항의 서문은 제시하지 않고 있기 때문이다. 당시까지 『명황계감』이 전해지고 있었다면 그것은 한문본이 아니라 언해본이었을 것이나 오히려 한문본의 서문인 박팽년의 서문만 제시한 것으로 보아, 『동문선』에 기록된 박팽년의 서문을 본 것이 아닌가 추측하게 한다. 물론 『동문선』에는 최항의 서문도 있었으나 그 서문에 최항이라는 이름이 없어 누구의 글인지 모르던 때였다. 김휴는 박팽년의 서문 뒤에, 서거정이 쓴 시를 적어 놓았다.

서거정이 『명황계감』을 읽고 지은 시가 있으니 다음과 같다. 궁중에 옥진(양귀비의 본명)의 용모는 흡사 옥 같았고, 양가(양귀비 일가)의 열관(熱官, 권세가 대단한 관리)은 손을 델만도 하였는데, 비단 포대기 호아(안녹산)를 새 새끼 놀리듯 할 제, 날로 금전 하사하여 실컷 즐기게 하였지. 개원의 태평세월 천보에 이르기까지, 나는 듯이 팔준(천자 수레를 끄는 준마)은 치도(천자가 다니는 길)를 가득 메웠고, 침향정 북쪽에 모란꽃 피었을 적엔(양귀비를 불러 술시중을 들게 할 때), 금 술잔에 파란 포도주가 넘실거렸네. 웃음 속에 칼 있단 말은 빈말이 아니요, 어양(안녹산이 군대를 일으킨 곳)의 북소리는 천둥처럼 울려댔어라. 천자가 서쪽으로 행행해 아미산 넘을 제, 촉으로 가는 길 험난함은 하늘에 오르기 같았고, 마외에서 선골(양귀비)은 한 줌의 티끌로 화하고, 비단 버선만 남기어 후인에게 과시했네(노파가 죽은 양귀비의 버선으로 돈을 많이 번 일). 당시 다섯 왕이 취해 부축하여 돌아갈 땐, 화악의 한 누각이 서로 비쳐 찬란했는데, 한번 욕심을 부리다

가 성색에 빠졌으니, 성색이 어찌 나라를 그르칠 줄 알았으랴. 후궁의
추한 소문은 끝이 없었거니와, 사해의 창생은 반이나 어육이 되었네.
다행히 하늘이 분양왕(난을 평정한 곽자의)을 내어, 당나라의 해와 달을
거듭 밝게 했구려.

　　[徐居正有讀明皇戒鑑詩曰。玉眞宮中顏似玉。楊家熱官手可灸。錦褓
胡兒作弄雛。日賜金錢恣歡娛。開元大平忽天寶。八駿如飛寒馳道。沉香
亭北牧丹開。金杯瀲灩葡萄醅。笑中有刀非虛言。漁陽鼙皷如雷喧。鸞
輿西幸峨眉顚。蜀道之難如上天。馬嵬仙骨化爲塵。空有錦襪誇後人。當
時五王醉扶歸。花萼一樓相映暉。一自縱欲墮聲色。聲色寧知誤人國。閨
門流臭不可極。四海蒼生半魚肉。賴天金鑄汾陽王。唐家日月重輝光][36)]

　이와 같이, 『명황계감』은 세종의 생각과 의도로 처음 제작되었고,
세조가 언해본을 만들었으나, 오랜 세월이 흐르면서 한문본과 언해본
이 모두 사라지고 전하지 않는다. 그러나 누군가에 의해 그 내용이 축
약되어 필사된 글로 전해지다가 김한신의 손에까지 오게 된 것이다.
세종의 유업이 지금까지 전해 온다는 것도 매우 고무적인 일이지만,
국어학적으로도 15세기 표기부터 18세기까지의 표기가 혼재된 형태
의 문헌으로 연구 가치가 높은 문헌임에 틀림없다.

　또 한 가지 지적해 둘 것은, 세종의 지시로 처음 만들어진 『삼강행
실도』(한문본)가 세종 14년(1432)에 글을 완성하여 세종 16년(1434)에
인쇄 간행되었는데, 이 책은 글 모르는 백성들을 위하여 그림을 새겨
내용을 보인 책으로 유명하다. 이 『명황계감』 역시 세종의 백성 사랑
정신이 담겨진 새로운 편집 방법으로 그림을 그려 새기게 한 책이니
『삼강행실도』 이후 7년만인 세종 23년(1441)에 『명황계감』을 간행한

---

36) 이 번역문은 『국역 해동문헌총록』(오종필 역, 한밭도서관, 2013)에서 인용한 것이다.

일은, 훈민정음 창제 이전 끊임없이 시도된 세종의 새로운 글쓰기 방식을 엿볼 수 있다.

---

※ 이 글은 『역주 명황계감언해』(제1권)(세종대왕기념사업회, 2019)의 해제 「명황계감언해에 관하여」를 조금 수정한 것임.

# 치평요람

## 1. 『치평요람』의 제작 경위

　『치평요람(治平要覽)』이란, '치국 평천하(治國平天下)를 위해 귀감이 될 역사적 사실을 정리한 책'이다. 내용은, 중국 주(周)나라에서부터 원나라까지의 역사와 우리나라 기자조선으로부터 고려에 이르기까지의 역사를 비교하며 정리하였는데, 그 양이 150권이나 된다. 세종은 정치에 지난 역사가 얼마나 중요한가를 인식하고, 후대 정치인들이 쉽게 찾아볼 수 있도록 우리나라와 중국의 역대 사적을 모두 모아 집현전 학사들에게 읽게 하여 정치의 귀감이 될 사실을 간추려 책을 편찬하라는 지시를 내렸다. 이에 세종 23년(1441) 집현전 대제학 정인지 등이 집현전 학사들과 함께 과목을 나누어 편찬하였다. 그러나 내용이 워낙 방대해 쉽게 간행되지 못하고 여러 차례 교정을 거쳐 중종 11년(1516)에서야 갑진자(甲辰字)로 간행하게 된다.

　『치평요람』 간행 사업의 전말을 알아보기 위해서는 서문과 전문(箋文) 등을 살펴보는 것이 좋을 듯하다. 그 내용을 보이면 다음과 같다.

『치평요람』을 바치는 전문(箋文)

　　자헌대부 의정부우참찬 집현전대제학 지춘추관사 세자우빈객 신(臣)
정인지(鄭麟趾)는 아룁니다. 생각건대, 잘 다스리는 자는 흥하고 어지러
운 자는 망하거니와 득실은 옛 기록에 갖추어 실려 있으며, 선은 본받아
야 하고 악은 경계해야 하거니와 권징(勸懲)은 후세 사람에게 보여야
할 것이니, 그러므로 수많은 서적에 수록되어 만세(萬世)에 계시하여 왔
습니다. 생각건대, 문자가 없었던 때에 결승문자로 나라를 다스리던 시
대가 가고, 문자가 쓰이기 시작하면서 기록하는 관원을 두어 사적(史籍)
이 만들어지기 시작하였으니, 요순 임금의 훈계에서 태평성대함을 살필
수 있고, 문왕과 무왕의 방책에서 또한 크게 화평하고 융성함을 볼 수
있습니다. 동주(東周)가 쇠퇴하여 칠국(七國)이 싸웠고, 진(秦)은 속임과
폭력을 써서 겨우 2세(世)를 전하였으며, 한(漢)은 너그럽고 어진 것을
숭상하여 역사가 길었고, 한의 복이 쇠약해지자 삼국(三國)이 황제라 일
컬었으며, 진(晉)의 복이 다하여 오호(五胡)가 중국을 어지럽혔고, 육조(六
朝)가 할거하여 천하가 나뉘었으며, 수(隋)가 병탄(幷呑)하여 천하가 소란
하였고, 당(唐)이 20대(代) 동안 흥성하고서 오계(五季)가 서로 이었고,
송(宋)이 3백 년 동안 전하고서 북녘 오랑캐가 번갈아 일어났으며, 원(元)
이 통치를 잘못하니 대명(大明)이 크게 일어났으니, 통합되기도 하고 분
리되기도 한 것은 국세(國勢)에 강약의 차이가 있기 때문이고, 한 번 다스
려지고 한 번 어지러워진 것은 국운의 장단이 같지 않았기 때문입니다.
이미 선악이 다 갖추어져서 이처럼 본받고 경계할 것이 역사에 모두
갖추어져 있으나, 문헌이 너무 많아서 두루 다 펴 볼 수 없습니다. 신
정인지는 참으로 황공하여 머리를 조아리고 삼가 생각하건대, 주상전하
(세종)께서는 날로 광명(光明)하시고 성지(聖智)를 타고나시어 경적(經籍)
을 연구하여 임금이 정령(政令)을 내는 근원을 밝히시고, 사편(史編)을
토론하여 고금에 행한 자취를 거울삼으시되, 사적들을 두루 보기 어려우
므로 한 서적에 모아야 하겠다고 생각하시어, 어리석은 신을 비루하게
여기지 않고 찬술(纂述)을 맡기시고 종실 중에서 뛰어난 자에게 명하여

그 일을 관장하게 하시매, 문사(文士)를 보아 성취를 책임지우되, 저서의 주지(主旨)와 체례(體例)는 모두 전하께서 재결하시기를 품신하니, 기록의 차례는 사적의 체례에 얽매이지 않으셨고, 옛 기록에서 상고하여 주(周)나라부터 명(明)나라까지, 동방에서는 기자부터 고려까지 옛 사적의 기록을 두루 산정(刪定)하셨으며, 제가(諸家)가 끼친 설화(說話) 등의 글도 두루 채집하여 국가의 흥망성쇠와 군신(君臣)의 옳고 그름, 정치와 교육의 좋고 나쁨, 풍속의 아름답고 더러움과, 아래로는 미천한 필부(匹夫)와 밖으로는 먼 오랑캐까지도 인륜에 관계되는 것이면 작더라도 모두 기록하고, 다스림에 보탬이 되는 것이면 반드시 기록하여 놓치지 않았으며, 제가(諸家)가 해석한 말을 끼워 넣고 선유(先儒)가 논의한 것을 붙이니, 널리 갖추어져서 참으로 임금이 정치하는 대경(大經)이며, 명백하고 근엄하니 진실로 사외(史外)의 전심(傳心)하는 요전(要典)이 되었습니다. 신 정인지가 외람되게 전하의 위임을 받아, 하찮은 노력을 다하고 태평의 기상을 펴서 조금이라도 보탬이 되기를 바랐으니, 그 큰 줄거리를 이끌어 온 것이 펴서 넓히는 데에는 미진할지라도 눈으로 읽고 마음에 경계하면 치화(治化)에 도움이 있을 것입니다. 찬술한 『치평요람』 150권을 삼가 정성을 다해 베껴 쓰고 책으로 꾸며 권질(卷帙)을 이루었으니, 이에 신 정인지가 몹시 두려운 마음으로 전문(箋文)을 지어 올립니다. 신 정인지는 참으로 황공하여 머리를 조아리고 삼가 아룁니다.

　정통(正統) 10년(세종 27, 1445) 3월　일

　자헌대부 의정부우참찬 집현전대제학 지춘추관사 세자우빈객 신 정인지가 삼가 전문을 올립니다. (『치평요람』 전문(箋文))[37]


이 전문에 따르면, 세종이 직접 중국과 우리나라의 사적들을 열람하면서 그 주지(主旨)와 체례(體例)를 결정하면, 정인지 등이 찬술하는 방

---

37) 『국역 치평요람 1』(정연탁 국역, 세종대왕기념사업회, 2001), 5~6쪽에서 끌어 씀.

식을 취하였다는 것이다. 그래서 세종 27년(1445) 3월에 한 질의 책이
완성되었고 그 양이 150권이라는 것이다.

이달에 『치평요람』이 이루어졌다.[是月 治平要覽成]

『세종실록』에는 전문(箋文)이 세종 27년(1445) 3월 30일, 위과 같은
말 뒤에 실려 있다. 다음은 『치평요람』 서문을 보자.

『치평요람』 서문
『서경(書經)』에 이르기를, "잘 다스린 자와 도(道)를 같이 하면 흥하지
않을 이가 없고 어지럽힌 자와 일을 같이 하면 망하지 않을 이가 없다."
하였으니, 그 말이 아름답다. 천하 국가를 다스리는 자가 참으로 능히
전대의 흥망을 권계(勸戒)로 삼는다면 치평하는 데 무엇이 어렵겠는가?
정통(正統) 신유년(辛酉年, 세종 23, 1441) 여름에 성상께서 신 정인지에게
명하기를, "대저 나라를 잘 다스리려면 반드시 전대의 잘 다스리고 어지
럽힌 자취를 살펴보아야 하고, 그 자취를 보려면 오직 사적(史籍)을 상고
해야 하는데, 주(周)나라 이후로 시대마다 각각 사적이 있으나 그 책수가
많아서 두루 상고하기 쉽지 않다. 내가 요즈음 송나라 학자가 지은 『자경
편(自警編)』에 가언(嘉言)과 선행(善行)을 절(節)로 나누고 유(類)에 따라
엮되 간략하게 정리한 것을 보고 예전에 서적을 만든 자가 사람들로
하여금 즐겨 보게 하고자 한 것을 알았거니와, 그 방법이 많을 것으로
믿는다. 참으로 사람이 학문할 때에 남김없이 널리 보기는 실로 어려운
데, 하물며 임금이겠는가? 많은 정무(政務)의 여가에 어찌 널리 볼 수
있겠는가? 이 또한 어렵다. 이제 사적을 살펴보니 그 중에서 권장과
징계가 될 만한 선한 것과 악한 것을 가려내어 편차(編次)하여 보기에
편하게 하여 후세의 자손이 길이 거울삼게 하고, 또 우리 동방은 나라를
세운 지 오래 되었으므로 흥폐존망(興廢存亡)을 몰라서는 안되니 아울러

편입(編入)하되 너무 복잡하지도 너무 간략하지도 않게 하라." 하시고, 이어서 책이름을 내려주시기를 '치평요람'이라 하고, 수양대군 신 이유에게 명하여 그 일을 감독하게 하셨다. 그리하여 학문이 있는 선비를 뽑아 집현전에 모아 과(科)를 나누어 성취를 책임 지우고, 여러 서적을 탐색하되 중국은 주(周)부터 명나라까지, 우리나라는 기자 때부터 고려까지를 위아래로 분주히 찾고 원류까지 찾아 올라가서, 국운(國運)의 길고 짧음과 국세(國勢)의 흩어지고 모아짐과, 본받을 만하고 경계할 만한 것들 가운데 한 번 다스려지고 한 번 어지럽혀진 것은 남김없이 가져다 적고, 인륜 교육에 관계된 일과 다스림에 관계되는 말은 오랑캐의 일일지라도 절대 빠뜨리지 않았고, 필부(匹夫)의 일일지라도 생략하지 않았으며, 전기(傳記)에 섞여 나타나는 것은 모아서 아주 명백하게 갖추고, 여기저기에 엇갈려 나오는 것은 종류에 따라 모아서 본말(本末)을 서술하며, 제가(諸家)의 가르침을 붙여서 그 뜻을 풀이하고, 선유(先儒)의 의논을 보충하여 그 뜻을 통하게 하며, 뽑거나 버리는 것을 선택하는 일은 모두 전하(세종)의 결단에 맡겼다. 5년이 걸려서 사업이 끝나 가니, 신 정인지에게 명하여 그 권단(卷端)에 서문을 쓰게 하셨다. 신이 생각하건대, 이 서적의 기술한 예(例)는 사가(史家)의 편집에 얽매이지 않았으나 권징의 뜻은 더욱 나타나서 상하 수천 년 동안의 득실과 치란(治亂)의 자취가 모두 눈앞에서 벗어나지 못하였으므로, 임금이 이것을 보면 흥쇠(興衰)·안위(安危)의 기틀을 알 수 있고, 신하가 보면 충녕(忠佞)·사정(邪正)의 분별을 알 수 있으며, 부자·부부·형제·붕우에 이르러서도 그 그쳐야 할 곳을 알 수 있으니, 참으로 사서(史書)의 대전(大全)이며 경세(經世)의 율령(律令)이다. 삼가 생각하건대, 우리 주상 전하께서 타고나신 성덕(聖德)과 날로 성취하시는 학문이 경사(經史)에 유의하여 게을리 하지 않고 힘쓰시어 출치(出治)의 근원을 깊이하고 문명의 교화를 밝히시며, 이미 『자치통감』과 『자치통감훈의』 두 서적을 찬수(纂修)하여 사적(史籍)의 도움이 되게 하셨는데, 이제 또 이 서적을 인쇄하여 후세에 끼쳐서 그 잘 다스린 것을 보고 흥하기를 권장하고, 그 어지러움을 거울삼아 망함을 경계삼도록 하셨으니, 어찌 사가의 행복일 뿐이랴? 또한 조선 만세 자손의 행복이다. 그 학문을 숭상하고 교화를 일으키고 좋은 계책을 끼쳐 자손을 도와 편안하게 하시려는 방도가 오! 지극하도다. 신은 글이 졸렬하여 성대한 아름다움을 만 분의 일도 칭양(稱揚)하지 못하나, 오직 대강을 서술하여 후세 사람이 명심할 바를 알게 할 뿐이다.

정통 10년 을축년(乙丑年; 세종 27, 1445) 3월   일

자헌대부 의정부우참찬 집현전대제학 지춘추관사 세자우빈객 신 정인지는 머리 굽혀 절하고 조아려 삼가 서문을 쓴다.[38]

이 서문에는 앞에 적은 전문(箋文)에 나타나지 않았던 세종의 첫 명령이 보인다. 즉 세종 23년(1441) 여름에 지시하였다는 것이니, 5년이란 세월 동안 찬집하여 세종 27년(1445) 3월에 완성하였다는 말이다. 그 세종의 교시(敎示)에 이미 세종의 관심과 열정이 가득 담겨 있음을 알 수 있다.

"무릇 나라를 잘 다스리려면 반드시 앞 시대의 잘 다스리거나 어지럽던 자취를 살펴보아야 하고, 그 자취를 보려면 오직 사적(史籍)을 상고해야 하는데, 주(周)나라 이후로 시대마다 각각 사적들은 있으나 그 책수가 많아서 두루 상고하기가 쉽지 않다. 내가 요즈음 송나라 학자가 지은 『자경편(自警編)』을 보니 가언(嘉言)과 선행(善行)을 절(節)로 나누고 유(類)에 따라 엮되 간략하게 잘 정리하였더라. 옛사람이 만든 책을 그와 같이 하여 즐겨 볼 수 있도록 정리한 것이다. 참으로 일반 사람이 책을 남김없이 널리 보기는 실로 어려운데, 하물며 임금이겠는가? 많은 정무(政務) 속에서 어찌 널리 볼 수 있는 겨를이 있겠는가? 이 또한 어

---

38) 『국역 치평요람 1』(정연탁 국역, 세종대왕기념사업회, 2001), 7~8쪽에서 끌어 씀.

렵다. 그러므로 이제 사적을 살펴보고 그 중에서 권장과 징계가 될 만한 선한 것과 악한 것을 가려내어 편차(編次)하여 보기에 편하게 하여 후세의 자손이 길이 거울삼게 하고, 또 우리 동방은 나라를 세운 지 오래 되었으므로 흥폐존망(興廢存亡)을 몰라서는 안되니 아울러 편입(編入)하되 너무 복잡하지도 너무 간략하지도 않게 하라." (세종 23년(1441) 6월 28일 기사)

이 교지는 『세종실록』에도 그대로 나온다. 정인지에게 지시한 교지 뒤에 다음과 같은 사실도 나온다.

아울러 책이름을 내려주기를 『치평요람』이라 하였다. 진양대군 이유(李瑈)에게 명하여 그 일을 감독하게 하고, 드디어 문학하는 선비를 집현전에 모아서 업무를 나누어 책임지게 하였다. (세종 23년(1441) 6월 28일 기사)

정인지가 서문에 말한 '신유년 여름'은 바로 세종 23년(1441) 6월 28일임을 알 수 있다.


## 2. 『치평요람』의 범례와 내용

『치평요람』 범례에는 그 취지와 참고문헌 목록이 나오는데, 동양의 모든 역사서는 총망라한 것을 볼 수 있다.

1. 중국은 주나라 초기부터 명나라까지, 우리나라는 기자부터 고려까지 모든 강상에 관계되는 것과 정치의 득실과 공전(攻戰)의 승패가

권장되거나 징계될 만한 것은 사서(四書)와 오경(五經)을 제외한 모든 서적을 수집하여 『자경편(自警編)』의 예(例)에 따라서 단락을 지어 편집하되 연대순으로 편집하지 않았다.

2. 『자치통감』의 예에 따라서 주(周)·진(秦)·양한(兩漢)·진(晉)·송(宋)·제(齊)·양(梁)·진(陳)·수(隋)·당(唐)·오대(五代)·송(宋)·원(元)을 주로 하여 권마다 맨 먼저 국호를 쓰고 절(節)마다 맨 먼저 모제(某帝)라 쓰되 시(諡)가 없으면 제(帝) 모라 쓰고 정통 이외의 제를 칭한 자는 모두 모주(某主) 모라 하였다.

3. 한 가지 일이 여러 서적에 섞여 나와서 상세하고 소략한 것이 같지 않은 것은 아울러 채택하여 서로 보완해서 상세하도록 힘썼다.

이와 같이, 『치평요람』 범례에 따르면 사서오경(四書五經)을 제외한 모든 서적을 총망라하여 사람이 지켜야 할 도리에 대한 책이나 올바른 정치를 위해 필요한 책을 모두 참고하였다고 하였고, 그 시간의 범위가 고조선부터 고려까지, 중국은 주나라부터 명나라까지 모두 포함시켰다고 하였다. 이어지는 범례에는 '사이(四夷; 중국의 주변국)의 일 가운데 권장하거나 경계 삼을 만한 것도 아울러 수록하였다.'라고 하였으니, 세종의 포부가 얼마나 컸는지를 엿볼 수 있다.

범례 끝부분에는 『치평요람』 편찬에 인용한 서적들을 열거하였는데, 무려 118종이나 된다.

좌전(左傳), 공양전(公羊傳), 곡량전(穀梁傳), 호전(胡傳), 춘추대전(春秋大全), 국어(國語), 가어(家語), 전국책(戰國策), 사기(史記), 사기상절(史記詳節), 초사(楚詞), 설원(說苑), 신서(新序), 오월춘추(吳越春秋), 여씨춘추(呂氏春秋), 십이국사(十二國史), 관자(管子), 순자(荀子), 의례경전통해(儀禮經傳通解), 회남자(淮南子), 서경잡기(西京雜記), 통감외기(通鑑外紀), 자치통감(資治通鑑), 통감강목(通鑑綱目), 소미통감(少微通鑑), 십팔사략(十八史略),

고금통요(古今通要), 역년도(歷年圖), 전한서(前漢書), 후한서(後漢書), 전한상절(前漢詳節), 후한상절(後漢詳節), 삼국지(三國志), 진서(晉書), 남사(南史), 북사(北史), 수서(隋書), 신구당서(新舊唐書), 오대사(五代史), 호삼성주(胡三省注), 원위(源委), 당명신주의(唐名臣奏議), 제범(帝範), 정관정요(貞觀政要), 범조우당감(范祖禹唐鑑), 명황유사(明皇遺事), 한문(韓文), 유문(柳文), 문선(文選), 통지(通志), 의옥집(疑獄集), 두씨통전(杜氏通典), 무경(武經), 백장전(百將傳), 장감박의(將鑑博議), 통감속편(通鑑續編), 송사전문(宋史全文), 송원절요(宋元節要), 속자치통감(續資治通鑑), 태평광기(太平廣記), 책부원귀(冊府元龜), 문헌통고(文獻通攷), 송명신주의(宋名臣奏議), 송조사실(宋朝事實), 언행록(言行錄), 동헌잡록(東軒雜錄), 태평정요(太平政要), 귀전록(歸田錄), 명선록(明善錄), 무진수사(戊辰修史), 정미록(丁未錄), 자경편(自警編), 송계삼조정요(宋季三朝政要), 송계사실(宋季事實), 강호기문(江湖紀聞), 호해신문(湖海新聞), 진서산집(眞西山集), 대학연의(大學衍義), 독서기(讀書記), 문장정종(文章正宗), 명도집(明道集), 주문공집(朱文公集), 경제문형(經濟文衡), 성리군서(性理羣書), 근사록(近思錄), 소학(小學), 고문진보(古文眞寶), 강목발명서법(綱目發明書法), 문수(文粹), 치당관견(致堂管見), 여씨박의(呂氏博議), 요사(遼史), 금사(金史), 원사(元史), 명신사략(名臣事略), 국조문류(國朝文類), 성리대전(性理大全), 열녀전(列女傳), 위선음즐(爲善陰騭), 효순사실(孝順事實), 사문유취(事文類聚), 시학대성(詩學大成), 예기주(禮記註), 상서찬주(尙書纂註), 논어집주(論語集註), 논어집석(論語集釋), 이백주(李白註), 운부군옥(韻府羣玉), 대광옥편(大廣玉篇), 운회(韻會), 세년가(世年謌), 삼국사기(三國史記), 동국사략(東國史略), 고려사(高麗史), 효행록(孝行錄), 익재난고(益齋亂藁), 삼강행실(三綱行實), 이문등록(吏文謄錄).

세종이 집현전을 열고 젊은 학사들을 모아들여 사가독서(賜暇讀書)를 시키면서까지 읽게 한 수많은 책들, 그 지식이 세종 즉위 동안 얼마나 많은 간행사업에 동원되었는지를 알려주는 부분이다. 지식이 지식에

만 머물지 않고 나라를 다스리고 백성을 평안히 하는 데 실질적으로
활용되었다는 것이다.

# 의방유취

## 1. 『향약집성방』

　'의방유취(醫方類聚)'란 '의서(醫書)들을 모아 종류와 범주별로 그 내용을 정리한 책'이라는 말이다. '의방(醫方)'이란 의경(醫經)과 방서(方書)를 아울러 이르는 말인데, 쉽게 '의학서'라고 말할 수 있다.

　세종은 즉위하여 백성들의 병을 낫게 하려는 노력을 끊임없이 하였는데, 그 속내는 애민(愛民)뿐만이 아니라 실용(實用)에 더 가까웠다. 그동안 조선에서 의술을 펼치는 사람들은 중국의 의서를 읽고 처방을 내리는 수밖에 없었다. 조선의 풀과 나무, 조선의 약재들을 이용한 처방은 없었기 때문이다. 정확한 의술과 처방을 위해서라도 조선사람에게는 조선사람에게 맞는 약재와 처방이 필요했던 것이다. 세종은 여기에 착안하여 의서를 간행하고자 했던 것이다.

　처음 그 결실로 나온 책이 바로 『향약집성방(鄕藥集成方)』(세종 14, 1433)이다. 1431년 가을에 집현전 직제학 유효통, 전의감정 노중례, 전의감부정 박윤덕에게 명하여 1433년 6월에 완성한 의약서다.

　『향약집성방』은 정종 1년(1399) 제생원에서 간행한 『향약제생집성방(鄕藥濟生集成方)』30권의 증세와 처방을 기본으로 하여 다시 향약의 모든 약방문들을 수집하고, 또는 널리 방서들을 빠짐없이 모아서 분류, 첨가하여 만든 책이다.

향약제생집성방의 증세가 388이던 것이 향약집성방에서는 959로, 처방이 2,803이던 것이 10,706으로 늘었으며, 그 밖에 침구법(鍼灸法) 1,416조, 향약본초 및 포제법(炮製法) 등을 합하여 85권으로 되었다. 세종이 권채(權採)에게 서를 명하고, 같은 해 8월 전라도·강원도 두 도에서 나누어 간행하게 하였다.

향약이라는 말은 우리나라 향토에서 생산되는 약재를 의미한 것인데, 중국산의 약을 당재(唐材)라고 부르는 데 대한 우리나라 산의 총칭이다. 그런데 세종은 우리나라 사람의 질병을 치료하는 데에는 우리나라 풍토에 적합하고 우리나라에서 생산되는 약재가 더 효과적일 것이라는 병과 약에 대한 의토성(宜土性)을 강조하여 의약 제민(濟民)에 대한 자주적 방책을 세우고자 향약방을 종합수집하게 한 것이다.

이 책을 편집하기 위하여 먼저 향약과 당재를 비교 연구하고, 각 도각 읍에서 생산되는 향약의 실태를 조사하게 하고, 그 다음 『향약채취월령(鄕藥採取月令)』을 반포하도록 하였다.

① 향약과 당재와의 비교 연구: 향약의 이용을 권장하기 위해서는 향약과 당약과의 약효를 비교, 검토하여 그 약성의 차이를 잘 감별하여야 한다. 그러므로 세종 3년(1421) 10월 약리에 정통한 황자후(黃子厚)를 부사로서 명나라에 보내 우리나라에서 생산되지 않는 당재들을 널리 구해오게 하였다. 1423년 대호군 김을해(金乙亥), 사재부정 노중례 등을 명나라에 보내 우리나라의 약재에 대한 질의를 거듭하여 향약과 당재의 약성을 비교, 연구하게 하였다. 그 해 4월 전의감·혜민국·제생원의 청으로 명나라에 가는 사절이 있을 때마다 당약을 가져오게

하였으며, 그 뒤에도 명나라의 사절들과 함께 따라간 우리나라의 의관들이 명나라의 대의원 태의(太醫)들과 만나 서로 약리 약성을 문의한 일이 한두 번이 아니었다. 원래 향약은 산지에 따라 같은 종류이면서 그 이름이나 약성을 달리하고 있으며, 혹은 이름은 같으면서도 품종은 다른 예도 있었다. 이런 약성에 따라 당재들도 때에 따라서는 우리나라 산으로 대용할 수도 있었다. 그 한 예로는 우리나라 산의 당귀(當歸)는 중국이나 일본산과는 형태는 비슷하나, 식물학적으로는 다른 종류가 대용되어 있다. 우리나라 약방에서 석고(石膏)라고 부르는 것은 중국·일본 약방에서 부르는 석고가 아니라 방해석(方解石)을 가리키는 것이다. 그러므로 이 분야의 전문의들을 국외에 파견하여 향약과 당재들을 비교, 연구하여 약재의 형태와 약성의 같고 다른 것을 자세히 검색(檢索)하도록 한 것이다.

② 향약의 분포 실태조사: 세종 6년(1424) 11월 각 도의 지리지 및 월령(月令)을 편찬하기 위하여 각 도 관찰사에게 명하여 각 도 각 읍에서 산출되는 토산품을 조사하게 하면서, 약재에 있어서는 토산공품(土産貢品)·생산약재(生産藥材)·종양약재(種養藥材) 등으로 나누어 약초들의 분포 실태를 세밀히 조사하였다. 이것은 의약을 자주적으로 발전시키기 위해서는 각 도 각 읍에서 산출되는 그 분포 실태를 먼저 파악하여야 되며, 그 실태의 파악은 어디까지나 현실적 통계조사에 기초를 두어야 한다는 생각에서다. 이와 같이, 전국의 팔도에서 산출되는 토산공품과 약재에 있어 생산품과 종양품을 구분하여 조사하게 한 것은 향약의 채집과 재배에 필요한 지식을 알리기 위한 것으로 볼 수 있다.

③『향약채취월령』의 간행: 이 월령은 세종 10년(1428)『향약집성방』과 같은 편자들에게 명하여 먼저 편찬하게 하였다. 이 책은 이름 그대로 향약의 채취에 적합한 월령들을 배치하였는데, 수백 종이 넘는 토산

약초의 아래에 향명을 낱낱이 기록하고, 그 다음에는 약미, 약성 또는 봄·가을 채취의 조만(早晚), 음양·건폭(乾暴)의 호부(好否: 좋고 나쁨) 등을 자세히 교정하였다. 약초의 아래 향명을 붙인 것은 약용식물을 감식하는 데 있어서뿐 아니라, 채약정부(採藥丁夫)들이 알기 쉽게 향약을 채취할 수 있도록 하는 데도 도움이 되었을 것이다. 이 때는 『팔도지리지』가 거의 완성되었으므로 이 월령의 편집과 함께 각 도 각 읍에서 쉽게 약초를 채취할 수 있게 되었다. 이상의 작업이 모두 끝난 뒤인 1431년 가을 『향약집성방』을 편집하기 시작하여 세종 15년(1433) 6월에 완성을 보게 되었다.

『향약집성방』은 모든 질병을 57대강문(大綱門)으로 나누어 그 아래 959조의 소목을 나누고, 각 강문과 조목에 해당되는 병론과 방약들을 출전(出典)과 함께 낱낱이 열거하였다.

그 밖에 권두에는 『자생경(資生經)』으로부터 채록한 침구 목록이 있으며, 권말에는 향약 본초의 총론 및 각론들이 붙어 있는데, 총론 중에는 제품약석포제법(諸品藥石炮製法)이 첨부되어 있다. 이 책의 인용 서목은 한·당·송·원의 방서가 160여 종이나 된다. 그밖에, 인용된 우리의 고유 의방서들의 이름을 들어보면 『삼화자향약방(三和子鄉藥方)』, 『본조경험방(本朝經驗方)』, 『향약구급방(鄉藥救急方)』, 『향약혜민방(鄉藥惠民方)』, 『향약간이방(鄉藥簡易方)』, 『어의촬요방(御醫撮要方)』, 『동인경험방(東人經驗方)』, 『향약고방(鄉藥古方)』, 『제중립효방(濟衆立效方)』 등이다.

이 책은 그 서명을 특히 향약이라 하고 그 내용에 있어서도 고려 후반기부터 민간 노인들이 사용해 오던 향약방을 많이 채집한 데서 우리 고유 의학의 전통을 중국에서 수입한 한의방과 융합시켜 우리 의학의 독자적 전통을 찾아보려고 노력해 온 자취를 넉넉히 엿볼 수 있다.

그리고 이 책을 편집하기 위한 전 작업으로 국내에서 생산되는 향약을 중국 당재와 비교 연구하고, 또는 각 도 각 읍에 분포된 향약의 실태를 조사하여 향약의 채취를 시기에 적절하도록 하는 『향약채취월령』을 간행하게 함으로써 이 책의 편성과 함께 당시의 우리 의약적 지식은 어느 정도의 학술적 체계를 가지게 되었다.[39]

## 2. 『의방유취』 편찬 경위

『세종실록』에는 다음과 같은 기사가 나온다.

> 집현전 부교리 김예몽(金禮蒙), 저작랑 유성원(柳誠源), 사직 민보화(閔普和) 등에게 명하여 여러 방서(方書: 의서)를 수집해서 분문유취(分門類聚)하여 합(合)해 한 책을 만들게 하고, 뒤에 또 집현전 직제학 김문(金汶), 신석조(辛碩祖), 부교리 이예(李芮), 승문원 교리 김수온(金守溫)에게 명하여 의관(醫官) 전순의(全循義), 최윤(崔閏), 김유지(金有智) 등을 모아서 편집하게 하고, 안평대군 이용(李瑢)과 도승지 이사철(李思哲), 우부승지 이사순(李師純), 첨지중추원사 노중례(盧仲禮)로 하여금 감수(監修)하게 하여 3년을 거쳐 완성하였으니, 무릇 3백 65권이었다. 이름을 『의방유취(醫方類聚)』라고 하사하였다. (세종 27년(1445) 10월 27일 기사)

이 기록은 1445년 10월 27일에 세종이 의서를 만들라고 하였는데 3년 뒤에 365권의 책이 완성되어 '의방유취'라는 이름을 내려주었다는

---

39) 『향약집성방』에 대한 설명은 대부분이 『한국민족문화대백과』(한국학중앙연구원)의 내용을 정리한 것임.

말이다. 즉 위 기록은 책을 만들라고 명령한 날의 기사이지만 실록청에서 이러한 사실을 기록할 때는 이미 세종도 죽고 책도 만들어진 이후이기 때문에 그 전말을 모두 명령을 내린 시점에 기록한 것임을 알수 있다.

정리하면,

1) 세종이 1445년 의학 서적을 수집하여 동양 의학을 총정리하라 명령함.
2) 분야별로 나누어 자세한 내용을 수집함.
3) 김예몽, 유성원, 민보화 등이 정리하여 엮음.
4) 김문, 신석조, 이예, 김수온과 의관 전순의, 최윤, 김유지가 분류 편집함.
5) 안평대군, 이사철, 이사순, 노중례가 최종 감수함.
6) 3년 뒤인 1448년에 초고가 완성됨.
7) 분량이 365권임.
8) 이름을 『의방유취(醫方類聚)』라고 하사함.

그런데 위 기록 뒤에 이 초고를 책으로 인쇄하였다는 말은 세종실록에서 찾을 수 없다. 초고를 완성하여 임금에게 바쳤음에도 후속 인쇄 작업으로 이어질 수 없었던 까닭은, 세종이 병약하여 곧바로 죽고, 대를 이은 아들 문종도 3년도 채 즉위하지 못하고 죽었기 때문이다. 더욱이 내용이 방대하여 당시로서는 종이 구하는 일과 활자를 제작하는 일, 인쇄하는 일들이 쉽지 않았다. 그러다가 세조 5년(1459) 9월 1일에야 새롭게 논의가 나타난다.

『치평요람』과 『의방유취』는 모두 세종 때에 찬집한 책이므로 인쇄하지 않을 수가 없다. 그러나 『치평요람』은 다시 교열해 보니 그릇된 곳이 많이 있지만, 『의방유취』는 이와 같이 그릇된 곳이 많지 않고 또한 일용(日用)에 간절함이 『치평요람』에 미칠 바가 아니므로, 나는 『의방유취』를 먼저 교정하여 인쇄하고, 『치평요람』은 천천히 다시 교정하려고 하는데 어떻겠는가? (세조 5년(1459) 9월 1일 기사)

세조가 위와 같이 말함으로써 이극감이 그에 대한 화답으로 책을 다시 교정하도록 하겠다고 한다.

행 대호군 양성지(梁誠之)에게 명하여 『의방유취』를 교정(校正)하게 하였다. (세조 5년(1459) 11월 30일 기사)

이때부터는 양성지에게 이 책을 다시 정밀하게 훑어 보며 교정하게 하여 출판 작업이 시작되었으나, 세조는 끝내 책을 인쇄하지 못하고 죽는다.

실제로 『의방유취』를 인쇄하기 시작한 것은 성종 5년(1474)이었고, 인쇄가 완료된 것은 3년이 흐른 성종 8년(1477) 5월 20일이었다.

서평군 한계희(韓繼禧), 좌참찬 임원준(任元濬), 행호군 권찬(權攢)이 『의방유취』 30질(秩)을 인행(印行)하여 올리고 아뢰기를, "이 책을 찍어 내는 데 3년이 걸려서 공정이 끝났는데, 감인관(監印官) 유서(柳溆)는 오래 의관(醫官)으로 체류되었고, 백수희(白受禧)는 전교서 별제로 이미 고만(考滿)이 되었으니, 청컨대 유서는 좋은 벼슬을 제수하고, 백수희는 녹(祿)과 관직을 주소서." 하니, 전지하기를, "옳다." 하고, 인하여 한계희 등에게 호피(虎皮) 각각 한 장씩을 명하여 내려 주게 하였다. (성종 8년(1477) 5월 20일 기사)

실로 엄청난 세월이 흘렀다. 1445년부터 1477년까지 32년이 흐른 것이다. 그럼에도 세종의 꿈은 현실로 이루어졌고 책으로 편찬되어 그 뒤 이를 바탕으로 수많은 의서가 후대에 이어졌다.

그런데 지금 전하는 성종 때 간행된 『의방유취』는 266권이니 처음 세종에게 바친 365권보다 1/3분량이 줄어든 책이 된 것이다.

## 3. 의방유취의 체재와 내용

『의방유취』의 체재를 보면, 1) 여러 의서를 각 처방에 따라 시기순으로 배치하되 전거를 밝혀 의학이론을 정리하고, 2) 의서간 동일 내용을 하나로 묶되 중복되는 것은 배제하고 미세한 차이는 수록함으로써 모든 의학 정보를 체계적으로 수집하며, 3) 각 병문은 병론(病論) – 방약(方藥) – 식치(食治) – 금기(禁忌) – 침구(鍼灸) – 도인(導引)으로 구성하였다.

또 『의방유취』 266권에는 총론에 이어 질병을 91개로 범주화하여 분류하였는데, 그 명칭을 모아보면 다음과 같다.

오장문(五藏門), 제풍문(諸風門), 제한문(諸寒門), 제서문(諸暑門), 제습문(諸濕門), 상한문(傷寒門), 안문(眼門), 치문(齒門), 인후문(咽喉門), 구설문(口舌門), 이문(耳門), 비문(鼻門), 두면문(頭面門), 모발문(毛髮門), 신체문(身體門), 사지문(四肢門), 혈병문(血病門), 제기문(諸氣門), 제산문(諸疝門), 음퇴문(陰癀門), 제비문(諸痺門), 심복통문(心腹痛門), 요각문(腰脚門), 각기문(脚氣門), 비위문(脾胃門), 삼초문(三焦門), 번위문(翻胃門), 구토문(嘔吐門), 격열문(膈噎門), 곽란문(霍亂門), 사증문(沙證門), 현훈문(眩暈門), 숙식문(宿食門), 적취문(積聚門), 해역문(咳逆門), 해수문(咳嗽門), 성음문(聲音門), 제학문(諸瘧門), 소갈문(消渴門), 수종문(水腫門), 창만문(脹滿門),

황달문(黃疸門), 제림문(諸淋門), 적백탁문(赤白濁門), 대소변문(大小便門), 제리문(諸痢門), 설사문(泄瀉門), 제허문(諸虛門), 노채문(勞瘵門), 고랭문(痼冷門), 적열문(積熱門), 화문(火門), 허번문(虛煩門), 경계문(驚悸門), 건망문(健忘門), 제한문(諸汗門), 전간문(癲癇門), 중악문(中惡門), 해독문(解毒門), 주병문(酒病門), 고독문(蠱毒門), 제충문(諸蟲門), 벽충문(辟蟲門), 충상문(蟲傷門), 수상문(獸傷門), 은진문(癮疹門), 개선문(疥癬門), 제취문(諸臭門), 옹저문(癰疽門), 정창문(丁瘡門), 단독문(丹毒門), 나력문(瘰癧門), 제루문(諸漏門), 영류문(癭瘤門), 치루문(痔漏門), 변독문(便毒門), 금창문(金瘡門), 제자문(諸刺門), 절상문(折傷門), 제창문(諸瘡門), 고약문(膏藥門), 탕화상문(湯火傷門), 칠창문(漆瘡門), 괴질문(怪疾門), 구급문(救急門), 잡병문(雜病門), 제탕문(諸湯門), 제향문(諸香門), 양성문(養性門), 부인문(婦人門), 소아문(小兒門).

이 각각의 질병에 대하여 앞에 언급한 '병론 – 방약 – 식치 – 금기 – 침구 – 도인' 등을 순서대로 상세히 기록하였으니, 현대 의학을 공부하는 의과대학생이 읽는 서양 의학서보다 더 많은 책을 망라했다고 할 수 있다.

『의방유취』는 책이름 그대로 당나라, 송나라, 원나라, 명나라 때에 나온 동양의 의서를 모두 수집하여 질병에 따라 다시 분류하여 기록한 것이니 그 내용의 방대함과 집필자의 열정이 얼마나 대단했던가를 알 수 있다. 즉 한 나라의 문화를 가늠할 수 있는 중요한 분야가 의학이고, 그 의술이 얼마나 백성에게까지 잘 전달되었는가를, 삶의 질을 평가하는 데 척도로 삼는다면, 세종의 의학서 간행사업은 그가 학문적 관심과 안목이 그만큼 깊었으며 이 거대한 사업을 발상하고 추진한 장본인이라는 사실을 반드시 기억해야 할 것이다.

권1에는 범례에 이어 이 책 편찬에 활용한 참고문헌들을 제시하고 있는데, 무려 153종이나 된다. 물론 현대 학자들이 세밀히 검토한 결과 당시의 의서 중 빠진 책도 더러 있으나, 세종이 그야말로 당시까지 간행된 의서를 총망라하겠다는 의도를 가졌던 것은 분명해 보인다. 그 목록을 살펴보면 다음과 같다.

『황제내경소문(黃帝內經素問)』, 『황제내경영추(黃帝內經靈樞)』〔靈樞〕, 『운기(運氣)』, 『유편(遺篇)』, 『명당구경(明堂灸經)』, 『침경(針經)』, 『침구경(鍼灸經)』, 『난경(難經)』, 『난경본의(難經本義)』, 『상한론(傷寒論)』, 『상한론주해(傷寒論注解)』, 『오장론(五藏論)』, 『금궤방(金匱方)』, 『왕숙화맥결(王叔和脈訣)』, 『왕씨맥경(王氏脈經)』, 『용수보살안론(龍樹菩薩眼論)』, 『제병원후론(諸病源候論)』〔巢氏病源〕, 『비급천금요방(備急千金要方)』〔千金方〕, 『천금익방(千金翼方)』, 『천금월령(千金月令)』, 『해상선방(海上仙方)』, 『복수론(福壽論)』, 『오장육부도(五臟六腑圖)』〔五藏六府圖〕, 『식의심감(食醫心鑑)』, 『산보(産寶)』, 『소아약증(小兒藥證)』, 『태평성혜방(太平聖惠方)』〔聖惠方〕, 『사시찬요(四時纂要)』, 『동인경(銅人經)』, 『태평혜민화제국방(太平惠民和劑局方)』〔和劑局方〕, 『간요제중방(簡要濟衆方)』, 『왕악산서(王岳産書)』, 『수진비결(脩眞祕訣)』, 『소아약증직결(小兒藥證直訣)』, 『보단요결(寶丹要訣)』, 『경사증류대전본초(經史證類大全本草)』〔大全本草〕, 『삼인극일병증방론(三因極一病證方論)』〔三因方〕, 『위생십전방(衛生十全方)』, 『신교만전방(神巧萬全方)』, 『통진자상한괄요(通眞子傷寒括要)』, 『남양활인서(南陽活人書)』, 『무구자활인서(無求子活人書)』, 『상한활인서(傷寒活人書)』, 『상한백문가(傷寒百問歌)』, 『상한백증가(傷寒百證歌)』, 『조도방(助道方)』, 『시재의방(是齋醫方)』, 『쇄쇄록(瑣碎錄)』〔瑣碎錄〕, 『침구자생경(鍼灸資生經)』〔資生經〕, 『이간방(易簡方)』, 『옥함경(玉函經)』, 『여거사간이방(黎居士簡易方)』, 『여거사결맥정요(黎居士決脈精要)』, 『단병제강(斷病提綱)』, 『왕씨이간방(王氏易簡方)』, 『인재직지방(仁齋直指方)』〔直指方〕, 『직지소아방(直指小兒方)』, 『직지맥결(直指脈訣)』, 『상한유서(傷寒類書)』, 『외과정요(外科精要)』,

『태산구급방(胎産救急方)』, 『주씨집험방(朱氏集驗方)』, 『이희범맥결(李晞
范脈訣)』, 『엄씨제생방(嚴氏濟生方)』, 『엄씨제생속방(嚴氏濟生續方)』, 『관
견대전양방(管見大全良方)』, 『부인대전양방(婦人大全良方)』, 『수월노반경
(脩月魯般經)』, 『상한명리론(傷寒明理論)』, 『유문사친(儒門事親)』, 『치병백
법(治病百法)』, 『삼법육문(三法六門)』, 『십형삼료(十形三療)』, 『치법잡론
(治法雜論)』, 『잡기구문(雜記九門)』, 『상한직격(傷寒直格)』, 『소문현기원
병식(素問玄機原病式)』, 『보동비요(保童祕要)』, 『선명방론(宣明方論)』〔宣明
論〕, 『동원시효방(東垣試效方)』, 『동원내외상변(東垣內外傷辨)』〔東垣內外
傷辯〕, 『난실비장(蘭室祕藏)』, 『탕액본초(湯液本草)』, 『비위론(脾胃論)』,
『어약원방(御藥院方)』, 『세의득효방(世醫得效方)』〔得效方〕, 『담헌방(澹軒
方)』, 『상한지장도(傷寒指掌圖)』, 『주후비급방(肘後備急方)』〔葛氏肘後方〕,
『담료방(澹寮方)』, 『자오유주(子午流注)』, 『침경지남(鍼經指南)』, 『옥룡가
(玉龍謌)』, 『위생보감(衛生寶鑑)』, 『삼원참찬연수서(三元參贊延壽書)』〔延
壽書〕, 『성제총록(聖濟總錄)』, 『거가필용(居家必用)』, 『필용전서(必用全書)』,
『필용지서(必用之書)』, 『제생발수(濟生拔粹)』〔拔粹方〕, 『서죽당경험방(瑞
竹堂經驗方)』〔瑞竹堂方〕, 『소아두진방(小兒痘疹方)』, 『왕씨집험방(王氏集驗
方)』, 『의방대성(醫方大成)』, 『의방집성(醫方集成)』, 『남북경험방(南北經驗
方)』, 『수진방(袖珍方)』, 『성옹활유구의(省翁活幼口議)』, 『영류검방(永類鈐
方)』, 『창과통현론(瘡科通玄論)』, 『경험비방(經驗祕方)』, 『안과용목총론
(眼科龍木總論)』, 『의경소회집(醫經溯洄集)』〔醫經泝洄集〕, 『천옥집(川玉集)』,
『격치여론(格致餘論)』, 『국방발휘(局方發揮)』, 『경험양방(經驗良方)』, 『의
림방(醫林方)』, 『연하성효방(烟霞聖效方)』, 『수친양로신서(壽親養老新書)』
〔壽親養老書〕, 『십사경발휘(十四經發揮)』, 『찬도맥결(纂圖脈訣)』, 『시원단
효방(施圓端效方)』, 『오씨집험방(吳氏集驗方)』, 『신효명방(神效名方)』, 『사
림광기(事林廣記)』, 『산거사요(山居四要)』, 『신효방(新效方)』, 『침구광애서
괄(鍼灸廣愛書括)』, 『외과집험방(外科集驗方)』, 『이상속단방(理傷續斷方)』,
『소아창진방(小兒瘡疹方)』, 『추로방(追勞方)』, 『급구선방(急救仙方)』, 『비
전외과방(祕傳外科方)』, 『서씨태산방(徐氏胎産方)』, 『선전제음방(仙傳濟陰

方)』, 『외과정의(外科精義)』, 『창과정의(瘡科精義)』, 『옥기미의(玉機微義)』, 『권선서(勸善書)』, 『구선활인심(臞仙活人心)』, 『운화현추(運化玄樞)』, 『수역신방(壽域神方)』, 『신은(神隱)』, 『금단대성(金丹大成)』, 『위생이간방(衛生易簡方)』, 『금궤구현(金匱鉤玄)』, 『신집어의촬요방(新集御醫撮要方)』〔御醫撮要〕, 『비예백요방(備預百要方)』, 『간기방(簡奇方)』, 『의경소학(醫經小學)』, 『소학의경(小學醫經)』.

인용한 참고문헌 목록에는 『어의촬요방』 등과 그 내용에 담겨 있는 『향약구급방』 등 여러 고려시대 의서들도 포함하고 있다. 즉 고려의 의학도 함께 연구 대상이 되어 우리의 의학 역사를 계승하였다는 평가를 받고 있다.

요컨대 『의방유취』의 91개 질병군은 일상적인 신체 상태를 질병으로 규정하였으며, 번잡할 정도로 다양한 치료, 예방, 관리 방법을 제시함으로써 조선 사람들의 몸을 의료의 영역으로 끌어들였다. 조선 초기에 『향약집성방』과 『의방유취』의 편찬을 계기로 전면적인 의료화(醫療化)가 진행되었던 것이다.[40]

이경록 님은 『의방유취』를 국역하면서 위와 같은 평가를 내렸다. 이경록 님은 또한,

『의방유취』에서는 한반도에서 중국으로 전파된 약재들과 처방들도 보여준다. 신라 인삼이나 신라 송자가 한반도에서 기원한 약재라면, 수

---

40) 『국역 의방유취 1』(이경록 국역, 세종대왕기념사업회, 2017), '해제', 42쪽에서 끌어 씀.

지환은 고려 국왕에게서 얻은 것이었다. 원 간섭기에 고려 국왕을 통해 고려의 수지환 처방이 원나라에 전파되어 중국 의서에 수록되었다가 다시 『의방유취』에 인용된 것으로 판단된다.[41]

라고 하면서, 세종의 의학서 간행 사업은 동아시아 의학을 총결산한 집대성인 동시에, 의술의 주고받은 전개 과정을 적나라하게 보여주는 책이라는 것이다.

---

41) 앞의 책, 44쪽에서 끌어 씀.

# 칠정산 내외편

## 1. 역법과 천문의 관계

　『칠정산(七政算)』이란, '일곱 개의 별이 주기적으로 변하는 위치를 계산하여 시간, 하루, 한 달, 한 해의 길이를 정하는 법'이다. '칠정(七政)'은 일곱 가지 별 곧 해, 달, 수성, 금성, 화성, 목성, 토성의 운행을 가리킨다. 결국 이들의 운행 주기를 살펴서 이른바 '달력'을 만드는 것인데, 고대부터 나라를 세우거나 새로운 왕조가 시작되면, 농사를 짓거나 날을 정할 때, 또는 매년 매월 반복되는 일정을 기억하고 기록하기 위해서 역서(曆書)를 편찬하곤 하였다.

　'내외편(內外篇)'은 내편과 외편을 묶었다는 것으로, 원래 원나라 수시력(授時曆)과 명나라의 대통력(大統曆)을 참고하여 우리나라의 천문역법을 산정하고 『칠정산내편』이라 하였는데, 곧바로 회회력(回回曆; 아라비아 역법)을 구입하게 되면서 이것을 참고하여 다시 우리나라 역법을 산정한 『칠정산외편』을 펴낸 것이다.

　오늘날 우리가 쓰는 달력은 로마 시대에 율리우스가 정한 것인데, 이전의 로마력을 대폭 개정하여 만든 최초의 현대식 태양력이다. 이

달력은 기원전 46년 1월 1일부터 실시되었는데, 평년을 365일로 하고 4년에 1일의 윤일을 두어 1년을 365.25일로 하였다. 이것이 율리우스력이다. 이 1년을 열두 달로 나눌 때 일률적으로 매달을 30일로 정하거나 31일로 정하면 365.25일이 될 수 없다. 그래서 달의 날수를 인위적으로 정하였는데, 당시 달의 대소는 1·3·5·7·9·11월이 31일이고, 나머지 달을 30일로 하되 2월만은 평년을 29일, 윤년을 30일로 정하였다. 그런데 율리우스의 생질 아우구스투스가 로마황제가 되었을 때, 율리우스의 달 율리(July)가 31일인데 비해 자기의 달 아우구스트(August)가 작으므로 이것을 31일로 하고 9월과 11월을 30일, 10월과 12월을 31일로 하였으며, 2월은 평년을 28일, 윤년을 29일로 만들었다. 이것이 오늘날까지 그대로 이어진 것이다. 그러나 사실 이 율리우스력은 실제 태양년과의 차이가 매년 11분 14초가 되어 128년에 1일의 차이가 생긴다. [한국민족문화대백과사전(한국학중앙연구원) 참조].

동양에서는 수많은 역법(曆法)이 만들어지고 사라졌는데, 원나라 시조 쿠빌라이 칸(세조)이 만든 수시력(授時曆)이 세밀하여 우리나라 고려에도 충선왕 때 들어와 이를 받아들였듯이 동양의 역법이 어느정도 정리되었다.

원나라는 쿠빌라이칸이 1276년(지원 13)부터 5년간 천문관측을 하여 얻은 수시력을 1281년에 공표하였다. 그 뒤 명나라는 1368년 태조 주원장이 즉위하자마자 이 수시력을 아주 조금 수정하여 대통력(大統曆)을 공표하였다.

우리나라도 고려 말 이후 조선시대에 걸쳐 대통력을 받아들여 썼다. 이 역법은 이름만 다를 뿐 수시력을 그대로 답습한 것이다. 고려 공민왕 19년(1370)에 성준득이 중국에 사신으로 다녀오면서 대통력을 가져왔고, 이때부터 이것을 시행하여 해마다 명나라에서 역서를 받아와 썼던 것이다. 그러나 수시력(대통력)이 우리나라의 실정에 맞지 않음을 간파한 세종은 드디어 우리에 맞는 역법을 연구하라는 지시를 내려 이 『칠정산 내편』이 이루어지게 된 것인데, 물론 수시력을 기반으로 삼은 것이긴 했으나 일곱 별들의 운행을 조선사람이 조선 땅에서 직접 관찰하여 얻은 실측을 바탕으로 삼았기 때문에 우리의 삶과 정확하게 일치하는 달력을 얻을 수 있게 된 것이다.

## 2. 세종의 특별한 관심

세종은 즉위한지 얼마 되지 않아 이미 천문과 역법에 대하여 관심을 보인 바 있다.

> 문신(文臣)들에게 명하여 당나라의 『선명력(宣明曆)』과 원나라의 『수시력(授時曆)』과 『보교회보중성력요(步交會步中星曆要)』 등의 서적의 차이점을 교정하여, 서운관에 내리어 간수하게 하였다. (세종 5년(1423) 2월 10일 기사)

> 서운관정 박염(朴恬) 등에게 명하여, 삼각산 꼭대기에 올라가 내일 일식(日食)이 있을지 없을지를 바라보게 하였다. 대개 수시력과 선명력의 법(法)에 일식은 모두 마땅히 인시(寅時)와 묘시(卯時)에 있다 하였으므로 평지에서는 살펴볼 수 없기 때문이었다. (세종 10년(1428) 3월 30일 기사)

세종은 일찍이 천문 관측에 있어서도 힘을 기울여 일관(日官)을 명하여, 삼각산 꼭대기에서 일식과 월식을 관측케 하고, 때로는 백두산, 한

라산, 마니산에 관측관을 보내어 북극의 고도를 측정케 하였으며, 다시 여러 종류의 역법을 참작하여 우리나라의 역수(曆數)에 맞도록 한 것이 바로 『칠정산』 내외편이다.

세종은 고려 시대부터 왕립 천문기상대 구실을 하던 서운관(書雲觀)의 이름을 관상감(觀象監)으로 바꾸고 경복궁 경회루 북쪽에 간의대(簡儀臺)를 세워 여기에 천체 관측 기구인 혼천의(渾天儀), 동짓날의 정확한 시각과 주기를 찾아내는 규표(圭表), 방위 지정표인 정방안(正方案)과 같은 기구를 설치함으로써, 별자리를 비롯하여 일출과 일몰, 일식과 월식, 혜성과 행성의 운행을 관찰토록 했다.

천체의 운행과 위치를 살피는 일은 결국 정확한 시간의 흐름을 계산하여 달력을 만드는 데 필요한 매우 과학적인 방법이다. 조선이 채택한 역법이 중국의 것이었으므로 수시력에 기록된 수치와 산법이 조선 백성의 일상에 맞을 수는 없었다. 지구의 위도와 경도에 따른 시간의 차이가 있기 마련이다. 일식이나 월식이 1분 1초라도 다르면 백성에는 엄청난 혼란과 불신은 안겨주게 된다. 세종 시절에도 일식이 15분 늦게 시작되었는데 이로 인해 세종은 역법도 중국과는 달라야 한다는 것을 알게 되었다. 백성들에게 절기와 시간을 정확히 알려주려면 이제 우리나라를 기준으로 한 천문 계산을 해야 한다고 생각한 것이다. 마침내 세종은 즉위한 지 14년째인 1432년, 지금까지 사용해 온 중국의 모든 천문학 이론을 정리하고 개선하여 우리나라에 맞는 천문·역법을 만들기로 했다. 이를 위해 중인 계층의 학문인 산학(算學) 연구에 문과 급제생인 이순지와 정인지를 비롯한 집현전 학자들이 대거 투입되었다. 그 후 10년 만인 1442년에 마침내 『칠정산 내편』이라는 결과를 얻게 된 것이다.

예조에서 서운관의 보고서에 의거하여 아뢰기를, "지금부터는 일월
식을 칠정산(七政算) 내외편법(內外篇法)과 수시력과 대명력(大明曆)으로
추산(推算)하는데, 내편법(內篇法)에 식분(食分)한 것이 있으면 내편법으
로 경외관(京外官)에게 알려 주고, 기타의 역법은 이후에 아뢰게 하되,
만약 내편법에 식분하는 것이 없고, 다른 역법(曆法) 중에 한 역법에라
도 있으면 외관은 제외하고 경중의 각 아문에만 알려 주게 하소서. 그
리고 수시력과 회회력법은 이미 내외편에 갖추어 있으니 굳이 다시 추
산할 것이 없사옵고, 선명력은 권질이 빠져서 누락되었으며 법[術]도
역시 어긋나고 그릇됩니다. 또한 경오원력(庚午元曆)은 수치의 법이 실
로 상세히 검토하기 어렵사오니, 예전 네 가지 역법은 취재(取才)할 때
에 쓰지 말도록 하시고, 칠정산 내외편과 대명력으로만 취재하소서. 또
앞서 올린 칠정(七政)의 역(曆)은 계산법이 미진하여 중국에서 추산한
것과 맞지 아니하기 때문에 근년에는 그만두었사오니, 청하건대 이제
내편(內篇)의 법으로 추산하여 전과 같이 책을 만들어 올리게 하소서."
하니, 그대로 따랐다. (세종 25(1443) 7월 6일 기사)

원래 우리나라에서는 고려부터 조선 초기에 이르기까지 당나라의
선명력과 원나라의 수시력 등을 써 왔으나, 천체를 관측한 측정 차이
가 심하므로, 세종은 그것을 정리하여 조선에 맞게 바로잡기를 꾀하고,
새로운 조선의 역법을 만들기로 마음먹은 것이다. 정흠지, 정초, 정인
지 등에게 명하여, 원나라의 수시력법과 명나라의 대통통궤 역법을 연
구하고 해석하게 함으로써, 여기에다가 조선의 수도 한양에서 관측한
측정치를 대입하여 얻은 것이 바로 『칠정산내편』이다.

세종은 이와 같이 하여 내편(內篇)을 찬집한 뒤에, 또 중국을 통해
들어온 아라비아 역법(회회력법)을 얻게 됨으로써 그 역법이 좀더 정확
함을 알게 되었고, 이를 이순지와 김담 등으로 하여금 우리나라와 중

국과의 사이에 생기는 역법상의 오차를 바로잡게 하여 또다른 역서를 만들었으니 바로 『칠정산 외편』이다. 이 『칠정산 내외편』은 이미 세종의 재위 때에 편저되었으니, 우리가 아는 세종의 많은 과학기기들, 그 중에 다양한 천체관측기기들이 왜 필요했던가를 비로소 알게 된다.

## 3. 세종의 끊임없는 탐구열

『칠정산 내외편』이 나온 뒤 곧바로 세종은 다시 이를 정리하여 좀더 알기 쉬운 천문서를 펴내도록 지시하였는데 그 책이 『제가역상집(諸家曆象集)』이다. 실록에 그 발문이 기록되어 있는데 그 내용을 보면 얼마나 세종이 천문과 역법에 대하여 치밀하고 집요하게 탐구하였는지를 알 수 있다.

> 『제가역상집』이 이루어졌다. 모두 4권인데, 동부승지 이순지가 발문(跋文)에 쓰기를, "제왕의 정치는 역법과 천문으로 때를 맞추는 것보다 더 큰 것이 없는데, 우리나라 일관(日官)들이 그 방법에 소홀하게 된 지가 오래인지라, 선덕 계축년(1433) 가을에 우리 전하께서 거룩하신 생각으로 모든 의상(儀象)과 구루(晷漏)의 기계며, 천문과 역법의 책을 연구하지 않은 것이 없으시어 모두 극히 정묘하고 치밀하시었다. 의상에 있어서는 이른바 대소 간의(大小簡儀), 일성정시의(日星定時儀), 혼의(渾儀) 및 혼상(渾象)을, 구루에 있어서는 이른바 천평일구(天平日晷), 현주일구(懸珠日晷), 정남일구(定南日晷), 앙부일구(仰釜日晷), 대소 규표(大小圭表) 및 흠경각루(欽敬閣漏), 보루각루(報漏閣漏)와 행루(行漏)들을 만들게 하였는데, 천문에는 칠정(七政)에 맞추어 중외 관아에 별의 자리를 배열하여, 들어가는 별의 북극에 대한 몇 도(度) 몇 분(分)을 다 측정하게 하고, 또 고금의

천문도(天文圖)를 비교하며 같고 다름을 참고하여서 측정하여 바른 것을
취하게 하고, 그 28수의 돗수(度數)·분수(分數)와 12차서의 별의 돗수를
일체로 수시력(授時曆)에 따라 수정해 고쳐서 책으로 간행토록 하고, 역
법에는 대명력(大明曆), 수시력(授時曆), 회회력(回回曆)과 통궤(通軌), 통경
(通徑) 등 여러 책을 본받아 모두 비교하여 교정하심으로써 또한 『칠정산
내외편』을 편찬하였다. 그럼에도 오히려 부족하다 여겨 또 신에게 명하
시기를, 천문, 역법, 의상, 구루에 관한 글이 여러 전기(傳記)에 섞여
나온 것들을 찾아내어서, 중복된 것은 깎고 긴요한 것을 취하여 부문을
나누어 한데 모아서 한 질 되게 만들어서 열람하기에 편하게 하라 하였
으니, 진실로 이 책에 의하여 이치를 연구하여 보면 생각보다 얻음이
많을 것이며, 더욱이 전하께서 하늘을 공경하고 백성에게 힘쓰시는 정사
가 극치에 이르지 않은 것이 없음을 볼 수 있을 것이다." 하였다. (세종
27년(1445) 3월 30일 기사)

이 책은 세종이 서운관(書雲觀)의 제도와 기구를 정비하고 역법(曆法)
을 정리하여 『칠정산 내외편』을 편찬하고 나서, 다시 이순지에게 명하
여 고금의 천문, 역법, 의상, 구루에 관한 개요를 편찬하도록 한 것이다.
『칠정산 내외편』과 『제가역상집』의 제작 사업은 세종을 바라보는
우리에게, 세종이 나라와 백성의 삶과 미래에 대하여 얼마나 집요하고
정밀하게 따져 묻고 실행해 나갔는지를 일깨워 준다. 우리가 아는 세
종의 정신에는 또다른 세계가 있었다. 조선 백성을 위한 일이라면 직
접 발 벗고 나서서 무슨 일이든지 하며, 어떤 자료든지 수십 수백 권의
책을 수집하고 뒤져서라도 정리하여 백성에게 맞게 고치고, 우주의 별
들을 밤낮으로 관찰해서라도 정확한 시간과 날짜를 백성에게 찾아주
겠다는 굳고 단단한 다짐 말이다.

# 금강경삼가해

## 1. 세종의 불교 사랑

세종대왕은 불교를 어떻게 생각했을까? 세종이 과연 불경을 얼마나 읽었을까? 세종이 불교에 대해 관심을 가진 때는 언제부터였을까?

우리는 세종이 조선의 제4대 임금이며 성리학의 나라를 다스리던 유교국가의 통치자로서 불교를 배척하고 선교 양종으로 통폐합하면서까지 탄압했던 임금이라는 것만 알고 있다. 더 나아가 조선이 고려를 멸망시키면서 창업의 당위성을 불교의 타락과 폐단에서 찾았다. 그래서 조선에서는 유교만이 성행하였고 유교적 제도로만 통치하였을 것으로 알고 있다. 그러나 세종이 즉위했던 당시 조선은 천 년 동안 이어오던 불교 국가가 망한 지 20년도 채 되지 않았을 때다. 그러므로 일반 백성들은 물론이고 왕실에서도 무의식적으로 계속해서 불교 예식을 따라 절에 가서 불공도 드리고 예불을 치르는 일이 연례적으로 행해지고 있었다. 세종의 형인 효령대군은 사찰을 짓고, 불탑을 세우며, 법회를 열어 설법을 하기도 하는 등 평생 승려처럼 살았던 사람이다. 이런 형편으로 볼 때 세종이 불교와 불경에 대해 관심을 가진 것은 아주 어릴 때부터였을 것으로 볼 수밖에 없다.

할아비 태조 이성계부터 아비 태종 이방원까지 당시 조선은 늘 나라에서 고려의 구습대로 해마다 몇 번씩 예불 행사, 명절 행사를 연례적으로 치루었다. 그 가운데 흥천사(興天寺)가 있었다.

> 태상왕(태조)이 새 도읍(한양)에 거둥하였으니, 흥천사의 사리전이 낙성되고, 또 수륙재(水陸齋)를 베풀어 선왕(先王)·선비(先妣)와 현비(顯妣), 그리고 여러 죽은 아들과 사위, 고려의 왕씨(王氏)를 제사하기 위함이었다. (정종 1년(1399) 10월 19일 기사)

흥천사는 처음에 태조 4년(1395) 신덕왕후 강씨가 죽자 능지를 정릉(貞陵)에 조성하고, 아침저녁으로 향불을 피우며 왕비의 명복을 빌기 위해 이듬해 창건을 시작하여 한 해만에 170여 칸이나 되는 대가람을 완성한 절이다. 태조는 절을 짓는 동안에도 수시로 찾아가서 일하는 사람에게 먹을 것을 내려주며 위로하고, 짓는 동안 재앙이 일어날까 하여 기도회를 갖기도 하였으며, 문무 백관들이 모두 나와 있는데도 조회를 보지 않고 흥천사에 거둥하여 사리전 건축을 시찰한 일도 있다. 태조 7년(1398) 7월에는 우란분재(盂蘭盆齋; 음력 7월 보름날 조상의 넋에 공양하고, 부처, 중, 중생에게 공양하여, 부모의 은혜를 갚기 위해 올리는 재)를 성대히 베풀기도 하였다. 흥천사는 창건과 함께 조계종의 본산이 되었고, 승당을 설치하여 참선 도량으로 발전하였다.

> 승녀 50명을 불러 모아 금으로 글씨를 쓴 『법화경』을 흥천사에서 3일 동안 독송(讀誦)하며 재를 올렸다. 대체로 태조의 뜻을 따른 것으로, 사리탑을 수리하고 법회를 베풀게 한 것인데, 청원군 심종을 불러 향을 내주면서 임금(태종)이 말하기를, "경은 오늘 재를 올리는 자리를 베푼

뜻을 아는가? 돌아가신 아버지 태조께서 여기에 도읍을 정하시고 사리
전을 지을 때에 나와 이인수가 그 공사를 맡아 준공하였다. 요사이 들으
니 탑이 기울어져서 위태롭다 하기에 그것을 수리하게 하였는데, 마침
아버지 제사일이 되었기에 태조와 신의왕후를 위하여 재를 올리라고
한 것이다. 경은 이것을 잘 알라." 하였다. (태종 11년(1411) 5월 18일 기사)

태종도 부왕의 뜻을 이어 흥천사에서 여러 번 재를 올리며 중창하는
데 심혈을 기울였다. 세종도 예외는 아니었다. 세종 11년(1429)에는 왕
명으로 이 절을 크게 중창하고, 세종 19년(1437)에 다시 사리전을 중수
하면서 이 절을 관아 건물처럼 정기적으로 보수·수리하도록 법제화했
다. 이처럼 흥천사는 창건 이후 억불의 시대적 조류 아래에서도 왕실
의 지원과 장려를 받으며 꾸준히 법통을 이어갔다. 왕실의 제사 때나,
왕족이 병들면 으레 치병을 위한 기도가 이루어졌고, 가뭄에는 기우제
가 열리기도 했다. 이처럼 조선에 들어와서도 불교는 계속해서 세력을
이어갔고, 세종도 그런 종교적 예식에 관심을 기울여야만 했다. 그런
의미에서 세종이 가졌던 불경과 부처에 대한 지식은 어릴 때부터 무의
식적으로 받아들인 것들임에 틀림없다.


## 2. 세종의 불경 읽기

세종은 즉위 20년(1438)에 『능엄경』을 읽었다.

옛날 정통 무오년(1438)에 세종께서 『능엄경』을 읽어보셨는데 ···.[42]

세종이 불경을 읽었다는 기록은 이것이 처음이다.

그 후 세종은 한글을 창제하고 난 뒤 세종 31년(1449)에 수양대군에게 명을 내려 한글로 능엄경을 번역하라고 지시하였지만, 세종이 다음해 2월에 돌아가시니 마무리를 못하고 미루어 오다가 세조 7년(1461)에야 여러 승려와 유학자들을 총동원하여 『능엄경언해』을해자본을 간행하였다. 이때 교서관에서 간행한 『능엄경언해』는 수정하고 보완하여 이듬해(1462)에 간경도감에서 목판본으로 또 재간행하기까지 하였다. 이렇게 시작된 언해 사업은 이후 수많은 불경이 한글로 번역되는 출발점이 되었다.

능엄경 어제(세조) 발문

옛날 정통 무오년(세종 20, 1438)에 선대왕 세종께서 능엄경을 보시고, 기사년(세종 31, 1449)에 번역하여 널리 펴고자 하시어 나에게 명하시어 연구하라 하시거늘, 중간에 부둔(否屯)이 이음으로 인해서 총총한들 언제 잊겠는가? 큰 운이 처음 열림에 미쳐서 불법 닦음에 겨를이 없어 부촉에 맞지 못함을 돌아보되, 또 힘이 적어 받듦이 어렵더니, 희유하신 부처님께서 유연한 유를 다 거두시므로, 사리 1백을 나타내시어 신령하신 광명이 세상에 비치시니, 기특하신 상서와 다르신 감응이 항사겁에는 없으시구나! 나의 동행 혜각존자, 학조 등이 기별을 들으시고 와서 경하하시거늘, 공경하여 맞이하여 관저의 새 전각에 대접하여 아침 저녁에 서로 도우며 안부를 묻더니, 아저씨 효령대군이 나에게 능엄경과 영가집을 번역하기 바란다고 청하시니, 정히 내 뜻에 맞거늘, 선사께서 또 따라 기뻐하시므로 여기에 한계희 등에게 명하여 상고를 돕게 하고, 내가 또 겨를을 얻어 힘을 더하되, 다 선사께서 바르게 하여

---

42) 『능엄경언해』(1461) 세조의 「어제발문」 일부임.

두어 달에 번역이 이루어지거늘【상(세조)께서 토를 다시고 혜각존자께서 확인하시거늘, 정빈 한씨 등이 창준하거늘, 공조참판 신 한계희, 전 상주목사 신 김수온은 번역하고, 의정부 검상 신 박건, 호군 신 윤필상, 세자문학 신 노사신, 이조좌랑 신 정효상은 상고하고, 영순군 신 이부는 예를 일정하고, 사섬시윤 신 조변안, 감찰 신 조지는 국운(동국정운 한자음)을 쓰고, 혜각존자 신미, 입선 사지, 학열, 학조는 번역을 바르게 고친 후에 어람하시어 일정하시거늘, 전언 조씨 두대가 어전에서 번역한 글을 읽었다.】산림과 속인들에게 인쇄하여 주라고 명하니【교서관 제조 하성위 신 정현조에게 명하시어 주자로 4백 벌을 박으라(인쇄하라) 하시고, 특별히 종실에는 은천군 신 이찬과 옥산군 신 이제에게 명하시어 교서관에 사관하여 일을 보고 인쇄하게 하라고 하셨다.】이것은 오로지 선사의 넓은 자비스런 마음이시며, 남을 이롭게 하시는 덕이시니, 또 어떤 말로 다 사뢰리오? 원하는 것은, 내가 이 인연으로 하여 나의 현재한 권속과 항사겁에 여의지 아니하고 선사께서 도(道) 이루신 날에 먼저 도탈을 입고자 한다. 천순 신사년(세조 7, 1461) 9월 일 불제자 승천체도열문영무 조선국왕 성휘(이유) 발을 쓰다.[43]

## 3. 『금강경삼가해』와 『월인천강지곡』

『금강경삼가해(金剛經三家解)』는 세종이 불교에 관심을 갖기 시작한 정황을 잘 보여주는 책이다.

이 책은 함허당(得通, 己和)이 지은 『금강경오가해설의(金剛經五家解說誼)』(1417)에서, 금강경 원문에 세 사람의 해석 즉, 함허당이 주석을 달아

---

43) 『역주 능엄경언해』 제10(김영배, 세종대왕기념사업회, 1998)의 「어제 발」을 참고하여 정리함.

놓은 ① 송나라 야부 도천(冶父道川)의 송시(頌詩)와 ② 송나라 예장 종경 (豫章宗鏡)의 제강(提綱), 그리고 ③ 함허당의 설의(說誼)만을 뽑아 엮은 책이다. 송시란 금강경 내용을 읽고 찬송한 시이고, 제강이란 일종의 해설이나 요점을 정리한 글이며, 설의 또한 글에 대한 풀이를 달아놓은 것을 말한다. 즉 '오가해(五家解)' 중 '이가해(二家解)'와 함허당의 설의를 더해 '삼가해(三家解)'라고 한 것이다.

여기서 잠깐 『금강경오가해(金剛經五家解)』라는 책에 대해 이해가 필요하다.

『금강경오가해』는 유명한 구마라습이 한문으로 번역한 『금강경』에 대해 여러 시대를 거쳐 다섯 사람이 해석한 글을 모아 엮은 책이다. 당나라 종밀, 양나라 부대사, 당나라 혜능, 송나라 야보, 송나라 종경이란 다섯 승려다. 이들의 주석을 모아 엮은 『금강경오가해』라는 책이 언제 어디서 편찬되었는지는 밝혀지지 않았지만 중국에서 송대 이후에 편찬되었다고 보는 것이 일반적인 견해다. 그러나 우리나라에서 지금까지 전하는 오가해 책은 바로 조선 초 승려 기화(己和)가 설의(해설)를 붙여서 편찬한 『금강경오가해설의』만이 널리 유포되어 있다. 그러므로 엄밀히 말하면 이 책은 함허당의 설의까지 더한 책이니 '육가해(六家解)'라 할 수 있다.

함허당 득통 기화 스님은 『금강경오가해』를 다른 판본들과 비교하여 탈자, 중복, 뒤바뀜, 오자 등의 잘못된 부분을 바로 잡고, 다른 책을 참고할 수 없는 경우에는 뜻에 의해 바르고 틀린 것을 판단하여 정확한 교정본을 만들었다. 그리고 경문 중 중요한 부분이나 마땅히 해석이 있어야 할 곳은 집중적으로 주석을 다는 방식을 취하였다. 즉 함허당이 주석을 붙인 곳은 『금강경』 본문과, 야보와 종경의 주석 부분만이고, 종밀, 부대사, 혜능의 주석에 대해서는 오자만 고쳤을 뿐이다.

함허당이 오가해 중 야보와 종경의 풀이만을 해석한 것에는 그의 주관적인 평가가 있었기 때문일 것으로 보인다.

세종이 함허당의 책을 알게 된 경위는 잘 알 수 없지만 그 많은 불경 중에 이 책을 선택했다는 것은 이 책만 본 것이 아니라 함허당의 해석 이 탁월하여 여러 불경서 중에 으뜸이라 여겼기 때문일 것이다. 세종 은 이 책을 읽고 당장 한글로 해석하여 백성들이 불경을 쉽게 읽고 깨달음을 얻기를 바랐다. 세종은 죽기 전에 이 책을 한글로 해석하기 시작하였으나 끝을 보지 못하고 아들 수양에게 반드시 한글로 해석하 여 책으로 낼 것을 유언으로 남긴다.

아들 수양은 아버지가 시작해 놓은 한글 번역을 이어서 마저 번역하 였으나 책을 내지는 못하였으니, 결국 성종 13년(1482)에야 간행된다. 이러한 사실은 『금강경삼가해』 발문에 기록되어 있다.

『금강경삼가해』가 특별한 것은 원문에 언문(한글) 구결을 달고 이어 서 언해하였다는 것이다. 모두 5권 5책의 활자본이며 권수제는 '금강 반야바라밀경'으로 되어 있으나, 이 권수 제목이 『금강경언해』와 같아 서 판심제에 따라 '금강경삼가해'라 부르고 있다. 권1의 앞에는 함허당 이 쓴 「금강반야바라밀경서」와 종경이 쓴 「예장사문종경제송강요서」 가 있고, 권5의 말미에는 함허당의 「결의」와, 한계희, 강희맹의 「발 문」이 붙어 있다. 그런데 여기에 있는 한계희와 강희맹의 발문이 『남 명집언해』 하권 뒤에도 똑같이 실려 있어 두 책이 모두 세종의 유작임 을 말해 주고 있다. 판심에는 각각 「삼가해발」, 「남명발」로 되어 있는 데, 그 까닭이 발문에 밝혀져 있다.

『금강경삼가해』 발문
오래전 세종장헌대왕께서 일찍이 『금강경오가해』의 야부 송과 종경제강, 득통 설의, 그리고 『증도가남명계송』을 국어로 번역하여 석보(월인석보)에 삽입시키고자 하여, 문종대왕(왕세자)과 세조대왕(수양대군)에게 함께 편찬케 하고 친히 살펴보았는데, 끝내 야부 종경 두 사람의 해설과 득통의 설의를 얻어 초고(草藁)를 이미 완성하였으나 교정을 보지 못하고, 남명 계송은 30여 수를 번역하였으나 미처 완성하지 못하고 죽었다. 문종과 세조에게 일을 마치도록 유언을 남겼는데, 문종도 일찍 죽으니 세조가 그것을 계승하여 받들어 석보(월인석보)를 간행하였으나, 세종의 유언이 중대하여 먼저 『능엄경』, 『법화경』, 『유조해금강경』, 『원각경』, 『반야심경』, 『영가집』 등 불경을 우리말로 번역하여 간행하였다. 그러나 『금강경삼가해』와 『증도가 계송』 등은 번역하지 못하였는데, 이것은 여러 불조(佛祖)의 무상요의를 중히 여겨 곧바로 취하기 어려웠기 때문이었다. 그러던 중 무자년(1468) 가을에 세조도 승하하고, 15년이 흘러 임인년(1482)에 자성대왕대비(세조 비)가 열성(앞선 임금들)의 큰 소원을 추념하고 유업을 마치지 못한 것을 생각하여, 선덕 학조대사에게 명하여 금강경의 야부·종경의 해석과 함허당 득통의 설의는 다시 교정을 보게 함으로써 『금강경삼가해』를 속히 완성케 하고, 세종이 번역한 남명 계송 30여 수는 이어서 번역케 하여, 내수사에 명하여 『금강경삼가해』는 300책, 『증도가남명계송』은 500책을 인쇄하여 여러 사찰에 널리 베풀도록 하였다.[44]

다음은 『금강경삼가해』 내용 중 한 부분이다. 이 중 함허당이 붙인 설의(說誼) 가운데 '월인천강(月印千江)'이란 말이 나온다.

舍衛國祇樹給孤獨園ᄒᆞ샤 與大比丘衆千二百五十人과 俱ㅣ러시니[금강경]

---

44) 『금강경삼가해』 발문과, 『남명집언해』 발문 중 한계희 발문을 번역함. 이 글 뒤에는 강희맹의 발문이 이어지는데 거의 같은 내용을 반복하고 있다.

사위국 기원(祇園: 고대 중인도 코살라국의 수도 사위성에 있는 절. 수달장자가 부처님을 위해 세운 기원정사) 나무들 사이에서 오직 홀로 앉으시어 많은 비구 대중 1,250인과 함께 계시더니

主伴이 交參ᄒᆞ야 說聽이 同會로다[함허 설의]

〇主쥬와 벋괘 서르 參참ᄒᆞ야 니ᄅᆞ시며 드르리 ᄒᆞᆫ ᄃᆡ 몯도다[세조 언해]

주인(부처)과 벗(대중)이 서로 참석하여 설하시며 듣는 이가 한 곳에 모인 것이다.

【冶父】獨掌이 不浪鳴ᄒᆞᄂᆞ니라[야부 해석]

〇ᄒᆞᆫ 솑바당이 간대로 우디 아니ᄒᆞᄂᆞ니라[세조 언해]

한 손바닥은 그냥 울지(소리 내지) 아니하는 것이다.

師資ㅣ 合會ᄒᆞ야ᅀᅡ 方成唱和ᄒᆞᄂᆞ니라[함허 설의]

〇스승과 弟뗑子ᄌᆞ종왜 모다 어우러ᅀᅡ 비르서 니ᄅᆞ며 對됭答답호미이ᄂᆞ니라[세조 언해]

스승과 제자가 모여 어울려야 비로소 설하며 대답함이 이루어지는 것이다.

【頌】巍巍堂堂ᄒᆞ샤 萬法中王이시니 三十二相이시며 百千種光이샤 聖凡이 瞻仰ᄒᆞ며 外道ㅣ 歸降ᄒᆞᄂᆞ니[야부 송]

〇巍욍巍욍ᄒᆞ며 堂땅堂땅ᄒᆞ샤 萬먼法법中듕엣 王왕이시니 셜흔 두 相샹이시며 百ᄇᆡᆨ千쳔 가짓 光광明명이샤 聖셩과 凡뻠괘 보아 울워ᅀᆞ오며 外욍道뚤ㅣ 歸귕依힁ᄒᆞ야 降행伏뽁ᄒᆞᅀᆞᆸᄂᆞ니【堂땅堂땅ᄋᆞᆫ 盛쎵ᄒᆞᆯ 시라】[세조 언해]

높고 우뚝하며 당당하시어 만법 가운데의 왕이시니, 서른두 상이시며, 백천 가지의 광명이시어, 성인과 범부가 보아 우러르며, 외도가 귀의하여 항복하나니【당당은 성한 것이다.】

莫謂慈容을 難得見ᄒᆞ라 不離祇園大道場ᄒᆞ시니라[야부 송]

〇慈쭝容용ᄋᆞᆯ 시러 보ᅀᆞ오미 어렵다 너기디 말라 祇낑園원 큰 道뚤場땅ᄋᆡ 여희디 아니ᄒᆞ시니라[세조 언해]

자비로운 모습을 얻어 뵙기가 어렵다고 여기지 말라. 기원 큰 도량에서 여의지 아니하신 것이다.

依眞起化ㅎ샤 化道ㅣ 方成ㅎ거늘 感畢遂隱ㅎ시나 而眞은 常住ㅎ시니라[함허 설의]

○眞진을 브터 敎굠化황를 니ᄅ와ᄃ샤 敎굠化황ㅅ 道똘ㅣ ᄀᆞᆺ 일어늘 感감을 ᄆᆞ츠면 곧 수ᄆᆞ시나 眞진은 샹녜 住뜡ㅎ시니라[세조 언해]

진리를 의지하여 교화를 일으키시어 교화의 도가 갓 이루어지거늘, 감응을 마치면 곧 숨으시나, 진리는 항상 머무는 것이다.

世云호ᄃᆡ 佛生迦毗羅ㅎ샤 成道摩竭陀ㅎ시고 說法波羅奈ㅎ시며 入滅拘尸羅ㅣ라 ㅎᄂ니[함허 설의]

○世솅間간애셔 닐오ᄃᆡ 부톄 迦강毗삥羅랑애 나샤 摩망竭꺓陀땅애 成쎵道똘ㅎ시고 波방羅랑奈냉예 說쉃法법ㅎ시며 拘궁尸싱羅랑애 寂滅꿇에 드르시다 ㅎᄂ니[세조 언해]

세상에서 이르되, "부처님이 가비라에서 태어나시어 마갈타에서 성도하시고, 바라나에서 설법하시며 구시라에서 적멸에 드시었다."라고 하니,

蓋釋迦老子ㅣ 於淨飯王宮에 示現出生ㅎ샤 十九에 出家ㅎ샤 三十에 成道ㅎ샤[함허 설의]

○釋셕迦강老롱子ᄌᆞㅣ 淨쪙飯뻔王왕宮궁에 現현ㅎ야 나샤ᄆᆞᆯ 뵈샤 열아호배 出츓家강ㅎ샤 셜흔에 道똘 일우샤[세조 언해]

석가 노자께서는 정반왕궁에서 태어나심을 보이시고, 열아홉에 출가하시어 서른에 도를 이루시고(성도하시고),

住世四十九年ㅎ샤 說法三百餘會ㅎ시고 壽登八十ㅎ샤 而示入滅ㅎ시니[함허 설의]

○마ᅀᆞᆫ아홉 히를 世솅間간애 住뜡ㅎ샤 三삼百빅 나믄 會ᅘᆏᆼ를 說쉃法법ㅎ시고 목수미 여드네 오ᄅᆞ샤 滅꿇에 드르샤ᄆᆞᆯ 뵈시니【부텻 나히 닐흔아호비어신마ᄅᆞᆫ 여드니라 호ᄆᆞᆫ 큰 數룰 자바 니ᄅᆞ니라】[세조 언해]

마흔아홉 해를 사람들 중에 머무시어 3백여 회를 설법하시고, 목숨

이 여든에 오르시어 적멸에 드심을 보이시니,【부처님 연세 일흔아홉이
시건마는 여든이라고 함은 큰 수를 잡아서 이른 것이다.】

其示滅以來로 于今二千餘載니 迹此觀之컨댄 世云호딩 佛有去來라
호미 可矣어니와[함허 설의]

○그 滅멇 뵈샤 오므로 이제 二千 나믄 힁니 이를 드듸여 보건댄
世솅間간애셔 닐오딩 부톄 가시며 오샤미 겨시다 호미 올커니와[세조
언해]

그 적멸을 보이시어 옴으로부터(보이신 이래로) 지금(까지) 2천여 년이
니, 이를 딛고 보건댄(근거로 보면) 세상에서 이르되, '부처님이 가시고
오심이 있으셨다.' 함이 옳거니와,

據實而觀컨댄 來無所來ᄒ샤미 月印千江이오 去無所去ᄒ샤미 空分
諸刹이로다[함허 설의]

○實씷을 브터 보건댄 오샤도 오샨 바 업스샤미 ᄃ리 즈믄 ᄀᄅ매
비취요미오 가샤도 가샨 바 업스샤미 虛헝空콩이 여러 나라해 ᄂᆞ호오
미로다[세조 언해]

실체를 의지하여 보면, 오셔도 오신 바가 없으심이 달이 천 개의 강
에 비침이고(비침과 같고), 가셔도 가신 바 없으심이 허공이 열려 여러
(모든) 나라(불국토)에 나눔과 같구나.

伊麽則雖云出世나 未曾出世시며 雖云入滅이나 未曾入滅이시니 所以
道莫謂慈容을 難得見이라 ᄒ라 不離祇園大道場이라 ᄒ니라[함허 설의]

○그러면 비록 世솅間간애 나시다 니ᄅ나 잢간도 世솅間간애 나샨
디 아니시며 비록 滅멇에 드르시다 니ᄅ나 잢간도 滅멇에 드르샨 디
아니시니 이런 ᄃ로 닐오딩 慈쭝容용을 시러 보ᅀᆞ오미 어렵다 니ᄅ디
말라 祇끵園원大땡道똘場땽애 여희디 아니ᄒ시다 ᄒ니라[세조 언해]

그러면 비록 세상에 나셨다고 이르나 잠깐도 세상에 나신 것이 아니
시며, 비록 적멸에 드셨다고 이르나 잠깐도 적멸에 드신 것이 아니시
니, 이런 까닭으로 이르되, '자비로운 모습을 얻어 뵈옴이 어렵다 이르
지 말라. 기원정사 대도량에서 여의지 아니하셨다.' 한 것이다.

要識慈容麼아 擬議思量인댄 千萬里리라 要識道場麼아 觸目이 無非
古道場이니라[함허 설의]

○慈쫑容용을 알오져 ᄒᆞᆫ다 너겨 議ᅌᅴ論론ᄒᆞ야 思ᄉᆞ量량홀딘댄
千쳔萬먼里링리라 道ᄠᅩᇢ場땽을 알오져 ᄒᆞᆫ다 눈 다ᄒᆞᆫ 듸 녯 道ᄠᅩᇢ場땽
아니니 업스니라[세조 언해]

자비로운 모습을 알고자 하는가? 생각하고 의론하여 헤아리면 천만
리이다(천만리나 멀어진다). (기원)도량을 알고자 하는가? 눈이 닿는 곳에
옛 도량 아닌 곳이 없는 것이다.[45]

위 인용에서 세조가 언해한 부분 가운데 많은 부분을 세종이 직접
언해하였다고 세조는 발문에서 밝히고 있다. 특히 위 내용에는 함허당
이 『금강경오가해』를 읽고 풀이하면서 '월인천강(月印千江)'이라는 말
을 처음 사용한 것을 볼 수 있다.

즉 이 말은 『금강경오가해』에서는 없던 말인데, 야부가 송시에, '巍
巍堂堂 萬法中王 三十二相 百千種光 聖凡 瞻仰 外道歸降(높고 높으며
성대하시어 만법 가운데 왕이시니, 서른두 가지 모습을 하시며, 백천 가지의 광명
을 내시어, 성인과 범부가 보아 우러르며, 바르지 않은 자가 귀의하여 항복하나
니)'라고 한 것에다가 함허당이 해석하기를, '據實而觀컨댄 來無所來ᄒᆞ
샤미 月印千江이오 去無所去ᄒᆞ샤미 空分諸刹이로다(실체를 의지하여 보
면, 오셔도 오신 바가 없으심이 달이 천 개의 강에 비침과 같고, 가셔도 가신 바
없으심이 허공이 열려 모든 나라(불국토)에 나눔과 같구나.)'라고 한 것이다.

일찍이 세종은 수양대군이 지어올린 『석보상절』을 읽고 부처를 칭송
하는 노래 『월인천강지곡』을 지었는데, 그 제목으로 쓴 말이 바로 함허

---

45) 『금강경삼가해』 권1의 28ㄱ쪽부터 29ㄴ쪽까지 인용한 것인데 현대역은 『역주 금강
경삼가해』(김영배 역주, 2006)를 따랐음.

당이 『금강경오가해설의』에서 처음 쓴 말을 가져온 것이다.

정리하면, 무오년(세종 20, 1438)에 세종이 능엄경을 읽으면서 본격적으로 불경에 대한 책읽기가 시작되었다면, 이윽고 세종은 여러 불경을 읽다가 함허당의 『금강경오가해설의』를 읽고 탄복하여 이를 우리말로 번역하라고 지시하면서, 『금강경』과 『증도가남명천계송』을 직접 한글로 번역하여 죽을 때까지 일부를 이루어놓았다.

1446년 3월 세종 비 소헌왕후가 죽자 슬픔에 빠진 세종은 아들 수양에게 『석보상절』을 짓게 하였다. 이 책은 1447년 7월에 쓴 세조의 서문과는 달리 25권 안팎의 방대한 분량으로, 1448년에서 1449년 사이에 완성되었다고 볼 수밖에 없다. 세종은 이 책을 읽고 즉시 찬불시를 지었으니 바로 『월인천강지곡』이다. 『월인석보』에 기록된 노래에 따르면 이 노래는 583장이나 되는 아주 긴 찬불가이니, 기록에는 없지만 『월인천강지곡』의 간행 연대 또한 『석보상절』이 완성된 때부터 세종이 죽은 1450년 2월 사이라고 볼 때 1449년 안팎임에는 틀림없다. 즉 『석보상절』과 『월인천강지곡』은 거의 같은 시기에 함께 이루어졌다고 볼 수 있다.

> 부톄 百億世界예 化身ᄒ야 敎化ᄒ샤미 ᄃ리 즈믄 ᄀᄅ매 비취요미 ᄀᆮᄒ니라(부처님이 백억 세계에 화신하시어 교화하심이, 달이 천 개의 강에 두루 비치는 것과 같으니라.) (『월인석보』 1쪽)

위 문장은 『월인석보』 첫 쪽 제목 아래 붙인 협주의 글이다.

'달이 즈믄 가람에 비침'이라고 언해한 '월인천강(月印千江)'이란 말이 바로 『금강경오가해설의』에서 함허당 득통 기화가 금강경을 해설한 말 가운데 있던 글귀였음을 알 수 있다.

곧, 세종은 능엄경과 금강경을 정독하면서 부처의 세계에 심취하여 세종 말기에 신하들의 극렬한 반대에도 무릅쓰고 궁궐에 불당을 짓고, 불탑을 세워 사리를 모시며 기도를 올리는 일련의 일들을 벌이게 된다.

# 마치는 말씀

　세종 시대에는 참으로 많은 책이 인쇄되었다. 세종 때 찍어낸 책이 무려 341가지나 된다.[46] 조선 왕조가 500여 년 동안 이어가면서 시대마다 수많은 인쇄물을 만들었지만 세종 때만큼 많았던 적은 없다.

　세종은 조선을 중국처럼 큰 나라는 아니지만 중국 못지않게 잘 살고, 살기 좋고, 높은 문화를 가지는 나라로 만들어야겠다고 다짐한 듯하다. 똑똑한 인재를 많이 찾아 집현전에 두고 중국을 비롯한 모든 나라의 책들을 수집하고 섭렵하게 하여 조선이 중심이 되고 조선이 기준이 되는 가치관을 새롭게 세웠다. 세종은 시간과 우주가 조선을 중심으로 움직이도록 다시 측량하고, 소리와 악기가 조선인에게 맞고 조선사람이 가장 듣기 좋은 가락으로 다시 만들고, 약과 처방이 조선 땅에서 나는 약초로 조선사람에게 가장 잘 드는 약을 처방하도록 약초의 종류와 처방법을 다시 쓰게 하였다. 예절과 사회 규범 또한 중국을 따르지 말고 조선 사회 속에서 조선사람이 지키고 따르는 우리식 예절과

---

46) 손보기, 『세종시대의 인쇄출판』, 세종대왕기념사업회, 1986, 42~43쪽 참조.

규범을 새로 세우고 따르게 하였으며, 새로운 나라 조선의 창업을 노래할 때도 조선말로 노래하고 조선글로 노랫말을 적도록 하였다.

세상의 모든 책들을 모으고 읽어서 새로운 조선에 맞게 조선사람에게 알맞게 다시 쓰게 하였는데, 그렇게 하기 전에 먼저 한 가지 주제를 정하면 수십 권 수백 권이라도 그 주제에 맞는 책들을 모두 정리하여 한 책으로 엮도록 하였고, 거기서 한 발 더 나아가 새로운 조선만의 방법과 기술을 만들어내도록 연구하고 또 연구하게 하였다. 세종은 신하들에게 맡긴 일이 제대로 이루어질까, 올바르게 만들어질까 늘 노심초사하며 직접 읽어보고 들어보고 측량하고 살펴보았다.

드디어 죽기 7년 전에는 조선사람이 쉽게 배워 쓸 수 있는 조선사람만의 새로운 문자 '언문(훈민정음)'을 만들었다. 이 문자로 역사를 다시 쓰고, 노래를 다시 부르고, 춤을 다시 추고, 관리는 문서들을 언문으로 쓰게 하고, 임금과 신하는 이 문자로 주고받으며 소통하게 하고, 사람들은 저마다의 생각을 이 문자로 주고받으며 소통하도록 하였다.

그러므로 세종 시대에 만들어진 책들의 큰 특징은 그 속에 이 동양 전체의 역사와 문화가 담겨 있다는 것이고, 그 역사와 문화는 조선의 말로, 조선의 눈으로, 조선의 기준으로 새로 쓰여져 있다는 것이다. 『후한서』에 '정이불박(精而不博) 박이부정(博而不精)'이란 말이 있다. '자세하지만 널리 알지 못하고, 널리 알지만 자세하지 못하다.'라는 말이니, 깊이 알면서 널리 알기는 매우 어렵다는 말이다.

세종은 지식과 문헌을 널리 찾아 구하면서도 겉만 구한 것이 아니고 깊이 파고들어 원리를 깨달아 새로운 지식을 창출해 냈다. 세종 때 쓰여진 수많은 책들은 세종의 머리를 거치지 않고는 이루어지지 않았으니, 세종의 머리는 거대한 지식의 용광로였고, 핵융합로였으며, 허블망원경이었다.

# 닫는 말씀

혼자 좋아하고 사랑하면 어때요
좋아하면 절로 웃음이 나요
혼자 걸어가도 외롭지 않아요
행복은 누가 주는 것이 아니라
스스로 만드는 것이에요

이 시는 한글학회 김종택 이사장께서 세번째 펴낸 시집 『겨울 나무』 중에 나오는 「행복」이란 시의 한 구절이다. 밤길을 걷다가 잎이 다 떨어져 앙상한 가지만 남아 찬바람에 떨고 있는 늙은 겨울 나무를 보고 흡사 이사장님 자신을 닮았다고 느끼셨나보다. 오랜 세월 홀로 자리를 지키며 해마다 열매도 맺어 주고, 더울 때는 그늘도 주고, 멋진 풍경도 만들어 주고, 때로는 발길질도 참으며 살아온 여정을, 이젠 아무도 돌아보지 않는 외로움을 삼키며 지난 날들을 생각하는 늙은 시인의 인고의 세월을 엿보게 된다. 하지만 시인은 그 긴 세월을 스스로 만족하며 행복하였다고 노래한다. 달관의 경지다.

학문이 그렇다. 철학이 그렇고 인문학이 그렇다. 외롭고 쓸쓸한 작업이다. 한 우물을 판다는 것은 그 자리에서 오랜 시간 곁눈질하지 않고 참고 견뎌야 하는 일이다. 참 쉽지 않은 일임에 분명하다. 처음부터 그 여정과 마지막이 예견된 일이기도 하다. 마치 늙은 겨울 나무처럼.

아니다. 모든 사람이 다 그렇다. 누구나 외롭고 두렵고 한없는 미지의 날들을 향해 걷고 또 걸어야 한다. 뻗는 가지 만큼 남모르게 더 깊이 어두운 흙 속으로 뿌리를 뻗는 작업을 쉼 없이 해야 흔들리지 않는 거목이 될 수 있다.

이 책에 모아 본 글들은 모두 한글에 관련한 글이다. 한글이 처음 이 세상에 태어나서 오늘날까지 걸어온 길도 참으로 험난했다. 한자(한문)가 판을 치던 조선 시대부터 578년을 걸어온 한글의 발자취는 실오라기같이 외롭고 두렵고 한없는 세월이었다. 이 고맙고 훌륭한 문자를 왜 우리는 외면하고 멸시하고 짓밟았을까? 미운 오리 새끼가 백조인 줄 모르고 구박하던 우리가 아닌가. 틈만 나면 한자와 한문을 좋아하고 일본말과 일본 글자, 영어와 로마자를 자랑하며 유식함을 뽐내곤 하였다. 한글과 한말(우리말)을 하는 것은 창피하다 여겼다. 오히려 한글에 대해 이야기하면 식상하다 하고 진부하다 하였다.

그러는 동안 우리말은 점점 사라졌고 힘을 잃었다. 그러는 동안 세종께서 만드신 한글의 진정한 의미와 원리가 퇴색되고 왜곡되었다. 그래서 틈틈이 안타까운 마음에 글을 쓰곤 하였다. 스무 살에 대학에 들어가 알게 된 우리 말글의 자랑스러움으로 자랑질하며 살다 보니 이제 60 정년이 두 해 정도 남았다.

김종택 이사장님. 행복은 누가 주는 것이 아니라 스스로 만들어 가는 거 맞죠? 행복합니다. 고맙습니다.

지은이 **홍현보**

충북 단양 출생
세종대왕기념사업회 사무국장
한글학회 평의원(2020~2026)
한글문화단체모두모임 사무총장
한국겨레문화연구원 간사

『말이 오르면 나라도 오르고』(공저)(1993)
『나랏말ᄊᆞ미 듕귁에 달아』(1997)
『언문』(문화체육관광부 세종도서 선정)(2019)
「신문 가로쓰기의 실태와 독자 인식 연구」(1993)
「세종 영릉신도비명의 체재에 관한 연구」(2006)
「개화기 나랏글 제정과 한글의 발전 과정 연구」(2007)
「우리 사전에 왜곡된 언문 뜻풀이에 관하여」(2012)
「불경 언해본의 역주 현황과 의미」(2016)
「삼강행실열녀도의 출처 연구」(2017)
「조선왕조실록 등 문헌에 나타난 훈민정음 창제 기록」(2018)
「2000년 전의 우리말」(2007.7.27.) 등 짧은 글 여러 편
「중앙일보」(1995), 「부산국제신문」(1996) 전면 한글 가로쓰기 기획위원
한국방송공사 「우리말 겨루기」(2009.5.18.) 우승
서울 광화문 세종대왕 동상(2009) 이름과 훈민정음 서문 글자 제작
보은군 정이품송공원 조성(2020)을 위한 전체 안내문 자료 제작
인터넷 카페 「세종한글 길라잡이」(http://cafe.naver.com/azazaq)(2008~ ) 운영

겨레문화 34

**세종과 한글 이야기**

2022년 1월 5일 초판 1쇄 펴냄

**지은이** 홍현보
**펴낸이** 이은경
**펴낸곳** 이회

**등록** 2001년 9월 21일 제307-2006-55호
**주소** 경기도 파주시 회동길 337-15 보고사 2층
**전화** 031-955-9797(대표)
　　　02-922-5120~1(편집), 02-922-2246(영업)
**팩스** 02-922-6990
**메일** kanapub3@naver.com / bogosabooks@naver.com
http://www.bogosabooks.co.kr

ISBN 978-89-8107-615-3  93710
ⓒ 홍현보, 2022

정가 28,000원

사전 동의 없는 무단 전재 및 복제를 금합니다.
잘못 만들어진 책은 바꾸어 드립니다.